INTRODUÇÃO AO DIREITO E AO DISCURSO LEGITIMADOR

J. BAPTISTA MACHADO

INTRODUÇÃO AO DIREITO E AO DISCURSO LEGITIMADOR

(20.ª REIMPRESSÃO)

INTRODUÇÃO AO DIREITO
E AO DISCURSO LEGITIMADOR

AUTOR
J. BAPTISTA MACHADO

EDITOR
EDIÇÕES ALMEDINA, S.A.
Rua Fernandes Tomás nºs 76, 78, 80
3000-167 Coimbra
Tel.: 239 851 904 · Fax: 239 851 901
www.almedina.net · editora@almedina.net

PRÉ-IMPRESSÃO
G.C. GRÁFICA DE COIMBRA, LDA.
Coimbra
IMPRESSÃO E ACABAMENTO
PAPELMUNDE, SMG, LDA
Vila Nova de Famalicão

Outubro, 2012
DEPÓSITO LEGAL
17699/87

Os dados e as opiniões inseridas na presente publicação
são da exclusiva responsabilidade do(s) seu(s) autor(es).

Toda a reprodução desta obra, por fotocópia ou outro qualquer
processo, sem prévia autorização escrita do Editor, é ilícita
e passível de procedimento judicial contra o infractor.

 GRUPOALMEDINA

BIBLIOTECA NACIONAL DE PORTUGAL – CATALOGAÇÃO NA PUBLICAÇÃO
MACHADO, J. Baptista, 1927-
Introdução ao direito e ao discurso legitimador
20.ª reimp. - , – (Manuais universitários)
ISBN 978-972-40-0471-6
CDU   340
      378

APRESENTAÇÃO

A excepção dos dois últimos capítulos deste livro, os restantes circulavam há anos em folhas policopiadas. Saem como corriam (salvo dois ou três exíguos aditamentos) com a marca visível de apontamentos provisórios e incompletos.

Mais incompletos e provisórios ainda serão os dois últimos capítulos, escritos já lá vai algum tempo. Mas vejo que as urgências da vida apenas se compadecem com o provisório, e por isso acedi a publicá-los. Acresce que, ante os progressos da filosofia da linguagem, me parece amadurecido e ensejo para realçar de novo o enraizamento do Direito na Cultura e do discurso jurídico no discurso "legitimador" da hermenêutica e da comunicação humana.

Tais como são, dedico estes apontamentos àqueles para quem primeiramente os elaborei: aos primeiros alunos do Ano Propedêutico do Curso de Direito no Porto da Universidade Católica. E também àquela que para mim é sempre, desde a origem, asa e raiz: à minha filha.

Porto, Julho de 1982.

CAPÍTULO 1

INTRODUÇÃO

**A Realidade Social como Realidade Historicamente "instituída".
O Direito como Realidade Social**

1. *Necessidade "original" das instituições (perspectiva antropológica).*

Carecido de um equipamento instintivo que determine e dirija certeiramente a sua conduta, desfavorecido neste aspecto relativamente aos outros seres vivos, o homem necessita de criar instituições, de instituir coordenadas que lhe permitam encontrar um rumo de acção e encontrar uma definição de si próprio face ao caos dos seus impulsos sumamente inespecíficos e sem direcção. Significa isto, afinal, que o organismo humano carece de meios biológicos necessários para proporcionar estabilidade à sua conduta. Por isso mesmo, não tem um "mundo próprio", como os outros animais, isto é, não se acha enclausurado num "envolvimento" natural biologicamente fundado. Neste aspecto, aparece-nos como um ser deficiente, caracterizado por uma *incompletude* essencial. Mas, por isso mesmo que se não acha enclausurado num "mundo próprio", diz-se "aberto para o mundo". De modo que *incompletude* e *abertura* estão correlacionados, como dois aspectos de um único fenómeno.

Essas incompletude e abertura estão radicadas biologicamente, no próprio inacabamento do desenvolvimento ontogenético. Durante o primeiro ano de vida extra-uterina o homem estaria ainda na fase do desenvolvimento fetal, fase extremamente plástica na qual se dariam desenvolvimentos importantes do organismo já separado do seio materno. Ora é nesta fase extremamente plástica, em pleno processo de um desenvolvimento que diríamos ainda como que embrionário, que o organismo humano vai entrar em contacto com o ambiente e inter-relacionar-se com ele, num processo de *aprendizagem* tão radical que tem um valor constituinte, mesmo a nível ontogenético. Quer isto dizer que o processo pelo qual se chega a ser homem, pelo qual se forma o substrato da pessoa humana, se produz em inter-relação com o ambiente, mais ainda, num estado de *exposição* a esse ambiente. E este é tanto um ambiente natural como um *ambiente humano*. A própria direcção do desenvolvimento do organismo do homem vai ser socialmente influída. É nesse sentido, num sentido radicalmente originário, que o homem pode ser dito um ser *de aprendizagem*. (A aprendizagem insere-se no próprio processo da ontogénese).

Aquela "abertura ao mundo", intrínseca à constituição biológica do homem, vai ser transformada numa relativa *clausura* pela ordem social em que ele vai achar a sua definição; aquela *incompletude* da ontogénese carece forçosamente de ser completada pela *sociogénese*. De modo que, em último termo, o homem vai achar-se envolvido por *dois ambientes:* um ambiente físico e um *ambiente simbólico* (cultural). Este último é um ambiente criado pelo homem, um "artefacto" humano, portanto. Mas nem por isso o homem dependerá menos dele, carecerá menos dele. Antes, é talvez ele a mais importante determinante da condição humana. A cultura pode ser definida, na verdade, como "a totalidade dos objectos criados pelo homem, regras, expectativas, padrões de conduta e interacção, atitudes e crenças que constituem um meio-ambiente (em larguíssima medida simbólico) construído pelo homem" (Anatol *Rapoport*).

Ontogeneticamente *inacabado*, abandonado pelos instintos (nele muito rudimentares e inespecíficos), "aberto para o mundo" mas, por isso mesmo, inseguro e desorientado, *exposto* à tentação e ao caos — eis como os antropólogos visionam o ser hominal na perspectiva da antropobiologia. Daí a necessidade radical que o homem tem das *instituições.* Estas servirão de base a um consenso sobre o certo e o errado, sobre o justo e o injusto, sobre o que *vale* e o que *não vale*, garantido assim a segurança nas relações entre os homens, ao mesmo tempo que permitem a cada homem encontrar-se e definir-se num contexto ou universo significativo.

Sobre estas, sobre as instituições, transcreveremos agora a seguinte noção de Ilse Schwidetzki, aplaudida por Arnold Gehlen: "Os instintos não determinam o homem, tal como o

Introdução — A realidade social como realidade historicamente "Instituída" 9

fazem no animal, formas estáveis e invariáveis de conduta. Em vez disso, cada cultura destaca da multiplicidade dos modos de conduta humana possíveis determinadas variantes e eleva estas a padrões de conduta socialmente sancionados que são vinculantes para todos os membros do grupo. Tais padrões culturais de conduta ou *instituições* representam para o indivíduo uma *libertação* do ónus de ter que tomar demasiadas decisões, um indicador de rumo através da multiplicidade de impressões e de estímulos que inundam o homem como ser aberto para o mundo". É de salientar aqui a grande *variabilidade* das instituições de povo para povo, de cultura para cultura, abundantemente comprovada pelos estudos antropológicos. As maneiras de ser do homem (e as maneiras de chegar a ser homem) variam tanto como as "culturas" do homem.

Tudo o exposto nos deve deixar bem cientes da essencialidade das instituições na vida humana, assim como daquela *necessidade* radical que as faz surgir, que postula absolutamente a sua constituição, mas as não *determina* no seu conteúdo. Daí a sua *variabilidade*. Daí o seu carácter de "artefactos" humanos. Mas nem por serem "artefactos" elas são meros "artifícios", pois são condicionadas, na sua existência, por aquela necessidade radical de que falámos. Participando nelas, participando na sua formação e na sua modificação, o homem participa na criação de si mesmo. Esta participação deve ser consciente e responsável. Consciente do seu carácter de produto humano, modificável historicamente por acção dos homens; mas consciente também da necessidade delas para que os homens possam ser e coexistir humanamente e entender-se entre si([1]).

([1]) Vem a ponto esta afirmação de KARL RAHNER: "Se pretende saber quem é, o homem vê-se remetido para a sua história, e até mesmo para o seu futuro". Porque não tem uma natureza "adquirida", à maneira do animal. Entre a herança do seu passado e as possibilidades em aberto de um futuro aleatório por cuja modelação como que *ontologicamente* responde, o homem vê-se sujeito à dura necessidade de decidir num domínio contingente, sem que esta contingência o dispense de buscar uma racionalidade da decisão. E sem que possa fazer tábua rasa da história, sob pena de desumanização.

2. *As instituições na vida quotidiana.*

A realidade da vida quotidiana é por nós apreendida como uma realidade ordenada. Por outras palavras: a existência humana desenvolve-se empiricamente num contexto de ordem, direcção e estabilidade. É tendo em conta esta ordem e confiando nesta estabilidade que nós elaboramos os nossos planos de vida.

Por outro lado, é de igual modo patente que a dita realidade da vida quotidiana se nos apresenta como um mundo intersubjectivo, um mundo que nós compartilhamos com outros (interacção social). Esses outros são por nós apreendidos através de determinados esquemas tipificadores, pelo que nos surgem como representando certos "papéis" no teatro da vida: o pai, a mãe, o professor, o colega, o polícia, etc.

Digamos, em resumo, que, na realidade da vida quotidiana, constituída por interacções sociais, se nos deparam acções e actores e que tanto aquelas como estes se conformam com certos modelos ou regras de conduta. Cada um dos actores desempenha o seu papel próprio: o professor comporta-se como professor, o aluno como aluno, o pai como pai, o polícia como polícia, etc. Cada um no seu papel, cada um agindo segundo as regras próprias da sua *função*, de acordo com a sua posição. Disso depende a referida ordem ou regularidade social, com a qual nós temos de sincronizar as nossas acções e os nossos projectos. (Aqui pode exemplificar-se com a vida diária de um estudante, pondo em relevo as muitas "regras de conduta" que ele observa quase sem se dar conta, assim como tudo aquilo que mostre que a sua vida quotidiana está entretecida numa rede de relações inter-subjectivas e é pautada por certas regras).

A questão que agora se nos depara é a seguinte: donde deriva a estabilidade da ordem humana (ordem social) que enquadra a nossa vida de todos os dias? Duma orientação automática engendrada pelo nosso equipamento instintivo inato, pelos nossos instintos, à maneira do que sucede com os animais? Não. Nós aprendemos a comportar-nos segundo regras que têm a sua fonte na sociedade e na história. É justamente com este problema que intrinsecamente se liga o problema das instituições de que agora vamos tratar. São os modos de pensar e as maneiras de proceder ou normas incorporadas nas instituições que regem os comportamentos dos membros da sociedade.

Convém desde já ter presente esta verdade fundamental: o homem é incapaz de levar uma existência significativa isolado das construções nómicas (normativas) da sociedade. A humanidade específica do homem está intrínseca e inseparavelmente ligada à sua sociabilidade: onde quer que se nos deparem fenómenos especificamente humanos estaremos já dentro de uma ordem social. Podemos até ir mais longe e dizer que a nossa própria identidade pessoal (que para nós tem a condição de realidade última, por ser o último ponto de referência de tudo o que para nós é realidade) é produto da nossa inserção numa ordem institucional dentro da qual o nosso eu ganha contornos, se define e se reaferencia. O desaparecimento subitâneo das instituições (colapso institucional) deixar-nos-ia completamente desorientados, prisioneiros do terror e do caos anómico, em crise de "desrealização", em crise de identidade, em "crise de realidade". O humano *estar em relação* pressupõe uma realidade social historicamente "instituída".

3. *O Direito como parte integrante da realidade social.*

Na nossa vida de todos os dias entramos em contacto com o Direito, pois observamos espontaneamente muitas normas jurídicas: ao conduzir uma viatura, ao entrar num autocarro, ao comprar um objecto, ao fazer um requerimento, ao respeitar a propriedade alheia, etc. Mas é sobretudo quando a vida jurídica apresenta aspectos patológicos — violações de normas jurídicas, litígios entre particulares ou entre estes e as autoridades públicas — que tomamos mais aguda consciência da realidade jurídica e pensamos então em coisas tais como os códigos e as leis, os tribunais, a polícia, as penitenciárias, etc., etc. É normal: em regra só tomamos perfeita consciência do valor da saúde quando estamos doentes.

Mas importa acrescentar que na nossa vida do dia a dia observamos também espontaneamente uma grande variedade de normas de conduta — desde os hábitos alimentares às formas de vestir, aos modos de saudar, ao tipo de relações que estabelecemos com as diferentes categorias de pessoas, ao modo como nos comportamos consoante o papel que em certo momento estamos a desempenhar — que não são normas jurídicas.

Podemos por isso dizer que nos achamos de antemão envolvidos por uma *ordem social* já existente, que em regra se verifica um ajustamento ou conformidade, em larguíssima medida espontâneo, da conduta dos indivíduos a *estruturas de ordem* ou padrões de comportamento que os envolvem e em certo sentido os dirigem em todas as suas relações sociais. E que dessa ordem social fazem parte normas jurídicas e outras.

Podemos igualmente dizer que o Direito, *a ordem jurídica,* constitui uma parte integrante — e necessariamente complementar — da ordem social global. Participa, portanto, da ordem social global e é co-constitutiva dela.

Dito isto, segue-se localizar esta realidade na "estrutura estratificada" do mundo, isto é, dizer em que esfera de realidade se situa a realidade social — e, com ela, a realidade jurídica. Distinguiremos na referida "estrutura estratificada" do mundo (com Nicolau HARTMANN) uma *litosfera* (domínio da natureza inorgânica), uma *biosfera* (sector ou mundo dos seres vivos), uma *esfera do ser psíquico* (limitado a certo sector vital do homem e de certas espécies animais superiores) e uma *noosfera* (ou esfera do *ser espiritual,* como esfera interpessoal vinculante ou como conexão supra-pessoal dentro do grupo humano que transcende os indivíduos e os vincula entre si, formando uma "comunidade espiritual" assente num espírito comum ou "consciência colectiva" do grupo — que se apresenta, digamos, como "espírito objectivo").

Neste esquema, o social, e com ele o jurídico, pertencem indubitavelmente à *noosfera*. É dentro desta que se situam as instituições de convivência humana, ou seja, aqueles complexos de formas humanas de inter-relação com carácter estável que ligam ou vinculam homens e grupos de homens entre si, como adiante melhor veremos. Estas, as instituições, contêm elementos ordenadores decisivos das relações humanas, regras de jogo do tráfico social que nas próprias relações humanas concretas se tornam efectivas. Tais instituições, repita-se, têm uma estabilidade e uma significação que ultrapassam as decisões dos indivíduos e os casos concretos. Todas as relações sociais, aliás, só podem classificar-se como tais (como sociais) na medida em que são informadas por regras cujo significado transcende o indivíduo (cada indivíduo que nelas participa).

4. *A realidade social como realidade de ordem e como forma de vida.*

Do exposto já se conclui que a realidade social é uma *realidade de ordem.* Ela não existe independentemente das referidas estruturas ordenadoras — que o mesmo é dizer, sem normas — e representa qualquer coisa de muito diferente de uma simples "unidade" de agregação (em que o conjunto mais não é do que a simples soma das partes, sem que haja, portanto, qualquer coesão e articulação intrínseca entre estas). Uma sociedade, um grupo humano, para merecer tal nome, é necessariamente uma verdadeira *unidade de ordem,* cimentada por normas que lhe dão coerência e estrutura interna, por tal forma que o resultado final seja sempre algo de diferente da simples soma ou agregação das partes.

Mas, se a sociedade é uma realidade de ordem, bem podemos dizer também que ela é uma "forma de vida": a forma de vida social-humana. Uma forma de vida necessária *por natureza* ao homem, essencial à constituição da *humanidade* do homem. E necessariamente uma forma de vida muito mais complexa que as restantes da biosfera, uma forma de vida sujeita a leis de estruturação específicas e muito mais complexas.

Verificamos que essa *realidade* pode ser considerada uma realidade de factura humana, um "artefacto" (como tudo o que é obra do homem na superfície do globo... e acima dele), muito embora esse "artefacto" seja, por outro lado, postulado para a realização da própria *humanidade* do homem e seja por isso trâmite necessário da antropogénese. Mas, o facto mesmo de se tratar de obra do homem mostra que não se trata de algo absolutamente dado. Trata-se, antes, de realização de um projecto ou forma de vida em que o homem é chamado a participar criativamente e a arriscar. A arriscar, sim, porque o processo da hominização, entregue ao próprio homem, é por si mesmo uma aventura arriscada, sujeita ao fracasso.

Porém, uma outra nota restará acrescentar: embora produto de fábrica humana, o reino do social-cultural em grande medida representa para o homem como que um segundo envolvimento, o *envolvimento cultural,* que, até certo ponto, e tal como o *envolvimento físico* da natureza, é uma realidade consolidada que oferece resistência tenaz ao arbítrio dos indivíduos e, também como ele, exige destes *adaptação.* É neste sentido que bem pode

14 *Introdução ao Direito e ao discurso legitimador*

dizer-se que esse segundo envolvimento — a que HEGEL chama significativamente uma "segunda natureza" — tem consistência e *objectividade*.

5. *Noção de Instituição.*

I — *Na linguagem corrente* — Instituição designa ao mesmo tempo a acção e o efeito de instituir, sendo que instituir significa introduzir, fundar, ordenar, constituir e estabelecer qualquer coisa de estável e durável. Duas ideias sobretudo devem ser aqui destacadas: a de fixar ou estabelecer qualquer coisa e a de ordenar, isto é, dar um ordenamento próprio a essa qualquer coisa. Já por aqui se vê que são vários os significados ligados à palavra instituição, como efeito ou acção de instituir. Esta aplica-se tanto a complexos de leis, de costumes, de normas, de usanças ou "convenções" sociais, políticas e religiosas, como ainda à fundação de uma ordem, de uma obra pia, de um prémio ou de uma bolsa de estudos (com o seu regulamento próprio). Quando se trata de designar a *"obra instituída"*, entendida como complexo de elementos pessoais e materiais organizados, com leis e regulamentos (estatutos) próprios, em ordem a um determinado fim, utilizam-se frequentemente os termos instituição ou instituto, com significados praticamente idênticos. Assim é que se fala da instituição hospitalar, da instituição universitária, das instituições prisionais, do instituto de mendicidade, do instituto para a história antiga (centro de estudos), do instituto de medicina legal, do instituto de estatística, do instituto de beleza, etc.

Muitas vezes, sobretudo na linguagem jurídica, utiliza-se a palavra instituição para designar complexos normativos que se reunem à volta de princípios comuns e regulamentam um determinado tipo de relações sociais (ou um determinado fenómeno social); ou, então, para designar a realidade social que está na base de tais relações (o próprio fenómeno disciplinado pelas ditas normas). É assim que se fala do matrimónio, da família, da propriedade, da sucessão hereditária como de instituições; a mesma designação se aplicando ao conjunto de normas relativas, por exemplo, ao direito de propriedade, ao poder paternal, ao direito das sucessões, etc. Quando se trata de complexos normativos menores fala-se então de institutos jurídicos: por exemplo, o instituto da propriedade horizontal, o instituto da legítima, etc. A palavra instituto também serve para designar, como já vimos, os locais ou centros onde determinadas actividades se processam por uma forma organizada.

Também se fala frequentemente das instituições americanas, das instituições britânicas, das instituições francesas, das instituições bantus, etc., pretendendo-se com tal expressão designar os procedimentros legais ou consuetudinários (tradicionais) ligados às organizações sociais e políticas desses povos e que de algum modo marcam o seu estilo de vida. Ainda que não ligados a organizações específicas permanentes, também aparecem designadas como instituições os rituais e festas de certos grupos étnicos, incluindo certos procedimentos ritualizados pelos quais essas comunidades enfrentam certos problemas colectivos (rituais de passagem, cerimónias fúnebres, etc).

II — *Na linguagem dos sociólogos* — Guy Rocher define a institucionalização como consistindo na "tradução dos elementos culturais (valores, ideias, símbolos), que tem um carácter geral, em *normas de acção*, em "papéis", em grupos, que exercem um controle directo e imediato sobre a acção e a interacção dos membros de uma colectividade". A institucionalização seria, pois, "uma espécie de concretização dos elementos culturais, uma transposição deles para formas aplicáveis e aplicadas". Assim, por exemplo, o valor geral de justiça institucionaliza-se no papel do juiz, no aparelho judiciário, no corpo de leis. Com efeito, "um sistema social não pode existir sem um sistema cultural que lhe fornece os elementos simbólicos essenciais"; e, por outro lado, também um sistema cultural não pode existir ou ter vigência sem um sistema (de estruturação) social — a não ser como "civilização morta". Daí que o conceito-chave, que ao mesmo tempo estabelece a junção e a distinção entre os dois sistemas, seja o conceito de *institucionalização.* Digamos que é o aparelho simbólico (o universo cultural) que inspira toda a acção social; mas esta só opera (só é acção social) através duma estrutura de acção que corporize aquele.

Entendida assim a institucionalização, definir-se-á agora a instituição como sendo o resultado dela. Mas como já acima foi notado, pode dizer-se que resultado da institucionalização o é também a estrutura organizacional (o grupo, a organização, o "papel") destinada a pôr por obra os valores institucionalizados.

De modo que, numa perspectiva analítica, deve dizer-se, antes, que a instituição é representada pelo aspecto *normativo* e normador da organização social em causa. Pertence designadamente a este aspecto da estrutura organizacional (da organização ou do grupo) o respectivo estatuto (expresso ou implícito), do qual se retiram as regras de conduta que vinculam os membros do grupo, os procedimentos a adoptar por eles em várias circunstâncias enquanto membros do grupo, a repartição das funções e das competências entre eles, etc.

É neste mesmo sentido que *Eisenstadt* define as instituições como sendo os "princípios regulativos que, numa sociedade, organizam a maioria das actividades dos indivíduos, segundo formas ou padrões organizacionais definidos, tendo em vista alguns dos problemas básicos e permanentes de qualquer sociedade ou vida social ordenada". E o mesmo autor realça três aspectos básicos das instituições. Primeiro, os padrões de conduta regulados pelas instituições referem-se a problemas básicos e permanentes de qualquer sociedade. Segundo, as instituições envolvem a regulamentação da conduta dos indivíduos na sociedade de acordo com modelos (padrões) definidos, duradoiros e organizados. Finalmente, tais modelos implicam uma regulamentação normativa definida, isto é, uma regulamentação que assenta em normas e em sanções legitimadas por estas normas.

Há ainda quem defina instituição como "uma ideia de obra ou de empresa que se realiza e dura num ambiente social" (Hauriou); ou como "empresa ao serviço de uma ideia, organizada de tal modo que, achando-se a ideia incorporada na empresa, esta dispõe de uma duração e de um poder superiores aos dos indivíduos por intermédio dos quais actua" (*Burdeau).* Nesta noção, já mais centrada sobre o elemento organizacional, podemos destacar como característicos da instituição três aspectos: a) a ideia ou valor a realizar; b) o substrato organizacional; c) a transcendência da instituição e dos seus fins relativamente aos indivíduos que transitoriamente aparecem como seus órgãos ou agentes e através dos quais são realizados os ditos fins.

Émile Durkheim, para o qual a sociologia é essencialmente a ciência das instituições sociais, acentua sobretudo este último aspecto: o da transcendência das instituições sociais relativamente aos indivíduos. A instituição serviria sobretudo para assegurar a *objectividade* do acontecer social face às motivações subjectivas individuais. Na "pressão" exercida pela ordem institucional (ou pela "consciência colectiva") sobre os indivíduos, assim como na "sanção" que acarreta o desvio, por parte dos mesmos, dos modos institucionalizados de conduta, se revelaria o social como algo que se impõe ao indivíduo, porque está acima dele ou o transcende.

6. Os *"papéis" institucionalizados.*

Podemos imaginar a instituição como um conjunto de acções programadas, à semelhança duma peça teatral que está a ser levada à cena. A peça, como espectáculo, só tem existência enquanto os actores encarnam os respectivos "papéis" e os representam concertadamente num cenário determinado. Pois o mesmo sucede com a ordem institucional: ela é representada, é mediatizada e adquire presença real na experiência dos indivíduos (*existe* ou é vigente) através dos "papéis" encarnados pelos actores sociais. A criação de tipos de "papéis" é, digamos, correlato necessário da institucionalização do comportamento. De modo que perguntar quais os "papéis" que se acham institucionalizados é o mesmo que perguntar que zonas do comportamento são afectadas pela institucionalização. Pois todo o comportamento institucionalizado coenvolve a existência de "papéis" que devem devem ser representados em certo contexto institucional e de concerto com outros "papéis" que deles são complementares dentro do mesmo contexto.

Deve, assim, dizer-se que as instituições se encarnam na experiência individual por meio de "papéis", e que os indivíduos, ao desempenharem tais "papéis", participam num mundo social objectivado e inserem-se num contexto institucional mais amplo em que o "papel" desempenhado por cada um deles está correlacionado com os outros "papéis", desempenhados por outros indivíduos. Assim, por exemplo, o indivíduo que julga em tribunal está a desempenhar o papel de juiz. Ao fazê-lo, não está a actuar *por si só,* isto é, enquanto indivíduo, mas enquanto juiz; o que pressupõe da sua parte a encarnação de um "papel" objectivo e o conhecimento de normas, valores e atitudes que se consideram próprios de um juiz (da sua função). Por outro lado, o "papel" de juiz acha-se correlacionado não só com o "papel" de réu, por hipótese, mas também com muitos outros "papéis" cuja totalidade nos remete para as instituições do Direito e do Estado. Na verdade, o desempenho de um qualquer "papel" concreto remete-nos para o sentido objectivo da instituição em que ele se insere (que exprime e actua) e, portanto, para o desempenho dos outros "papéis" que integram a mesma instituição. Ao lado de "papéis" com funções específicas, e que pressupõem conhecimentos específicos, pode haver "papéis" de grande importância estratégica numa sociedade mas que apenas têm uma função predominante ou exclusivamente simbólica. São "papéis" como o do rei numa monarquia constitucional ou a do presidente da República num regime parlamentar. A sua função é tão-só a de, como "símbolos vivos", representarem simbolicamente a ordem institucional como totalidade integrada. Estes "papéis" de representação simbólica da ordem institucional global situam-se quase sempre no sector das instituições políticas ou no das instituições religiosas.

7. Principais áreas institucionais.

Nem todos os sectores de actividade, nem todos os aspectos da vida se acham institucionalizados. Só aqueles sectores que têm um valor estratégico, uma relevância fundamental para a vida da sociedade, costumam achar-se submetidos a normas e princípios institucionais. Porém, as zonas da vida submetidas ao ordenamento institucional variam de sociedade para sociedade. E assim, por exemplo, nas sociedades primitivas quase toda a vida social obedece a uma liturgia estilizada e complexa, que manifesta a existência entre os seus membros de uma característica "solidariedade orgânica"; ao passo que, no pólo oposto, se pode imaginar uma comuna libertária em que as tarefas comuns se limitam a medidas de carácter económico. Em certas áreas da vida social pode verificar-se uma desinstitucionalização. Assim, por exemplo, na sociedade industrial moderna a chamada esfera privada aparece-nos como bastante desinstitucionalizada quando a confrontamos com a esfera pública.

No entanto, comvém ter presentes as principais áreas sociais em que a institucionalização mais fortemente se evidencia.

De entre estas lembraremos em primeiro lugar a esfera da *família e do parentesco,* onde os princípios institucionais

Introdução — A realidade social como realidade historicamente "Instituída" 19

convergem sobre a regulamentação de relações de procriação e relações de sangue entre indivíduos, assim como sobre a socialização inicial dos novos membros de cada geração. Segue-se a esfera da *educação*, em que está em causa a socialização dos jovens e sua transformação em membros responsáveis da sociedade, assim como a transmissão da herança cultural de geração a geração. Por seu turno, as instituições da esfera *económica* regulam a produção, distribuição e consumo de bens e serviços dentro da sociedade. Na esfera *política*, as respectivas instituições ocupam-se do controle do uso da força dentro da sociedade, da manutenção da tranquilidade interna e da paz externa, assim como da mobilização dos recursos com vista a satisfação de necessidades colectivas e, naturalmente, da fixação de certos objectivos úteis ao bem-estar da colectividade. A esfera das instituições *culturais*, por seu lado, tem a ver com a promoção de condições que facilitem a criação e conservação de artefactos culturais (religiosos, artísticos, científicos) e com a distribuição desses "bens" culturais entre os vários grupos da sociedade.

Em função destas várias áreas institucionais, poderemos estabelecer uma classificação das instituições. Assim, poderemos dividir estas em instituições *familiares* (o casamento, a filiação o poder paternal, etc.), instituições *educativas,* instituições *económicas* (contratos, propriedade, associações profissionais, sociedades, câmaras de comércio, associações industriais, etc.), instituições *políticas* (Estado, assembleia legislativa, governo, tribunais, prisões, exército, instituições administrativas em geral, partidos políticos, etc.) e instituições *culturais* (museus, academias, universidades, centros de investigação, etc.).

8. Funções das Instituições.

Uma sociedade, para existir e subsistir, precisa de resolver certos problemas básicos — precisa de satisfazer aos "imperativos funcionais do sistema social", como diz *Parsons*. Fá-lo através das instituições e das organizações sociais.

As principais funções mais imediatamente ligadas à ordem institucional são a função de estabilidade normativa e a função de integração. A primeira destas funções consiste em assegurar que os *valores* da sociedade sejam conhecidos e mesmo interiorizados pelos seus membros, de tal modo que estes os aceitem, se conformem às suas exigências e sejam motivados por eles. Nesta função de estabilidade normativa intervêm predominantemente as estruturas de socialização (a família, os estabelecimentos de educação e ensino). A função de integração consiste em assegurar a necessária coordenação entre as diferentes partes ou unidades do sistema social, sobretudo no que se refere à sua contribuição para a organização e para o funcionamento do conjunto.

Também se relaciona ainda com a função das instituições a definição e a prossecução dos objectivos do sistema social e de cada uma das suas unidades constituintes; e bem assim a obtenção dos meios necessários para a realização daqueles objectivos. Mas estas outras terefas ou funções estão mais directamente ligadas às estruturas organizacionais em que incarnam as instituições, e de modo predominante às organizações da esfera política e da esfera económica, respectivamente. O que não significa que não devam ser consideradas também como funções das respectivas instituições([1]).

Apenas queremos salientar que as funções estabilizadora e integradora, a que correspondem os valores e as normas que encarnam nos "papéis", nos grupos e organizações, têm um papel fundamental tanto na vida da sociedade como na vida do indivíduo. A este, as instituições libertam-no do pesado ónus e da aflição de tudo ter que decidir a cada momento, sem que tenha ao seu dispor critérios seguros de orientação. Regulando a sua vida e encaminhando-o para o desempenho de "papéis" e rotinas consagrados e habitualizados, deixam-no livre para tarefas mais criadoras, em que pode concentrar-se. Por outro lado, permitem-lhe fazer planos de vida baseados em expectativas relativamente seguras, pois ele sabe que as mesmas instituições que regulam o seu comportamento regulam também o comportamento dos

---

([1]) LUHMANN imputa à institucionalização a função de "reduzir a complexidade" e reforçar (estabilizar) as expectativas. Vários sociólogos referem o conceito de instituição a um modo de satisfazer necessidades antropológicas básicas — necessidades essas que, pelo facto de a relação homem-mundo ser uma relação "aberta", não podem ser duradoiramente satisfeitas dentro duma relação "natural", mas apenas no contexto de uma relação "social".

A função da instituição é "dar sentido e estabilizar", diz W. WEYMANN-WEYHE. Na verdade, só é possível assegurar um sistema de interacção assegurando estruturas intersubjectivas de sentido.

outros membros da sociedade; pelo que pode antever como estes se conduzirão em relação a si no futuro. Libertam-no, portanto, dos temores ligados às incertezas do futuro, daquela "escuridade" em que de outro modo estaria quanto às acções e reacções dos outros. Por último, inserindo-o numa vida social ordenada e adjudicando-lhe certo ou certos "papéis" nessa vida social, as instituições contribuem para lhe dar uma identidade socialmente reconhecida e estável, o que lhe permite possuir uma personalidade coerente e "reaferenciada" ou "orientada para a realidade" (para empregar a expressão tão usada em psiquiatria).

Na transmissão das regras institucionais de uma geração a outra (e supondo, como hipótese de trabalho, que a primeira geração fora a criadora originária de um mundo institucional), as condutas habituais e tipificadas convertem-se em instituições históricas. Ao adquirirem historicidade, tais instituições reforçam a sua *objectividade*. Quer isto dizer que elas agora são experimentadas como possuindo uma realidade própria, apresentando-se ao indivíduo como um facto externo e coercitivo. A objectividade do mundo institucional consolida-se, ganha espessura e contornos mais definidos, torna-se real. Para os filhos, especialmente na primeira fase da sua socialização, o mundo social transmitido por seus pais aparece-lhes como uma realidade dada, da mesma forma que a realidade da natureza, por isso que nessa primeira fase da socialização a criança é incapaz de distinguir entre a objectividade dos fenómenos naturais e as das formas sociais de vida ("realismo" infantil). É, pois, como mundo objectivo que as formas de vida social se transmitem às novas gerações; e estas, numa primeira fase, não estão aptas a captar o seu carácter convencional (ex., o carácter convencional da própria linguagem que aprendem a falar).

Assim, acontece que o mundo institucional da tradição tem uma história que antecede e transcende a do indivíduo, sendo antes a história deste, a sua biografia, que se apresenta reduzida às proporções de um simples e curto episódio na história objectiva da sociedade — naquele universo de facticidades históricas e objectivas constituído pelo mundo institucional. Por isso mesmo é que as instituições, já por força da sua própria efectividade histórica que resiste aos desejos individuais de mudança ou de evasão, já ainda por força dos mecanismos de controle que normalmente as acompanham, exercem sobre o indivíduo um poder de coacção. E todavia, por mais maciça que nos apareça a objectividade do mundo institucional, não podemos esquecer-nos de que se trata de uma objectividade produzida e construída pelo homem. Embora seja também de notar que o produto, aqui, volta a agir sobre o produtor. Quer isto dizer que o homem (não o homem isolado, mas o homem na colectividade) e o seu mundo social interactuam, que o homem, produtor, e o mundo social, seu produto, mantêm entre si uma relação dialéctica. Neste processo de interacção dialéctica é da máxima importância o chamado momento da *interiorização* das instituições, ou seja, aquele momento em que o mundo social objectivado se retroprojecta e introjecta na consciência através da *socialização* (sobretudo na socialização primária). Pelo exposto, tem a sua validade própria cada uma das seguintes proposições: "*A sociedade é um produto humano — A sociedade é uma realidade objectiva — O homem é um produto social*" (*Berger* e *Luckmann*).

9. *A conduta humana como conduta significativa (carácter simbólico das relações sociais).*

Nós inter-relacionamo-nos porque as nossas acções e manifestações obedecem a regras e, por isso mesmo, se tornam intelegíveis. Obedecem a regras e por isso tem significado os nossos gestos e atitudes, as nossas palavras e frases, as nossas acções no contexto dos papéis que desempenhamos face aos outros e em correlação com os papéis representados por esses outros. Inter-relacionarmo-nos significa, digamos, participar na representação de uma peça juntamente com os outros actores que entendem o nosso papel e sabem as "deixas" que lhes cabem no desempenho dos respectivos papéis. Significa compartilhar o sentido de toda a peça, o universo de sentido que sustenta a coerência significante do diálogo, atitudes e actuações dos actores, e do qual decorrem, por conseguinte, as *normas* que vão orientar ou reger esses diálogos e actuações, dando-lhes um significado. Fora de todo o contexto significativo, mediante actuações por hipóteses absolutamente desordenadas, desencontradas, os homens não podem inter-relacionar-se, já que para se inter-relacionarem precisam de entender-se.

Donde que possamos concluir que as relações humanas são necessariamente relações significativas: são relações portadoras de um sentido, representando este o tecido conjuntivo-normativo que faz das condutas humanas relações sociais.

Ora nós já sabemos que é através da institucionalização, através da sua incarnação num substrato organizacional e da sua incorporação em *papéis* a serem desempenhados pelos diversos actores sociais, que as ideias ou valores do universo simbólico (ou cultural) ganham *positividade* ou *vigência* histórico-social. Ter vigência histórica significa justamente actuar no plano social, influir as acções humanas e as relações sociais. A vigência é, com efeito, a forma de existência da ideia valorativa. É a positivação ou institucionalização histórica das ideias ou valores normativos que nos diz *o que vale e o que não vale*, o que é correcto e incorrecto. Por outras palavras, e citando *Berger* e *Luckmann*: a institucionalização, que essencialmente opera como canalização social das actividades, "é o fundamento para a construção social da realidade". A nossa visão do mundo ("mundividência"), a nossa concepção da vida, os nossos sentimentos e atitudes, os nossos modos de agir e reagir, enfim, todo o nosso comportamento são profundamente determinados por essas valorações e normas institucionalizadas e sobretudo por aquelas que nós *interiorizámos* na nossa socialização primária, quando se formou a nossa personalidade básica.

10. *O normativo como constituinte do social.*

Todo o social é normativo e todo o normativo é social. Esta afirmação, em que parece ressoar a tese de HEGEL, inscrita no Prefácio dos seus *Princípios de Filosofia do Direito do Estado*, de que "todo o real é racional e todo o racional é real", poderá explicitar-se pela seguinte forma: — Como afirma MAX WEBER, estamos em face de uma conduta *humana* "se e na medida em que o agente ou agentes lhe associam um *sentido*". Ora a conduta significativa (ou seja, toda a conduta especificamente humana) é uma conduta regida por regras, sendo estas regras de origem social. De modo que dizer conduta especificamente humana é o mesmo que dizer conduta ou actividade social (o homem é "um animal *naturalmente* social"), o mesmo é que dizer conduta ou actividade com um sentido (significativa) e o mesmo é que dizer conduta ou actividade regida por regras — por regras que são *socialmente* constituídas e aprendidas.

24   *Introdução ao Direito e ao discurso legitimador*

Em contraste, dir-se-á que uma conduta pode ser "puramente reactiva", representando uma simples resposta a estímulos físicos ou fisiológicos (p. ex., um acto reflexo) ou a manifestação mecânica de um mero hábito ou propensão adquirida para agir de certa forma em face de certos estímulos. Neste caso não se tratará de conduta especificamente humana ou de conduta significativa.

Os princípios, preceitos ou regras derivam o seu sentido do contexto da actividade humana em que são observados. Eles nascem no decurso da interacção humana e apenas são inteligíveis enquanto referidos a essa conduta de que surgem. Mas, por outro lado, também a natureza da conduta na qual eles se formam *apenas pode ser apreendida* como uma incarnação de tais princípios ou regras.

Significa isto que o normativo é co-constitutivo do social, pois que a regra de conduta (de origem social) está entretecida em toda a conduta significativa, isto é, especificamente humana ou social. Recorrendo a um símile grosseiro para ajudar a fixar a ideia, diríamos que o normativo está entretecido no social tal como a elasticina o está no tecido conjuntivo.

Aprofundando um pouco o sentido do até aqui exposto, diremos agora que a própria conduta *habitual* em conformidade com uma regra consuetudinária tradicional, regra esta que é como que passivamente (habitualmente) observada, é uma conduta significativa ou humana. Mas não estará isto em contradição com o que há pouco dissemos acerca da não "humanidade" ou não "significatividade" da conduta "puramente reactiva"? Não, porque a regra tradicional tem de ser *aprendida* num sentido muito diferente daquele por que um *hábito* (puramente mecânico) é adquirido. Apropriar-se de uma regra habitual de conduta e adquirir um hábito são coisas inteiramente distintas.

É que, aquele que se conforma com um padrão ou regra de conduta habitual aprendida, não como regra explicitamente formulada, mas pela convivência com pessoas que habitualmente se comportam de certa maneira, faz aplicação de um critério normativo que permite distinguir entre uma maneira certa e uma maneira errada de fazer as coisas. E faz aplicação deste critério, muito embora ele o não formule e talvez não seja mesmo capaz de o formular explicitamente. Se há uma maneira certa — contraposta a uma maneira errada — de fazer as coisas, em certos

Introdução — A realidade social como realidade historicamente "Instituída" 25

contextos de acção, aquele que aprendeu *por via habitual* a regra de fazer correctamente as coisas aprendeu um *critério*, não se limitou a adquirir simplesmente um hábito. Adquiriu a aptidão para aplicar um critério, porque não aprendeu meramente a copiar os gestos e atitudes que viu fazer, mas se tornou capaz de entender o que é a maneira certa de fazer as coisas ou, pelo menos, de entender em que se traduz "agir da mesma maneira", em que se traduz continuar a proceder da mesma meneira que viu fazer. Ele terá de fazer algo de diferente daquilo que viu fazer, ou em contextos de acção (em situações concretas) que do ponto de vista físico-material são diferentes. Todavia, esse algo de *diferente* que faz, do ponto de vista das regra ou critério que está a seguir, conta como sendo o *mesmo* que viu fazer, como sendo *proceder da mesma maneira*. E ele *sabe-o*. Portanto, a própria aprendizagem habitual da regra envolve uma compreensão do que significa "fazer a mesma coisa no mesmo género de situações".

Digamos, pois, que a conduta significativa, toda a conduta significativa, é necessariamente social, pois ela só pode ser significativa se for regida por normas e as normas pressupõem um contexto social.

Salientemos agora este ponto fundamental: no domínio dos factos sociais (ou factos de conduta humana) a própria possibilidade de apreensão da *identidade* dos factos, da sua *mesmidade*, do que é ou não é o *mesmo*, pressupõe a aplicação de um critério normativo. No domínio do social, duas coisas, dois actos, duas situações, podem ser discernidos como "iguais" ou "diferentes" apenas mediante referência a um conjunto de critérios (normas) que estabeleçam o que deve considerar-se como relevante ou não para determinar a diferença. Tais factos só têm existência como factos sociais por referência aos critérios que regem aquela forma de vida. Por outras palavras: o terem carácter *social* depende intrinsecamente do facto de pertencerem a uma forma de vida. Pois o social não é outra coisa senão uma *forma de vida*. Forma de vida esta em que o princípio organizativo é de natureza normativa: é constituído por normas. E nisto se traduz essencialmente o sentido da afirmação de que o *social* pertence a uma "camada ôntica" diferente da do *físico*, do *biológico* e até do *psicológico*.

11. *Implicações gnoseológicas: compreender uma instituição social.*

Somos tributários de um vício de pensamento, adquirido no contacto com os paradigmas da moderna racionalidade científica, de que temos que nos libertar quando tomamos para o objecto do nosso estudo o social.

Vimos que o social é uma forma de vida organizada na base de um conjunto de normas que dão significado à conduta humana e que, ao mesmo tempo, *especificam* o que é e o que não é o *mesmo* naquela esfera de vida — ou seja, naquela esfera de realidade. Daqui surgem especiais complicações e dificuldades no conhecimento desta realidade. Pois jamais poderemos separar as relações sociais, que ligam os homens entre si, das "ideias" ou "critérios normativos" que as suas interacções incorpam, sem desnaturar por completo a realidade estudada.

Confrontemos o modelo de pensamento científico-natural com esta nova realidade. Do ponto de vista deste modelo de pensamento, Stuart MILL, p. ex., julga que entender uma instituição social consiste em *observar regularidades na conduta dos que nela participam e em expressar estas regularidades sob a forma de generalizações.* O pressuposto é o de que é possível tratar os factos sociais como qualquer outra espécie de factos — pressuposto este também contido na primeira regra do método sociológico de Émile DURKHEIM: "considerar os factos sociais como coisas".

A ser assim, é evidente que o sociólogo — e quem diz o sociólogo diz, para o efeito, qualquer outro estudioso das ciências sociais: o jurista, o economista, o politólogo, etc. — há-de verificar e concluir que, em duas situações, foi praticada a *mesma* acção, ou a *mesma coisa* aconteceu, de acordo com os conceitos, critérios e regras que regem a investigação sociológica. Assim faz também o cientista no domínio das ciências naturais. Mas, ao passo que este apenas tem de jogar com um só conjunto de regras, que são aquelas e apenas aquelas que regem a sua própria investigação, o sociólogo, esse toma para objecto do seu estudo uma actividade *humana*, a qual é praticada de acordo com *regras*. E, como vimos, são estas regras, e não as que regem a investigação do sociólogo, que especificam o que é a *mesma coisa, o que é que vale ou conta como fazer a mesma coisa em relação a certo género de actividades.* Por outras palavras: no

Introdução — A realidade social como realidade historicamente "Instituída" 27

próprio objecto da investigação do sociólogo estão contidas regras *de fabrico humano* que são co-constitutivas desse mesmo objecto, que definem o que é e o que não é *o mesmo* e das quais o sociólogo não pode abstrair sem deturpar por completo o objecto do seu estudo. As relações sociais entre os homens "existem apenas nas e através das ideias" que as acções humanas, como condutas significativas, incorporam — diz Peter WINCH[1].

Acentuando ainda mais fortemente o que acaba de dizer-se, salienta o mesmo autor que "as relações sociais de um homem com os outros estão permeadas com as suas ideias acerca da realidade; mais ainda, pois 'permeadas' não é palavra suficientemente forte: as relações sociais são expressões de ideias acerca da realidade"[2].

Mas, se as relações sociais apenas realmente existem nas ideias e através das ideias que são correntes na sociedade, então estará em alguma medida certo concluir com o mesmo Peter WINCH que "as relações sociais caem sob a mesma categoria lógica que as relações entre as ideias"[3]. Quer dizer: Explicitá-las será sempre rastrear as *relações internas* que as co-constituem, os critérios normativos que as regem e lhes dão o seu sentido próprio e coerência, bem como o *seu próprio ser enquanto relações sociais.* Pelo que não será possível apreender uma relação social sem *aprender* (isto é, compreender a ponto de ser capaz de aplicar como regra de acção) o critério ou critérios normativos que regem essa relação e a configuram na sua *especificidade* ou identidade própria: o próprio *dado* não é um fenómeno puramente extrínseco, semelhante ao das forças que interactuam num sistema físico, mas um *dado* cuja apreensão ela mesma requer a compreensão de um critério já posto (ou pressuposto).

Pelo que também o discorrer do estudioso das coisas sociais, para acompanhar o seu objecto, tem de acompanhar aquela *coerência* (normativa) que lhe é imanente, aquela "lógica da coisa" (*Sachlogik*), que é a única que legitimamente permite discernir as *diferenças.*

---

[1] *The Idea of a Social Science and its Relation to Philosophy*, 8.ª impr., Londres 1973, p. 123.

[2] *Ob. cit.*, p. 23.

[3] Ob. cit., p.133.

12 Das instituições sociais para as instituições jurídicas.

Como salienta Heinrich HENKEL([1]), as instituições são um importante *dado prévio do Direito*. Sem elas, sem as conexões institucionais, não seria possível a articulação e sistematização do material jurídico positivo. Em boa parte, essas estruturas ordenadoras criadas pelo processo social de institucionalização, muitas delas surgidas da habitualização de determinados modelos de comportamento para as "relações sociais típicas", das necessidades do tráfico social e de ideias valorativas ordenadoras da vida comunitária, tendem para a *juridificação*. Tomam então a forma de instituições e institutos jurídicos, desenvolvem-se em complexos de normas que consolidam fortemente o núcleo institucional, lhe dão uma estruturação mais precisa, lhe definem com maior rigor os contornos e limites e, ao mesmo tempo, lhe reforçam a garantia,

Juridificadas, ou tuteladas juridicamente, essas formas de ordenação prefiguradas na vida social conferem ao material jurídico-normativo a estrutura de ordem, o sistema e a articulação necessários. Como elementos constitutivos da realidade social integrados num sistema dinâmico com o seu sentido formador e conformador próprio, não pode o Direito deixar de nelas se inspirar e de nelas e no sentido da sua evolução e transformação históricas buscar o arrimo da sua própria vigência, do seu próprio sentido e da sua própria intervenção transformadora.

Vem a jeito transcrever uma passagem da referida obra de HENKEL: — "Savigny vê o direito positivo como uma unidade que se acha conformada num sistema "orgânico" pela totalidade dos institutos jurídicos. Neste sistema, cada instituto jurídico particular tem o seu lugar e é apreensível no seu conteúdo essencial e de sentido somente com base na conexão global. A norma jurídica individual e a relação jurídica individual acham-se coordenadas, por sua vez, num tipo que representa o instituto jurídico. Toda a regra jurídica tem a sua 'base profunda na contemplação do instituto jurídico' de que foi derivada e pelo qual 'é dominada do mesmo modo que o é a sentença pela regra

---

([1]) *Introducción a la Filosofía del Derecho*, trad. espanhola, Madrid 1968, pp. 427 e ss.

Introdução — A realidade social como realidade historicamente "Instituída" 29

jurídica'. Por conseguinte, quem, ao contemplar e aplicar o direito, queira penetrar na 'essência das coisas', tem de orientar-se pelo conteúdo de sentido dos institutos jurídicos e de suas conexões" (¹). Também no nosso século o pensamento jurídico institucional (em reacção contra o positivismo normativista que parte das normas jurídicas individuais para a compreensão destas) entende que, para a compreensão e interpretação da norma jurídica, é preciso recorrer ao instituto que a sustenta, ao sentido deste e à "ordem concreta que lhe é imanente".

LUHMANN(²) encara a institucionalização jurídica sob o ângulo da "institucionalização da institucionalização" e refere autores que consideram a "dupla institucionalização" ou "re-institucionalização" como critério distintivo do direito. O ponto tem a ver com a chamada "positivação" do direito, de que falaremos no lugar próprio.

Casos há em que a regulamentação jurídica incide sobre instituições básicas, dotadas de uma forte carga afectivo--valorativa e existencial. Tal o que acontece, p. ex., com a instituição matrimonial e com a família. Nestes casos o direito tem que respeitar tal realidade, reconhecendo-lhe uma certa autonomia. É então que se diz existir uma "ordem imanente à relação social" que o direito não deve contrariar, assim como é então que o jurista costuma recorrer, na interpretação e integração da lei, à chamada "natureza das coisas" (³)

(¹) *Ibidem,* pp. 442 e seg.
(²) NIKLAS LUHMANN. *Rechtssoziologie,* 1, Hamburg 1972, p. 79
(³) HAURIOU insiste no primado da instituição ao afirmar: "São as instituições que criam as normas jurídicas, e não as normas jurídicas que criam as instituições!"

CAPÍTULO II

PARA UMA NOÇÃO DE DIREITO

§ 1.º — Direito e Coacção

1. *Introdução*

A diferença, que acabámos de assinalar, entre a utilização de um *critério sociológico-empírico* ou de um *critério de sentido* para *identificar* (definir na sua especificidade própria) uma realidade (ou instituição) social vamos já pô-la à prova ao tentar uma primeira noção de Direito. Para tanto, iremos apresentar, sucessivamente, uma definição *sociológica* e uma definição *jurídica* do Direito.

2. *Visão sociológica: o Direito como ordem de coacção.*

Escreve Max WEBER que "existe direito quando a validade da ordem é garantida exteriormente pela probabilidade de uma coacção (física ou psíquica) que, aplicada por uma instância humana especialmente instituída para este efeito, force ao respeito e puna a violação daquela ordem...". E logo acrescenta: "A nossos olhos (é possível delimitá-lo doutra forma, para outros fins da indagação), o elemento determinante do conceito de "direito" consiste na existência de uma *instância* de coacção. Esta pode evidentemente não se assemelhar a nada do que hoje nos é familiar. Em particular, não é indispensável a existência de uma instância "judiciária". Um clan é uma instância daquele género (no caso da vendetta ou da fehm), se a sua maneira de reagir está efectivamente sujeita a regulamentos dotados de vigência, quaisquer que eles sejam... A 'exortação fraternal' que foi usual em certas seitas, enquanto meio suave de coacção do pecador, entra na nossa definição, sob condição de ser ordenada por regulamentos e executada por uma instância própria".

Duma maneira geral, o Direito é visto por todos os sociólogos como um instrumento de controle social particularmente eficaz, por se tratar de um conjunto de normas assistidas de uma sanção socialmente organizada. E é este ainda o parecer de muitos e muitos juristas, para os quais a norma jurídica se distingue das restantes normas de conduta social (normas morais, normas religiosas, normas de cortesia, etc.) justamente por ser uma norma caucionada pela *coercibilidade:* por a sua inobservância poder acarretar uma sanção socialmente organizada.

3. Visão jurídica: o Direito como uma ordem com um "sentido".

LARENZ, depois de salientar a justeza da observação de KANT de que perguntar a um jurista "O que é o Direito?" o coloca no mesmo embaraço em que a pergunta "O que é a verdade?" coloca o lógico[1]; depois de prevenir não lhe ser possível dar um conceito definitivo de Direito — tarefa que caberá, antes, à Filosofia do Direito — ; depois de mostrar que, diferentemente das normas da moral social e dos usos ou usanças sociais, a ordem jurídica se serve de uma coacção imediata e regulada que tem por trás de si a comunidade jurídica organizada (hoje na forma de Estado), faz notar que não é possível dar uma noção de Direito sem fazer necessariamente referência à questão da Justiça. E deixa cair a seguinte noção: "O Direito é uma ordem de convivência humana orientada pela ideia de uma ordem 'justa', ideia essa a que, pelo seu próprio sentido, tal ordem vai referida". E logo abaixo faz notar que "seria erróneo excluir do conceito de Direito a referência à Justiça, como uma referência intrínseca, postulada pelo próprio sentido do Direito". Doutro modo, já não seria possível distinguir, no plano dos princípios, o Direito de uma pura ordem de força ou da regra que se dá um bando de salteadores[2].

Outro jurista, ESSER, escreve: "O Direito apenas é ordem (ordenamento) enquanto esta pode ser referida à ideia de Direito,

---

[1] E tais questões colocam-se na verdade a par, no mesmo nível de profundidade última de questões radicais, por isso que cada uma de per si é radicalmente constitutiva do horizonte de todo o perguntar.

[2] KARL LARENZ, *Allgemeiner Teil des Deutschen Buergerlichen Rechts,* Muenchen 1967, pp. 40 e ss.

Para uma noção de Direito   33

enquanto aspira a realizar esta ideia". Acrescentando adiante: "A ideia de Direito exige uma ordem *com determinado sentido, uma ordem justa".*

4. *Opção inicial. Sequência.*

Entre estas duas perspectivas, por qual optar?

Em face do antecedentemente exposto, devemos optar pela segunda. Vimos que toda a realidade social, todas as relações sociais mesmo, têm um sentido, em função desse sentido se especificando ou identificando. O Direito é, pois, uma ordem de convivência humana com um sentido — e esse sentido é o da Justiça.

Aliás, nenhuma ordem jurídica se encontra que não leve inscrita em si, pelo menos, uma *pretensão de validade,* no sentido de pretensão de justiça. Donde resultará que toda e qualquer ordem jurídica deve ser confrontada (e entendida de acordo) com essa sua pretensão (postulação) intrínseca.

Temos, assim, que a coacção ou a coercibilidade não especifica o Direito no plano do ser, não o determina no seu conteúdo e, portanto, não faz parte da sua essência.

Porém, o Direito, como realidade social, tem também uma *existência* no tempo e no espaço. As normas de certo ordenamento valem ou vigoram dentro de certo espaço e dentro de certo tempo histórico. Entram em vigor em certo momento e deixam de vigorar, por revogação (expressa ou tácita) ou pelo desuso, noutro momento.

A esta forma de existência do Direito na realidade histórica, que se traduz na efectiva observância das normas pelos seus destinatários, ou ainda na efectiva aplicação das mesmas ou das sanções por elas cominadas por órgãos adrede instituídos, chamamos *vigência* do Direito — ou *eficácia* social do mesmo. Ora o Direito pretende ser e é direito vigente, direito eficaz. Um complexo de normas informado pelo ideal de Justiça mas que não tenha vigência positiva não é Direito. Pois que este é, por definição, uma "realidade social". Deste modo poderá dizer-se que a dimensão da vigência é essencial à existência do Direito como Direito. Ao tentar definir o Direito está-se pois a tentar definir uma realidade, algo que tem uma determinada existência social.

Ora, como à existência (vigência) e subsistência de uma ordem jurídica pode ser indispensável a coercibilidade, há quem afirme que "o Direito supõe em princípio uma sanção" — uma sanção positiva; e que esta é, "se não da sua essência, pelo menos da sua natureza"; (...) "caso contrário, estaríamos em presença de uma *lex imperfecta,* votada ao fracasso" ([1]).

Que responder a isto?

5. *Questões que se suscitam a propósito da coacção. A legitimidade da coacção.*

O problema de coacção no Direito suscita as seguintes questões: a) a questão da legitimidade da coacção; b) a questão da necessidade da coacção; c) a questão do valor especificante da coacção (ou seja, se a nota da coacção ou coercibilidade serve para distinguir a *juridicidade* da *moralidade,* p.ex.). Neste momento, apenas abordaremos as duas primeiras. A terceira será tratada a propósito da distinção entre Direito e Moral.

Vamos, primeiramente, tentar mostrar que não é da coercibilidade que resulta a juridicidade da norma, mas que, inversamente, a coercibilidade ou a legitimidade da coacção deriva de a norma ser uma norma de Direito. Por outras palavras: o Direito não se define pela coercibilidade, mas esta é uma característica ou qualidade que resulta da própria natureza do Direito.

O que é "de Direito" é obrigatório, é *exigível,* mesmo contra a vontade dos destinatários da norma — ou da decisão. Temos aqui uma *heteronomia* que se impõe e limita a autonomia de cada um dos membros da comunidade. Ora, como pode justificar-se esta heteronomia do Direito? Não é em princípio ilegítima qualquer limitação da autonomia ou liberdade da pessoa humana?

Não, se essa heteronomia é condição da existência mesma da autonomia. Ora o homem, como pessoa, só pode realizar-se em comunidade. Logo, a obrigatoriedade daquelas normas que são necessárias à própria existência e subsistência da comunidade, ou para fomentar o desenvolvimento da autonomia de todos e de

---

([1]) Assim L. Le FUR, *Essai d'une définition synthétique du droit,* citado *apud* JULIEN FREUND, *Le droit d'aujourd'hui,* Paris 1972, p. 17.

cada um dos seus membros, não só não viola o princípio da autonomia ou da liberdade como é postulada até por esse mesmo princípio. E, sendo assim, aquela específica *obrigatoriedade* do Direito teria a sua raiz profunda na própria natureza social do homem e na necessidade de garantir aquela forma de vida (a vida social) indispensável à sua "humanidade".

Por outro lado, o Direito, informado pelo princípio da Justiça, limita-se a definir, segundo um critério objectivo, o *teu* e o *meu*, isto é, limita-se a definir a esfera de liberdade de cada um em face dos demais e em face da colectividade. Daí que as obrigações impostas a cada um pelo Direito, correlativas de direitos atribuídos a outros ou à colectividade, e sendo a contrapartida de vantagens auferidas por aqueles a quem são impostas, sejam dotadas da qualidade particular de *juridicamente exigíveis* — que não apenas *moralmente* exigíveis. O seu não cumprimento por parte do juridicamente obrigado representaria sempre uma espécie de locupletamento deste à custa de outrem (à custa de outros particulares ou da comunidade), ou a violação, à custa da comunidade e dos particulares mais directamente atingidos, de regras essenciais à vida comunitária. De certo modo, o recalcitrante alargaria a sua esfera de autonomia ou de liberdade, em último termo, à custa das esferas de autonomia ou de liberdade dos outros.

Daí que a reposição das coisas no *status quo ante* ou o forçar ao cumprimento o devedor inadimplente (execução forçada), ou, em suma, a reintegração da ordem violada seja postulada pela própria ideia de Justiça. Daí que, no domínio do jurídico, o recurso a meios de coacção para repor a Justiça seja, não apenas *legítimo,* mas até exigível([1]).

Concluiremos, pois, dizendo que a coacção no domínio do Direito é não só legítima, senão que também exigível. Mas será ela necessária?

([1]) Note-se que, em todo o caso, a coacção apenas será legítima se a norma também o for, isto é, se esta puder ser considerada como uma norma conforme à ideia de Direito e, portanto, uma norma que vise, em último termo, a defesa e a promoção da autonomia da pessoa humana, e não a subordinação desta a valores supostamente superiores.

6. A necessidade da coacção.

O Direito é uma ordem necessária: não há sociedade sem Direito, este entra necessariamente na constituição do social. A sociedade, por seu turno, é necessária, por natureza, ao homem.

Por outro lado, como afirmam muitos autores[1]; todo o Direito ou é positivo (vigente) ou não é Direito. Significa isto o seguinte: para que a sociedade exista, tem de vigorar o Direito; e o Direito, para ser Direito, tem de ter vigência social. Ou ainda: se não existir uma sociedade não pode haver Direito e para existir uma sociedade tem de vigorar um Direito.

É, pois, da natureza do Direito ser positivo, ter vigência. Mas a vigência efectiva do Direito, numa sociedade de homens imperfeitos, requer a coercibilidade, isto é, a ameaça de uma sanção efectiva. Requer, pois, que estejam predispostas sanções e instituídos os meios da sua efectiva aplicação àqueles que violem as normas. Requer, por outro lado, que por detrás do Direito esteja um poder social organizado (nas sociedades contemporâneas, o poder do Estado) capaz de o impor pela força, se necessário.

Pode conceber-se, como utopia ou até como ideal desejável, uma sociedade de homens perfeitos em que a coacção se tornasse dispensável. Nesse caso não deixaria de existir Direito, apesar de desaparecer a coacção.

7. O Direito e a força — o Direito e o Poder Político.

A) O Direito não prescinde da Força.

A coacção depende da Força. De modo que, se pode dizer-se que o Direito, enquanto postula eficácia ou vigência social, depende da coacção, também pode dizer-se que depende da Força. Mais, poder-se-ia dizer que, não só na sua aplicação mas também na sua origem, o Direito depende da Força. Na sua origem, porque ele hoje é predominantemente ditado por uma autoridade social (o Parlamento, o Governo) que tem por detrás de si o poder político, isto é, o poder do Estado. Na sua aplicação efectiva, porque a efectivação da sanção é garantida pela

---

( ) Assim, por todos, e reportando-se à ligação incindível entre *validade* e *vigência*, CASTANHEIRA NEVES, *ob. cit.*, pp. 353 e 359.

Para uma noção de Direito 37

existência e actuação de uma instância organizada e integrada no aparelho do Estado.

Ora a este propósito convém reflectir no seguinte. Se apenas a Força exprime o Direito, já não temos Direito, mas uma sucessão de vontades discricionárias e caprichosas dos detentores do poder. A Força não pode substituir-se ao Direito sem eliminar este.

Mas, por outro lado, o Direito também se não pode substituir à Força. O Direito não possui em si mesmo a Força de impor e fazer respeitar as suas prescrições. Esta Força vem-lhe do exterior, do poder político. O Direito sem a Força seria impotente.

De resto, como vimos, o uso da Força para a realização do Direito pode mesmo ser exigido pela ideia de Justiça. E é por isso que se diz que o Estado-de-Direito que se torne demasiado complacente e se abstenha do uso da Força quando este é necessário para fazer respeitar o Direito se nega a si próprio enquanto Estado-de-Direito. Aliás, mostram-nos experiências recentes que, se o Estado deixa de desempenhar as suas funções normais, se forma aquilo a que se convencionou chamar o "vácuo do poder" mas que na realidade o não é pois que forças políticas mais ousadas e agressivas, não legitimadas nem controladas, tomam imediatamente o poder em mãos, instituem uma polícia e organizam os seus tribunais, etc., etc.

Do exposto devemos concluir que, nas palavras de Julien FREUND([1]), "o Direito não exclui a Força mas a violência".

Por outro lado, importa lembrar que é só quando o poder político tem força bastante para dominar a violência que ele pode impor soluções através do Direito. O Direito, não sendo em si mesmo uma Força, não pode por si só impor a paz. Como diz o mesmo J. FREUND: "O Direito não instaura por si mesmo a paz, mas contribui para a manter quando a política a tenha estabelecido e se encontre em condições de impor e fazer respeitar as soluções por via jurídica, em lugar de soluções por via da violência". E logo acrescenta: "Se a vontade política entende recorrer deliberadamente à violência, o Direito não a pode impedir disso([2]).

([1]) *Ob. cit.*, p. 10
([2]) Ib., l. c.

B) *O Direito legitima e regula a Força.*

Estamos, pois, caídos na conclusão de que o Direito *depende* da Força, precisa da Força ou, pelo menos, vive em simbiose com ela. Conclusão à primeira vista escandalosa, pois nos faz lembrar certas teses que conceituam o Direito como simples expressão da Força, como vontade dos mais fortes ou da classe dominante.

Contra estas teses afirmaremos, porém, que cabe ao Direito *legitimar* a própria Força de que ele carece para se impor como Direito. Cabe-lhe legitimá-la, fazendo dela uma *potestas ordinata.* Doutro modo, e se ele próprio fosse simples produto da Força, careceria de legitimidade para justificar (ou exigir até) o recurso à Força com vista à sua realização.

O certo é que o Direito só se institucionaliza, só tem vigência social e é, portanto, Direito, quando incarna numa estrutura de acção (ou de eficácia) que lhe empreste a Força. Pode, pois, dizer-se que o Direito *depende* da Força.

Mas, se o Direito *depende* da Força, como poderá dizer-se que é ao Direito que cabe *legitimar* e *impor limites* à Força — como poderá ele impor-se ao seu próprio substrato de vigência ou eficácia, limitando e regulando a Força? Eis-nos perante a questão crucial cujo esclarecimento terá implicações muito vastas.

Especificamente pelo que respeita à coacção, podemos formular a questão assim:

Todo o Direito, ou é positivo, ou não é Direito. O Direito, como Direito, postula vigência efectiva.

A vigência depende, em regra, da coercibilidade e, portanto, da existência de uma sanção socialmente organizada que tem por detrás de si um poder, uma Força (hoje, normalmente, em última instância, o poder político do Estado). Logo, o Direito *depende* da Força (ou da coacção). Teremos, por isso, de concluir que a coacção é lógica ou ontologicamente inerente ao Direito?

Uma resposta sumária à questão poderia ser a seguinte:

Tudo vai do sentido daquele *depende* na proposição segundo a qual "O Direito depende da Força". Ora o Direito *depende* da Força no seu existir (na sua vigência) como Direito, mas não no seu ser, na sua essência ou no seu conteúdo. Este é determinado, antes, em função da ideia de Direito. De modo que, em relação a tal conteúdo, a Força funciona como "mediador" histórico-social que lhe permite "actualizar-se" e actuar. Já no plano da validade

Para uma noção de Direito 39

é antes como dissemos, a Força que se acha subordinada ao Direito.

Podemos dizer, portanto, que ao Direito não é inerente a coacção, nem lógica nem ontologicamente. Bem pelo contrário, é o Direito que legitima a Força. O Direito requer uma Força, sim, mas uma Força já legitimada pelo Direito, já por ele regulada no seu exercício — isto é, já conforme à ideia de Direito (ou à Justiça).

C) *Facticidade e Validade (Legitimidade) — Poder político e Direito.*

No mundo cultural, como vemos, à relação de dependência factual sobrepõe-se uma relação de independência e supremacia do plano da legitimidade ou validade. As instituições especificam-se pela ideia-valor que incarnam, e não pelos factos ou determinantes causais de que depende a sua incarnação numa estrutura de eficácia (de acção). Assim, poderá dizer-se que o Direito só existe ou tem vigência quando incarnado numa estrutura de eficácia (de acção). Mas daí não resulta que ele seja produto (arbitrário) dessa estrutura de acção, por isso que não depende dela na sua legitimidade ou validade, mas apenas no seu *existir*. Aliás, como vimos, todas as relações e instituições sociais têm o seu sentido *específico* definido pela ideia-valor, e não pelos factores causais que lhe conferem existência, vigência, efectividade histórica.

Se pretendessemos explicar todas as relações ou instituições sociais em termos de causas eficientes que as determinam no seu aparecimento histórico, jamais as apreenderíamos na sua essência ou no seu significado próprio enquanto condutas com sentido — isto é, como vimos, enquanto condutas reguladas por normas.

Ora explicar o Direito pela Força-coacção, na sua origem (no seu entrar em vigor) e no seu aplicar-se, designadamente considerar que o Direito é ordem de coacção por carecer desta para o seu *existir* ou por ser ditado pela Força, criado por esta, traduz-se em considerar os factos determinantes do existir factual como notas caracterizadoras (definidoras) da essência duma instituição social. É considerar que as determinantes da *existência* da instituição (apreensíveis empiricamente, ou através da pura *descrição histórica*) definem a essência desta, isto é, a sua verdadeira realidade. O que seria, enfim, cometer o erro de confundir a aparência com a essência e, ao mesmo tempo, corresponderia a hipostasiar uma certa forma de pensamento (a do "cientismo") como o único modo de pensar o real([1]).

Somos, assim, reconduzidos aqui à questão fundamental, já atrás referida, de como pensar o social: se a partir dos factores causais que o determinam (ou condicionam) no seu vir à existência e no seu agir, na sua inserção na história e na sua eficácia social (na sua *entrada em vigor* e na sua *vigência*) — se a partir das ideias ou valores que lhe dão a *significatividade específica*.

Do primeiro ponto de vista, não seria possível distinguir o direito da Força ou, pelo menos, da coacção — pois que a própria convicção dos destinatários de que as normas jurídicas são obrigatórias (válidas), ou de que lhes é *devido* acatamento, seria apenas mais um factor de coacção social (mais um facto) a reforçar a eficácia delas e a dispensar, portanto, na generalidade dos casos de observância espontânea, a necessidade do recurso à coacção directa (à aplicação directa da Força). De modo que o argumento de que a generalidade das pessoas não entende o Direito como uma ordem de coacção, mas o concebe como um conjunto de normas obrigatórias e válidas *a se*, às quais, portanto, mesmo de um ponto de vista ético, é *devida* obediência, não teria qualquer peso como argumento contra uma visão sociológica-empírica do problema([2]).

Mas o certo é que de uma Força (*de um Kratos*) — e ainda que essa Força seja um poder social de facto fundado numa convicção espontânea — nunca pode extrair-se uma Legitimidade (um Ethos), por isso mesmo que de um *ser,* de um facto sem mais (no sentido de facto passivamente apreendido e valorativamente incolor ou neutro) não pode extrair-se um dever-ser. A Força,

---

([1]) Confira, a este respeito, para ver como é injustificável e empobrecedora do real a concepção que a "ideologia cientista" tem de "realidade", o que adiante se dirá a propósito do Problema da Validade e do Direito Natural.

([2]) Não significa isto, porém, que a obrigação ética "indirecta" (KANT) de obedecer à norma jurídica — obrigação que se justifica porque e na medida em que esta norma remete no seu sentido para a ideia de Justiça e, portanto, apela para a consciência ético-jurídica dos seus destinatários — não constitua um suporte fundamental do dever jurídico. Até porque, sem essa obrigação ética "indirecta" que acompanha a ordem jurídica, os deveres jurídicos não poderiam merecer propriamente o designativo de "deveres". Neste sentido, v. LARENZ, ob. cit., p. 45.

encarada como puro dado de facto, não pode ter qualquer legitimidade dentro de si. É por este ponto que passa a radical distinção do ser e do valer, da facticidade e da legitimidade, da ordem ôntica e da ordem deôntica.

De uma Força, mesmo em se tratando de um poder social de facto, não pode extrair-se uma legitimidade ou uma validade. O poder, seja ele qual for, não retira a legitimidade de si próprio, enquanto simples poder. Na sua actuação social tem, pois, que legitimar-se por referência a uma ideia de Direito ou de justiça — tem que trazer em si uma pretensão de legitimidade e uma pretensão de validade para a ordenação social a estabelecer. E o certo é que todo o poder social, mesmo o poder revolucionário, nos aparece sempre como Força portadora de um novo *Ethos,* de uma nova ideia de Direito — e se procura legitimar com base nessa sua pretensão ou *por remissão* para esse seu *sentido.*

Vem aqui a ponto anotar que a própria vontade da maioria não pode pretender ser válida (ditar normas válidas) só por ser a *vontade da maioria*: como vontade, ainda que da maioria — e por maior que essa maioria seja —, não passaria também ela de um simples *facto.* De modo que não pode impor um ordenamento jurídico com a única justificação de que tal é a vontade da maioria: haverá de afirmar, antes, que tal é aquilo que a maioria entende ser "justo". Logo, tem necessariamente que levar em si uma pretensão de validade — de Justiça — e é através desta sua pretensão, através do sentido de que aquela mesma vontade é portadora, que ela deverá ser entendida e aferida.

8. *Conclusão.*

Concluiremos, pois, que o Direito não depende da Força na sua *validade,* no seu *sentido específico* ou na sua essência; depende dela apenas no seu *existir.* Trata-se, portanto, de uma dependência meramente de facto — não de uma dependência *de iure,* isto é, situada no plano da validade ou da legitimidade. Neste plano, como vimos, é a Força que deve subordinar-se ao Direito, cabendo a este conferir àquela legitimidade ou não (e, portanto, regulá-la e limitá-la).

Mas, por outro lado, só numa sociedade ideal o Direito dispensaria a Força. Na realidade histórica do nosso horizonte, todo o *Ethos* requer um *Kratos* (uma estrutura de acção) em que incarne para ter vigência social.

O Direito carece da Força; mas, por seu turno, legitima e regula o uso desta. A Força sem o Direito é violência.

Do exposto também se deduz que, no Direito, se verifica uma *particular articulação* do ser e do dever-ser, do fáctico e do normativo, da realidade e da normatividade; também se deduz que a *juridicidade* é sempre articulação da normatividade e da realidade (ou eficácia). É certo, por um lado, que o conteúdo normativo-valorativo do Direito não depende da eficácia (vigência social); mas, por outro lado, também o é que os valores ideais só são jurídico-positivos, só têm *juridicidade*, quando se institucionalizam na ordem *social real* (vigente).

Daí que, como nota KELSEN, a eficácia constitua um limite à *validade*. Daí que uma norma jurídica que perca a sua eficácia pelo desuso (*desuetudo*) deixe de ser uma norma válida — isto é, perca a qualidade de norma jurídica. Daí que o costume, ainda que a lei o exclua de entre as fontes imediatas do Direito, tenha sempre, pelo menos sob a forma negativa do desuso, uma eficácia revogatória, implicando a cessação da vigência da norma caída em desuso (não obstante o que se diz no art. 7.º do Código Civil). Uma lei caída em desuso (no sentido de prolongada inobservância por parte dos cidadãos e inaplicação por parte dos órgãos jurídicos) é uma lei morta. Pelo que, neste sentido, na medida em que a eficácia social é suporte indispensável da juridicidade de uma norma, se poderia até dizer que o costume, enquanto fonte de Direito, cada vez mais relegado para segundo plano ou expressamente afastado pela lei, ocupa entre as fontes de Direito uma certa posição de privilégio, por isso que até a lei que exclua o desuso como forma de cessação da vigência das leis está, ela própria, sujeita a cair em desuso.

9. *Observação crítica ao "cientismo" da sociologia empírica.*

Fizemos questão de explicitar as premissas em que assentamos o nosso ponto de vista, como pede lealdade. Partimos de que, a considerar os factos como *puros factos,* no sentido do modo de pensar cientista, teremos que estabelecer uma radical distinção entre a ordem ôntica e a ordem deôntica. Partimos

Para uma noção de Direito 43

ainda de que as instituições sociais, enquanto elementos integradores daquela forma de vida que é a vida social-humana, não podem ser compreendidas e definidas na sua especificidade senão através das ideias-valor que as informam. Doutro modo, algo de específico é deixado de fora do conhecimento e a realidade aparece deturpada.

Façamos agora uma breve observação crítica ao ponto de vista oposto: o do cientismo empírico-sociológico.

Acerca deste ponto de vista poderemos dizer que ele escamoteia a questão fundamental e, por isso, prova demais. É que a explicação causalista das instituições tem a curiosa particularidade de nos não dar conta da origem do problema, do porquê da questão da *validade* — ou da questão da *significação* — , do porquê da existência e persistência teimosa de convicções de validade e de juízos de valor partilhados afinal por todos os homens, ou, em alternativa, da razão por que, de todos os bichos, só o homem sofre de alucinações ideológicas.

Na resposta dada pelo empirismo sociológico há na verdade uma espécie de truque: ela "responde" à questão eliminando-a, negando-a como questão, afirmando expressa ou implicitamente que se trata de uma falsa questão. Mas nunca a sociologia empírica se reconheceu capaz de nos dar, mesmo dentro da sua lógica, qualquer explicação para o facto de a questão *se pôr,* de a questão surgir e ressurgir persistentemente, sempre e em toda a parte. Ora, quando na ciência se demonstra que certo problema é um pseudo-problema, fica ao mesmo tempo e sempre claramente demonstrado o porquê de esse falso problema ter surgido. Como não é esse de forma alguma o caso no que respeita à concepção sociológico-empírica das instituições sociais, bem pode esta concepção desistir da sua pretensão de "cientificidade", se toma (como é o caso) por único paradigma de ciência a ciência da natureza. Porque, neste ponto fundamental, não imita o modelo.

Concluindo e resumindo: Aquele *género de resposta* que a sociologia empírica nos fornece (e o único que é capaz de nos fornecer) não constitui resposta satisfatória, designadamente pelas seguintes razões:

1) Não deixa qualquer *lugar* (qualquer *horizonte*) para uma eventual resposta à questão de saber por que surge insistente e persistentemente no homem a questão do *dever-ser,* a questão da *validade,* a questão fundamental do *sentido* (ou "questão semântica"): aquela "resposta" fecha-se sobre si mesma, de modo

a eliminar a própria possibilidade da questão a que ela, no entanto, em certo sentido, pretende ser uma resposta.

2) Não deixa qualquer *lugar* ou qualquer horizonte livre para uma indagação sobre uma eventual resposta à questão de saber o que *especifica* aquela particular forma de vida — a vida social-humana — que, no entanto, constitui o seu próprio objecto de indagação — ou, em alternativa, para uma eventual resposta à questão de saber por quê só o homem, de todos os bichos, padece de alucinações ideológicas e postula um *sentido* para a sua vida.

Sendo assim, pode dizer-se que aquele género de "resposta" afinal se fecha ao problema que está em causa e o elimina do seu horizonte visual, pois "responde" por uma maneira que torna o próprio surgir do problema *impensável* — ou até impossível. O que quer dizer que prova demais.

Mais certo estaria, isso sim, se aquela corrente reconhecesse modestamente que não dispõe de instrumentos de conhecimento capazes de a habilitar a enfrentar a questão e tentar uma resposta — remetendo a indagação sobre a mesma questão para o domínio da Filosofia (por isso que é a esta disciplina que cabe deslindar o conceito de "realidade" ou de "forma de vida"). E então, sim, nada teríamos a opor a uma tal atitude, pois também nós cremos que a questão do conceito de Direito (sendo uma questão acerca da "realidade" social ou acerca do que deve entender-se por uma "forma de vida") pertence *de iure* à alçada da Filosofia do Direito, para esta devendo ser remetidos neste momento os alunos.

§ 2.º — Facto e norma (descritivo e preceptivo). A teoria da força normativa dos factos.

Esta teoria afirma que há factos que ditam as normas, designadamente factos que ditam mudanças de regimes legais. De igual modo afirma que, quando um novo facto social surge e é descoberto, ou adquire nova importância por força da mudança do seu contexto social, surgirá na consciência social um novo valor ou uma nova ordenação de valores. Daí se seguirão logicamente consequências sobre o sistema das normas. Pelo que a indagação empírica exaustiva dos factos sociais poderia vir eventualmente a tornar supérfluas as decisões fundadas em juízos de valor: o direito deveria ser "lido" no facto social.

São fundamentalmente duas as questões suscitadas pela relação entre o normativo e o factual. A primeira é a de saber se

Para uma noção de Direito   45

uma conduta que de facto se generaliza entre a maioria dos membros de uma sociedade se transforma em nova norma de conduta (moral ou jurídica). A segunda é a de saber se uma análise empírica apurada dos factos sociais poderá um dia vir a dispensar as decisões valorativas.

A) *À primeira questão.* A eficácia dos factos na constituição e modificação de normas é, enquanto fenómeno empírico, indiscutível. Não raro acontece na história que uma conduta de facto uniformemente adoptada por grande número dos membros de uma sociedade acaba por se impor como norma válida e afastar normas anteriores. O que é contestável na teoria do poder normativo dos factos é a interpretação que ela dá a este fenómeno, ao entender que a factualidade por si mesma determina o normativo, ao supor que aquilo que é de facto praticado pela generalidade das pessoas deve ser considerado como norma, como critério de acção válido e correcto.

Uma tal interpretação é que já não poderá apoiar-se em provas empíricas. Bem ao contrário, o que efectivamente se verifica é que uma conduta social que se afasta de uma norma ainda vigente apenas se transforma em nova norma de conduta quando se generaliza a convicção de que ela é justa e correcta: só quando o novo padrão de conduta, em concorrência com o anterior, se impõe como *legítimo* e vinculante, se concretiza a referida força normativa do facto. Muitas vezes acontece que a conduta de facto mais frequente diverge da conduta normativamente imposta como desejável e correcta sem que por isso a norma seja destruída por revogação. Tal pode acontecer por alguma das seguintes razões, que podem actuar combinadamente: porque a norma em causa é uma norma fundamental para a vida em comum, porque tal norma se acha sistematicamente interligada com outras normas com as quais forma uma unidade de sentido incindível, ou porque em todo o caso as condutas de facto divergentes da conduta imposta pela norma não conduzem à instituição de uma outra norma contrária à anterior.

Para ilustrar o que antecede, pensemos em certos inquéritos ou sondagens de opinião modernamente levadas a efeito a respeito de questões candentes e investidas de forte carga emotiva e política como a questão da interrupção da gravidez (aborto) ou a questão das relações sexuais fora do matrimónio. O facto de grande número de pessoas violar a norma que proíbe o aborto ou as normas de moral sexual prova que aquela e estas normas terão perdido a sua vigência? Alguns baseiam-se nos resultados dos inquéritos e sondagens empíricos para responderem que sim.

Todavia, no próprio terreno da sociologia empírica se consegue demonstrar que esta conclusão é precipitada: sondagens e inquéritos posteriores vieram revelar que uma percentagem muito significativa daqueles que afirmam ter violado aquelas normas não recusam, antes afirmam, reconhecer validade às normas que violaram. Sim, o facto de, p. ex., alguém em determinadas circunstâncias mentir não significa de forma alguma que ele dê mais valor à mentira que à verdade.

De forma que importa fazer uma primeira reserva à teoria da força normativa dos factos: seria mais correcto falar da força normativa das convicções de facto sentidas e vividas, pois uma conduta de facto generalizada só conduz a uma modificação normativa quando é acompanhada da convicção da correcção e validade da máxima que preside a essa conduta. Como veremos pelo que respeita ao chamado direito consuetudinário, uma conduta uniforme e constante dos membros de uma comunidade só conduz à formação de uma norma consuetudinária quando acompanhada da convicção da sua *obrigatoriedade* jurídica (*opinio iuris vel necessitatis*). Como já notara Tomás de Aquino, as práticas consuetudinárias, acompanhadas de concepções valorativas assentes na consciência colectiva, têm eficácia modeladora sobre o direito ou, pelo menos, servem de assento e matriz para a interpretação da lei, enquanto reflexo do universo cultural ou universo de valores da sociedade.

Uma outra reserva tem a ver com a confusão entre o natural ou biologicamente natural e o moralmente "natural". O relatório Kinsey, posteriormente confirmado por diferentes investigações, veio mostrar que existe um abismo entre as normas (morais e jurídicas) relativas à sexualidade e a conduta de facto de grande número de pessoas. Esta discrepância (se bem que se possa discutir a representatividade dos inquiridos) é tida por facto averiguado. Mas as conclusões do mesmo relatório têm sido justamente objecto de crítica por vários sociólogos e antropó-logos. A conclusão de que a variabilidade e plasticidade da conduta sexual do homem é "natural" pretende significar o seguinte: porque tal diversidade é conatural à natureza biológica do homem, não se justifica que através de normas e tabus sociais e culturais se reprimam ou julguem desfavoravelmente certas condutas sexuais — a variabilidade biologicamente natural dessa conduta deveria ser *moralmente permitida*. Quer dizer: da facticidade biológica é deduzido um postulado normativo: o biologicamente natural é convertido em moralmente "natural".

Esta falácia, que consiste em concluir do *ser* para o *dever-ser*, esquece um dado elementar de toda a antropologia cultural: as instituições, as normas sociais e culturais, vêm justamente seleccionar, sobrepondo-se à inespecificidade ou indeterminação das pulsões instintivas do homem, certas formas de conduta que são tidas por "normais" e rejeitar e reprimir outras consideradas anormais. Isto não significa de forma alguma que estas outras sejam doentias ou "anormais" do ponto de vista biológico: são-no apenas do ponto de vista cultural (moral) e social, de acordo com um sistema de valores adoptado pela sociedade. Que haveria de mais natural (e até saudável, talvez) do que sair nu em dia de canícula?

A terceira reserva a fazer à teoria da força normativa dos factos pode formular-se nos seguintes termos: uma conduta de facto observada pela generalidadede dos membros de uma sociedade só institui uma nova norma quando seja compatível com o sistema valorativo global (com o universo cultural) dessa sociedade ou, então, quando provoque uma modificação nesse sistema valorativo global. Doutra forma, quando a máxima capaz de informar tal conduta conflitua com tal universo valorativo, também a dita conduta não pode ser acompanhada da convicção sincera da correcção ou validade de tal máxima

B) *À segunda questão*. A informação sobre a realidade factual corresponde a uma necessidade humana e fornece dados indispensáveis ao legislador que se propõe regular as relações sociais. Além disso, os inquéritos à opinião pública postos ao serviço das decisões políticas (sem intenções manipuladoras) têm de per si um evidente significado democrático: entre outras funções, incumbe ao político num sistema democrático realizar a vontade maioritária do povo. Isto não pode significar, porém, que as investigações de sociologia empírica possam um dia dispensar-nos de decisões fundadas em juízos de valor. Por duas razões, intimamente conexas entre si: em razão da "natureza" particular do homem e em razão da relatividade dos fundamentos epistemológicos da ciência empírica.

Recentes investigações sobre a natureza do homem convergem todas no sentido de dar por facto assente e averiguado que ele carece de se representar fins ("ideais") para conscientemente poder escolher e modelar modificações na sua vida e na vida social. Não existe uma ordem social produzida pela natureza. Como configurar esta ordem social em termos de se alcançar uma forma *superior* de vida? A razão não é apenas um órgão destinado a ler uma ordem humana pré-estabelecida; antes cabe à própria razão uma função ordenadora. Neste sentido dizia HERDER que o homem não possui uma razão previamente dada, antes a possui como aquisição que se vai consumando ao longo da história na experiência da conformação da vida humana. A natureza humana não é um ser, uma entidade já pronta e acabada, mas um poder-ser. Ela apresenta-se ao homem como tarefa a realizar: o homem tem por assim dizer que se "adquirir" a si próprio, que se interpretar a si próprio e, neste interpretar-se a si próprio, decidir-se a realizar ou efectivar aquilo que ele próprio realmente é.

Até as investigações sociais empíricas que, dentro de certos limites, são susceptíveis de substituir o normativo pela análise e verificação dos factos, têm desembocado na constatação de que na conduta do homem intervêm muitas componentes que se situam para além da racionalidade científico-técnica, isto é, para além daquilo que é dedutível dos factos. Pois que precisamente a ambivalência dos dados técnicos, isto é, a possibilidade que lhes é inerente de serem utilizados para diferentes fins, exige o recurso a um sistema de valores segundo o qual se possa decidir acerca do fim a atingir, se possa decidir o que é valioso, correcto, justo ou válido.

Este sistema de valores depende sem dúvida de condições sociais, mas de modo algum se dissolve nestas condições ou se confunde com elas. Não pode confundir-se com elas porque tem precisamente a função de as criar e modificar — tem precisamente a função de fornecer os princípios regulativos segundo os quais *deve ser* conformado esse artefacto humano social que é a chamada organização da sociedade.

Esta função modeladora de artefactos humanos culturais é ineliminável. Daí que se possa afirmar o seguinte: não pode esperar-se que qualquer evolução futura, que qualquer futura ciência ou ciência do futuro (futurologia) se venha a revelar capaz de planear totalmente o mundo do homem numa base empírica e tornar supérfluas as decisões valorativas. Tem de pôr-se de lado, pois, a esperança na capacidade da investigação empírica para substituir valores e normas.

Por outro lado, há que ter em conta o valor relativo da "realidade" que nos apresentam as ciências empíricas e a chamada "pré-impregnação valorativo-normativa dos actos cognoscitivos". A ciência empírica, enquanto ciência, é um saber sistemático — e, portanto, um saber em que o caos de todos os dados imediatamente percepcionados se não ordena em ciência (saber sistemático) através da simples e "inocente" observação. Temos que fazer perguntas antes de recebermos respostas dos factos e aquelas perguntas têm que ser "significativas". Ora estas perguntas só podem ser significativas a partir de uma teoria ou de um sistema preconcebido. Só a partir de um tal sistema e do seu modo específico de interrogar os factos obtemos destes aquele *input* informativo específico que fornece o conteúdo do saber ordenado ou sistemático que é a ciência. Não pode esquecer-se que a indagação empírica se move sempre no interior de um sistema de factores interdependentes, que a averiguação dos factos apenas se pode processar dentro de um determinado sistema de relações com outros factos. Pelo que, quando é possível a apreciação crítica de um sistema por meio de métodos empíricos, isso implica necessariamente que consideramos o sistema criticado como parte de um sistema mais amplo que o compreende dentro de si. Se continuamos nesta progressão com vista a apreciar também criticamente o sistema dos sistemas, para formular uma valoração final, que é a valoração propriamente dita, então estamos a fazer apelo a um pretenso sistema ou unidade de referência que já não tem quaisquer limites — e, portanto, não pode funcionar como sistema de referência. Estamos, como diz LUHMANN, a apelar para um sistema de referência que seria o mundo, o mundo total do homem, o *Lebenswelt*. Mas este não pode ser concebido como sistema porque já não tem um "fora" (um "exterior", uma realidade exterior a ele) relativamente ao qual se possa delimitar. Em duas palavras: se o mundo do homem, o seu *Lebenswelt*, compreende dentro de si a ciência empírica como sua parte, não pode a partir desta dominar-se a globalidade daquele. A visão da realidade que nos dá esta ciência é uma visão parcelar, podendo mesmo dizer-se com HARTMANN que tal realidade não é para o homem como forma de vida integrada num *Lebenswelt* senão uma *realidade secundária*.

§ 3.º — O Direito e o Estado

1. *A relação entre o Direito e o Estado*

A questão da *estadualidade* do Direito coenvolve pelo menos duas questões: a) a da relação entre o Direito e o Estado; b) a questão de saber se todo o Direito é estadual (questão relativa, designadamente, ao Direito Internacional e aos Direitos das sociedades "primitivas").

Quanto à primeira questão, não tem faltado mesmo quem identifique o Direito com o Estado. Como o elemento fundamental do Estado é o poder (o poder político), essa tese vem afinal a afirmar a coincidência do Direito com o poder [1].

Ora, como ficou explicitado no parágrafo anterior, o Direito não se confunde com o poder e, portanto, também não pode confundir-se com o Estado. Antes, cabe ao Direito *limitar o poder* do Estado e legitimá-lo — o que não seria possível se com ele se confundisse. Significa isto que há princípios de Direito que *se impõem* ao próprio Estado — e este não pode constituir uma ordem jurídica sem se referir ao princípio superior da Justiça. Pelo que, por isso mesmo, não podemos fazer derivar aqueles princípios do poder do Estado.

O problema é fundamentalmente o mesmo que o das relações entre o Direito e a Força, o Direito e o Poder Político — pelo que nos limitamos aqui a remeter para o que foi dito no parágrafo anterior.

2. *Se todo o Direito é estadual.*

O Direito que vamos estudar no nosso curso é o Direito do Estado moderno — nomeadamente o Direito do Estado português. Mas pergunta-se, por um lado, se o Estado terá o *monopólio* da criação do Direito e, por outro, se apenas o Direito do Estado, ou seja, o Direito ditado pelo Estado, ou *por ele reconhecido,* e por ele garantido através dos seus órgãos de coacção, é verdadeiro Direito. Está aqui em causa, designada-

---

[1] Sobre o tema da relação entre o Direito e o Estado e sobre as diversas posições doutrinais quanto ao ponto, cf. H. HENKEL, ob. cit., pp. 174 e segs., 180 e segs.

Para uma noção de Direito 51

mente, a *juridicidade* do chamado Direito Internacional Público e do Direito das sociedades "primitivas", não organizadas na forma de Estado.

A) *O Direito Internacional.*

Pelo que respeita ao Direito da sociedade internacional, deve observar-se que não existe nesta sociedade um poder supremo que exerça funções análogas às do Estado no Direito interno (legislador, polícia, juiz). Daí que a eficácia das normas jurídicas internacionais pareça em regra inferior à que têm as normas do Direito interno. É maior a possibilidade de as normas do Direito Internacional ficarem sem sanção. Em questões que os afectem como questões vitais, os Estados mais fortes são tentados a desrespeitar as normas deste Direito, seguros que estão da sua impunidade ou confiando no recurso à força como *ultima ratio*. Recorre-se frequentes vezes à violência nas relações entre os Estados, por falta de um poder superior capaz de instaurar a paz por forma duradoira.

Por estas razões, e particularmente devido à falta de um poder organizado capaz de impor sanções ao transgressor quando este é uma superpotência — por falta de coercibilidade, portanto —, há muitos que negam a existência de um verdadeiro Direito Internacional, ou seja, recusam às suas normas o carácter de normas jurídicas.

Em face da análise da coercibilidade que fizemos no parágrafo anterior, o problema põe-se para nós em termos diferentes. O que deve perguntar-se é se *existem* ou não normas reguladoras da sociedade internacional que tenham um carácter obrigatório tal que a sua violação legitime o recurso à coacção. Ora tais normas *existem*, isto é, apresentam tal característica e têm *vigência* efectiva na sociedade internacional.

Na sociedade internacional encontramos na verdade um conjunto de normas de conduta que se consideram obrigatórias para os Estados e delimitam as esferas de cada um em face dos outros (o *meu* e o *teu*) em termos de um critério objectivo de Justiça. Tais normas distinguem-se bem das normas de cortesia entre os Estados ou da *comitas gentium,* bem como das normas morais. Essa distinção acha-se mesmo bastante firme e claramente radicada na prática dos Estados ou seja, na prática diária dos governos e chancelarias, onde as normas de Direito Internacional são analisadas em detalhe, quotidianamente

52 *Introdução ao Direito e ao discurso legitimador*

aplicadas e invocadas. São igualmente analisadas e sistematizadas por peritos (jusinternacionalistas) e aplicadas por tribunais internacionais.

Essa mesma prática mostra, por outro lado, que as ditas normas gozam de uma efectiva *vigência* nas relações entre Estados e que os casos de violação das mesmas representam situações patológicas, anormais e excepcionais relativamente àqueles outros casos, muito mais numerosos, em que são efectivamente respeitadas.

Consequentemente, porque tais normas são normas inspiradas por um critério objectivo de Justiça e, como tais, tornam legítima a coacção destinada a repor a ordem de justiça violada, e porque as mesmas normas gozam de uma vigência efectiva e normal na prática quotidiana das relações entre os Estados, devemos reconhecer-lhes *juridicidade* e reconhecer a existência de um verdadeiro Direito Internacional. O facto de não haver um órgão especialmente instituído para aplicar as sanções e o facto de algumas violações das ditas normas ficarem sem sanção efectiva (o que aliás também acontece relativamente a certas normas do direito interno) — embora nunca passem sem protesto e sem "custos políticos" — , não bastam para negar a juridicidade às normas do Direito Internacional.

B) *O Direito das comunidades "primitivas".*

Problema algo semelhante se põe em relação ao Direito das chamadas comunidades "primitivas", isto é, daquelas comunidades com uma organização rudimentar em que ainda não existe propriamente uma autoridade central nem tribunais permanentes especializados na decisão dos conflitos entre os indivíduos. É igualmente a ausência de um poder efectivo e de uma organização especial dos mecanismos sancionatórios que suscita a questão.

Mas, aqui, nestas comunidades primitivas, o problema apresenta ainda um outro aspecto: a dificuldade em distinguir entre as diferentes categorias de normas de conduta que as regem, a saber, entre as normas jurídicas, por um lado, e as normas morais, os usos sociais, as máximas de experiência e as normas rituais ou religiosas, por outro.

Em todo o caso, antropólogos mais modernos têm verificado que existe certa distinção entre aquelas e estas. Assim, certas normas são consideradas particularmente obrigatórias por necessidade da subsistência do grupo, da paz interna, da defesa, ou por imposição de necessidades vitais em geral. Ora as normas deste último grupo estão sancionadas por mecanismos sociais de coacção, embora estes mecanismos possam não ter carácter permanente mas se constituam espontaneamente sempre que se verifique uma violação daquelas normas essenciais. Trata-se, no fundo, de mecanismos de defesa do grupo contra a sua própria dissolução, sabido como é que nenhuma comunidade humana pode subsistir sem uma regra de Justiça que regule as relações entre os seus membros e as relações destes com a comunidade (por isso mesmo que não há vida social sem intercâmbio e sem relações de reciprocidade).

C) *Direito de fonte não estadual.*

Se o direito moderno é, na sua máxima parte, de "edição" estadual, pode todavia afirmar-se que o direito não é necessariamente de "origem" estadual([1]). Não o é ainda hoje o direito consuetudinário — quer o direito consuetudinário internacional, quer o direito consuetudinário interno, nos muitos Estados em que o costume é fonte imediata de direito. Sabemos, por outro lado, que, nas sociedades ainda não organizadas na forma de Estado, já existia direito. Por último, as normas jurídicas editadas por entes autónomos (regiões autónomas, autarquias regionais e locais, "corporações") na sua esfera de competência própria também não podem considerar-se normas de fonte estadual. Este direito das comunidades menores não tem sequer o respectivo fundamento de validade no seu *reconhecimento* pelo Estado.

Resta acrescentar que, no seu sentido mais profundo, o direito é emanação da cultura de um povo, ou até duma comunidade internacional, o que significa que os grandes princípios de uma ordem jurídica transcendem a vontade do poder estadual — ainda que esta seja uma vontade democraticamente formada, já que essa mesma vontade e as suas declarações solenes de normas jurídicas não podem fazer sentido ou ser entendidas senão no contexto do transfundo cultural ("comunidade de comunicação") em que se inserem. Trata-se de que o direito está ligado pelo cordão umbilical à evolução da

---

([1]) Sendo assim, muito menos se poderá aceitar a tese de KELSEN que identifica Direito e Estado.

comunidade, enquanto comunidade "comunicativa" de interacção e cooperação — e, portanto, pressupõe um "consenso" cultural básico (pelo menos aquele "consenso" sem o qual nem poderia existir um "dissenso" inteligível sobre o Justo).

Outro é o aspecto da efectiva aplicação do direito — o aspecto da coercibilidade. Neste aspecto deve dizer-se que, no Estado moderno, que chamou a si o monopólio da coacção física, a efectiva aplicação do direito é na realidade assegurada por orgãos estatais. Em última instância, pois, a eficácia do direito depende do aparelho de coerção estadual. Ora, como as normas sistematicamente inaplicadas perdem o carácter de normas jurídicas, dir-se-á que a juridicidade das normas depende, sob este aspecto externo ou de facto, da sanção do Estado. Mas os órgãos estaduais a quem é cometida a aplicação do direito têm de fazer um juízo prévio sobre a questão de saber se tal ou tal norma *deve* ser aplicada, pertence ou não ao sistema jurídico. Este juízo é independente da consideração da coercibilidade da norma — embora já o não seja de todo da possibilidade de *tutela jurídica* do interesse que tal ou tal norma visa proteger. Ao responder à referida questão, o órgão aplicador do direito apenas se pergunta se tal norma deve ser por ele aplicada, e não se ela é de criação estadual ou foi declarada por uma autoridade estadual.

Mais uma vez se verifica a necessidade de distinguir entre o "de iure" e o "de facto". *De iure*, p. ex., a competência normativa das comunidades menores (autarquias, etc.) para regular juridicamente os seus assuntos próprios (autonomia) não depende do Estado nem de uma concessão deste. *De facto* a eficácia e, em último termo, o carácter jurídico das normas emanadas pelas comunidades menores depende da sanção do Estado. O mesmo vale em relação ao direito consuetudinário. Porém, o jurista, o julgador, os órgãos de aplicação do direito, ao perguntarem-se como *devem agir e decidir,* começam necessariamente por se situar no horizonte da questão relativa ao "de iure" (ao que deve ser).

Para uma noção de Direito 55

§ 4.º — O Direito e a Segurança.

1. Relação entre Direito, Justiça e Segurança.

Já vimos que uma das principais funções das instituições sociais é criar estruturas de ordem e estabilidade nas relações entre os membros da comunidade. Cabe ao Direito acrescentar a essa estabilidade ordenadora das instituições sociais uma segurança ordenadora específica e própria a que se pode dar o nome genérico de *segurança jurídica.* Dada a *positivação* do direito legislado pelas autoridades competentes e em obediência a procedimentos devidamente regulamentados, dada a mais precisa formulação das regras jurídicas legisladas e a generalidade e abstracção destas regras, dada finalmente a garantia conferida ao Direito pelo funcionamento do aparelho judicial e pelo poder coactivo do Estado, a estabilidade da vida social, as expectativas em que cada um assenta as suas decisões e os seus planos de vida resultam grandemente reforçadas. Basta imaginar um colapso institucional subsequente a uma revolução social para nos darmos conta do valor da segurança jurídica.

Acrescente-se a isto que o próprio desenvolvimento do tráfico económico moderno teria sido impossível sem esta segurança adicional constituída pela garantia jurídica. Designadamente, os valores económicos em circulação, fundamentalmente constituidos por créditos, adquirem essa qualidade de valores contabilizáveis e de valores transaccionáveis por força da *confiança*, e esta confiança é fundamentalmente obra da garantia jurídica de que o direito os reveste.

A segurança é, pois, uma das exigências feitas ao Direito — pelo que, em última análise, representa também uma tarefa ou missão contida na própria ideia de Direito. A exigência de segurança pode, porém, conflituar com a exigência de justiça. Justiça e segurança acham-se numa relação de tensão dialéctica. (¹)

A justiça representa um ideal de hierarquia superior. A segurança representa um valor de escalão inferior, mais

---

(¹) Há que salientar este ponto: a segurança jurídica como tal é um atributo da juridicidade; de modo que a tensão ou conflito entre justiça material e segurança jurídica é uma tensão dialéctica permanente e indesvanecível que se situa no interior mesmo da juridicidade.

directamente ligado à utilidade, às necessidades práticas e às urgências da vida. Pelo que, em muitos casos, a própria *praticabilidade* do Direito pode exigir que o valor segurança prevaleça sobre o valor justiça — em consonância aliás com o princípio segundo o qual as realidades ou valores de escalão inferior na estrutura ôntica do mundo têm um *maior peso* que as realidades ou valores de escalão superior, por serem aqueles o necessário suporte destes.

Uma justiça puramente ideal, desacompanhada de segurança, seria vazia de eficácia e, por isso, não passaria de piedosa intenção. Uma segurança sem justiça representaria pura situação de força (pense-se, p. ex., no estabelecimento de uma "ordem" arbitrária mas eficazmente imposta pelo terror). A segurança traz a ordem e a paz social. Não é, porém, qualquer ordem social que pode interessar ao homem, mas apenas uma ordem justa. Porque, em último termo, a paz social deve ser produto da justiça. *Iustitia et Pax* — por esta ordem, no projecto de realização do homem. É a segurança que deve estar ao serviço da justiça e legitimar-se perante ela. Uma ordem estabelecida ou mantida pela repressão, mas injusta, não passa de desordem [1].

Com este ponto se relaciona o antigo problema do direito de resistência contra os tiranos ou da desobediência à lei injusta. Quando se verificará tal direito? Quando nos é lícito pôr em causa o valor segurança, recusando-nos a acatar e a aplicar o direito positivo injusto? Eis uma questão de extremo melindre a que RADBRUCH dá esta resposta: "sempre que a injustiça do direito positivo atinja um tão alto grau que a segurança jurídica deixe de representar algo de positivo em confronto com esse grau de violação da justiça, nesse caso não poderá duvidar-se de que o direito positivo injusto deverá ceder perante a justiça" [2].

2. *A segurança como "certeza jurídica".*

Como conhecimento prévio daquilo com que cada um pode contar para, com base em expectativas firmes, governar a sua

---

[1] Cfr. *Pacem in Terris* de S.S. João XXIII, V, *o Princípio da Paz:* "Mas a paz é uma palavra vazia de sentido, se não se funda na ordem (...): ordem fundada na verdade, constituída segundo a justiça, alimentada e consumada na caridade, realizada sob os auspícios da liberdade".

[2] Sobre este delicado problema, v. HENKEL, *ob. cit.,* pp. 741 e ss.

Para uma noção de Direito 57

vida e orientar a conduta, a segurança jurídica aparece-nos sob a forma de "certeza jurídica".

Para esta concorrem desde logo as leis formuladas em termos claros e precisos, que não deixem margem a ambiguidades de interpretação nem a lacunas e que, portanto, evitem o recurso a conceitos indeterminados e a cláusulas gerais. Como em breve veremos, porém, o legislador não pode deixar de recorrer, em vários domínios do jurídico, a estes conceitos e cláusulas. Estaremos em face da contraposição entre *ius strictum* e *ius aequum.* No domínio deste último, a certeza do direito é sacrificada à equidade e à maleabilidade da decisão, conforme as circunstâncias do caso e as modificações trazidas pela evolução social. Também no domínio do exercício de um poder discricionário, como veremos, a certeza e segurança são sacrificadas à oportunidade.

Pelo contrário, há certos institutos jurídicos que são predominantemente inspirados pelo valor da segurança e da certeza do direito.

Assim acontece, p. ex., no que respeita à norma que fixa a maioridade (e a capacidade de exercício de direitos) nos dezoito anos de idade — sem curar de saber se, no caso concreto, o indivíduo, até ali menor, atingiu ou não a maturidade suficiente para reger a sua pessoa e administrar os seus bens. Assim acontece ainda relativamente àquelas normas que fixam prazos de prescrição e de caducidade, que exigem certas formalidades para a validade ou para a prova de certos actos jurídicos, que visam proteger a confiança ou a fé pública exigindo, para certos fins, que certos actos sejam levados a registo (registo civil, registo predial, registo comercial, registo de propriedade automóvel, etc.). Também um instituto como o do caso julgado (insusceptibilidade de recurso ordinário contra as decisões judiciais transitadas em julgado) visa essencialmente pôr um ponto final nos litígios e assegurar a paz jurídica.

Finalmente, a segurança e certeza do direito é ainda caucionada pelo princípio da não retroactividade da lei (protecção dos direitos adquiridos e das expectativas legítimas). O princípio da irretroactividade da lei tem mesmo o valor de um princípio constitucional (art. 29.º, 1, 3 e 4 da Constituição) no domínio do Direito Penal. Trata-se da segurança do indivíduo frente ao Estado, pelo que respeita à incriminação e à punição (*nullum crimen sine lege, nulla poena sine lege*). Nesse mesmo domínio, o princípio da tipicidade da lei penal incriminadora e a proibição da aplicação analógica da mesma lei (art. 18.º do Código Penal) reforçam a segurança jurídica dos indivíduos frente ao detentor do poder punitivo (o Estado).

Em resumo, pois, a certeza jurídica pede que a regra de direito seja uma prescrição de carácter geral formulada com uma precisão suficiente para que os seus destinatários a possam conhecer antes de agir. Para este conhecimento mais seguro da regra de direito contribui sem dúvida o trabalho dos juristas (dogmática jurídica) aplicado à sistematização das disposições legais e o seu esforço de precisão dos conceitos utilizados pela lei.

Veremos, porém, que em muitos sectores o legislador utiliza conceitos indeterminados e cláusulas gerais, pelo que a insegurança jurídica aumenta. Mas não é só por isso que a insegurança jurídica, sob a forma de falta de "certeza jurídica", aumenta. O legislador vê-se forçado, ao recortar as hipóteses normativas, a referir-se a situações sociais típicas ou a certos "papéis" socialmente institucionalizados: "bom pai de família", "gestor ordenado e prudente", "médico consciencioso", "bons costumes", "usos honestos do tráfico mercantil", etc. Ora, em períodos de rápida mudança social, que são tempos de insegurança, estes modelos a que o legislador se refere perdem os seus contornos, esbatem-se. E por este modo a própria insegurança da ética e dos usos sociais vem a repercutir-se, indirectamente, na segurança do direito.

3. *A segurança, através do Direito, face ao poder político e à Administração: o Estado de Direito.*

No Estado de Direito Democrático o cidadão goza também de *segurança* perante eventuais intervenções ou intromissões dos poderes públicos na sua esfera pessoal. Essa segurança é caucionada sobretudo pela possibilidade de recurso a um "poder neutro" (o Poder Judicial) para defesa dos direitos, liberdades e garantias, visto os preceitos constitucionais que os estabelecem serem directamente aplicáveis (art. 18.º da Constituição), pela sujeição da Administração Pública ao *princípio da legalidade* (assim como ao princípio da imparcialidade) e pela garantia do

Para uma noção de Direito 59

recurso contencioso "contra quaisquer actos (da Administração) definitivos e executórios" (arts. 267.º e 269.º da Constituição)([1]).

O princípio do Estado de Direito (ou Estado subordinado ao Direito) surge historicamente por contraposição ao Estado Absoluto, no qual prevalecia a chamada "Razão de Estado" sobre os direitos e liberdades dos cidadãos. Hoje deve dizer-se que esse princípio não exige apenas a garantia da defesa de direitos e liberdades contra o Estado: exige também a defesa dos mesmos contra quaisquer *poderes sociais de facto*. Assim, poderá afirmar-se que o Estado de Direito se demite da sua função quando se abstém de recorrer aos meios preventivos e repressivos que se mostrem indispensáveis à tutela da segurança, dos direitos e liberdades dos cidadãos.

§ 5.º — O Direito e a Moral.

I — Para caracterizar a ordem normativa que é o Direito e distingui-la da outra ordem normativa que é a Moral, apontam-se os seguintes critérios: o do "mínimo ético", o da heteronomia e coercibilidade e o da exterioridade.

Segundo o primeiro dos referidos critérios, o Direito limitar-se-ia a impor aquelas regras morais básicas cuja observância é indispensável para que na vida social exista paz, liberdade e justiça. Nos termos do segundo, o que importa no Direito não é a vinculação autónoma (autovinculação) de cada um aos ditames da sua consciência, mas, pelo contrário, a "heteronomia" da vinculação e a caução dada à observância dessa vinculação heterónoma do Direito pela realização coerciva da mesma (coercibilidade). Para o terceiro critério (que remonta à distinção entre *Moralitaet e Legalitaet*, de KANT), o direito parte do lado exterior da conduta (contenta-se com a mera observância externa), ao passo que a Moral exige uma intenção ou atitude interior do agente de adesão à norma (adesão interna aos ditames da consciência ética, vivência interior dos valores éticos).

II — Em qualquer dos critérios apontados há um núcleo de verdade. É verdade que o Direito se limita (e deverá limitar-se) às regras fundamentais de convivência cuja observância é necessária

---

([1]) Ver ANGEL LATORRE, *ob. cit.*, pp. 54 e ss.; e *infra*, Cap. V, § 3.º, 1, B).

à manutenção da boa ordem social. Em todo o caso importa advertir que a maioria das normas jurídicas (p.ex., as normas organizativas e as normas processuais) são, em si mesmas consideradas, eticamente neutras. De forma que o critério do "mínimo ético" apenas se reporta à questão de saber até que ponto o Direito pode ou deve dar relevância (relevância jurídica) a critérios éticos. Já voltaremos a este ponto.

O critério da heteronomia e da coercibilidade do Direito põe igualmente em relevo um aspecto pertinente. Na verdade, o Direito assenta numa vinculação heterónoma, que se impõe de fora aos indivíduos, e não numa simples vinculação autónoma ou autovinculação subjectivamente assente na consciência de cada um. Com isto se liga também o problema da coercibilidade do Direito. Para garantir uma ordem social de convivência que é o suporte indispensável da paz, da liberdade e da justiça e, portanto, para assegurar o quadro de vida em que se torne possível ao homem desenvolver a sua "humanidade", o subjectivismo ou a consciência de cada um seria terreno demasiado inseguro. Donde a necessidade da caução ou reforço da caução "objectiva" que as instituições jurídicas dão àquela ordem de convivência.

A propósito desta heterovinculação do Direito deve no entanto observar-se que, numa sociedade democrática, àquela heteronomia do Direito deve acrescer uma autónoma aceitação global da ordem jurídica por parte da sociedade que ela rege, para que tal ordem se possa considerar legítima. O que de modo algum significa que algumas das regras que compõem esse todo não possam ser contestadas e o seu conteúdo rejeitado por parte de muitos membros da sociedade.

Quando ao critério da "exterioridade" do Direito — o Direito apenas olharia ao lado externo da conduta, não à atitude interna da consciência do agente — deve referir-se que muitas vezes o Direito se preocupa com a intenção e com a personalidade do agente, na medida em que uma e outra se possam revelar e comprovar através de manifestações externas. Assim acontece designadamente no Direito Penal. Mas isto não impede que se possa afirmar que a valoração ética arranca originariamente da atitude interior, só em segunda linha fazendo exigências quanto à conduta externa (pense-se na relevância ético-social do escândalo), ao passo que a valoração jurídica originária e basicamente assenta nos aspectos exteriores da

Grandes linhas estruturais do sistema jurídico 61

conduta. A relevância jurídica de aspectos éticos da conduta varia conforme os diferentes domínios do Direito e, dentro de cada um destes domínios, conforme a matéria a regular.

III — Para uma melhor compreensão da distinção entre Direito e Moral, interessa ter presente que na racionalidade jurídica tem um lugar decisivo a noção de tutela dos interesses, de resolução dos conflitos de interesses e de interesses juridicamente tutelados. De modo que apenas será juridicamente relevante aquela conduta que afecte os interesses (ou bens) juridicamente tutelados, os lese ou ponha em perigo. Para que uma conduta seja juridicamente censurável deve afectar um dos interesses tutelados e afectá-lo numa medida socialmente relevante.

Donde decorre que, mesmo quando o Direito tutela os sentimentos do povo e a "moral pública" (como frequentemente acontece), estes valores éticos não são afinal *protegidos* por si mesmos, mas na medida em que a sua violação se converte numa perturbação prejudicial à sociedade como ordem de convivência. O que está em causa é mais o "dano social" que a defesa dos valores éticos por si mesmos.

Por outro lado, uma excessiva tutela de normas éticas pelo Direito corre o risco de se converter numa tutela moral da Sociedade pelo Estado, numa "tutela" capaz de propiciar uma "pedagogização" da mesma sociedade e de promover a intolerância geral. Com este ponto se relaciona em especial a necessidade de limitar a competência punitiva do Estado e de impedir que este se arrogue um poder de direcção cultural e moral da sociedade (cfr. art. 43.º, 2, da Constituição).

Importa salientar, por outro lado, que há factos que moralmente são em si mesmos pouco ou nada reprováveis mas que o Direito tem de sancionar. Os conceitos de contrário à moral e de contrário à sociabilidade (à ordem social) não coincidem, pois.

Deve no entanto dizer-se que, ao fim e ao cabo, aquilo que constitui um *dano social* e, portanto, requer a intervenção do Direito, ou aquilo que constitui um interesse socialmente relevante e merece, portanto, a tutela do Direito, só pode determinar-se mediante uma decisão valorativa.

IV — Do exposto também decorre que existe uma interligação profunda entre o Direito e a Moral, não obstante a diversidade de funções destas duas ordens normativas.

Por outro lado, deve notar-se que, bem que ao Direito não caiba directamente a função de garantir uma certa concepção ética (nem mesmo a ética dos "bons costumes" dominante na sociedade e para a qual remetem várias normas jurídicas), também é verdade que ele não deve impor condutas imorais. Pode, sim, permitir condutas moralmente censuráveis, desde que por estas não sejam afectados interesses *socialmente relevantes* — mas não impô-las.

Por outro lado, há que ter consciência de que, entre as condições de vida da comunidade num Estado democrático, é talvez esta a mais importante: que nessa comunidade estejam vivos a moral e os bons costumes. É este sem dúvida um pressuposto do próprio Direito, mas que este por si só é incapaz de garantir. Cai a propósito recordar aquela frase da Germânia de Tácito: "e aí podiam mais os bons costumes do que noutros países as boas leis". Além de que os mais altos valores morais não têm apenas a ver com o foro íntimo das pessoas mas também com virtudes cívicas voltadas para a promoção do bem comum e para a dedicação à causa pública.

Por último, não deve esquecer-se que a Justiça é um valor ético e que às normas de Direito inere a pretensão de realizar esse valor. A própria "efectivação" da Justiça, porém, pressupõe tramitações no proceder organizadas tendo em conta as realidades existentes, a segurança, a prática conveniência, a oportunidade e as urgências da vida — o que se não compadece com decisões directamente baseadas no valor "Justiça" em estado puro. Mas, se considerarmos, não já o Direito formulado e positivado, mas "o Direito em devir", isto é, o Direito a criar por via legislativa e o Direito a "concretizar" por via judicial no sector do *jus aequum* e no domínio da integração e complementação da lei, não há dúvida de que, neste plano, o jurista entra em contacto mais directo com os grandes princípios do Direito que são, ao mesmo tempo, grandes princípios éticos ([1]). A filosofia do Direito e a Ética filosófica encontram aí uma zona de convergência.

([1]) Sobre estes grandes princípios comuns, cfr. especialmente KARL LARENZ, *Richtiges Recht — Grundzüge einer Rechtsethik*, München 1979.

CAPÍTULO. III

GRANDES LINHAS ESTRUTURAIS
DO SISTEMA JURÍDICO

A) *Macroestrutura: as grandes divisões do Direito.*

1. *Razão de ordem.*

O domínio do Direito compreende a vida social do homem, a sua função ordenadora abrange todos os domínios sociais, toda a actividade humana que tenha ou possa ter implicações no seu "envolvimento" social. Não admira por isso que sejam inúmeras — talvez muitas centenas de milhares — as normas legisladas em vigor. E a produção legislativa continua em ritmo acelerado. Além de que as normas legisladas não compreendem todo o direito. Por isso é que nenhum jurista pode ter a pretensão de conhecer todas as normas jurídicas — embora um bom jurista careça de ter uma visão o mais compreensiva possível do direito positivo, pois só com a ajuda deste conhecimento pode cooperar na realização da Justiça. O mais importante, porém, é adquirir a aptidão, adquirir a "competência" para desenvolver um pensamento jurídico autónomo e para saber trabalhar com as leis — incluindo as novas leis que estão a ser editadas todos os dias. Para tanto carece de ter quadros gerais que lhe permitam compreender e ordenar sistematicamente o material legislativo.

Perante este *mare magnum* de leis e normas, parece que os primeiros quadros de referência que um principiante precisa de conhecer são aqueles que lhe permitem distinguir os grandes continentes do mapa-mundi jurídico, isto é, as grandes divisões do Direito e os ramos do Direito. Dentro destes últimos deverá dar-se conta dos seus institutos e princípios fundamentais. A esta panorâmica geral do sistema se destina o presente capítulo.

Desenhadas as grandes linhas de estruturação de sistema jurídico e obtida, assim, uma imagem da macroestrutura do ordenamento, passaremos então, no capítulo subsequente, a uma visão, já de tipo microestrutural, das fórmulas (normas) e processos normativos através dos quais o legislador constrói e modifica aquele sistema.

2. *Direito objectivo e direitos subjectivos.*

Temos vindo a usar a palavra direito no sentido de *direito objectivo*, querendo com isto significar o corpo ou complexo de regras gerais e abstractas que organizam a vida em sociedade sob os mais diversos aspectos e que, designadamente, definem o estatuto das pessoas e regulam as relaçãos entre elas. É neste sentido que continuaremos a usar a palavra direito.

Mas a mesma palavra direito serve para designar os *direitos subjectivos* ou seja, aquelas posições de privilégio (direitos), faculdades ou poderes que, por *aplicação* das regras de direito objectivo, são atribuídos a pessoas determinadas, uma vez verificados certos eventos (factos jurídicos em sentido lato) previstos naquelas mesmas regras. À titularidade de um direito subjectivo por parte de uma pessoa corresponde logicamente um dever jurídico (uma obrigação), ou pelo menos um estado de sujeição, por parte de outra ou outras pessoas. Assim, são designadamente direitos subjectivos certos direitos de personalidade, um direito de propriedade, um direito de crédito, etc. Da classificação dos direitos subjectivos falaremos adiante.

Aqui trataremos apenas do direito objectivo, dando uma panorâmica dos seus grandes ramos.

3. *Ramos do direito.*

Há várias maneiras possíveis de configurar numa visão panorâmica os vários conjuntos de normas que compõem o direito objectivo. Uma delas seria, p. ex., atender às diferentes fontes formais de que as normas promanam: normas constantes de leis, de decretos-leis, de regulamentos, etc. Outra ainda poderia ser a da distribuição das normas por diferentes classes, como faremos no capítulo seguinte ao proceder à classificação das normas.

O certo é, porém, que o direito no seu todo abrange diversos aspectos e relações da vida comunitária, as normas que o constituem tomam por objecto da sua regulamentação problemas e matérias os mais diversos. Ora acontece que as normas que regulam as diferentes matérias ou se reportam às diferentes áreas institucionalizadas da vida social tendem a constituir diversos subconjuntos normativos organizados em torno de certos princípios comuns e de certas técnicas regulamentadoras que lhes conferem uma relativa especificidade. Temos, então, os vários *ramos do direito*. No geral estes ramos do direito correspondem a diferentes disciplinas jurídicas que compõem o plano do curso de direito.

4. *"Summa divisio": Direito Público e Direito Privado.*

A divisão suprema tradicional do universo jurídico é aquela que distingue entre Direito Público e Direito Privado. Trata-se de uma distinção para a qual não foi achado até hoje um critério absolutamente satisfatório e de uma distinção que continua a ser polémica, não faltando autores que a atribuem a fundamentos simplesmente "ideológicos". Hoje há já quem aponte para uma divisão pluralista, entendendo que certas matérias, de que seria exemplo típico o Direito Social, não cabem em nenhuma das duas categorias tradicionais.

Para abreviar, diremos que, de todos os critérios de distinção propostos, o mais divulgado e aquele que se revela o mais praticável e susceptível de menos reparos é o chamado "critério da posição dos sujeitos". Nos termos deste critério, o direito público caracteriza-se pelo facto de, nas relações por ele reguladas, se verificar o exercício de um poder de autoridade pública (*publica potestas*). Assim, seriam de direito público aquelas normas que regulam a organização e a actividade do Estado e de outros entes públicos menores (autarquias regionais e locais), as relações desses entes públicos entre si no exercício dos poderes que lhes competem, bem como as relações dos entes públicos enquanto revestidos de poder de autoridade (revestidos de *publica potestas*) com os particulares. Pelo que as relações de direito público entre os entes públicos e os particulares se caracterizam como relações de desigualdade: aqueles aparecem numa posição de supremacia, pois o órgão do ente público actua no exercício do seu *imperium*, e os particulares numa posição subordinada.

Diferentemente, as normas de direito privado seriam aquelas que regulam as relações em que as partes aparecem numa posição de igualdade ou paridade. Regulam, portanto, as relações entre os particulares, ou entre os particulares e os entes públicos, quando estes não intervenham nelas revestidos de um poder de autoridade, mas em pé de igualdade com os particulares. Aqui, nenhuma das partes aparece na posição de supremacia de autoridade pública, pelo que se diz que a posição dos sujeitos nas relações de direito privado é de paridade ou de coordenação — não de subordinação, como no direito público.

Donde decorre que os entes públicos podem estabelecer com os particulares relações reguladas pelo direito privado. Assim acontece, p. ex., quando o Estado (ou um município) arrenda um prédio para nele instalar uma escola ou um serviço de saúde.

Bastemo-nos para já com este critério, como o mais praticável que é, embora o tema convide a mais aprofundada indagação ([1]).

5. *Ramos do direito público.*

Daremos agora uma noção sumária e aproximada dos ramos clássicos do direito público e privado que constituem disciplinas curriculares do Curso de Direito, só com vista a fornecer uma panorâmica geral ao aluno. Ao estudar cada uma das diferentes disciplinas durante o Curso o aluno terá então oportunidade de alcançar um conceito mais preciso e completo de cada um destes ramos do Direito.

a) *Direito Constitucional ou Político:* é aquele direito que se ocupa da organização do Estado e das grandes linhas da organização dos entes públicos menores, dos órgãos da soberania e da repartição dos poderes entre eles, e bem assim da garantia da esfera de liberdade dos cidadãos (direitos fundamentais), fixando ao mesmo tempo as traves mestras do ordenamento jurídico da comunidade. A Constituição é, pois, a Lei Fundamental. Mas há normas constitucionais em sentido material (p. ex., a lei eleitoral) que, não estando contidas na Constituição, não são normas constitucionais em sentido formal. A alteração das normas

---

([1]) Sobre o estado da questão e para uma bibliografia sobre a matéria: M. NÚÑEZ ENCABO, *Introduccion al Estudio del Derecho,* Madrid 1979, pp. 198 ss.

constitucionais em sentido formal está em regra (nas "constituições rígidas") sujeita a trâmites e regras particulares (limites formais e materiais à revisão constitucional), que tornam essa alteração menos expedita que a das leis ordinárias.

Os princípios básicos dos principais ramos do direito estão na Constituição, enquanto contendem com as linhas de estruturação política da comunidade.

Disciplinas auxiliares do Direito Constitucional são a Teoria Geral do Estado e a Ciência Política.

b) *Direito Administrativo:* é o conjunto de normas que disciplina a organização e a actividade da Administração Pública, entendendo-se por tal a actividade do Executivo, com exclusão da actividade legislativa, assim como a actividade dos órgãos e agentes das autarquias regionais e locais. O Direito Administrativo, que já abrangia domínios vastos, alarga cada vez mais o seu campo de acção num Estado intervencionaista como é o Estado Social de Direito.

Disciplinas auxiliares do Direito Administrativo são a teoria ou ciência da administração e a sociologia das organizações.

c) *Direito Penal:* é constituído pelo complexo de normas que regulam os crimes e as penas, e bem assim as medidas de segurança a que estão sujeitos os infractores cuja perigosidade subsiste para além do cumprimento da pena ou aqueles que, sendo inimputáveis, são todavia socialmente perigosos.

Definimo-lo como o direito que regula os crimes, isto é, determina os factos que são pressupostos da aplicação das sanções criminais (penas e medidas de segurança). Com efeito, crime e pena (sanção criminal) estão numa relação de reciprocidade. Aquelas condutas que o legislador tipifica como crimes são passíveis de sanções penais; e, inversamente, aquelas condutas que o legislador sujeita a sanções penais são havidas como crimes.

Isto formalmente. Materialmenmte são crimes as condutas que violam normas básicas da convivência social, que lesam bens ou valores fundamentais. Cada comunidade assenta na vigência de valores intocáveis que são postos em causa pelo crime.

Por isso mesmo, a pena tem o sentido de garantir a autoridade e vigência da ordem social e do substrato de valores básicos em que esta assenta. O que significa também que à sanção penal é inerente uma forte reprovação da conduta do agente e que tal sanção é, por consequência, uma sanção particularmente gravosa, traduzida num sofrimento ou mal (privação da liberdade, p. ex.) infligido ao delinquente.

Entre as ciências auxiliares do Direito Penal referiremos a *Criminologia,* enquanto ciência empírica que tem por objecto o crime, as suas manifestações, as suas causas e condições. Trata-se de um ramo importante da antropologia, abrangendo como sub--ramos a biologia ou antropobiologia criminal, a psicologia criminal e a sociologia criminal. Já a *Criminalística*, essa tem antes a ver com os métodos científicos da investigação dos delitos e descoberta dos seus autores e é, em parte, estudada na disciplina de Medicina Legal.

d) *Direito Fiscal*: Trata-se de um sub-ramo do Direito Financeiro com particular relevância prática. Ora o Direito Financeiro é constituído pelo complexo de normas que regulam a recolha, a gestão e a aplicação ou dispêndio dos meios financeiros públicos, meios estes provenientes dos impostos e taxas, das receitas patrimoniais e dos empréstimos públicos. De entre este complexo de normas podemos destacar um subconjunto constituído por aquelas que regulam a obtenção das receitas coactivas (impostos e taxas) de montante autoritariamente fixado por entes dotados de poder de império — e teremos então o Direito Tributário. Como ramo do Direito tributário teremos depois o *Direito Fiscal*, constituído por aquelas normas que regulam a incidência (determinação da matéria colectável), o lançamento e a cobrança dos impostos. Estes constituem a principal fonte das receitas públicas. Porém, a política fiscal pode ser utilizada, não apenas com o fim da obtenção de receitas, mas com o objectivo de redistribuição dos rendimentos ou ainda com outros fins de política macroeconómica.

Como ciência auxiliar do Direito Fiscal podemos referir a *Fiscalidade (Política Fiscal)*, que é uma ciência de índole económica enquadrável no âmbito mais vasto da *Ciência das Finanças*. Por *Fiscalidade* pode entender-se não só a *política* mas também a *técnica* fiscal.

e) *Direito Processual (civil, penal, do trabalho, administrativo e fiscal)*: O direito *substantivo* confere direitos e impõe obrigações. Mas, como está posta de parte a autotutela dos

Grandes linhas estruturais do sistema jurídico 69

direitos, a realização coerciva destes exige o recurso à via judicial, mediante a proposição de uma acção. De um modo geral, a aplicação do direito aos casos concretos constitui o conteúdo da função jurisdicional, que compete ao Estado. Mas é bom de ver que os trâmites a observar na proposição e no desenvolvimento das acções judiciais, a conduta dos tribunais e das partes litigantes, estão também sujeitos a regras. Como o processo judicial visa a efectivação do direito substantivo e está ao serviço dessa efectivação, as regras processuais são designadas por normas de direito *adjectivo* (ou processual).

Já do exposto se pode concluir que se entende por Direito Processual aquele complexo de normas que regulam o processo, ou seja, o conjunto de actos realizados pelos tribunais e pelos particulares que perante eles actuam ou litigam durante o exercício da acção jurisdicional. Assim, o Direito Processual Civil regula a proposição e o desenvolvimento das acções cíveis (fundadas no Direito Civil ou no Direito Comercial); o Direito Processual Penal fixa os trâmites a observar na instauração e no desenvolvimento da acção penal; etc.

Do exposto também já resulta que temos vários Direitos Processuais. Em princípio eles poderiam ser tantos quantos são os ramos de direito substantivo. Na prática, porém, além do Direito Processual Civil e do Direito Processual Penal, que são os dois ramos mais importantes do Direito Processual e aqueles que entre si mais se contrapõem por se acharem inspirados por princípios diferentes e até opostos (haja em vista o princípio do dispositivo no primeiro e o princípio da acusação oficiosa e o princípio do inquisitório no segundo), só temos um Direito Processual do Trabalho (que em larga medida remete para o Código do Processo Civil como direito processual subsidiário), um Direito Processual Fiscal e um Direito Processual Administrativo.

Observe-se que é desde logo através do direito processual que se determina o tribunal competente para a acção (competência jurisdicional).

f) *Direito Internacional Público (Direito das Gentes):* é o complexo de normas que regula as relações entre Estados (ou entre Estados e outras entidades soberanas: Santa Sé, Soberana Ordem de Malta). Admite-se hoje que outras organizações que não Estados possam ser sujeitos de Direito Internacional e vai-se

70 *Introdução ao Direito e ao discurso legitimador*

mesmo ao ponto de admitir que, em certas hipóteses, o possam ser os próprios indivíduos.

Com se vê, saltamos aqui do direito interno para um direito público externo — um direito de fonte supra-estadual. O Direito Internacional Público é de fonte supra-estadual. O Direito Internacional Público ou é de fonte consuetudinária (costume internacional) ou de fonte convencional (tratados e convenções entre os Estados). Além disso o Estatuto do Tribunal Internacional de Justiça assume ainda como fonte de Direito Internacional "os princípios gerais de direito comuns às nações civilizadas". O art. 8.º da Constituição refere-se no seu n.º 1 às normas e aos princípios de direito internacional geral ou comum e, no seu n.º 2, às normas constantes de convenções internacionais regularmente ratificadas ou aprovadas. Embora sob pressupostos diferentes, quaisquer destas normas de direito internacional vigoram na ordem interna portuguesa: as da primeira categoria fazem de per si parte integrante do direito português, as da segunda categoria vigoram na ordem interna após a sua publicação oficial e enquanto vincularem internacionalmente o Estado português.

Ciência auxiliar do Direito Internacional Público é a das chamadas *Relações Internacionais* (*política* internacional e *sociologia* das relações internacionais, na qual se estudam as causas e manifestações dos conflitos internacionais, os mecanismos de solução pacífica dos conflitos, as esferas de influência das grandes potências, as regras do jogo da política internacional e dos conflitos entre os Estados, etc.).

6. *Ramos do Direito Privado*

O Direito Privado, segundo o que anteriormente dissemos, pode definir-se como o conjunto de normas reguladoras das relações entre simples particulares ou das relações entre estes e o Estado ou outros entes públicos, desde que tais entes públicos intervenham nas ditas relações despidos do seu *imperium*. Ora, dentro do Direito Privado, e ainda que em termos diferentes dos que presidem à subdivisão do Direito Público nos seus vários ramos, é de uso distinguir o Direito Civil, o Direito Comercial e o Direito Internacional Privado.

Grandes linhas estruturais do sistema jurídico

a) *Direito Civil*: é o direito privado *comum* ou *direito-regra*, cujo campo de acção se estende potencialmente, portanto, a todas as relações de direito privado, salvo aquelas ou os aspectos daquelas que se tornam objecto de um *direito especial*. Pode pois dizer-se que o tronco comum do direito privado, do qual se destacam ou podem destacar direitos privados especiais (o Direito Comercial, o Direito Agrário, etc.), é o Direito Civil. Nele se contêm as normas que regulam designadamente a condição normal das pessoas (estatuto pessoal) e dos bens (estatuto real), assim como o intercâmbio de bens e serviços (estatuto contratual). É este o ramo de direito mais tradicional e profundamennte elaborado. Isto explica que o Código Civil venha sendo depositário de princípios e disposições gerais, aplicáveis a todos os ramos do direito.

Assim, o Código Civil português contém uma Parte Geral subdividida em dois títulos, a saber: I — Das leis, sua interpretação e aplicação e II — Das relações jurídicas. O primeiro título, constituído por normas sobre normas (ou normas de segundo grau), contém uma "teoria geral da lei" (teoria das fontes de direito, teoria da interpretação e aplicação da lei, teoria da aplicação da lei no tempo e teoria da aplicação da lei no espaço). Esta a razão pela qual boa parte destas normas constitui objecto de estudo numa Introdução ao Direito.

Também o referido título segundo, que contém uma teoria geral das relações jurídicas, é composto por normas cujo alcance transcende o Direito Civil. Basta salientar a teoria geral do facto jurídico, a das pessoas, a das coisas e a do exercício de direitos e das provas.

Para além disso, o Direito Civil aparece-nos subdividido em:

1) *O Direito das Obrigações*, que regula o tráfico de bens e serviços e a reparação dos danos e têm por instituição fundamental o contrato como forma por excelência de expressão da autonumia privada;

2) *O Direito das Coisas (ou Direitos Reais)*, cuja instituição central é a propriedade;

3) *O Direito da Família*, no qual se regula a constituição da família (instituições típicas: o matrimónio e a adopção — embora a simples procriação também gere relações de família) e as relações que dentro dela se estabelecem;

4) *O Direito das Sucessões*, que regula a sucessão por morte nos bens do defunto, sucessão essa que, consoante o título de

72 — *Introdução ao Direito e ao discurso legitimador*

vocação sucessória, pode ser testamentária (o testamento, como negócio unilateral, é também uma manifestação da autonomia privada), legitimária (forçosa, prevalecendo contra a vontade do autor da sucessão) e legítima (com carácter supletivo, para a hipótese de o autor da sucessão morrer intestado).

b) *Direito Comercial:* Como já dissemos, trata-se de um direito privado especial. Historicamente elaborado para desembaraçar o tráfico mercantil das peias do formalismo do Direito Civil, inspira-se fundamentalmente na necessidade de *celeridade* do tráfico económico e de *reforço do crédito* (maior e mais pronta protecção ao credor comercial).

Não se pode dizer que o Direito Comercial seja apenas o Direito dos comerciantes (ou dos comerciantes e industriais), pois que também os não comerciantes se colocam sob a sua égide quando praticam actos objectivamente regulados na lei comercial (cfr. art.º 1.º do Código Comercial). Só que, pelo que respeita aos comerciantes, todos os actos jurídicos destes que não sejam de natureza exclusivamente civil ficam sujeitos à lei comercial, pois se presumem praticados no exercício da actividade comercial (cfr. art. 2.º do Código Comercial).

Pode assim definir-se o Direito Comercial como o conjunto de normas que regulam os actos de comércio (tanto os actos *objectivamente* comerciais — ou seja, os que se acham especialmente regulados na lei comercial — como os actos *subjectivamente* comerciais — ou seja, os contratos e obrigações dos comerciantes que não sejam de natureza exclusivamente civil e desde que do próprio acto não resulte elidida a presunção de tal acto haver sido praticado em ligação com a actividade mercantil.

É na disciplina de Direito Comercial que se estudam as sociedades comerciais, os contratos comerciais, as letras, livranças e cheques e outros títulos de crédito. É também para a órbita desta disciplina que tem sido chamado o estudo da Propriedade Industrial (patentes de invenção, processos de fabrico, modelos de utilidade, marcas, insígnias, denominação de origem, etc.). Esta propriedade é regulada pelo Código de Propriedade Industrial e por convenções internacionais.

Dentro da órbita do Direito Comercial vão ganhando relativa autonomia o *Direito Marítimo,* o *Direito dos Seguros* e o *Direito Bancário.* Também o *Direito Cooperativo,* que até aqui

Grandes linhas estruturais do sistema jurídico 73

viveu paredes-meias com o Direito Comercial, vai a caminho de uma codificação autónoma.

c) *Direito Internacional Privado:* é o direito que resolve os conflitos de leis de direito privado no espaço ou regula as situações da vida privada internacional. Consideram-se relações da vida privada internacional aquelas que apresentam uma conexão relevante (nacionalidade ou domicílio dos sujeitos, localização do objecto, lugar da prática do acto) com mais que um ordenamento estadual. Sendo assim, verifica-se que mais que um ordenamento estadual se apresenta à primeira vista como aplicável à situação, pelo que importa dirimir o concurso de leis dizendo qual delas é aplicável a cada aspecto da situação da vida. A resposta é-nos dada pelas normas de conflitos contidas nos arts. 25.º a 65.º do nosso Código Civil, normas essas cuja função é exactamente a de determinar a lei aplicável a situações da vida privada internacional. Assim, p. ex., para saber que lei aplicar a um contrato de cessão dos direitos de exibição de um filme, celebrado por um distribuidor português com um produtor americano, em Paris, o julgador português recorrerá aos arts. 41.º e 42.º do Código Civil.

Mas as relações da vida privada internacional podem ser directamente reguladas por normas materiais que especificamente as contemplam. Teremos, então, normas de Direito Internacional Privado *material.* Assim, p. ex., a Lei Uniforme sobre a venda internacional de objectos mobiliários, nascida de uma Convenção celebrada sob a égide da Conferência Permanente de Direito Internacional Privado da Haia, regula directa e materialmente o contrato. O mesmo se passa noutros domínios, como o dos transportes internacionais, o testamento internacional, etc. Deve referir-se a propósito que tende a autonomizar-se como disciplina curricular o *Direito do Comércio Internacional.*

7. *Outros ramos do Direito e novos ramos de Direito.*
Ao falarmos acima dos principais ramos de direito omitimos certos complexos normativos de Direito Público que gozam de acentuada autonomia. Queremos referir-nos, designadamente, ao *Direito dos Registos e Notariado* que se distribui por três códigos principais: o Código do Registo Civil, o Código do Registo Predial e o Código do Notariado. Outros registos há ainda a

74   *Introdução ao Direito e ao discurso legitimador*

considerar, como o Registo Comercial, o registo de automóveis, o registo de embarcações e aeronaves.

Por outro lado, também nos não referimos ao *Direito de Autor* (um ramo do Direito Civil) cujo Código regula os direitos sobre as obras intelectuais, literárias e artísticas. Ao autor (tal como ao inventor, no Código de Propriedade Industrial) são atribuídos direitos de exclusivo ou de monopólio na exploração da obra, e ainda direitos morais.

Também merece particular referência como direito privado especial, emoldurado aliás por importantes normas de direito público, *o Direito Agrário.*

Mais importantes ainda é um novo ramo de direito cuja caracterização como ramo do Direito Privado ou como Ramo do Direito Público parece inviável: trata-se do *Direito do Trabalho,* que hoje se reveste de grande importância prática. Por um lado, ele aparecer-nos-ia à primeira vista como um direito privado especial, na medida em que especifica o Direito das Obrigações ao regular o contrato individual de trabalho. Mas, por outro lado, quando olhamos à regulamentação das relações colectivas de trabalho (convenções colectivas, decisões arbitrais, portarias regulamentadoras do trabalho), e bem assim à política de protecção ao trabalhador que inspira todas estas normas, notamos que já se não está no mero âmbito das relações de direito privado. Por isso há quem diga que o *Direito do Trabalho* não é direito público nem direito privado, mas "direito social".

Refira-se ainda que se caminha para a sistematização de um *Direito de Segurança Social* que tende a abranger toda a população.

Não podemos deixar de referir ainda como disciplina jurídica que já tem autonomia no currículo do Curso de Direito o *Direito Económico.* É muito discutível a autonomia deste. Por um lado, enquanto Direito Público da Economia é reivindicado por outras disciplinas de Direito Público, designadamente pelo Direito Administrativo. Por outro lado, enquanto direito privado da economia vem a confundir-se com o Direito Civil (Direito das Obrigações e Direitos Reais) e com o Direito Comercial. Aguardemos uma melhor definição e sistematização do seu conteúdo.

Como ramo de direito à parte, pois não é direito interno, mas também não é direito externo nos termos em que o é o Direito Internacional Público ou um direito estadual estrangeiro

Grandes linhas estruturais do sistema jurídico 75

eventualmente aplicável por força de uma regra de conflitos, temos o *Direito Canónico*. Trata-se de um direito não estadual que rege a comunidade organizada dos cristãos integrados na Igreja Católica, considerada esta como realidade e organização social-histórica. É ao conjunto das normas obrigatórias de conduta estabelecidas pela Igreja para o governo da sociedade eclesial que se dá o nome de *Direito Canónico*.

Refira-se a propósito que o Direito Canónico e a doutrina dos canonistas exerceram uma influência decisiva na evolução do direito e da ciência jurídica. Por outro lado, por força ainda da Concordata de 1940 entre Portugal e a Santa Sé, e também por força de certas normas como as dos arts. 1599.º, 1625.º e 1626.º do Código Civil, há normas do Direito Canónico que directa ou indirectamente repercutem os seus efeitos no direito interno português.

Por último, como ramo de direito que vem sendo objectivo de uma disciplina curricular autónoma nos países europeus temos o *Direito Comunitário*, isto é, o Direito da Comunidade Económica Europeia. A CEE é um conjunto de entes supranacionais com poderes normativos, administrativos e judiciários sobre os Estados membros e bem assim, directamente, sobre os cidadãos destes Estados. O ordenamento comunitário representa, pois, uma importante derrogação ao princípio do exclusivismo estatal, ao invés do que sucede com a sujeição do Estado ao ordenamento internacional. Na verdade, este último vincula o Estado nas suas relações com outros entes internacionais, mas nem por isso contradiz a ideia de que o Estado é o detentor supremo do poder de autoridade em face dos cidadãos, visto que estes só ficam sujeitos a normas válidas dentro do ordenamento estatal — e as normas internacionais, para valerem como parte integrante deste ordenamento, carecem de ser por qualquer forma "recebidas".

A CEE tem por finalidade imediata realizar a unidade económica dos Estados membros com vista ao seu constante progresso económico e social e ao estabelecimento entre os mesmos de uma relação política mais estreita (cfr. art. 2.º do Tratado de Roma, de 25.4.1957, que institui a CEE); o que procura realizar mediante o controle de produção e aprovisionamento de certas matérias primas (carvão, aço, matérias nucleares) e a instauração de um mercado comum em que se prevê, além do mais, a abolição de direitos aduaneiros, a livre circulação de pessoas, serviços e capitais, a execução de uma política social e económica comum. As Comunidades Europeias são actualmente constituídas por três entidades diferentes, em vias de unificação: a CEE, a EURATOM e a CECA.

O Direito Comunitário, relativamente aos Estados membros, não é, pois, um direito *estrangeiro,* mas um sistema normativo procedente de uma autoridade supranacional, no qual o ordenamento do Estado *parcialmente* se integrou.

Na sua incidência directa sobre o ordenamento interno, o Direito Comunitário afecta também relações jurídicas privatistas, como acontece nomeadamente com a disciplina da concorrência e com as chamadas "liberdades comunitárias" (que garantem às pessoas o desenvolvimento da iniciativa económica e a escolha do trabalho no âmbito de uma comunidade mais vasta).

Fontes do Direito Comunitário são-no, antes de mais, os Regulamentos Comunitários. Nas áreas da sua competência, as Comunidades Europeias têm o poder de emanar normas directamente vinculantes dentro dos Estados membros e aplicáveis, portanto, pelos respectivos tribunais. Os cidadãos destes Estados participam nesta organização internacional e ficam sujeitos às suas normas. Estas normas não são sequer modificáveis pela lei estadual e, em caso de conflito entre esta lei (ainda que posterior) e o regulamento comunitário, prevalece este último. Deste modo, pelo que respeita ao problema da hierarquia das fontes([1]), dir-se-á que a norma comunitária não está subordinada às fontes de direito interno, pois situa-se no vértice daquela hierarquia, em posição paralela à das normas constitucionais. Deve, porém, dizer-se que tal norma não pode afectar os direitos fundamentais dos cidadãos (eventualidade que parece desde logo excluída em razão da competência meramente económica dos orgãos comunitários).

Outros actos comunitários com eficácia vinculante são as directivas e as decisões. Diferentemente dos regulamentos, que contêm normas válidas no âmbito do ordenamento jurídico interno, as directivas vinculam exclusivamente os Estados membros a prosseguirem determinado escopo através de procedimentos e meios a escolher por estes. Não têm como destinatários, pois, os cidadãos dos referidos Estados.

([1]) Cfr. *infra*, Cap. VI.

Grandes linhas estruturais do sistema jurídico 77

As decisões individuais, por seu turno, só vinculam os respectivos destinatários.

A necessidade de uma interpretação uniforme do Direito Comunitário conduziu à instituição do Tribunal da Comunidade Europeia. No caso de se suscitar uma questão de interpretação de normas ou actos comunitários de que dependa a decisão de uma causa, o tribunal estadual pode sustar o processo e dirigir-se àquele Tribunal para que este se pronuncie sobre tal questão. Além disso, é possível a qualquer interessado recorrer para aquele tribunal contra actos ilegítimos das Comunidades. As orientações interpretativas do Tribunal da Comunidade apontam directrizes tendencialmente estáveis para a aplicação e interpretação uniformes do Direito Comunitário, muito embora também não vigore no ordenamento comunitário o princípio da vinculação aos precedentes judiciais.

CAPÍTULO. IV

GRANDES LINHAS ESTRUTURAIS DO SISTEMA JURÍDICO

B) Fómulas e técnicas normativas

SECÇÃO I — A NORMA JURÍDICA

§ 1.º — Estrutura e noção da norma jurídica

1. *Estrutura da norma jurídica: previsão e estatuição.*

A ordem jurídica decompõe-se em unidades normativas que, ao mesmo tempo que a exprimem e, em certo sentido, a "concretizam", funcionam como mediadores na "aplicação" do Direito às situações concretas da vida. São as *normas*.

No módulo lógico de uma norma jurídica (completa) podemos distinguir um antecedente e um consequente, ou seja, uma *previsão* e uma *estatuição*. Assim, p. ex., o art. 483.º do Código Civil permite-nos formular a seguinte norma: Todo aquele que ilícita e culposamente causar danos a outrém (*previsão*) fica obrigado a indemnizar (por esses danos) o lesado (*estatuição*).

A partir daqui já vemos como se pode elaborar formalmente o chamado silogismo judiciário:

Premissa maior: Todo aquele que (...) causar danos a outrém fica obrigado a indemnizar o lesado.

Premissa menor: Ora *A* causou danos na viatura de *B*.

Conclusão: Logo *A* acha-se constituído na obrigação de indemnizar os danos causados a *B*.

A premissa maior é representada pela norma, a premissa menor pela situação concreta "subsumível" à previsão ou hipótese da norma e a conclusão pela *consequência jurídica* prescrita na estatuição da norma.

Eis, em síntese, o modelo puramente *formal* da estrutura e do funcionamento da norma jurídica. Sobre a matéria do presente parágrafo deverá ler-se ENGISCH, capítulos II, III e IV.

2. *A previsão como "facti-species": ideias gerais*

A previsão normativa também recebe o nome de *Hipótese*, hipótese legal ou ainda, por vezes, de "tipo legal". De todo o modo, na hipótese da norma jurídica refere-se a situação típica da vida, o "facto" ou o conjunto de "factos" cuja verificação em concreto desencadeia a consequência jurídica fixada na estatuição. Na medida em que se refere a "factos" (ou situações de facto), e procura dar uma imagem, visualização ou modelo daquele FACTO (enquanto hipótese normativa globalmente considerada) que produz a consequência, assenta-lhe particularmente bem a designação de *facti-species*.

Ao falar dos "factos" a que alude ou faz referência a *facti-species* importa estar de sobreaviso contra a enorme ambiguidade da palavra "facto". Desde logo, importa lembrar que entre esses factos a que se refere a *facti-species* podem figurar dados normativos, isto é, qualidades, situações ou posições jurídicas que, por seu turno, são já o resultado da aplicação de outras normas jurídicas. P. ex, as noções de "coisa alheia", de "cidadão português", de "sócio", de "credor", de "transmissão da propriedade", etc., usadas nas hipóteses de certas normas, são conceitos normativos que pressupõem a prévia aplicação de outras normas do sistema. Em vez de falarmos de "factos", poderíamos falar antes de "dados". Como adiante melhor veremos, são vários os processos de que o legislador se serve para fixar ou circunscrever a hipótese normativa.

Mas não era apenas aos conceitos normativos neste sentido que pretendíamos aludir ao prevenir contra a ambiguidade da palavra "facto". É que, como já por vários autores foi afirmado, com excepção dos conceitos que se refiram a números, todos os conceitos utilizados pelas normas jurídicas, mesmo os chamados conceitos descritivos, são conceitos "análogos", no sentido de que não carreiam apenas o significado de referência a algo de percepcionável pelos sentidos, mas também, se não principalmente, dão expressão a um específico sentido jurídico — por isso

Grandes linhas estruturais do sistema jurídico 81

mesmo que a norma que os utiliza também é, ela mesma, um meio de expressão da ordem jurídica e dos valores jurídicos que informam esta. Neste sentido pode também dizer-se que todas as noções que a lei vai buscar às situações típicas da vida sofrem sempre uma tal ou qual deformação "teleológica" ao serem incorporadas no sistema jurídico, pois que são sempre elementos integrantes do *sentido* da lei, são sempre "conceitos funcionais". Dai que tais conceitos sejam muitas vezes susceptíveis de aplicação a "factos" ou dados muito distantes da sua significação originária. Assim, p. ex., no conceito de "arma" ou de "arma perigosa" poderão actualmente caber ácidos corrosivos, gases letais, etc.; no conceito de "documento" podem caber dados como o furo ou marcação feita no cartão de um relógio de ronda; no conceito de "coisa" podem caber realidades como a energia eléctrica ou até, para certas normas, direitos([1]).

Importa aqui sobretudo salientar que a *facti-species*, quando se reporta a *factos*, os jurisdiciza. O que significa que, para *identificar* o facto ou situação de facto, ao averiguar se se concretiza ou não a hipótese legal (ao resolver a chamada "questão de facto" quando se trata de fazer aplicação do Direito), temos de ter presente que estamos a aplicar um conceito jurídico, um conceito integrado no sistema jurídico — e não um conceito naturalístico ou um conceito fornecido por qualquer outro sistema conceitual (científico, económico, sociológico, técnico) de intelecção e descrição da "realidade".

Isto tem como consequência que, em bom rigor, é a *facti-species* jurídica que nos fornece o óculo pelo qual havemos de "in-speccionar" a realidade de facto. É através dela que o próprio facto ou situação se recorta e configura como sendo o facto ou a situação prevista pela lei, é através dela que tal situação nos pode aparecer como *tal* situação e se *distingue* de outras que, de um ponto de vista naturalista, técnico, etc., lhe seria idêntica, ou se identifica com outras que, de outro ponto de vista, seriam diferentes. O que permite identificar, *especificar* ou determinar a diferença *específica* das situações de facto do ponto de vista do Direito é a *facti-species* jurídica. É segundo esta, pois, que se deve fazer a *in-spicium* (in-specção) dos factos, para que estes se nos apresentem (configurados) *sub specie iuris*.

([1]) Cfr. ARTHUR KAUFMANN, *Analogie und "Natur der Sache"*, Karlsruhe 1965, p. 24.

Esta observação é importante para definir a atitude mental do jurista na aplicação do Direito e para afastar a ilusão corrente de que a resolução da "questão de facto" se processa através de uma simples constatação de dados sem qualquer intervenção da "species" jurídica (ou da intenção da juridicidade) no *achar* o dado de facto, no descobri-lo e notá-lo.

Todo o exposto se resume afinal em que todos os conceitos utilizados pela lei são conceitos integrados num contexto ou sistema conceitual específico — e, por isso, neste sentido, todos eles são conceitos *normativos*. A diferenciação entre eles, a respectiva significação, a delimitação do alcance de cada um em face dos outros e, portanto, designadamente, a questão de saber se certa situação da vida cabe nesta ou antes naquela categoria — são tudo problemas a resolver segundo critérios de articulação *interiores* ao sistema específico em que tais conceitos se integram, segundo a lógica própria desse sistema, de acordo com o mapa *topográfico* que a lógica intrínseca do sistema desenha. O mesmo se dirá ainda quanto à questão de saber se o sistema legal deixa "lugares vazios" (lacunas) nesse mapa — pois também o problema da descoberta de lacunas, como veremos, bem lá no fundo se não distingue do problema da determinação do alcance (do campo de aplicação) de um preceito legal expresso.

3. *O facto jurídico, a situação jurídica e a relação jurídica*

Diz-se facto jurídico o evento juridicamente relevante — i. é, susceptível de produzir efeitos de direito. Tais efeitos de direito traduzem-se sempre na constituição, modificação ou extinção de uma situação jurídica ([1]) — entendendo-se por esta a posição em que um sujeito jurídico se acha perante o direito (o seu *status*, os seus deveres ou obrigações, as suas faculdades e os seus direitos). Sendo assim, o facto jurídico é na verdade o elemento dinâmico que produz alterações na vida jurídica ou no mundo do direito. É a tais "factos" que se referem as hipóteses ou *facti-species* legais.

([1]) Entre os efeitos *modificativos* incluímos os efeitos próprios dos actos *certificativos* (de "accertamento") ou *confirmativos* (v. SANTORO-PASSARELLI, *Teoria Geral* do Direito Civil, trad., Coimbra 1967, pp. 144 e seg.).

Grandes linhas estruturais do sistema jurídico

Observe-se que, para além destes que agora especialmente consideramos, temos ainda os *actos normativos,* que são os actos que produzem leis ou normas jurídicas (actos criadores de direito objectivo, actos legislativos ou "legiferantes") e que se acham também previstos e regulados por outras normas que se referem ao processo de formação das leis.

Entre os factos jurídicos distinguem-se os puros factos jurídicos e os actos jurídicos. Aqueles tanto podem ser factos *exteriores,* independentes do conhecer, do querer e do agir do homem (situações de facto, como a localização de um terreno relativamente à via pública, ou eventos, como o nascimento, um incêndio, uma inundação, ou ainda dados como o *valor* económico objectivo de uma coisa, a *utilidade* subjectiva de um objecto, etc.), como factos *internos* da vida psíquica do homem, tais como o conhecimento de certa circunstância, a intenção, etc.

Os actos jurídicos, por seu turno, são modos de conduta humana dirigidos pela vontade (actuações ou condutas) que tanto podem consistir numa acção como numa omissão (podendo esta consistir já num simples omitir ou não fazer, já num tolerar). Estas condutas dirigidas pela vontade (ou, pelo menos, dependentes dela) tanto podem ser simples actuações de facto, isto é, condutas que directa e imediatamente apenas produzem uma consequência de facto que pode ser pressuposto de uma consequência jurídica, ainda que esta não tenha sido querida pelo agente (p. ex., um facto danoso, o estabelecimento do domicílio, a acessão industrial) — e neste caso estamos em presença de *simples actos jurídicos* — ,como manifestações de ciência ou exteriorizações de vontade que directamente condicionam a consequência jurídica. Entre estes últimos actos jurídicos podemos distinguir: a) as declarações *quase-negociais,* ou seja, exteriorizações de ciência ou de vontade que produzem um efeito jurídico independentemente de a vontade do agente se dirigir a tal efeito (a declaração de nascimento, muitos actos processuais, a declaração de impostos, a fixação de um prazo, a interpelação admonitória, um sentença, etc.); b) as declarações de vontade negociais ou *negócios jurídicos,* que são exteriorizações de vontade dirigidas à produção de determinados efeitos jurídicos, efeitos estes que a lei modela de acordo com a vontade manifestada (p. ex., o testamento, a declaração de resolução, a denúncia de um contrato, a renúncia a um direito, o consentimento prestado para a prática de certo acto, o consentimento ou acordo de ambas as partes em que se traduz o contrato, enquanto *negócio jurídico bilateral*, etc.).

Do ponto de vista da sua aprovação ou reprovação, da sua conformidade ou desconformidade com o direito objectivo, podemos ainda distinguir os actos jurídicos *lícitos* e os actos jurídicos *ilícitos*.

Tudo isto é matéria a estudar desenvolvida e aprofundadamente no lugar próprio. Aqui apenas interessa salientar que a norma estabelece uma específica relação de causalidade entre os factos a que se reporta na sua previsão (os "factos jurídicos" em sentido lato) e os "efeitos" jurídicos prescritos na sua estatuição.

Estes efeitos consistem sempre na imposição de um *dever jurídico*, ou na atribuição de uma qualidade, de uma *competência* ou de uma *faculdade* jurídica, ou ainda na atribuição de um *direito*. Quer isto dizer que a norma jurídica ou *obriga*, ou *faculta*, ou confere um *direito subjectivo*. Faculta quando permite, atribui uma qualidade, competência ou poder jurídico (p. ex., atribui a cidadania portuguesa, personalidade e a capacidade jurídicas, atribui a uma entidade ou a um órgão competência para tomar determinadas decisões, confere ao proprietário o poder de usar e dispor da sua coisa, confere ao credor a faculdade de fixar um prazo peremptório ao devedor em mora, etc.). Quando o direito confere a determinada pessoa um poder destinado à satisfação de um interesse próprio ou alheio, acompanhado da faculdade de dispor (fazer intervir ou não) dos meios coercitivos que protegem esse poder, diz-se que lhe atribui um *direito subjectivo*. Neste caso ao poder atribuído a alguém corresponde sempre um dever ou obrigação imposta a outra ou outras pessoas — sendo que esse dever imposto à generalidade das pessoas ou a pessoas determinadas o é no interesse do titular do direito subjectivo, e não no interesse do Estado ou da colectividade. Exemplos de direitos subjectivos: os direitos de personalidade (indisponíveis, em regra), o direito de propriedade, o direito de crédito, o direito de propriedade intelectual (exclusivo da exploração da obra ou do invento), etc.

Do dever jurídico, enquanto vinculação das pessoas a observarem certo comportamento, convém distinguir o *ónus jurídico* e o *estado de sujeição*. O *ónus jurídico* consiste na observância de certo comportamento, prescrito por lei como condição da obtenção de uma certa vantagem para o agente, ou

Grandes linhas estruturais do sistema jurídico 85

como pressuposto da manutenção de uma certa vantagem ou benefício de que já está a usufruir, ou para evitar uma desvantagem. Portanto, o acto a que se reporta o ónus jurídico não é imposto como um dever. Exemplos típicos: o ónus da contestação e da impugnação especificada em processo civil (o réu terá de contestar se quer evitar que se dê logo como certo e provado tudo quanto em matéria de facto o autor alegou contra ele), o ónus do registo predial (o que adquire um imóvel, se pretende que tal aquisição tenha eficácia em relação a terceiros, tem de promover a sua inscrição nos livros de registo predial) (trata-se de simples ónus, pois o registo não é obrigatório, visto a omissão do acto não implicar uma sanção — ao contrário do que sucede quanto ao registo dos actos do estado civil).

Por fim, também o *estado de sujeição* não é propriamente um dever jurídico. O estado de sujeição é o estado em que se encontra a contraparte do titular de um direito potestativo. Ora este consiste no poder conferido a uma das partes numa relação jurídica de, por acto unilateral (sem necessidade de colaboração de outra parte) modificar ou extinguir a relação jurídica — ou ainda, em casos contados, no poder de constituir um direito que vai limitar um direito de outrem (caso do dono do prédio encravado — dominante — que pode constituir uma servidão de passagem sobre o prédio serviente). Assim, p. ex., o inquilino pode denunciar livremente o contrato de arrendamento para o termo do prazo extinguindo deste modo a relação contratual; o mandante pode revogar livremente o mandato; o credor, em certos casos de incumprimento, pode declarar a resolução da relação contratual; o cônjuge inocente tem o direito de requerer e obter o divórcio litigioso, verificado e provados os respectivos fundamentos; o errante, em caso de erro relevante, pode pedir a anulação do negócio, etc. Em todos estes casos a contraparte (o senhorio, o mandatário, o devedor, o cônjuge culpado, o co-contratante) nada pode fazer, não pode evitar que se produzam na sua esfera jurídica os efeitos do exercício do direito potestativo. Por isso se diz que se acha em "estado de sujeição".

Da verificação do "facto" hipoteizado na *facti-species* resulta, portanto, uma situação jurídica: ou a constituição de uma situação jurídica nova, ou a modificação ou extinção de situações jurídicas preexistentes. Esta situação jurídica é, numa parte importante dos casos, uma *relação jurídica*: é-o em todos aqueles casos em que ao dever de um dos sujeitos (ou partes), ou de uma pluralidade de sujeitos, corresponde o direito de outro sujeito ou de uma pluralidade de sujeitos. É o que acontece designadamente no domínio dos direitos subjectivos — com ressalva porventura dos direitos absolutos, aos quais se não contrapõe um dever de sujeitos determinados, mas a chamada obrigação passiva universal, isto é, o dever de todos de respeitar ou não perturbar o direito absoluto (o direito de personalidade ou o direito de propriedade). Sempre que ao direito de um sujeito determinado (privado ou público) corresponde um dever de outro sujeito jurídico (privado ou público) determinado podemos falar de uma *relação jurídica*. Mas, em face do anteriormente exposto, não parece lícito afirmar que da verificação de um facto jurídico resulta sempre a constituição (modificação ou extinção) de uma relação jurídica, visto que, em muitos casos, o que resulta é a aquisição de um *status* ou qualidade jurídica: p. ex., a aquisição da nacionalidade, a aquisição da personalidade ou da capacidade jurídica, etc. Rigorosamente, uma relação jurídica é sempre uma relação entre duas ou mais pessoas jurídicas.

4. *O sujeito jurídico e os direitos de personalidade.*

Os direitos e deveres, as qualidades jurídicas, as situações jurídicas — enfim, os efeitos jurídicos recaem sobre pessoas determinadas: são *imputados* a pessoas determinadas. Por outro lado, são também pessoas determinadas os autores dos factos jurídicos voluntários a que chamámos *actos jurídicos* (simples actos jurídicos e negócios jurídicos). Donde que, na sequência do anteriormente exposto, nos devamos agora referir sumariamente à subjectividade ou personalidade jurídica.

Neste contexto de ideias, poderemos definir a personalidade jurídica em termos muito gerais como um centro de imputação de efeitos jurídicos. Tradicionalmente define-se personalidade jurídica ou capacidade jurídica *lato sensu* como a capacidade de ser *titular de direitos e obrigações*. Rigorosamente a personalidade não consiste apenas em ser centro de imputação de direitos e deveres, pois, como vimos, o direito objectivo atribui às pessoas *qualidades* ou *status* que, por si, não constituem direitos ou obrigações. Assim acontece, p. ex., com o *status* de nacional

Grandes linhas estruturais do sistema jurídico 87

atribuído em princípio a todos quantos nascem em território português.

Esta personalidade ou capacidade jurídica geral compete hoje a todos os seres humanos. Mas nem sempre assim foi: os escravos não eram sujeitos de direitos mas objecto de direitos e, em certos ordenamentos antigos, os estrangeiros não eram em princípio considerados capazes de direitos. Por outro lado, hoje a capacidade de direitos implica desde logo a titularidade efectiva de certos direitos: os direitos de personalidâde (infra).

Da capacidade de direitos (de ser *titular* de direitos, de "ter" direitos) distingue-se a *capacidade de exercício de direitos,* isto é, a capacidade de dispor dos direitos de que se é titular (de sobre eles tomar decisões) ou a competência de intervir modeladora-mente (através de negócios jurídicos ou quase-negócios jurídicos) na constituição de situações ou relações jurídicas (capacidade negocial). O que significa que um titular de direitos a quem falta a capacidade de exercício (menores, interditos) carecem de um representante que, em seu nome e no seu interesse, exerçam tais direitos (representação legal). Refira-se a este propósito que as pessoas dotadas de capacidade de exercício de direitos também se podem fazer substituir no exercício de certos dos seus direitos, ou na prática de negócios jurídicos cujos efeitos lhe sejam imputados, mediante um representante da sua escolha (representação voluntária).

Da capacidade de direitos e da capacidade de exercício de direitos convém destacar a capacidade de responder, isto é, de ser centro de imputação de uma responsabilidade. Situa-se neste quadro a chamada *capacidade delitual,* na qual podemos incluir tanto a capacidade para ser sujeito de uma responsabilidade penal, como a capacidade de ser sujeito de uma responsabilidade civil (responsabilidade pelos danos causados à pessoa ou ao património de outrem). É que a capacidade para ser sujeito de responsabilidade penal ou civil (*imputabilidade*) não depende dos mesmos pressupostos que a capacidade de exercício de direitos. Centro de imputação de responsabilidade, para certos efeitos, pode ainda sê-lo um simples agregado patrimonial (património separado) não dotado de personalidade jurídica.

Isto posto, cabe dizer agora que a personalidade jurídica não é atribuída por lei apenas a pessoas singulares, mas também a organizações humanas destinadas à prossecução mais eficiente de determinados interesses públicos ou privados. Temos então as

88   *Introdução ao Direito e ao discurso legitimador*

chamadas *pessoas colectivas* (de direito público ou de direito privado). Para a mais cómoda e eficiente prossecução de tais fins — e verificados certos pressupostos — o direito confere a essas organizações de pessoas (associações), ou a essas organizações de pessoas e de bens (sociedades), ou, em casos contados, a determinadas organizações de bens (fundações), a capacidade de serem titulares (centros de imputação directa) de direitos e obrigações. Diz-se então que a lei *personifica* determinado *substrato* organizacional.

A técnica da *personificação* é usada com muita frequência. Assim, no direito público o Estado-Administração personifica com frequência certos serviços administrativos, aos quais comete a prossecução de um determinado interesse colectivo ou de um feixe de interesses colectivos. No direito privado, por seu turno, é muito frequente a constituição de sociedades e de associações. Resta acrescentar que a pessoa colectiva actua no exercício dos seu direitos e no cumprimento das suas obrigações através dos seus órgãos (representação orgânica).

Conforme já referimos, à personalidade jurídica vão desde logo ligados certos direitos fundamentais chamados *direitos de personalidade*: tais o direito ao *nome* (o direito *à firma*, em se tratando de uma sociedade), o direito à integridade fisíca, o direito à imagem, o direito à honra, ao bom nome e à reputação, o direito à inviolabilidade do domicílio e o direito à reserva sobre a intimidade da vida privada (direito à privaticidade da esfera íntima e familiar). Estes direitos, que são direitos absolutos ou *erga omnes*, são tutelados pela responsabilidade (civil e penal, só civil) que a sua violação acarreta.

5. *Espécies de direitos subjectivos.*

Entre os efeitos jurídicos decorrentes do funcionamento de uma norma de direito destacámos a constituição de direitos subjectivos. Entre estes direitos poderemos destacar, em primeiro lugar, dois grandes tipos: os direitos de "domínio" e os direitos de "crédito". Entre os direitos de domínio contamos o direito sobre coisas materiais ou direito de *propriedade*, o direito sobre a *empresa* como universalidade e como organização dinâmica e os chamados direitos de *propriedade intelectual* (direito do autor sobre a obra e direito de propriedade industrial: direito de

Grandes linhas estruturais do sistema jurídico 89

patente, direito à marca, etc.). Trata-se de direitos *absolutos* tutelados contra a intromissão de um qualquer terceiro que impeça ou perturbe o exercício dos poderes que constituem o respectivo conteúdo. Pelo que respeita ao direito sobre bens imateriais (direitos de propriedade literária, artística e científica, bem como direitos de propriedade industrial), trata-se de direitos de monopólio ou de exclusivo: o titular pode excluir qualquer terceiro da exploração da obra ou do invento.

Em contraposição aos direitos *absolutos*, acabados de referir, temos os *direitos* de *crédito*, que são direitos relativos. O direito de crédito confere ao seu titular o poder, juridicamente tutelado, de exigir de outrem (o devedor) uma determinada conduta, positiva (um fazer) ou negativa (um não fazer: omitir e tolerar). A conduta devida chama-se *prestação*, a qual tanto pode ser uma *prestação de facto* (realizar determinado serviço, praticar certo acto, abster-se de certa conduta) como uma prestação de coisa (entrega de dinheiro, entrega de determinado objecto). Os direitos de crédito dizem-se *relativos*, por serem poderes jurídicos que apenas existem em relação a determinada ou determinadas pessoas (os devedores), pelo que não podem, em princípio pelo menos, ser violados por terceiros. Há no entanto relações jurídicas ou situações jurídicas, como a de arrendamento, que, segundo a concepção tradicional, apenas conferem direitos de *crédito*, mas a cujo "credor" também cabem direitos contra terceiros e um direito de *domínio* sobre a coisa, pelo menos no sentido de *direito ao uso* da coisa. E assim é que o locatário pode usar, quer contra o locador, quer contra terceiros, dos meios de defesa da posse (art. 1037.º do Código Civil). Não se trata aqui, evidentemente, de exercer um direito de crédito contra o devedor. De notar, porém, que esta espécie de direito de domínio reconhecido ao locatário é condicionado pela posse: apenas surge depois de o locatário ter obtido a posse e enquanto essa posse se mantiver.

Além dos direitos de *domínio* e dos direitos de *crédito* devemos considerar ainda os *direitos potestativos*. Estes, como já vimos, são aqueles direitos que conferem ao seu titular o poder de, mediante declaração unilateral (ou, em alguns casos, através de acção judicial), modificar ou extinguir relações jurídicas preexistentes ou mesmo constituir um direito que limite o direito de outrem (servidão). Exemplos paradigmáticos são aqui o

90   *Introdução ao Direito e ao discurso legitimador*

direito de anulação, o direito de denúncia, o direito de resolução, o direito de revogação, entre outros ([1]).

Poderia porventura falar-se ainda de *direitos de direcção* — embora estes já não apareçam claramente como direitos subjectivos típicos. Diferentemente do que se verifica em relação aos bens, não existem hoje (embora já tenham existido: escravatura) direitos de *domínio* sobre pessoas. Existe, no entanto, o chamado "direito de direcção". Tal o direito do "poder paternal", tal o "direito de direcção" do empresário. No caso do "poder paternal", trata-se de um direito-dever ou direito-função, a ser exercido no interesse, não do seu titular, mas de terceiro: do filho. Consiste no direito de "reger" (dirigir) a pessoa e administrar os bens do filho, no interesse deste. Todos os direitos "de direcção" estão, aliás, relacionados com o "status". O próprio direito de direcção do empresário — ou de qualquer superior hierárquico na função pública — liga-se à sua qualidade de "órgão" dentro de uma organização: não é possível coordenar numa unidade orgânica uma pluralidade de pessoas sem atribuir a uma pessoa ou a um conjunto de pessoas (órgãos singular ou órgão colegial) a necessária competência para tal coordenação, ou seja, sem lhe atribuir "poderes de direcção". O conteúdo de tais direitos de direcção é, portanto, determinado pela função (pelo *officium*) do titular do poder e, em último termo, pelas necessidades da organização. São, portanto, direitos "funcionais" ou direitos ligados ao exercício de uma função, pelo que devem ser exercidos segundo o "estatuto" desta e não no interesse subjectivo e segundo o arbítrio do titular do poder. Cabem tais poderes, porém, na noção ampla de direito subjectivo, quando se defina este como um poder (um "poder de vontade") conferido a uma pessoa para a satisfação de interesses, próprios ou alheios, juridicamente protegidos. E também esse poder é acompanhado do poder (de exercício obrigatório em alguns casos) de fazer intervir os meios coercitivos (sanções ou medidas disciplinares) que o tutelam.

([1]) Os direitos potestativos não têm por conteúdo um poder de exigir uma prestação (crédito) nem um poder de domínio sobre uma coisa, mas antes o poder de, por declaração unilateral receptícia, *modificar* (p. ex., a escolha nas obrigações alternativas) ou *extinguir* (p. ex., a resolução) uma relação jurídica preexistente, ou de *constituir* uma relação jurídica nova de conteúdo predeterminado (p. ex., "direito de opção", direito de preferência). São verdadeiros poderes "jurídico-modeladores".

Grandes linhas estruturais do sistema jurídico

6. A imperatividade, a generalidade e a abstracção da norma jurídica.

Comando (ou regra de conduta) geral, abstracto e coercível, ditado pela autoridade competente. Eis uma definição tradicional de norma jurídica. A ela corresponde a noção da lei em sentido material.

A norma jurídica seria um comando geral e abstracto, e por aí se distinguiria dos comandos individuais e concretos que, embora representem imperativos tutelados por medidas coercitivas, não criam direito objectivo mas se limitam a ser uma aplicação deste ou adoptam providências concretas e individualizadas. Assim, não são normas jurídicas as sentenças (p. ex., a sentença que condena *A* a restituir a *B* o dinheiro que este lhe emprestou), os decretos, portarias ou despachos de nomeação de um ministro ou de um funcionário público (mas já os chamados *despachos normativos*, como regulamentos que contêm regras gerais e abstractas, ou seja, normas jurídicas, são verdadeiras leis em sentido material, dimanadas dos órgãos administrativos no desempenho da sua função), os despachos que, como actos definitivos e executórios, incidem sobre os requerimentos dos particulares, etc. E também não são normas jurídicas as cláusulas negociais estipuladas nos contratos entre particulares, se bem que funcionem como verdadeiras regras vinculantes entre as partes e como imperativos (coercíveis) para quem as subscreve.

A) *A norma como "imperativo".*
Definindo a norma jurídica como comando, a doutrina tradicional adere à concepção imperativística daquela norma. É duvidosa a caracterização da norma jurídica como *imperativo*. Desde logo porque há certas normas que não ordenam ou proíbem uma conduta mas, antes, atribuem um poder ou faculdade (normas atributivas ou proposições jurídicas concessivas). Sobre este ponto, consideramos integrado aqui o texto de ENGISCH, de pp. 28 a pp. 43.

Mas o que sobretudo nos deve pôr de sobreaviso contra as possíveis implicações da concepção de norma jurídica como um "imperativo" é a conotação *voluntarista* ligada a este vocábulo. O Direito é, antes de mais, uma ordem objectiva da sociedade, com a sua "racionalidade" própria, em boa medida subtraída às intervenções voluntaristas arbitrárias do legislador. A norma legislada é fundamentalmente *resposta* a um problema de ordenação social (a um problema jurídico) em que se concretiza, por forma *preceptiva*, é certo, uma determinada valoração, uma determinada *opção valorativa*. Trata-se de optar entre várias respostas possíveis ao mesmo problema, de acordo com certo critério ou juízo valorativo. A norma ou preceito nunca poderá ser, portanto, puro acto de vontade, puro imperativo: porque é condicionada pelos termos do problema, pelas opções possíveis e pelo critério valorativo que imprime coerência e significado ao preceito legislado.

B) *Generalidade e abstracção.*

Diz-se ainda que a norma jurídica é uma regra de conduta geral e abstracta. No contexto desta definição, o geral contrapõe-se ao individual e o abstracto ao concreto.

Geral é o preceito que, por natureza, se dirige a uma generalidade mais ou menos ampla de destinatários (pessoas), isto é, que não tem destinatário ou destinatários determinados. Dizemos destinatário ou destinatários determinados porque importa distinguir a generalidade da pluralidade. Um preceito pode ter uma pluralidade de destinatários e, no entanto, não ser geral. Assim acontece sempre que esses destinatários não são determinados por referência a uma certa *categoria* abstracta ou a uma certa *função* por eles exercida, mas tomando em consideração circunstâncias individualizadoras. Inversamente, o preceito pode em certo momento ter como destinatário apenas uma determinada pessoa e, no entanto, ser geral. Assim acontece, p. ex., com os preceitos constitucionais que se referem ao Presidente da República ou ao Primeiro-Ministro. Tais preceitos, enquanto definem as competências e os deveres do cargo ou *officium*, dirigem-se a uma categoria de pessoas (aos eventuais titulares do cargo) e não a uma entidade individual.

Diz-se abstracto o preceito que disciplina ou regula um número indeterminado de casos, uma categoria mais ou menos ampla de situações, e não casos, situações ou hipóteses determinadas, concreta ou particularmente visadas. Note-se que isto não significa que se não possa tratar de situações já concretizadas ou realizadas. A hipótese da norma pode justamente referir-se a este tipo de situações: tal a lei que venha qualificar os "terrenos para construção", tal a lei que ordenasse aos proprietários confinantes com as vias públicas ou com os

Grandes linhas estruturais do sistema jurídico 93

cursos de água o arranque de certas espécies arbóreas, etc. O que importa é que seja abrangida toda uma *categoria* de casos.

Deste modo, generalidade e abstracção viriam afinal a reconduzir-se a uma categoria única, a da *generalidade*. Toda a lei, toda a norma jurídica deverá ser geral, no sentido de se destinar a regular toda uma categoria de situações ou de factos, futuros e/ou presentes (desde que a definição dessa categoria obedeça a critérios gerais e objectivamente justificáveis). Fora disso, o preceito traduzir-se-á numa providência administrativa concreta, ainda que formalmente revista a forma de diploma legislativo. Mas, já em se tratando de normas destinadas a qualificar de lícita ou ilícita uma certa conduta (*regulae agendi* em sentido estrito), elas só podem visar factos (de conduta) ainda não realizados (*hipoteticidade*).

Se a generalidade aparente da lei é tão-somente um disfarce, escondendo a intenção de abranger um caso concreto, estaremos perante uma lei apenas formal que, no seu conteúdo, será antes um acto ou providência administrativa que não um verdadeiro acto legislativo.

Uma lei não pode nunca ser individual e concreta, pois doutro modo violar-se-ia o princípio da igualdade perante a lei, e com ele o princípio da igualdade dos encargos ou vantagens, respectivamente impostos ou reconhecidas aos cidadãos. Só serão admissíveis diferenciações fundadas em elementos objectivos (a diversidade das circunstâncias, a "natureza das coisas"), e são justamente esses elementos objectivos que permitirão conferir à categoria de situações visada pela norma o seu recorte e carácter *genérico*.

§ 2.º — Classificação das normas jurídicas

1. *Normas perceptivas, proibitivas e permissivas*

A ordem jurídica *ordena* e *proíbe*. Fá-lo evidentemente através de normas *imperativas*: no primeiro caso através de normas *preceptivas*, no segundo através de normas *proibitivas*. Eis uma classificação que a custo carecerá de exemplos ilustrativos: as normas que nos obrigam a pagar impostos, ou que nos obrigam a circular pela direita, p. ex., são *preceptivas*; as

94   *Introdução ao Direito e ao discurso legitimador*

normas que punem o furto, o homicídio, as ofensas corporais, etc., são *proibitivas*.

Mas a ordem jurídica, além de ordenar e proibir, também permite ou autoriza certos comportamentos. Não se trata apenas da atitude negativa de não ordenar nem proibir, por forma a justificar a conclusão de que tudo o que não é proibido é permitido; trata-se de positivamente conceder poderes ou faculdades, de pôr o exercício de um poder jurídico nas mãos dos particulares, ou de conferir direitos. Por isso também se poderiam designar as correspondentes normas como normas *dispositivas*, normas de autorização ou normas *concessivas*. Consideremos, p. ex., os arts. 802.º, o art. 1055.º e o art. 1698.º do Código Civil: o primeiro concede ao credor, em certos termos, a faculdade de resolver o negócio, o segundo permite ao locatário denunciar o contrato de arrendamento para o termo do prazo e o terceiro permite aos esposados fixar livremente, em convenção antenupcial, o regime de bens do casamento.

Podemos em resumo dizer que no direito se contêm ordens, proibições e concessões ou seja, disposições que nos dizem, respectivamente: "tu deves", "tu não deves" e "tu podes".

2. *Normas universais, regionais e locais.*

Esta classificação reporta-se ao âmbito de validade *territorial* das normas. São *universais* as que se aplicam em todo o território do Estado, *regionais* as que apenas se aplicam numa determinada região (p.ex., os Decretos das Regiões Autónomas), *locais* as que apenas se aplicam no território de uma autarquia local (posturas e regulamentos locais).

3. *Normas gerais (ou de direito-regra) e normas excepcionais.*

As normas gerais constituem o direito-regra, ou seja, estabelecem o *regime-regra* para o sector de relações que regulam; ao passo que as normas *excepcionais*, representando um *ius singulare*, limitam-se a uma parte restrita daquele sector de relações ou factos, consagrando neste sector restrito, por razões privativas dele, um regime *oposto* àquele regime-regra. Assim, p. ex., o art. 219.º do Código Civil estabelece o princípio (regime regra) da *consensualidade*: A validade da declaração negocial não depende da observância de forma especial, salvo quando a lei a exigir. Mas várias disposições do mesmo Código exigem a observância de uma determinada forma para a validade do negócio. Assim, p. ex., o art. 1143.º estipula que o contrato de mútuo de valor superior a vinte mil escudos só é válido se for celebrado por escritura pública, e o de valor superior a dez mil escudos se o for por documento asssinado pelo mutuário. Esta exigência de forma para a validade do negócio está em directa oposição ao regime-regra do art.219.º. O art. 1143.º representa, pois, uma norma excepcional.

Por força do art. 11.º, as normas excepcionais não comportam aplicação analógica. Para se ter uma norma por *excepcional* para efeitos deste artigo será necessário verificar se se está ou não perante um verdadeiro *ius singulare*, isto é, perante um regime oposto ao regime-regra e directamente determinado por razões indissoluvelmente ligadas ao tipo de casos que a norma excepcional contempla.

4. *Normas de direito comum e normas de direito especial.*

As normas *especiais* (ou de direito especial) não consagram uma disciplina directamente oposta à do direito comum; consagram todavia uma disciplina nova ou diferente para círculos mais restritos de pessoas, coisas ou relações. Assim, podemos dizer que o Direito civil é um direito privado comum, ao passo que, p. ex., o Direito comercial e o Direito agrário, para não falar já do Direito do trabalho, são direitos especiais.

5. *Leges plus quam perfectae. Leges perfectae, leges minus quam perfectae* e *leges imperfectae.*

Esta classificação tradicional tem a ver com as consequências jurídico-civis e jurídico-penais que se seguem à violação de uma norma imperativa.

a) Recebem a primeira designação aquelas normas cuja violação importa ao mesmo tempo a nulidade do acto e uma pena. Exemplo: o contrato pelo qual o pai negocia com outrem os "favores" de uma filha: o negócio é nulo (art. 280.º, 2, do Código Civil) e, demais disso, é passível de uma sanção penal (art. 405.º do Código Penal — lenocínio). Veja-se ainda o art. 284.º do Código Civil (usura criminosa).

b) Recebem a segunda designação aquelas normas cuja violação importa nulidade do acto, mas sem pena: p. ex., negócio contrário aos bons costumes ou à ordem pública (v.g., compromisso de um cônjuge perante outro de "confessar" certas violações dos deveres conjugais), mas não punível.

c) Cabe a terceira designação àquelas normas cuja violação importa uma pena, mas não a nulidade do acto. P. ex.: a venda de um produto depois de hora regulamentar do encerramento da loja não acarreta a nulidade da venda, mais implica uma pena (multa) para o comerciante.

d) A quarta e última designação caberia às normas cuja violação não importa qualquer espécie de sanção. Tais as normas que têm por destinatárias certos órgãos superiores do Estado, quando a sua violação não é susceptível de qualquer sanção jurídica (suponha-se, p. ex., que o Presidente da República não cumpre o disposto no n.º 3 do art. 198.º da Constituição). O problema é este: *quis custodet custodem?* Mas, por outro lado, poderá haver normas *jurídicas* cuja violação não importe efeitos jurídicos?

6. *Normas autónomas e não autónomas e disposições normativas incompletas*

A norma não autónoma é aquela que, por si só, não tem um sentido completo (falta-lhe toda ou parte da hipótese, toda ou parte da estatuição), só o obtendo por remissão para outras normas. Tais são as normas *remissivas*, normas de *devolução* ou nomas *indirectas*, de que falaremos adiante, e bem assim aquelas que ampliam ou restringem o campo de aplicação de normas anteriores.

Por outro lado, não chegam a ser verdadeiras normas mas "proposições jurídicas incompletas" as *definições* e as *classificações* legais de que também falaremos adiante. Como veremos, trata-se de disposições que se destinam a integrar as hipóteses globais de outras normas, ou a definir os conceitos normativos por estas utilizados.

Grandes linhas estruturais do sistema jurídico 97

7. Classificação das normas tomando para ponto de referência a autonomia privada.

Do ponto de vista da autonomia privada (ou liberdade negocial) podemos dividir as normas em injuntivas ou *imperativas* e *dispositivas* (há também quem designe estas por "facultativas"). As normas imperativas podem ser *preceptivas* ou *proibitivas*, nos termos já acima assinalados. As normas *dispositivas* (ou de direito dispositivo) podem, por seu turno, subdividir-se em normas *facultativas, concessivas ou atributivas, interpretativas* e *supletivas*. Já atrás falámos das normas facultativas ou permissivas. Resta falar das interpretativas e das supletivas.

Normas interpretativas neste sentido particular são aquelas disposições legais cuja função é determinar o alcance e sentido imputáveis a certas expressões ou a certas condutas declarativas ou actos das partes, em caso de dúvida. Assim, p. ex., se *A* deve 100 contos a *B* e entrega a este uma letra da mesma importância, ou lhe cede um crédito de 100 contos que tem sobre *C*, pode duvidar-se se aquela entrega ou esta cessão de crédito extinguem imediatamente a dívida de *A*, ou se tal dívida apenas se considerará extinta se e na medida em que *B* cobre a importância da letra ou cobre o crédito cedido. Na dúvida, por falta de declaração de *B* no sentido da exoneração imediata de *A*, o art. 840.º resolve o problema considerando que houve uma dação *pro solvendo* (ou em função de cumprimento) e não uma dação em cumprimento (*pro soluto*). *A* não terá ficado, portanto, imediatamente exonerado.

Normas supletivas são aquelas que se destinam a suprir a falta de manifestação da vontade das partes sobre determinados pontos do negócio que carecem de regulamentação. O Direito das Obrigações, dominado pelo princípio da autonomia negocial, é o domínio de eleição das normas supletivas. Bastemo-nos com um ou dois exemplos. Suponhamos que *A* se obrigou a entregar uma coisa a *B*, mas nada se estipulou sobre o lugar do cumprimento. Intervêm então as normas supletivas dos arts. 772.º e sgs. do Código Civil. Vejam-se ainda, a título de exemplo, as regras supletivas dos arts. 784.º e seg., pelo que respeita à imputação do cumprimento, e o art. 455.º, 2, no que respeita aos efeitos do contrato para pessoa a nomear, quando não seja feita a declaração de nomeação nos termos legais.

Diz-se, com razão, que normas supletivas são aquelas que podem ser afastadas pela vontade das partes (em contrário). Mas existe modernamente uma certa tendência para considerar tais regras supletivas estabelecidas pelo legislador como normas que também exprimem ou incorporam uma certa concepção de justiça da comunidade jurídica. De maneira que o seu afastamento por cláusulas negociais só deveria ser reconhecido como eficaz quando para tal existisse uma *justa causa*. O problema põe-se sobretudo no que respeita aos contratos de adesão em que a parte mais forte, abusando da sua posição dominante, e através das "condições gerais do contrato" por ela ditadas, afasta todas aquelas disposições legais supletivas (de direito dispositivo) que lhe não convêm (estipulando cláusulas sobre o tribunal competente, cláusulas penais gravosas, cláusulas restritivas da sua responsabilidade, cláusulas resolutivas, etc. etc.). Segundo a referida doutrina, tais cláusulas deveriam ser consideradas como não escritas, sempre que representem um abuso do poder dominante. Os tribunais deveriam considerá-las nulas.

É sem dúvida de compartilhar esta preocupação de proteger o consumidor e, de uma maneira geral, a parte contratual mais fraca ou menos organizada contra os abusos do poder económico da parte melhor organizada e com uma posição preponderante no mercado. Abusos que se verificam em regra nos "contratos de massa". Mas cremos que essa protecção será mais eficazmente assegurada por outros meios: por meios de controle administrativo, submetendo à homologação de instâncias politicamente controladas, e com melhor legitimidade que os tribunais para tomar decisões de política económica, as condições negociais gerais dos contratos de adesão.

SECÇÃO II
CODIFICAÇÃO E TÉCNICAS LEGISLATIVAS

§ 1.º — Significado da codificação como técnica normativa (¹)

1. *Noção de código, estatutos, leis orgânicas, leis avulsas e legislação extravagante.*

Em primeiro lugar, um código é uma lei em sentido material. Na hierarquia das leis, tem a força própria da lei que o aprova ou na qual está contido. Formalmente, esta lei tanto pode ser uma lei da Assembleia da República como um Decreto-Lei do Governo ou qualquer outro diploma.

Mas não é uma lei como qualquer outra: é uma lei que contém a disciplina fundamental de certa matéria ou ramo de direito, disciplina essa elaborada por uma forma científico-sistemática e unitária. Distingue-se, assim, duma simples complicação de leis feita segundo critérios mais ou menos empíricos e contendo matérias de diversa índole, pertencentes a diversos ramos do direito, como acontecia com as antigas ordenações do reino.

Um código pressupõe, portanto, um plano sistemático longamente elaborado pela ciência jurídica, ao mesmo tempo que, por seu turno, facilita a construção científica do Direito ao pôr em evidência os princípios comuns, as grandes orientações legislativas, os grandes nexos construtivos e funcionais, assim como a articulação precisa entre os diversos institutos e figuras jurídicas.

Por outro lado, só costuma designar-se por código aquela lei que regula de forma unitária e sistemática um sector relativamente importante ou vasto da vida social — em regra um ramo

---

(¹) Sobre todo este parágrafo, ver "Enciclopédia Verbo", *Codoficação* e *Código* (Prof. R. QUEIRÓ) e P. de LIMA e A. VARELA, *Noções Fundamentais de Direito Civil*, I, pp. 122 a 139.

do Direito — pelo menos nas suas linhas fundamentais. Por vezes, quando a lei regula de uma maneira unitária e sistemática dada matéria que não tem a dignidade, amplitude ou a estabilidade suficientes para justificar a designação de código, essa lei é designada por *estatuto*. Outras vezes tais leis, não obstante a menor amplitude da matéria ou a menor estabilidade dos seus preceitos, recebem mesmo a designação de códigos (p. ex., o Código dos investimentos estrangeiros).

As leis que regulam por forma sistemática e unitária uma determinada actividade, carreira ou profissão costumam designar-se por *estatutos*. Temos assim o Estatuto do Comerciante, o Estatuto Disciplinar dos Funcionários Civis do Estado, o Estatuto dos Magistrados Judiciais, etc. As leis que, pela mesma forma, organizam e regulam o funcionamento de um serviço costumam designar-se por *leis orgânicas*. Temos assim a Lei Orgânica do Ministério das Finanças (ou de qualquer outro ministério), a Lei Orgânica dos Tribunais Judiciais, a Lei Orgânica da APDL, etc.

As matérias reguladas nos códigos, que são monumentos legislativos destinados a longa duração, acabam sempre ou quase sempre por ser objecto de leis várias que lhes introduzem alterações. Essas leis, quando não sejam integradas nos códigos a que introduzem alterações, designam-se por leis *avulsas* ou *extravagantes*. É já numerosa, p. ex., a legislação extravagante relativa ao contrato de arrendamento, regulado no Código Civil.

Por vezes, é o próprio código que desde logo se limita a sistematizar as matérias mais gerais e dotadas de maior estabilidade, deixando para a legislação avulsa as matérias que estão sujeitas a alterações mais rápidas ou mais intensas.

Não entraremos aqui no debate aberto desde o século passado sobre as vantagens ou desvantagens da codificação.

Queremos no entanto salientar que dentro de um código se podem distinguir complexos de normas constituindo todos organizados e unificados à volta de certo núcleo de princípios fundamentais. Estes complexos de normas ou institutos jurídicos podemos nós encará-los como sistemas normativos com atributos semelhantes aos de um código. São uma espécie de microcódigos. O mesmo podemos afirmar de certas leis avulsas — como, p. ex., a Lei do Arrendamento Rural — que, pela sua organização sistemática, permitem raciocínios e inferências paralelos àqueles que os códigos facultam — apenas com a ressalva de que a

Grandes linhas estruturais do sistema jurídico

significação e o alcance de muitos dos seus conceitos terão que ir procurar-se aos códigos em que se contém a regulamentação fundamental ou geral daquele tipo de relações.

De entre os códigos portugueses referiremos como principais o Código Civil e o Código do Processo Civil, o Código Penal e o Código de Processo Penal, o Código Comercial, o Código Administrativo, os vários códigos relativos aos vários impostos, etc, etc. A própria Constituição é um código, no sentido que deixamos apontado. Mas não costuma ser designada como tal.

2. *Significado e valor da codificação.*

A codificação, diz-se, formaliza e rigidifica o Direito. Daí a sua inadequação para resolver os problemas de uma sociedade em mutação constante e acelerada.

Quando isto se afirma, parece partir-se do pressuposto de que a sistematização inerente às codificações encerra o julgador dentro de uma axiomatização acabada e formalista que lhe não permite ter em conta a novidade das situações da vida e o obriga a descobrir sempre na lei a solução dos casos. O sistema do código gozaria de uma espécie de "plenitude lógica".

Contra isto, devemos afirmar que a codificação não é a instituição de um sistema fechado, mas a instituição de uma *Gestalt*, isto é, de uma Forma *formadora* que postula implementação e, por isso mesmo, complementação. "Codificar" não é apenas instaurar um sistema (sistematizar e ordenar racionalmente as matérias e os problemas a regular), mas é *Gestaltformation*(¹), isto é, instituição de uma *Forma viva* animada por uma espécie de "código genético" ou código generativo cujas virtualidades carecem de ser desenvolvidas, designadamente no plano da sua implementação ou realização. E essa *Gestaltfaformation*, por sua vez, tem de entender-se informada pela ideia de Direito (ou pelo princípio da Justiça).

De modo que ao desenvolvimento do sistema jurídico "codificado" quadra muito melhor o conceito gestaltístico de crescimento do que o conceito lógico de axiomatização. E compreende-se porquê: ao apontar para uma *organização*

(¹) Hibridismo usado por autores norte-americanos que seguem o *gestaltismo*.

integral *sub specie iuris* de certo sector das relações humanas sociais, o complexo normativo "codificado" desde logo como que implicitamente prefigura e predetermina "lugares" vazios nesse todo que virão a ser ocupados pelos casos não previstos ou pelos problemas que apenas surgem ao nível da realização prática do plano — ou seja, no momento da execução-implementação do *projecto*. As soluções desses problemas novos hão-de ser integradas no *padrão* ou desenho geral programado na codificação legal.

Por outras palavras, uma codificação, racionalizando e ordenando os conteúdos da regulamentação jurídica, não é um sistema "fechado" e acabado mas um projecto a ser executado e, portanto, a ser complementado por "projectos de execução" — cuja necessidade muitas vezes só se descobre na implementação prática da lei. Constituindo uma Forma, mas uma Forma generativa ou com virtualidade formadora, o código postula adensação e completude, complementação e acabamento. Por isso é que uma das tarefas fundamentais do jurista é levar essa Forma formadora à sua concretização de projecto de realização prática e à sua transparência de sistema. Compete-lhe, como dissemos, achar soluções que se integrem no padrão ou desenho programado ou "codificado" na lei, mas que nela não se acham expressamente contidas. Neste sentido poderá até dizer-se que a *codificação* (a recondução do material normativo a fórmulas sintéticas dotadas de virtualidades generativas e orientadoras) constitui o resultado a que tende todo o esforço da ciência jurídica.

Este jogo de formas e movimentos orientado e delimitado pela construtura global de um *codex* permite até ao sistema codificado, em certo sentido, "corrigir-se a si próprio", assim como permite explorar pistas de solução em "lugares paralelos" para problemas interpretativos ou para problemas de integração da lei — como adiante veremos.

§ 2.º — Partes gerais, remissões, ficções, definições e presunções

1. *Partes gerais*

Lançando uma vista de olhos a um monumento legislativo tecnicamente bem elaborado, o Código Civil, deparamos logo de

Grandes linhas estruturais do sistema jurídico 103

entrada com este título: Livro I — Parte Geral. Este Livro 1 é subdividido em dois Títulos: Títulos I — Das leis, sua Interpretação e Aplicação; e Título II — Das Relações Jurídicas. Este último Título é dividido em Subtítulos, que tratam sucessivamente Das Pessoas, Das Coisas, Dos Factos Jurídicos e Do Exercício e Tutela dos Direitos.

Se passarmos ao Livro II — Direito das Obrigações, vemos que também se divide em dois Títulos: Título I — Das Obrigações em Geral; Título II — Dos Contratos em Especial. Podemos ainda verificar que o Título 1 é iniciado por um Capítulo I — *Disposições Gerais*. E de igual modo podemos verificar que, no Título II, a maior parte dos Capítulos, cada um deles dedicado a um contrato típico ou nominado, é iniciada por uma Secção I — *Disposições Gerais*.

Não vamos aqui analisar a sistematização do Código. Apenas queremos chamar a atenção para um imperativo de técnica legislativa que conduz à elaboração das chamadas "partes gerais" — nestas incluindo aquelas partes que aparecem sob a designação de *Disposições Gerais*. A existência destas "partes gerais" ou "disposições gerais" resulta obviamente de uma exigência de técnica jurídica: trata-se de evitar repetições, de fixar desde logo aqueles princípios gerais e aquelas disposições normativas que, de outro modo, teriam de ser repetidas em fórmulas essencialmente idênticas em diferentes pontos ("partes especiais") da lei, de dar resposta antecipada a um catálogo de questões preliminares cuja solução afecta e é extensível a todas as regulamentações particulares que a lei vai estabelecer. Pode pois dizer-se que essas "partes gerais" são compêndios de pré-decisões, de decisões fixadas antes de se tomar posição perante as diferentes questões particulares. Trata-sa, no fundo — e para usar uma analogia tirada da álgebra — de *pôr em evidência,* fora do parênteses, aquelas disposições que são comuns às várias matérias a regular. Donde se conclui que as disposições contidas nestas "partes gerais" têm um domínio ou campo de aplicação particularmente vasto.

Um exemplo apenas bastará para se compreender o significado do que acabámos de dizer. Estamos perante um determinado contrato, concluído entre duas pessoas. Para sabermos se esse contrato é vinculante ou válido, precisamos de responder primeiro à questão prévia de saber quem tem em geral capacidade para celebrar negócios jurídicos. A esta questão

104 *Introdução ao Direito e ao discurso legitimador*

prévia responde-nos uma disposição do Título II da Parte Geral do Código. E esta resposta é válida para qualquer tipo de contrato e relativamente a qualquer contrato em concreto.

É evidentemente pensável um outro modo de proceder: tomar primeiramente posição em face dos diferentes "casos" particulares e, mediante a fixação de "precedentes judiciais", por via indutiva, paulatinamente, ir conformando e "descobrindo" o direito vigente. Tal o que acontece nos países anglo-saxónicos, no domínio do "case law", que não é fixado através de códigos sistematicamente construídos mas através de "precedentes", isto é, decisões judiciais anteriores com valor de precedentes vinculantes para casos análogos. Uma análise mais rigorosa mostra, porém, que no domínio do "direitos dos casos" (o *case law* da *common law*) uma consideração "científica" ou metódica do direito não permite renunciar àquelas "soluções prévias" que constituem as "partes gerais". Pois que uma consideração jurídico-metodológica assenta necessariamente na ideia de que os "casos iguais" devem ser objecto de uma decisão igual. Ora, numa análise completa, cada caso concreto distingue-se de todos os outros através de inúmeras particularidades. Portanto, a igualdade ou analogia dos casos, quando se considere uma concreta situação da vida, só poderá evidenciar-se deixando de lado uma quantidade de circunstâncias particulares, como "juridicamente irrelevantes", e fazendo ressaltar outras como "juridicamente relevantes". O que significa, ao fim e ao cabo, que só podemos descortinar a "igualdade" ou "semelhança" dos diferentes casos concretos quando nos referimos a um determinado "sistema" de critérios.

Dito isto, devemos agora observar que o conteúdo do Livro I — Parte Geral, do nosso Código Civil, não contém apenas disposições do tipo acabado de referir, isto é, disposições preliminares cuja função seja integrar as disposições e os regimes estabelecidos nas restantes partes do Código. Não, pois que o Título I — Das leis, Sua Interpretação e Aplicação não se confina a matérias do Direito Civil, antes é constituído por um repositório de princípios gerais e fundamentais de todo o ordenamento jurídico: as normas aí estabelecidas são normas sobre normas (ou normas de segundo grau), constituindo no seu conjunto e nas suas implicações aquilo que se poderia chamar uma "teoria geral da lei". O facto de tais disposições se encontrarem no Código Civil resulta apenas de uma tradição

Grandes linhas estruturais do sistema jurídico 105

legislativa que se pretendeu manter. Essa é também a razão pela qual tais disposições são estudadas numa Introdução Geral ao Direito. Da nossa Introdução serão apenas excluídas as normas do Capítulo III deste Título (Direito dos Estrangeiros e Conflitos de Leis), porque, embora sejam igualmente normas sobre normas, são tradicionalmente estudadas numa cadeira do plano do curso de direito: a cadeira de Direito Internacional Privado.

Já o Título II da referida Parte Geral corresponde a uma "parte geral", no sentido em que aqui tomámos a expressão. Esta parte da Parte Geral tem sido objecto de contestação e disputa. A maioria das suas disposições — e sobretudo aqueles que contêm definições e classificações legais — destina-se a integrar as hipóteses normativas globais de normas dispersas pelas restantes partes do Código.

2. *Remissões*

A remissão é outro expediente técnico-legislativo de que o legislador se serve com frequência para evitar a repetição de normas. São normas *remissivas* (ou *indirectas*), de uma maneira geral, aquelas em que o legislador, em vez de regular directamente a questão de direito em causa, lhe manda aplicar outras normas do seu sistema jurídico, contidas no mesmo ou noutro diploma legal (remissão *intra-sistemática*). Exactamente porque não regulam directamente a questão de direito, tais normas são também designadas por "normas indirectas".

Normalmente, a remissão vai dirigida à estatuição da norma *ad quam* (norma para que se remete). Assim, p. ex., o art. 678.º do Código Civil diz que "são aplicáveis ao penhor, com as *necessárias adaptações,* os arts. 692.º, 694.º a 699.º e 701.º e 702.º" (disposições estas relativas à hipoteca) e o art. 594.º do mesmo Código diz que "é aplicável à sub-rogação, *com as necessárias adaptações,* o disposto nos artigos 582.º a 584.º" (textos estes relativos à cessão de créditos). Mas pode verificar-se uma remissão apenas para efeitos de definir a hipótese legal. Assim, p. ex., o art. 974.º do mesmo Código, ao pretender definir os casos de ingratidão susceptíveis de justificar a revogação da doação, estabelece: "A doação pode ser revogada por ingratidão, quando o donatário se torne incapaz, por indignidade, de suceder ao doador, ou quando se verifique alguma das ocorrências que justificam a deserdação". Remete-nos, portanto, este texto para as disposições que definem os casos de indignidade sucessória e os casos em que se justifica a deserdação, que são justamente os dos arts. 2035.º e segs., 2160.º e seg. do mesmo Código. Mas apenas para definir as hipóteses de ingratidão que têm como consequência jurídica a seguinte: conferir ao doador o direito (potestativo) de revogar a doação.

Pode mesmo verificar-se uma remissão à segunda potência. Assim, p. ex., o art. 433.º do Código Civil remete para o art. 289.º do mesmo Código, quando estabelece: "Na falta de disposição especial, a resolução é equiparada, quanto aos seus efeitos, à nulidade ou anulabilidade do negócio jurídico, com ressalva do disposto nos artigos seguintes". Ora o art. 289.º, que trata dos efeitos da declaração de nulidade e da anulação e é, por isso, abrangido por esta remissão, faz por seu turno uma nova remissão ao estabelecer, no seu número 3, que "é aplicável em qualquer dos casos previstos nos números anteriores, directamente ou por analogia, o disposto nos artigos 1269.º e seguintes".

Por vezes, a lei faz uma remissão muito ampla, com a finalidade de dar ao regime do instituto para que remete uma função integradora subsidiária do regime que estabelece para o instituto que está a considerar. Assim, p. ex., estabelece o art. 913.º, 1, do Código Civil o seguinte: "Se a coisa vendida sofrer de vício que a desvalorize ou (...), observar-se-á, *com as devidas adaptações*, o prescrito na secção precedente (Esta secção precedente regula a venda de bens alheios). Função semelhante desempenha o art. 433.º, já acima referido. Uma remissão deste tipo encontra-se também com frequência naqueles diplomas legais que mandam aplicar *subsidiariamente* um outro diploma. Assim, p. ex., o art. 1.º do Código do Processo de Trabalho, ao mandar aplicar nos casos omissos o direito processual comum, remete implicitamente para o Código do Processo Civil. O Código Comercial, no seu art. 3.º, dispõe: "Se as questões sobre direitos e obrigações comerciais não puderem ser resolvidas pelo texto da lei comercial, nem pelo seu espírito, nem pelos casos análogos nela prevenidos, serão decididas pelo direito civil". Muitos outros exemplos do género se poderiam referir.

Noutros casos, em vez de uma remissão com função integradora genérica, temos uma disposição legal que expressamente prevê desde logo a *extensão* do regime de certo instituto a outro ou outros. É o que acontece, p. ex., com o art. 939.º do

Código Civil, que manda aplicar as normas da compra e venda a outros contratos onerosos, e com o art, 1156.º do mesmo Código, que estabelece: "As disposições sobre o mandato são extensivas, com as necessárias adaptações, às modalidades de contrato de prestação de serviço que a lei não regula especialmente". Disposições como esta têm um vastíssimo campo de aplicação. (¹).

Queremos notar que as normas remissivas utilizam quase sempre a expressão: "com as necessárias adaptações", ou "com as adaptações devidas" (*mutatis mutandis* — como se exprimiam tradicionalmente os juristas). Porquê? É que os casos regulados pelas normas chamadas não são casos iguais, mas casos análogos. O que significa que nas hipóteses em que o legislador recorre a normas remissivas é ele próprio que se dá conta da existência da analogia. Pelo que não é descabido falar aqui de hipóteses de "analogia de remissão", como já alguém fez.

Além das remissões *intra-sistemáticas*, a que nos temos vindo a referir, podemos mencionar ainda as remissões *extra-sistemáticas* — isto é, remissões para sistemas jurídicos diferentes (estranhos ou estrangeiros) do sistema *a quo*. Assim acontece designadamente em certos ordenamentos jurídicos nacionais que integram o respectivo sistema jurídico mandando regular certas matérias por determinado direito estrangeiro (*remissão receptícia* ou "recepção"). Assim acontece entre nós relativamente às normas e princípios do direito internacional geral ou comum, por força do art. 8.º, 1, da Constituição; e ainda relativamente a certas disposições do direito canónico, por força da Concordata de 1940. Aliás, em aplicação desta Concordata, também os arts.

(¹) Remissões com um sentido bem diferente encontramo-las em certos "operadores linguísticos" muito frequentemente utilizados pelo legislador. São exemplos disso certas técnicas que servem para estabelecer entre duas normas a relação de regra a excepção, ou então para assinalar a prioridade de uma das normas sobre a outra. Assim, quando o legislador ao enunciar um artigo começa por prevenir: "Sem prejuízo do disposto em...", isto significa em regra que a norma a que se faz referência, seja ela anterior ou posterior, tem primazia sobre a que se vai enunciar ou que esta não afasta o regime daquela (que será porventura um regime-regra, ou um regime especial que se quer salvaguardar, ou, então, um regime — consequência jurídica — cumulável com o agora estatuído). Inversamente, o "operador linguístico" que, no início de um preceito, diz: "Não obstante o disposto em...", significará em regra que se vai estabelecer um regime excepcional ou um regime especial relativamente ao regime contido na norma a que se faz referência.

108 *Introdução ao Direito e ao discurso legitimador*

1625.º e seg. do Código Civil, por via indirecta, remetem para o direito canónico, ao mandar tornar executórias, independentemente de revisão e confirmação, as decisões dos tribunais eclesiásticos respeitantes à nulidade do casamento canónico e à dispensa do casamento rato e não consumado.

É evidente que as remissões extra-sistemáticas têm um significado muito diferente do das remissões intra-sistemáticas.

Já pelo que respeita às normas de conflitos (arts. 25.º a 65.º do Código Civil), apesar de serem normas sobre a aplicação de outras normas (de normas estrangeiras, designadamente), cremos que não devem ser classificadas como normas indirectas ou de remissão, pois no fundo destinam-se a determinar a lei competente e, portanto, quando designam como aplicável uma lei estrangeira, está-se já fora do âmbito de competência do ordenamento português.

3. *As ficções legais.*

Outro processo técnico-legislativo espedito é o das *ficções legais*. Estas funcionam, em última análise, em regra, como remissões implícitas: em vez de expressamente remeter para normas determinadas que regulam determinados factos ou situações, o legislador estabelece que o facto ou situação a regular é ou se considera (como se juridicamente fosse) igual àquele facto ou situação para que já se acha estabelecido um regime na lei.

Trata-se da assimilação fictícia de realidades factuais diferentes, para efeito de as sujeitar ao mesmo regime jurídico. É este um processo que já não tem que nos surpreender, pois já vimos que o jurista-intérprete, ao operar com os conceitos que circunscrevem as *facti-species* legais para fins de aplicação do direito, tem muitas vezes de reconduzir realidades novas, porventura ainda não conhecidas no tempo em que a lei foi elaborada, a conceitos legais pré-existentes. Recordem-se a propósito os exemplos dados sobre a recondução de certos produtos químicos ao conceito de "arma perigosa", de marcas num relógio de ponto ou de ronda ao conceito de "documento", de energia eléctrica ao conceito de "coisa". A prática jurídica encontra em tais "equiparações", ou na extensão da hipótese legal a factos não directamente abrangidos pela sua letra mas

Grandes linhas estruturais do sistema jurídico 109

abrangidos pelo seu espírito ou pela sua intenção normativa (interpretação extensiva ou extensão teleológica) o meio de descobrir o regime jurídico de *novos* factos ou de dar satisfação a novas necessidades sociais de regulamentação. A legitimidade do processo resulta de que, como vimos, a fórmula normativa tem que ser considerada no contexto de um *problema normativo* (questão jurídica) ao qual, através dela, o legislador pretendeu dar resposta.

Noutros casos, poderá suceder que a ficção legal represente algo de muito próximo a uma presunção *iuris et de iure*, que não admite prova em contrário.

Nos modernos sistemas jurídicos é mais frequente o legislador recorrer a remissões expressas do que a ficções legais. Em todo o caso, podemos dar alguns exemplos de ficções extraídos de legislação recente. Assim, p. ex., na alínea c) do n.º 2 do art. 805.º do Código Civil estabelece-se que, se o próprio devedor impedir a interpelação, *se considera interpelado* na data em que normalmente o teria sido. Nas obrigações sem prazo certo, e que não tenham a sua fonte num facto ilícito, o devedor só fica constituído em mora e sujeito ao regime e consequências desta depois de interpelado (judicial ou extrajudicialmente). Se ele, porém, se furta, à interpelação, ou por outra forma impede esta, considera-se a interpelação verificada.

Um exemplo análogo acha-se no n.º 2 do art. 275.º do mesmo Código, que diz: "Se a verificação da condição for impedida, contras as regras da boa fé, por aquele a quem prejudica, tem-se por verificada; se for provocada, nos mesmos termos, por aquele a quem aproveita, considera-se como não verificada". No primeiro caso tudo se passa como se o facto tivesse ocorrido: o obrigado sob condição deixa de o estar, pois que o facto condicionante foi impedido, de má fé, pela sua contraparte. No segundo caso, tudo se passa como se o facto não tivesse ocorrido: o obrigado sob condição continua obrigado, apesar de se ter verificado o facto condicionante, por ter sido ele quem, de má fé, provocou a sua verificação.

Muitos outros exemplos se poderiam citar. Aqui apenas referimos mais o do Decreto-Lei n.º 161/77, de 21 de Abril, que, pretendendo pôr cobro às práticas comerciais irregulares consistentes na "entrega ou envio, nomeadamente pelo correio, de quaisqer produtos ou publicações que não tenham sido pedidos ou encomendados ou que não constituem o cumprimento de qualquer contrato válido", estabelece certas penas contra tais práticas e, no seu art. 3.º, determina que, nestes casos, "os produtos ou publicações serão sempre *considerados* oferta grátis". Ora o remetente de tais produtos, ao adoptar tal prática, terá tido a vontade de fazer uma proposta de venda, e não uma proposta de doação. Estipulando a lei que, em tais casos, se considera existir uma oferta grátis, equipara a proposta de venda à de doação.

4. *As definições legais.*

Outra técnica muito frequente na legislação é a da definição. O nosso Código Civil está recheado de definições legais. Basta referir alguns exemplos ao acaso: arts., 202.º a 212.º (noção e classificações de coisa), 216.º (noção e classificação de benfeitorias), art. 543.º, 1 (obrigação alternativa), art. 612.º, 2 (má fé para efeitos de impugnação pauliana), 762.º, 1 (cumprimento), 804.º, 2 (mora do devedor), art. 813.º (mora do credor), 1577.º (casamento), etc.

Os enunciados legais que se limitam a estabelecer definições e classificações não são, evidentemente, normas autónomas ou completas: contêm apenas partes de normas que hão-de integrar outras disposições legais, resultando dessa combinação uma norma completa.

Por vezes, a definição legal contida num artigo da lei circunscreve justamente a situação a que se aplica o regime estabelecido nos artigos subsequentes. Tal o que acontece, p. ex., com o art. 804.º, 2, que circunscreve as hipóteses a que aplica o regime estabelecido no art. 804.º, 1, e nos arts. 806.º a 808.º, ou com o art. 813.º, que circunscreve as hipóteses a que se aplica o regime constante dos arts. 814.º a 816.º.

Há quem afirme que as definições legais são inúteis e quem entenda, pelo contrário, que elas representam verdadeiras disposições com valor *prescritivo*. Aqueles que entendem que as definições legais são inúteis, ou lhes pretendem recusar carácter prescritivo, são normalmente induzidos a tal atitude pela ideia, em princípio exacta, de que não cabe ao legislador fazer construções conceituais (tal tarefa cabe à doutrina), mas estipular regimes jurídicos. Só que, no caso das verdadeiras definições legais, se trata de, por uma forma indirecta, constituir as hipóteses

Grandes linhas estruturais do sistema jurídico 111

a que se ligam as consequências jurídicas de determinadas normas, e não de puras construções conceituais. Pelo que, a nosso ver, à técnica legislativa da definição só pode fazer-se a tradicional reserva de que, em direito, *ommis definitio periculosa*.

Entendemos, pois, que as definições legais têm carácter prescritivo. O legislador não está na mesma posição que o naturalista ao estabelecer as suas definições. Mesmo que incompleta ou imperfeita, a definição do legislador não é como que uma simples noção provisória e revisível de uma realidade que se pretende categorizar: ela compreende sempre uma vontade ou intenção normativa, uma decisão — por isso que o legislador, ao dar de certa situação de facto uma definição, o que faz antes do mais é formular a sua resposta a uma questão normativa.

Assim, p. ex., nós podemos porventura chegar à conclusão de que é insuficiente, por demasiado restritiva, a definição que o art. 813.º dá de mora do credor. Mas não podemos negar que essa noção foi estabelecida tendo em vista todas as consequências jurídicas constantes dos arts. 814.º a 816.º. Pelo que, se for de entender que há hipóteses que devem ser classificadas como "mora do credor" mas que não cabem na definição do art. 813.º, daí não se poderá concluir com segurança que a tais hipóteses devam ser aplicadas todas as disposições dos arts. 814.º a 816.º (não seria de aplicar, por exemplo, a disposição do art. 814.º, 1, a qual pressuporia sempre que a mora do credor fosse "injustificada").

5. *As presunções legais*

As presunções são, conforme diz o art. 349.º do Código Civil (e cá temos mais um exemplo de definição legal) "as ilações que a lei ou o julgador tira de um facto conhecido para firmar um facto desconhecido". E logo o art. 350.º, 1, acrescenta que "quem tem a seu favor a presunção legal escusa de provar o facto a que ela conduz".

As presunções legais relacionam-se com o regime do ónus da prova, cujo princípio geral vem estabelecido no art. 342.º do mesmo Código, nos termos seguintes: ao que invoca um direito cabe fazer prova dos factos constitutivos do direito invocado; ao que alega factos impeditivos, modificativos ou extintivos do direito invocado cabe fazer a prova de tais factos. Porém, quando haja presunção legal, inverte-se o ónus da prova (art. 344.º, 1). O instituto do ónus da prova é da maior importância prática para fazer valer judicialmente os direitos, conforme adiante se dirá.

Conforme resulta dos arts. 349.º e 351.º, as presunções tanto podem ser *legais* como *judiciais*. As primeiras são as estabelecidas na lei. As segundas são as chamadas presunções naturais, simples, de facto ou de experiência. Estas últimas só são admitidas nos casos e termos em que é admitida a prova testemunhal e podem, como esta, ser infirmadas por simples contrapova ou seja, por provas que, abalando a convicção do juiz, criem no espírito deste um estado de incerteza acerca do facto que importa provar (ao passo que as presunções legais só podem ser ilididas — quando o possam ser — através da *prova do contrário*, conforme diz o art. 350.º, 2).

Aqui apenas nos interessam as presunções *legais*. Estas podem ser *iuris tantum* ou *iuris et de iure*, constituindo estas últimas a excepção e as primeiras a regra, conforme resulta do art. 350.º, 2. Na dúvida haverá de entender-se, pois, que a presunção legal é apenas *iuris tantum*.

As presunções *iuris et de iure* são absolutas e irrefutáveis, não admitindo prova em contrário. Encontramos exemplos deste tipo de presunção, p. ex., no art. 243.º, 3, e no art. 1260.º, 3, do Código. A leitura destes dois textos pode sugerir-nos a ideia de que este tipo de presunção se confunde com a "ficção legal". No entanto, as duas figuras são conceitualmente distintas: na ficção, como vimos, a lei atribui a um facto as consequências jurídicas de outro, ao passo que na presunção *iuris et de iure* o legislador supõe, de modo irrefutável, que o facto presumido acompanha sempre o facto que serve de base à presunção.

As presunções *iuris tantum* são aquelas que podem ser ilididas mediante prova em contrário (cedem perante a *prova do contrário*, isto é, a prova de que o facto presumido não acompanhou o facto que serve de base à presunção legal). São muito numerosas as presunções legais deste tipo. A título de exemplo vejam-se o art. 441.º, os arts. 491.º a 493.º (presunções legais de culpa) e o art. 1260.º, 2, do Código Civil.

Dadas as dificuldades de prova de certos factos constitutivos de direitos em determinadas situações, a lei vem em socorro de uma das partes estabelecendo a seu favor uma presunção legal (é o que acontece, p. ex., na presunção legal de culpa estabelecida nos arts. 492.º e 493.º). É que o ónus da prova tem muitas vezes

Grandes linhas estruturais do sistema jurídico

influência decisiva sobre a relação jurídica material — sobre o direito substantivo. Daí que o legislador use esta técnica também como meio de regular e compor da maneira que considera mais justa ou mais acertada um conflito de interesses.

§ 3.º — "Ius strictum" e "ius aequum": os conceitos indeterminados e as cláusulas gerais.

1. *Conceitos indeterminados.*

A ordem jurídica precisa de assentar em conceitos claros e num arcaboiço de quadros sistemáticos conclusivos para que seja garantida a segurança ou certeza jurídica. Mas também, por outro lado, e sobretudo nos tempos actuais, precisa de se abrir à mudança das concepções sociais e às alterações da vida trazidas pela sociedade técnica — isto é, precisa de adaptar-se e de se fazer permeável aos seus próprios fundamentos ético-sociais.

Assim, e em corfomidade com estes dois tipos de exigências, podemos distinguir no ordenamento jurídico, por um lado, conceitos "determinados" que formam por assim dizer as estruturas arquitectónicas consolidadas da ordem jurídica, as quais permitem a construção de um sistema científico e caucionam a certeza e segurança do Direito; por outro lado, conceitos "indeterminados" e cláusulas gerais que constituem por assim dizer a parte *movediça* e *absorvente* do mesmo ordenamento, enquanto servem para ajustar e fazer evoluir a lei no sentido de a levar ao encontro das mudanças e das particularidades das situações da vida.

Como exemplo de conceitos "determinados" podemos referir, entre tantos e tantos, o conceito de "personalidade jurídica" (ou seja, a qualidade que capacita ou habilita uma pessoa a ser titular de direitos e obrigações), "credor" (aquele que tem o *direito* de exigir de outrem uma prestação), "crédito" (direito de exigir de outrem uma prestação), "prescrição" (enfraquecimento dos *direitos* pelo seu não exercício durante certo lapso de tempo, de que resulta o obrigado poder recusar-se a cumprir), "caso julgado formal" (força obrigatória ou indiscutibilidade de uma decisão — despacho ou sentença — dentro do processo); etc, etc.

Como exemplos de conceitos "indeterminados" costumam referir-se conceitos "carecidos de preenchimento valorativo" — como os de "boa fé", "bons costumes", "ordem pública", "interesse público", "justa causa", "motivo justificado", "diligência exigível", "prazo razoável", "facilidade do trânsito", "caso de urgência", "actividade perigosa", etc.—, assim como aquelas conotações dos enunciados legais que remetem para dados e regras da experiência com um conteúdo flexível — como, p. ex., os conceitos de "usos do tráfico", "coisas fungíveis" (no sentido de coisas que, nas transacções, costumam ser determinadas apenas pelo número, a medida ou o peso delas), etc. Entre os conceitos "carecidos de preenchimento valorativo" poderemos colocar os *conceitos gradativos*, isto é, aqueles em que o julgador, ao aplicá-los, tem de proceder a uma graduação. Assim, p. ex., no conceito de culpa poderá distinguir-se estre culpa *grave*, culpa *leve* e culpa *levíssima*. E o certo é que, mesmo no Direito Civil, a graduação da culpa interessa, p. ex., para efeitos do art. 494.º do Código Civil. São ainda deste tipo conceitos como o de "escassa importância" (art. 802.º, 2), "violação grave" (art. 1003.º, al. a)), etc.

O que sobretudo importa frisar é que a utilização destes conceitos "indeterminados", assim como o recurso a cláusulas gerais, se justifica, ou para permitir a adaptação da norma à complexidade da matéria a regular, às particularidades do caso ou à mudança das situações, ou para facultar uma espécie de osmose entre as máximas ético-sociais e o Direito, ou para permitir levar em conta os usos do tráfico, ou, enfim, para permitir uma "individualização" da solução (o que interessa naquelas relações da vida, designadamente nas relações de família, em que se acham sobremodo comprometidas dimensões ou aspectos pessoais ou pessoalíssimos das partes).

2. *Princípio da legalidade e princípio da oportunidade: o poder discricionário.*

A decisão do órgão que aplica o Direito (tribunal ou órgão administrativo) é menos estritamente vinculada à lei, tanto no caso de a regra jurídica a aplicar conter conceitos indeterminados ou cláusulas gerais, como no caso de aquele órgão tomar a mesma decisão no exercício de um "poder discricionário".

Grandes linhas estruturais do sistema jurídico 115

Importa no entanto notar que, em cada uma destas hipóteses, estamos em domínios estruturalmente diversos: na primeira hipótese, estamos ainda no domínio do *princípio da legalidade*, ao passo que, na segunda, já nos encontramos no sector regido pelo *princípio da oportunidade.*

Em regra, os agentes do Estado estão sujeitos ao princípio da legalidade, o que significa que os seus actos (designadamente as suas decisões) se devem conformar estritamente à lei. Esta vincula-os a determinadas decisões uma vez verificada a situação ou verificados os pressupostos descritos por maneira mais ou menos determinada (através de conceitos "determinados" ou "indeterminados", ou mesmo através de uma cláusula geral) na sua hipótese. Pode eventualmente o órgão do Estado, por virtude do carácter "indeterminado" da dita hipótese, ter de proceder a uma apreciação valorativa da situação de facto que tem perante si e, ao realizar esta, pode mesmo gozar de uma "prerrogativa de avaliação". Mas, uma vez assente que se verifica a hipótese legal, a decisão é, por assim dizer, extraída da lei. Assim, até naquelas hipóteses em que existe o que se chama uma "discricionaridade na apreciação", ou até uma "discricionariedade técnica", podemos dizer que vigora ainda o princípio da legalidade. Como hipóteses de "discricionaridade técnica" — as que se acham mais próximas das decisões tomadas no exercício de um "poder discricioná-rio" — podemos referir aquelas em que a decisão é tomada por um órgão especializado, adrede e legalmente instituído (um júri de especialistas, p. ex.), sob a forma de um juízo técnico que verse, p. ex., sobre o valor das provas prestadas ou dos trabalhos apresentados, ou sobre a adequação ou competência de uma pessoa, juízo esse baseado em critérios objectivos mas extraju-rídicos (p. ex., pedagógicos, estéticos, científicos, caracte-riológicos, etc.). Ainda nestes casos, se a apreciação é, em grande medida, uma "apreciação livre", não o é a decisão a tomar com base nela.

Noutros casos, porém, vigora o princípio da oportunidade, exercendo o órgão um verdadeiro "poder discricionário". Assim acontece quando o legislador, para viabilizar uma adaptação acertada e oportuna da decisão às particularidades do caso concreto e às decisões e orientações políticas do Governo ou da administração, se limita a autorizar o órgão ou agente a adoptar certas condutas, a conceder ou a denegar autorizações ou até a praticar determinadas intervenções, indicando apenas o escopo ou finalidade da decisão a adoptar, mas sem vincular o órgão ou agente a uma obrigação determinada. A lei estabelece uma hipótese com os seus pressupostos, mas, verificados estes, deixa a fixação da consequência jurídica ao órgão a que confere o poder discricionário. Este órgão, conforme o seu juízo de oportunidade ou conveniência, mas sem "desvio do poder", decidirá deferir ou não um requerimento, conceder um não um subsídio, etc.

Nestes termos, e porque obedece a um princípio estruturalmente diferente, a decisão tomada no exercício de um poder discricionário não pode confundir-se com a decisão tomada em aplicação de uma norma que exige preenchimento valorativo por utilizar conceitos indeterminados ou estar elaborada na forma de uma cláusula geral.

3. *Regulamentação casuística e "cláusulas gerais"*

Também as chamadas cláusulas gerais se exprimem normalmente através de conceitos indeterminados. Não é isto, porém, que caracteriza as cláusulas gerais, já que os conceitos indeterminados são muito frequentes nas normas em que se adopta o processo casuístico da tipificação das diversas situações a regular.

A cláusula geral contrapõe-se, pois, à regulamentação casuística ou tipificada. Característico da cláusula geral é a sua maior abertura, que alarga o seu campo de aplicação, deixando bastante indefinidos os casos a que virá a aplicar-se. A norma de regulamentação casuística limita-se a prever e regular grupos de casos especificados, através da tipificação dos pressupostos da consequência jurídica; ao passo que a cláusula geral não regula tipos de casos especialmente determinados, justamente porque não contém uma hipótese dotada de conotações precisas, uma hipótese tipificadora.

A regulamentação de tipo casuístico (através de *facti-species* tipificadas) é muitas vezes inadequada, já pela própria complexidade da matéria a regular, já por se tratar de relações sociais sujeitas a uma mutação acelerada, já por se tratar de relações em que o contacto entre as partes se estabelece por forma a envolver dimensões mais profundas da pessoa de cada uma delas. Por outro lado, a regulamentação casuística corre sempre o risco de cometer omissões. E essas omissões podem ser

Grandes linhas estruturais do sistema jurídico 117

de dois tipos. Em primeiro lugar, o legislador arrisca-se a não compreender nas suas hipóteses casuísticas todas as situações da vida carecidas do mesmo tratamento jurídico: teremos então lacunas de regulamentação. Em segundo lugar, o legislador arrisca-se a abranger inadvertidamente, nas hipóteses legais que formula, situações ou casos que reclamariam por sua natureza um tratamento especial ou um tratamento de excepção: teremos então o que poderiam chamar-se, com os autores alemães, "lacunas de excepção".

A estes inconvenientes poderá obviar-se estabelecendo, a par de uma enumeração casuística meramente exemplificativa, uma cláusula geral que cubra todas as restantes hipóteses. Assim, p. ex., o art. 10.º do Decreto-Lei n.º 372-A/75, de 16 de Julho (alterado, mas não quanto ao ponto que interessa, por legislação posterior), regulando a justa causa de despedimento do trabalhador, estabelece no seu número 1 uma cláusula geral ("Considera-se justa causa o comportamento culposo do trabalhador que, pela sua gravidade e consequências, constitua infracção disciplinar que não comporte a aplicação de outra sanção admitida por lei ou instrumento de regulamentação colectiva") e, no seu número 2, faz uma enumeração exemplificativa dos casos que poderão constituir justa causa de despedimento ("2. Poderão, nomeadamente, constituir justa causa, entre outros, os seguintes comportamentos do trabalhador: a).... b)...., etc.).

Tomemos agora um exemplo do Código Civil. O art. 1778.º (hoje modificado) do Código Civil de 1966, estabelecia os fundamentos da separação litigiosa de pessoas e bens (e do divórcio) em várias alíneas, mas na última das suas alíneas estabelecia uma cláusula geral do seguinte teor: "g) Qualquer outro facto que ofenda gravemente a integridade física ou moral do requerente". Na sua redacção actual, o art. 1779.º do mesmo Código limita-se a fixar os fundamentos do divórcio litigioso (e da separação judicial de pessoas e bens) através de um cláusula geral do seguinte teor: "Qualquer dos cônjuges pode requerer o divórcio se o outro violar culposamente os deveres conjugais, quando a violação, pela sua gravidade ou reiteração, comprometa a possibilidade da vida em comum". Repare-se ainda que o número 2 deste mesmo preceito, numa intenção *individualizadora*, dado o carácter eminentemente pessoal da relação, manda o tribunal atender ao "grau de educação e sensibilidade

118 *Introdução ao Direito e ao discurso legitimador*

moral dos cônjugues" na apreciação da gravidade dos factos invocados.

4. *Um exemplo sinóptico:*

Conceitos indeterminados, cláusula geral, enumeração exemplificativa, enumeração taxativa e poder discricionário.

O art. 2.º do Decreto-Lei N.º 422/76, de 29 de Maio, estabelece no seu n.º 1 que o "Estado só *poderá* intervir na gestão das empresas privadas (...) a fim de evitar a sua dissolução ou a declaração da sua falência, desde que tal intervenção se justifique em ordem a corrigir *desequilíbrios fundamentais* na sua situação económico-financeira e a defender o interesse nacional". O n.º 2 do mesmo artigo diz: "Consideram-se, nomeadamente, elementos integradores do conceito de *interesse nacional* (...) os seguintes.... E o n.º 3, por seu turno, acrescenta: "Sem prejuízo da verificação do interesse nacional (...), constituem índices justificativos da intervenção do Estado (...) os seguintes.....".

O art. 4.º do mesmo diploma estabelece: "Ocorrendo *justificada urgência*, e quando (...), *poderá* o Governo nomear um ou mais gestores para a empresa, *podendo* igualmente suspender provisoriamente um ou mais administradores ou gerentes em exercício".

Anotemos em primeiro lugar os conceitos indeterminados que sublinhámos nestes textos legais: "desequilíbrios fundamentais", "interesse nacional", "justificada urgência".

Observemos, de seguida, que o referido n.º 1 do art. 2.º procura circunscrever, através de uma *cláusula geral*, as situações em que o Estado pode intervir na gestão das empresas privadas. O n.º 2 do mesmo artigo procura, através de uma enumeração exemplificativa ("nomeadamente"), apontar para os tipos de critérios segundo os quais se deverá aferir, para o efeito, da existência de um "interesse nacional". Esta enumeração exemplificativa (não taxativa) serve para ilustrar de certo modo, e em parte, o alcance da referida cláusula geral.

Notemos, por fim, que o n.º 3 do mesmo art. 2.º, ao enumerar os índices justificativos de intervenção do Estado vem finalmente fixar (agora trata-se de uma enumeração taxativa) por uma forma tipificada as hipóteses em que a intervenção do

Grandes linhas estruturais do sistema jurídico

Estado pode justificar-se, desde que, cumulativamente, se verifiquem as circunstâncias a que faz referência o n.º 1. Diríamos, pois, que a hipótese legal desta norma é complexa, sendo constituída em parte por uma enumeração tipificadora e, noutra parte, por uma cláusula geral.

Repara-se agora que tanto no art. 2.º como no art. 4.º se trata de conferir ao Governo um *poder discricionário*. Este aparece indiciado na palavra *poderá*. Ocorrendo as circunstâncias a que se refere os n.ºˢ 1 e 3 do art. 2.º o Estado "poderá" intervir na gestão das empresas privadas. Ocorrendo justificada urgência, nos termos do art. 4.º, o Governo "poderá" nomear um ou mais administradores, etc. Num caso como no outro, a decisão do Governo será tomada *no exercício de um poder descricionário* (sem prejuízo, aliás, do inquérito a que se refere o art.3.º, inquérito esse que deverá concluir pela verificação ou não verificação do condicionalismo a que se refere o art. 2.º).

5. *Referência ao "direito judiciário" e ao papel do jurista.*

Por virtude da sua capacidade de "osmose", e ainda da sua função de "válvula de escape", o conceito indeterminado, assim como a cláusula geral, permitem ao legislador abordar aquelas realidades sociais que, por isso mesmo que se acham informadas por um dinamismo crescente, escapam a uma disciplina regulamentadora minuciosa estabelecida pela via da tipificação de hipóteses previamente definidas; ao mesmo tempo que (como "válvulas de escape") permitem obviar à rigidificação e esclerosamento de complexos normativos, dos códigos ou das codificações. Os complexos ou sistemas normativos construídos sobre conceitos indeterminados e cláusulas gerais, tais como o direito do trabalho, o direito da concorrência, o direito do divórcio, podem por isso ser designados como "sistemas abertos".

Nestes sistemas, a função do juiz e o papel do jurista apresentam características especiais. Ao passo que nos domínios jurídicos "fechados" o jurista procura fundamentalmente "enquadrar" ou integrar no sistema o caso a decidir, nestes outros domínios o julgador utiliza aquelas aberturas ou "lacunas" do sistema para configurar juridicamente o caso como que *fora do sistema*, atendendo às particularidades daquele, fazendo assim evoluir o Direito. A sua decisão é sempre fundada nos critérios indicados pela lei, mas a concreta definição da fisionomia relevante do caso exige uma reconstrução que tenha em conta os dados da realidade de facto.

São estes os domínios em que especialmente se exerce o chamado "prudente arbítrio" do julgador — os domínios predilectos do chamado "direito judiciário".

É realmente inegável que em certos domínios do direito substantivo a actividade judicial constitui um ponto de referência implícito ou explícito da própria regulamentação legal. O que confirma a ideia de que a chamada legislação "por princípios", por directivas ou cláusulas gerais não representa um simples acidente mas uma componente estrutural do sistema jurídico. Se é certo que este tipo de legislação não favorece a certeza do Direito (bem pelo contrário), podemos igualmente dizer que muito menos a favorece a multiplicação de leis concebidas como meros regulamentos casuísticos não emoldurados ou enquadrados por princípios suficientemente amplos e directivas suficientemente claras. É que, como já vimos, a regulamentação casuística, sendo elaborada exclusivamente com referência a *facti-species* típicas, tende por sua natureza a ser uma regulamentação lacunosa: lacunosa por força da imprevisibilidade de certos casos, mormente de casos *novos* resultantes das transformações sociais, e lacunosa por omissão de regras excepcionais ou de regras especiais postuladas pelo particular recorte de situações que, inadvertidamente, o legislador abrangeu na tipificação das suas normas.

As considerações que antecedem servem-nos para salientar dois pontos: a importância do chamado "direito judiciário" (de formação jurisprudencial) e o papel do jurista. Este não se deve limitar a ser um terceiro que intervém apenas quando já se acham delineados e assentes os termos da solução jurídica, mas deve proceder como um agente activo do Direito, chamado a descortinar, a interpretar e a conformar segundo a ideia de Direito a dinâmica dos dados institucionais face aos movimentos da realidade social[1].

---

[1] Sobre o papel do jurista, *vide* CASTANHEIRA NEVES, *O Papel do Jurista no Nosso Tempo*, Coimbra 1968.

Grandes linhas estruturais do sistema jurídico

§ 4.º   A Sistematicidade e o trabalho do jurista.

Do exposto nos parágrafos anteriores ficou-nos sem dúvida a ideia de que um direito que se exprime através de códigos, estatutos, leis orgânicas e outras leis racional e organicamente concebidas não se limita a ser um agregado de prescrições ou imperativos; antes se apresenta sob a forma de complexos sistematizados e articulados entre si. Estes complexos sistematizados, por isso mesmo que o são e por isso mesmo que se têm de articular coerentemente uns com os outros, nunca podem representar puras inovações voluntaristas, pois em muitos casos e sob muitos aspectos como que se limitam a "constatar" estruturas ordenadoras que por si mesmas se impõem a um legislador racional e coerente e submetem os impulsos inovadores do mesmo à "lógica do real".

Dada a sistematicidade e articulação referidas, podemos conceber o ordenamento jurídico global como um sistema — e designá-lo por sistema jurídico. Esta última designação deparou com fortes objecções e reservas enquanto ao conceito de sistema andou apenas ligada a ideia de um universo lógico-formal, engendrado axiomaticamente, no qual os teoremas eram derivados dos axiomas por mera inferência lógica. A moderna teoria dos sistemas avançou entretanto para a concepção de "sistemas abertos", sistemas vivos e sistemas *reais* (por contraposição aos sistemas formais axiomatizantes, que são sistemas fechados) — entendendo designadamente que o organismo vivo é essencialmente um "sistema aberto" ('). Deste modo, nenhuma razão se vislumbra hoje para fazer reservas à designação de sistema aplicada ao ordenamento jurídico.

Desta sistematicidade e unidade do ordenamento jurídico e da interconexão dos diversos complexos normativos resultam certas repercussões que se reflectem, já sobre o trabalho preparatório dos textos legais, já sobre o trabalho do jurista-intérprete.

A) *Para a elaboração de projectos legislativos.* O autor do projecto tem que começar por documentar-se minuciosamente sobre a história legislativa do sector em causa, sobre a

---

(') Cfr. Ludwig von BARTALANFFY, *General System Theory*, N. Y. 1968, p. 39; e JAVIER ARACIL, *Introduccion a la dinamica de sistemas*, Madrid, 1978, pp. 15 e 40.

jurisprudência, sobre os dados de Direito Comparado (soluções legislativas dadas ao problema noutros países). Depois, e de modo especial, deve tomar em conta todas as possíveis ligações, directas e indirectas, do complexo normativo a estabelecer com outros complexos normativos do sistema e prestar a melhor atenção à coordenação entre as diferentes disposições do projecto. A cada passo terá de fazer remissões e ressalvas ("sem prejuízo de...", "sem embargo", "não obstante o disposto em...", "com ressalva de..."), quer relativamente a disposições contidas em outras leis, quer relativamente a disposições previstas para o projecto em elaboração. Tudo isto dentro de um plano bem organizado, começando pelas disposições gerais e terminando pelas disposições finais e transitórias.

Por outro lado, o "projectista" terá que ter o maior cuidado com as expressões técnico-jurídicas utilizadas, pois a cada uma destas expressões corresponde em regra um significado específico no sistema jurídico (assim, p. ex., em certa disposição de uma lei sobre "contratos de viabilização" deverá usar-se o termo "rescisão", o termo "revogação", o termo "denúncia" ou antes o termo "resolução"?). Além disso, não será possível elaborar o projecto sem conhecer o arsenal de técnicas regulamentadoras de que o sistema jurídico dispõe: que tipo de sanção adoptar? que tipos de condicionantes ou de pressupostos podem ser escolhidos? que técnica legislativa será a mais adequada: a casuística ou a das cláusulas gerais? etc., etc. Por fim, o "projectista" tem de prestar cuidada atenção aos problemas eventualmente suscitados pela entrada em vigor da lei, estabelecendo as necessárias disposições transitórias.

B) *Para o jurista-intérprete.* Ao contrário do que possa parecer, o trabalho deste também é em boa medida um trabalho de "codificação" — ou de codificação-descodificação. Antes de mais, convém acentuar que as operações mentais do jurista intérprete não se destinam a dilucidar, a explicar ou a "teorizar" a realidade ordenamento jurídico (a realidade Direito), como os outros cientistas explicam ou "teorizam" a realidade de que se ocupam, mas antes a "ex-plicar" (isto é, "desenvolver") esse ordenamento por forma unitária e coerente. O que lhe cumpre é, por assim dizer, penetrar no "código genético" do sistema para tentar fazer este coerentemente concluso, segundo as linhas de força eliciadas daquele *codex*, com vista a achar a solução do caso concreto. O mesmo é dizer que o jurista tem de *constituir* a

A *tutela do Direito e a garantia dos direitos*

partir do sistema a solução do caso, na convicção de que, como há muito e por muitos vem sendo afirmado, a cada caso se "aplica" o sistema todo inteiro. Note-se que podemos falar aqui de actividade *constitutiva* do jurista sem que isto deva causar escândalo, porque *fazer concluso* (com vista à solução do caso) um sistema aberto implica operações mentais que são verdadeiramente constitutivas, por isso que não são meras operações lógico-dedutivas.

Para chegar ao resultado, para alcançar uma visão jurídico--*discriminativa* do caso concreto e progredir por forma conclusiva para a solução do mesmo, o jurista precisa de conhecer a sistemática legal — precisa, por assim dizer, de reconstituir "codificadoramente" o ordenamento. Os lugares paralelos e a localização sistemática da norma interpretada são auxiliares indispensáveis da reconstituição do problema normativo em causa e da interpretação da norma que o pretende resolver. O lugar sistemático da norma (por vezes designado por "contexto da lei") pode ser do maior alcance. Mas não pode esquecer-se que há normas sistematicamente "mal colocadas" — o que pressupõe um sistema mal "codificado". E, se o alcance da norma muda com a sua posição no sistema, já por aí se pode ver como é importante que o intérprete proceda a uma reelaboração "codificadora" (sistematizadora). Há muitas normas cuja linhagem ou filiação sistemática é de muito difícil determinação. Mas o certo é que em muito depende desta determinação o alcance a atribuir concretamente a tais normas.

A confirmar o que acabámos de dizer, ensina-nos Direito Comparado que uma norma formulada em termos exactamente idênticos mas integrada em sistemas jurídicos diferentes pode ter em cada um deles significações e alcances também diferentes.

Em face do exposto já se compreende em que sentido pode valer a afirmação atrás feita de que o trabalho do jurista sobre os textos legais é em boa parte constituído por uma actividade organizativa e por uma actividade radicalmente "codificadora" (ou "recodificadora"). Neste mesmo sentido se pode interpretar a afirmação de Bernard GOURNAY[1] de que os juristas são os "especialistas da clareza".

---

[1] Cfr. L'*Administration*, Paris 1967, p. 37.

CAPÍTULO V

A TUTELA DO DIREITO E A GARANTIA
DOS DIREITOS

§ 1.º — Introdução: o aparelho estadual de coacção e a tutela do Direito

As normas jurídicas, diferentemente das normas morais, das normas de cortesia e das outras regras de conduta social, caracterizam-se pela sua coercibilidade. Esta é assegurada pelo aparelho de coerção estadual. A ordem jurídica estadual tem por detrás de si o aparelho estadual que, se, por um lado, impõe e tutela o direito objectivo, por outro representa a *garantia jurídica* dos direitos subjectivos, dando-lhes uma consistência prática que contribui decisivamente para tornar viável um tráfico económico de bens e serviços, bem como uma circulação de valores económicos (créditos) rápida e segura — sendo certo que, sem aquela garantia e a confiança que ela inspira, tal tráfico (que no fundo exprime uma função social básica de todas as sociedades: a função da *reciprocidade* e da cooperação entre as pessoas) não se processaria nos termos exigidos por uma sociedade dinâmica evoluída: em termos de uma rápida circulação dos valores contabilizáveis, dos bens e dos serviços.

Assim, p. ex., se *A* deve 100 contos a *B* e não cumpre voluntariamente a sua obrigação, *B* pode chamar *A* ao tribunal. Este, verificada a existência da dívida, condena *A* a pagar os 100 contos a *B* (mais a indemnização pelos prejuízos resultantes da mora, mais as custas do processo). Se *A* não cumpre a sentença de condenação, *B* propõe contra ele a acção executiva, através de cujo processo são apreendidos (penhorados) bens do património de *A* e vendidos judicialmente para, com o produto da venda, se pagar ao credor. Algo de semelhamte se passará se *A* não pagar uma dívida de impostos (obrigações tributárias) ao Estado: este,

126 *Introdução ao Direito e ao discurso legitimador*

através do tribunal das execuções fiscais, procederá à execução do património de *A*.

O aparelho estadual é um aparelho complexo: nele se compreendem tanto a Jurisdição como a Administração. Aquela corresponde ao chamado Poder Judicial, esta ao chamado Poder Executivo, cujo órgão de topo é o Governo. Mas, quando se pensa no aparelho de coacção propriamente dito (a Administração tem outras e mais importantes tarefas, que não apenas a da coacção), logo nos acodem à lembrança instituições como os tribunais, as penitenciárias, as várias polícias e, em último termo, o exército (as forças armadas). Significa isto que a observância da ordem jurídica, ou as sanções correspondentes à sua violação, podem ser impostas pela força, se necessário for, podem mesmo ser impostas *manu militari* (pelo recurso às forças armadas), em último termo. Vejam-se a propósito as arts. 209.º e 210.º da Constituição, relativo, este último, à execução das decisões dos tribunais.

§ 2.º — Meios de tutela jurídica.

1. *Tutela preventiva.*

As medidas destinadas a impedir a violação da ordem jurídica, a prevenir ou a evitar a inobservância das normas, chamam-se medidas preventivas. Entre tais medidas têm grande relevo a intervenção da autoridade pública no exercício da actividade dos particulares, fiscalizando, limitando, condicionando ou sujeitando a autorizações prévias o exercício de certas actividades, com vista a evitar os danos sociais que delas poderiam eventualmente resultar. Tal é designadamente a função das várias polícias: polícia de segurança, polícia sanitária, polícia económica, de viação, florestal, guarda fiscal, etc.

São ainda medidas preventivas aquelas que proíbem a prática de determinada actividade ou o exercício de certa profissão àqueles que tenham sido condenados por determinados delitos. Em casos destes, à sanção aplicada em consequência do delito acresce, como medida preventiva, a inabilitação do autor do delito para o exercício de determinada actividade ou profissão. Algo de paralelo se passa com as *medidas de segurança:* quem pratique certo crime em condições que revelem particular perigosidade do agente, além da pena (sanção punitiva), ser-lhe-á aplicada, se for caso disso, uma medida de segurança.

2. *Medidas compulsivas.*

Estas destinam-se a actuar sobre o infractor da norma, por forma a constrangê-lo a adoptar o comportamento devido, que ele até ali omitiu. Assim, nos termos da anterior redacção do art. 904.º do C.P.C.([1]), o arrematante de bens em hasta pública judicial, depositada imediatamente a décima parte do preço antes ainda da adjudicação, devia depositar o restante no prazo de quinze dias na Caixa Geral de Depósitos. Se o não fizesse, seria preso. Mas esta prisão, nos termos do anterior n.º 4 do mesmo preceito, cessaria logo que estivesse cobrada a importância por que era responsável o infractor.

Nos sistemas jurídicos contemporâneos não existe a prisão por dívidas. Em certos casos, porém, admitia-se que a prisão pudesse funcionar como meio de compelir o devedor ao cumprimento de certa obrigação. Era o que sucedia relativamente à obrigação de apresentação dos bens por parte do depositário judicial (art. 854.º do C.P.C., na anterior redacção([1]) e o que ainda hoje sucede relativamente a alimentos devidos a menores (art. 190.º do Decreto-Lei n.º 314/78, de 24 de Outubro).

Como meios compulsivos de tipo privado poderíamos referir, no direito civil, a excepção de não cumprimento e o direito de retenção — e até, por vezes, a chamada cláusula penal.

No domínio do direito fiscal os juros de mora agravados têm também uma função compulsiva.

Meio compulsivo interessante, pela sua eficácia, é o que os tribunais franceses adoptam em frequentes casos sob a designação de "astreinte". O devedor que não obedeça à sentença que o condena a cumprir a sua obrigação é, ademais disso, desde logo condenado a pagar ao credor uma soma bastante elevada por cada dia, semana ou mês de atraso no cumprimento da sentença. Trata-se de um meio de assegurar eficácia e pronta observância das sentenças condenatórias dos tribunais — um

---

([1]) Hoje alterado pelo Decreto-Lei n.º 368/77, de 3 de Setembro.

128 *Introdução ao Direito e ao discurso legitimador*

meio apto para, em muitos casos, poupar ao credor as delongas e despesas da acção executiva. Na Inglaterra, os tribunais dispõem de sanções severas, com fundamento no *contempt of court* (falta de respeito pela decisão e autoridade do tribunal), para casos semelhantes.

3. *Meios de tutela reconstitutivos: reconstituição "in natura", reintegração por mero equivalente e compensação*

A ocupa abusivamente um prédio possuído por *B*. A reconstituição *in natura* traduz-se na expulsão de *A* e na entrega do prédio a *B*. *A* deve entregar a *B* um objecto certo e determinado, que lhe vendeu. Recusa-se a cumprir. Como é possível a chamada *execução específica*, tal objecto é apreendido pelo tribunal a *A* e entregue a *B*.

Por vezes não é possível a execução específica: ou porque *A'* destruiu a coisa que devia entregar a *B*, ou porque a prestação que *A* deve fazer a *B* constitui um facto infungível, isto é, um facto ou actividade que não pode ser realizada por terceiro. Neste caso o tribunal condena *A* ao pagamento de uma indemnização em dinheiro capaz de colocar o credor, *B*, na situação patrimonial em que se acharia se a obrigação tivesse sido exacta e pontualmente cumprida e, se necessário, executa os bens do devedor para pagar esta indemnização pecuniária ao credor. Teremos então a reintegração por mero equivalente.

A, pela sua condução imprudente, embate com a viatura de *B*, causando-lhe estragos. É obrigado a mandar reparar a viatura de *B* colocando-a no estado em que se achava antes do acidente. É o que se chama indemnização em forma específica ou *reconstituição natural*. Se, nos termos do art. 566.º, 1, a reconstituição natural não for possível, não for bastante ou não for meio adequado, deve proceder-se então, no todo ou em parte, a *indemnização por equivalente* (indemnização pela entrega de uma soma pecuniária que restitua a vítima à situação patrimonial que teria se não fosse o facto ilícito).

Por vezes, os danos causados pelo facto ilícito não têm natureza patrimonial (danos morais). O autor do facto ilícito fica então obrigado a *compensar* esses danos através de uma soma pecuniária.

4. Sanções punitivas

Nos casos de violações mais graves da ordem jurídica, o direito recorre à aplicação de penas, as quais implicam simultaneamente a privação de um bem (da vida, da liberdade, de valores patrimoniais) e uma reprovação da conduta do infractor. Agora trata-se de infligir um castigo ao infractor e não propriamente de *reconstituir* a situação que existiria se o facto se não houvesse verificado. Certo que em numerosos casos o facto que implica responsabilidade penal implica também responsabilidade civil. Esta última reporta-se aos danos causados à vítima do delito e, quanto a este aspecto, trata-se na verdade de proceder à reconstituição da situação anterior ao acto (na medida do possível). Mas, para além desta, subsiste a responsabilidade penal: o delinquente é por assim dizer obrigado a prestar contas à própria sociedade pela violação da ordem estabelecida. Assim, se *A* ataca *B* causando-lhe lesões corporais, será condenado não só a reparar os danos causados a *B* (responsabilidade civil) como ainda a cumprir uma pena pelo crime de ofensas corporais.

5. Ineficácia e invalidade dos actos jurídicos

Se definirmos como meios de tutela do direito não só o mal ou prejuízo infligido ao autor do facto ilícito mas também a frustração dos desígnios daquele que pretende obter certo resultado jurídico omitindo os pressupostos que para tanto a lei exige, ou não satisfazendo aos requisitos impostos por esta, incluiremos entre as sanções jurídicas a invalidade e a ineficácia dos actos jurídicos [1].

Aqui, a tutela da norma verifica-se como que por forma automática. Assim, p. ex., se *A* e *B* fazem um contrato de compra e venda de um imóvel sem observância da formalidade exigida por lei (escritura pública), o acto é pura e simplesmente nulo e de nenhum efeito. Se *A* e *B* fazem um contrato de arrendamento de um prédio urbano estipulando que a renda será paga em géneros, esta cláusula será simplesmente nula, sem prejuízo da validade do contrato.

---

[1] Sobre esta modalidade de sanção jurídica, cfr. também *infra*, n.º 9.

6. Tutela privada e autotutela dos particulares

Cabe em princípio a entidades públicas a realização dos actos de coerção destinados a prevenir ou a sancionar os actos ilícitos. Conforme estabelece o art. 1.º do C.P.C.: "a ninguém é lícito restituir-se ao exercício do direito de que seja titular por sua própria força e autoridade, salvo nos casos e dentro dos limites declarados na lei".

Entre os casos declarados na lei em que a acção dos particulares pode funcionar como meio de tutela dos direitos, ou como meio de prevenir a sua violação, temos a acção directa, a legítima defesa e o estado de necessidade, a que se referem os arts. 336.º a 339.º do Código Civil (v. também art. 20.º, n.º 2, da Constituição).

Também o direito de retenção (art. 754.º), a que já nos referimos, representa uma manifestação da idea da autotutela privada. Em termos diferentes, o direito legal de resolução por incumprimento (confere-se à outra parte na relação contratual o direito potestativo de, por simples declaração unilateral recep- tícia, resolver a ditas relação) representa igualmente um meio de autotutela privada.

7. Classificação dos meios de tutela do direito

Procurando dar uma síntese dos meios de tutela até aqui referidos, poderíamos desenhar o seguinte quadro:

Teríamos, por um lado, a *heterotutela* (ou tutela pública) e, por outro lado, a *autotutela* (ou tutela particular, com carácter excepcional). A heterotutela, por seu turno, abrangeria a tutela *preventiva* (em geral), a *compulsiva* (em geral), a *reconstitutiva*, a *punitiva* e a que se traduz na *recusa de efeitos jurídicos* aos actos jurídicos praticados sem obediência aos requisitos exigidos por lei ou às cláusulas contrárias à lei.

Por aqui se pode ver que a tutela jurídica a que nos referimos não consiste sempre na prática de actos materiais de execução forçada: apreensão de bens, aplicação da pena de prisão, despejo efectuado por mandato da autoridade judicial ou administrativa. Muitas vezes as sanções traduzem-se na criação de situações jurídicas desfavoráveis (p. ex., constituição do autor do facto ilícito danoso na obrigação de indemnizar) ou na não

A tutela do Direito e a garantia dos direitos

produção dos efeitos de direito pretendidos pelas partes (invalidade do acto jurídico). Só mais tarde, se for caso disso, haverá que recorrer a medidas de coerção física — no caso de, p. ex., o obrigado não pagar a indemnização devida.

8. *A tutela do direito e a tutela dos direitos*

Quando atrás falámos de meios de tutela reconstitutivos tínhamos em vista sobretudo os meios de tutela dos direitos subjectivos que o Direito põe à disposiçãop dos particulares. A sanção reconstitutiva que, em último termo, pode ir até à execução forçada (com apreensão pela força, se necessário for) dos bens ou dos rendimentos do devedor é a sanção típica que tutela os direitos privados patrimoniais. É ainda este mesmo tipo de sanção, acompanhada de multas pecuniárias, que garante as obrigações fiscais para com o Estado e certas obrigações parafiscais (contribuições para a previdência, p. ex.). Mas há ainda outras sanções típicas do direito privado, como o são a resolução de um contrato por incumprimento, o divórcio (enquanto divórcio-sanção, fundado na violação dos deveres conjugais por um dos cônjuges), a exclusão do sócio por violação grave dos deveres para com a sociedade, etc.

Deve a este respeito frisar-se que os direitos subjectivos dos particulares estão não só garantidos contra a violação por parte de outros particulares como também por parte da Administração pública. Neste caso, quando a violação tenha sido cometida em cumprimento de um acto (decisão, deliberação) praticado por uma autoridade administrativa, será em regra necessário obter a revogação ou a anulação do acto administrativo. O particular cujo direito foi violado adquire igualmente um direito de indemnização contra a Administração pública e contra os seus agentes (art. 21.º da Constituição).

Convém igualmente frisar que estes meios de tutela postos à disposição dos particulares funcionam ao mesmo tempo como meios de tutela do direito objectivo. Assim, designadamente, a faculdade conferida ao titular do interesse legítimo de recorrer dos actos administrativos ilegais é um dos meios de tutela da legalidade dos actos da Administração. Não quer isto dizer que seja este o único meio de tutela da legalidade dos actos da Administração pública: temos ainda a considerar a fiscalização da legalidade dos actos dos subalternos pelos seus superiores

132   *Introdução ao Direito e ao discurso legitimador*

hierárquicos, que podem revogar esses actos no exercício do seu poder de superintendência, o controle que poderá ser exercido através do Provedor de Justiça, o controle político, etc.

Será até curioso recordar que, em casos raros embora, a lei se limita a tutelar um interesse colectivo através de um direito ou faculdade conferido a um particular. É o que acontece, p. ex., com o direito de resolução do contrato de arrendamento facultado ao senhorio nos termos da alínea *i*) do n.º 1 do art. 1093.º: Conservar o prédio desabitado por mais de um ano ou não ter nele residência permanente não prejudica o senhorio; mas prejudica o interesse colectivo na não manutenção de habitações devolutas, dada a escassez de habitações disponíveis.

Falando globalmente em tutela do direito, não podemos esquecer a tutela do próprio direito constitucional, à qual se reporta de modo especial o Título I da Parte IV da Constituição (Garantias da Constituição), e que comporta tanto uma fiscalização preventiva da constitucionalidade das leis como uma fiscalização *a posteriori* — e, entre nós, envolve ainda um eventual controle da inconstitucionalidade por omissão (cfr. art. 279.º da Constituição).

Quando atrás falámos de tutela dos direitos, referimo-nos em especial à tutela dos direitos subjectivos ou à tutela mediante a constituição de direitos subjectivos (v.g., do direito subjectivo a uma indemnização constituído a favor daquele cujo interesse foi lesado por um acto ilícito). Há, porém, certos direitos conferidos aos cidadãos pelas constituições modernas — certos direitos económicos, sociais e culturais — que, não sendo tutelados pela via de atribuição de um direito ou pretensão que possa ser efectivamente exercida pela via judicial, ou cuja violação possa dar lugar a um direito de indemnização eventualmente dirigido contra o próprio Estado ou contra a Administração (assim é no que respeita ao direito à saúde, à habitação, ao trabalho, a bom ambiente e qualidade de vida), não são tutelados com a mesma eficácia que os direitos subjectivos patrimoniais (ou pessoais: direitos de personalidade). A garantia, melhor, a concretização de tais direitos depende essencialmente da evolução económica e da acção do Estado, muito embora a sua consagração constitucional implique desde logo certa garantia da estabilidade da situação daqueles que, de certo modo, já conseguiram a sua concretização (legislação favorecendo a estabilidade da relação de arrendamento, da relação laboral, etc.).

9. Sanção e sistema jurídico

Os meios de tutela do direito aparecem em regra perspectivados de um ponto de vista *externo*, descritivo. Logo se intui, porém, que a sanção de invalidade (ou antes, de uma maneira geral, a recusa de eficácia jurídica) é de uma ordem diferente da dos outros tipos de sanções([1]).

Se, mudando de perspectiva, aceitarmos a ideia de que a sanção jurídica consiste na "reacção da ordem jurídica à inobservância ou à violação das suas normas", logo se verá que essa sanção se pode situar a dois níveis, assumindo em cada um deles diferente configuração: a) ao nível próprio das normas que fixam os pressupostos dos actos de exercício eficaz (válido) de um poder ou de uma competência, ou proíbem certos actos jurídico-constitutivos ou normativos, a sanção traduz-se na recusa (total ou parcial) de eficácia jurídica aos actos praticados com inobservância das ditas normas; b) ao nível das restantes normas jurídicas, a reacção à violação delas traduz-se mais incisivamente no desencadeamento (produção) de determinados efeitos jurídicos — constitutivos, modificativos, extintivos, e, porventura ainda, "inibidores" ou impeditivos([2]).

Posto o conceito de sanção jurídica em termos de reacção do Direito à inobservância ou violação das suas normas, o que deve perguntar-se é se pode considerar-se *jurídica* aquela norma cuja violação não desencadeia uma reacção (automática ou interna, digamos) da ordem jurídica. Parece-nos que a resposta tem de ser negativa: uma infracção ao direito não pode ser juridicamente irrelevante. Esta resposta, porém, nada tem a ver com a tese de que o elemento coactivo constitui elemento essencial da noção de Direito, mas com a ideia de que todo o sistema ou todo o ordenamento é necessariamente auto-referido e, através dessa auto-referência, tende a manter a sua unidade e integridade, reagindo com os seus mecanismos e "movimentos" próprios a

---

([1]) E, por vezes, uma sanção de alcance mais vasto (p. ex., no domínio das proibições constitucionais, por confronto com imposições constitucionais cuja violação por omissão não acarreta uma sanção jurídica).

([2]) Esta última é uma categoria muito ampla de efeitos jurídicos que pode abranger desde impedimentos matrimoniais dirimentes relativos (condenação por homicídio doloso na pessoa do cônjuge do outro nubente), perda da possibilidade de acesso a certas vantagens ou imposição de certos ónus para a aquisição delas, até à perda do direito de voto.

134 *Introdução ao Direito e ao discurso legitimador*

qualquer violação dessa mesma integridade. Se fosse possível violar normas jurídicas sem efeitos *jurídicos* (interiores ao sistema), isso significaria que o sistema jurídico não teria autonomia (ao menos relativa) perante o seu envolvimento político-social.

Outra é a questão da força revogatória dos factos ou o problema da eficácia das normas. Certo é que, se aos efeitos jurídicos da violação de uma norma se não seguem medidas práticas efectuadoras, e isto por forma sistemática e por longo tempo, essa norma acaba por perder a qualidade de norma jurídica. Mas deve dizer-se que só então a sua violação deixa de desencadear efeitos jurídicos.

Anote-se ainda que a "reacção" a que acima nos referimos também não tem directa e imediatamente a ver com a "justiciabilidade" da sanção jurídica. Assim, p. ex., o poder ou direito potestativo da resolução unilateral reconhecido a uma das partes uma vez verificada certa infracção aos deveres contratuais pela outra, e bem assim o poder da entidade de tutela de se substituir aos órgãos de certo serviço autónomo verificados que sejam certos pressupostos (que, em regra, representam infracções de deveres por parte dos ditos órgãos), não carecem em princípio de ser exercidos pela via judicial. Para que se dê a "reacção" do ordenamento jurídico basta que certas infracções funcionem como pressupostos constitutivos de atribuição de poderes jurídicos (a que corresponderão deveres ou estados de sujeição).

O que aquela "reacção" pressupõe, sim, é a imputação subjectiva (subjectivação, *hoc sensu*) dos poderes, assim como das responsabilidades. Mais exactamente: a imputação subjectiva de poderes, deveres e estados de sujeição parece ser indispensável à "operatividade jurídica" do jurídico (no sentido de que afinal todos os efeitos jurídicos são efeitos "inter partes") — mas isto não tem directamente a ver com a acção judicial (aspecto processual) senão quando a decisão judicial seja ela mesma um pressuposto da produção do efeito jurídico (sentença constitutiva). Sobre a categoria da "subjectividade" como postulado funcional do Direito, cfr. *infra*, cap. *IX*, 4, sob c).

§ 3.º — Tutela administrativa e garantias administrativas

1. *Tutela administrativa e garantias dos administrados*

O princípio da tutela pública implica que a tutela da ordem jurídica, bem como a sua implementação, incumbem primacialmente ao aparelho estadual. Deste aparelho fazem parte, por um lado, os próprios tribunais, que no seu conjunto formam o poder judicial; e, por outro lado, a Administração — designadamente a administração pública estadual, sob a direcção ou superintendência do Governo, e a administração autónoma (autarquias locais e regionais). Donde se conclui que existe uma distinção orgânica e material entre Administração e Jurisdição.

À Administração cabe designadamente realizar os diferentes fins do Estado, realizar interesses colectivos, através dos seus diferentes serviços e órgãos. Um desses interesses consiste na prevenção de certos delitos e na manutenção da paz pública, o que é levado a efeito designadamente através de medidas e providências *policiais* de vária ordem. Estaremos então em face daquela tutela *preventiva* de que já falámos e que incumbe fundamentalmente à administração policiadora.

Mas a Administração tem essencialmente uma função *activa* (dinâmica) de realização de fins colectivos e, quando agora falamos de tutela administrativa, por contraposição à tutela judicial, temos especificamente em vista duas coisas: a) A tutela dos direitos do Estado (do Estado-Administração), quando este os pretende fazer valer contra a resistência dos particulares, ou quando pretende impor a estes a observância de leis, regulamentos ou providências concretas em que se contêm planos ou programas gerais da Administração para a disciplina das actividades económicas, para as construções e organização racional do território, para a defesa do ambiente, para a defesa da saúde pública, etc.; e b) A defesa, tutela ou garantia dos direitos dos administrado face à Administração.

A) Pelo que respeita ao primeiro problema, podemos dizer que a Administração em certa medida, e em boa parte dos casos, recorre à autotutela dos seus direitos, isto é, exerce-os pelos seus próprios meios e coercivamente sem ter que recorrer aos tribunais. As decisões administrativas definitivas e executórias gozam de uma força até certo ponto semelhante à das sentenças

136   *Introdução ao Direito e ao discurso legitimador*

dos tribunais, podendo a administração executar essas decisões por meios coercivos, ou adoptando medidas compulsivas, sem ter que recorrer previamente aos tribunais para fazer declarar e tutelar os seus direitos. É o que se chama tradicionalmente o "privilégio de execução prévia": a Administração executa as suas decisões, por autoridade própria, e só depois é que se discutirá judicialmente a questão, se o particular afectado pela decisão interpuser recurso contencioso para os tribunais. Assim, a Administração procede ao encerramento de estabelecimentos quando entende que se não verificam os requisitos de sanidade exigidos por lei, procede ao despejo administrativo quando o particular se recuse a abandonar o prédio, procede à demolição de prédios que ameaçam ruína ou de construções clandestinas à custa dos respectivos proprietários, quando estes, notificados da deliberação da Câmara que ordena a demolição, não efectuem esta.

Noutros casos, porém, o Estado tem de recorrer aos tribunais para exercer certos dos seus direitos, como o direito de punir, que não pode exercer sem pedir ao tribunal a condenação do arguido. Também não executa as obrigações tributárias directamente, antes recorre à intervenção dos tribunais competentes (neste caso os tribunais das execuções fiscais).

B) Por outro lado, e em contrapartida, pode falar-se numa tutela ou garantia administrativa dos direitos dos administrados contra os actos (decisões) ilegais, injustos ou inconvenientes da própria administração. Queremos referir-nos às garantias graciosas ou administrativas dos administrados, a que também se referem os arts. 268.º, 3, e 269.º da Constituição e a outras mais detalhadamente regulamentadas no Decreto-Lei n.º 256-A/77, de 17 de Junho ([1]). Além do direito de participar na formação das decisões ou deliberações que lhe digam respeito, os administrados podem impugnar, perante a própria Administração, através de *reclamação* para o próprio órgão que praticou o acto ou através de *recurso hierárquico* (necessário ou facultativo) para a entidade hierarquicamente superior, pedindo a revogação ou a reforma do acto administrativo ilegal, inconveniente ou injusto. São estes os principais meios da garantia administrativa ou graciosa dos administrados. Se estes meios falharem (ou independentemente

---

([1]) Cfr. também o art. 91.º da Constituição (responsabilidade Civil do Estado, de outras entidades públicas, e dos seus órgãos ou agentes).

A tutela do Direito e a garantia dos direitos   137

do recurso a estes meios, se não for caso de recurso hierárquico necessário), o administrado dispõe ainda do *recurso contencioso*, para o tribunal competente, dos actos administrativos definitivos e executórios (art. 269.º, 2, da Constituição). Mas então já estaremos em face de uma tutela *judicial*.

Pode parecer à primeira vista estranho que, sendo o Estado ou, melhor dizendo, o Poder Político o primeiro interessado no cumprimento da regra de direito, que nele tem (normalmente) a sua origem ou por ele é reconhecida, os particulares (ou até os entes públicos autárquicos) tenham que se defender das intervenções do Estado que violem a legalidade lesando os seus direitos ou interesses legítimos.

Todavia, há que distinguir o Estado político, representante de todos os cidadãos, e o Estado-organização ou Estado-Administração. O Estado, para o desempenho das missões e realização dos fins que constitucionalmente lhe são cometidos, tem de instituir uma complexa estrutura de acção, isto é, uma *organização*: a organização ou aparelho administrativo. Como Estado-Administração, distingue-se do Estado legislador e do Estado político: transforma-se em agente e, nessa sua qualidade de agente, é uma pessoa directamente *empenhada* na realização de fins e interesses próprios. Como agente empenhado na realização de certos objectivos, cabe-lhe designadamente escolher os meios mais eficientes para os alcançar; pelo que bem pode acontecer que, concentrado na realização dos fins, utilize meios que lesem os direitos ou interesses legítimos dos cidadãos. Por isso mesmo, nessa sua posição de agente empenhado na acção, carece daquela qualidade de terceiro imparcial que é própria de um juiz: funciona antes como parte interessada. Logo, só num *processo de partes* (contencioso), presidido por um magistrado independente e "descomprometido", a legalidade e a justiça vêem garantidas as condições óptimas da sua efectivação.

Por outro lado, os órgãos ou agentes da Administração podem exorbitar das suas funções e cometer, designadamente, "desvios do poder". Pelo que a concessão aos particulares do recurso contencioso contra os actos ilegais da Administração funciona também, reflexamente, no próprio interesse do controle da legalidade administrativa, enquanto interesse público do Estado.

O que se diz em relação à Administração do Estado vale por igual relativamente à Administração autónoma.

2. Tutela do direito e meios estaduais de controle social e de compulsão dos indivíduos.

Em face do elenco dos meios de tutela do direito que atrás deixamos referidos, poderia pensar-se que é só por estas vias que o Estado controla a sociedade, ou que são apenas aqueles os meios jurídicos de que o Estado dispõe para controlar a actividade das pessoas. Ora nada de mais falso.

À parte os meios de simples influenciação da opinião pública (propaganda), o Estado hodierno dispõe de meios poderosamente eficazes para influenciar, orientar e dirigir até a actividade dos seus agentes e a actividade dos particulares. Queremos referir-nos agora em especial àqueles meios que, em termos sociológicos, poderíamos designar por "sanções positivas" (incentivos de vária ordem) e que podem vir a organizar-se num complexo de medidas tais que a não observância da conduta considerada desejável pela Administração pode equivaler a um vultuoso prejuízo e, por conseguinte, a uma "sanção negativa". Por outro lado, a prática de certas actividades, mesmo quando permitida, pode ser submetida a ónus e encargos tais que funcionem como verdadeiros "dissuasores": se não proíbem directamente essa actividade, tornam-na "proibitiva". Ao lado de medidas incentivadoras, há que considerar, pois, as medidas desincentivadoras.

Ora estes meios de controle do Estado sobre os particulares são de uma importância enorme nos nossos dias e havemos de os ter presentes quando pensamos em meios de tutela ou de controle de uma certa ordem jurídico-económico-social.

Quanto à intervenção do Estado na vida económica, temos que considerar na verdade, por um lado, as *medidas cogentes* e, por outro lado, medidas *incentivadoras*. Entre as primeiras, contam-se a proibição do exercício de certas actividades pelos particulares, a sujeição desse exercício a uma autorização administractiva e ao preenchimento de uma série de requesitos, os planos normativos *stricto sensu* (planos de urbanização, etc.), o tabelamento dos preços, a proibição de certas cláusulas contratuais, o regime das importações, etc.

Entre as medidas de incentivo devemos referir os incentivos fiscais, a concessão de crédito, os empréstimos com juros bonificados, as subvenções ou subsídios, a garantia de preços, etc. Estes incentivos financeiros são por vezes acordados entre a

A *tutela do Direito e a garantia dos direitos* 139

Administração e os particulares através de *contratos de desenvolvimento* ou de *contratos-plano*. Por esta via, o Estado visa não já a impor unilateralmente a realização de certos objectivos aos particulares, mas a persuadi-los, através do que se usa chamar "concertação económica", a participar na realização de objectivos económicos considerados de interesse prioritário pela Administração. Só que a conjuntura ou o "envolvimento" económico-social do empresário privado pode ser tal que este não tenha outra alternativa senão aquela que a mesma Administração lhe propõe. Pelo que o processo, aparentemente de negociação e "concertação", se transformará em verdadeiro processo de coacção. A ameaça de corte do crédito que impende sobre empresário, p. ex., é meio de coacção decisivamente eficaz, quando representa, ou pode representar, a ruína económica.

§ 4.º — A tutela judiciária

1. *Posição constitucional e função do poder judicial*

A) *Função tuteladora dos tribunais.*
O art. 205.º da Constituição define: "os Tribunais são os órgãos de soberania com competência para administrar a justiça em nome do povo". E logo o art. 206.º estabelece que "para a administração da justiça incumbe aos tribunais assegurar a defesa dos direitos e interesses legalmente protegidos dos cidadãos, reprimir a violação da legalidade democrática e dirimir os conflitos de interesses públicos e privados".

Antes de passar adiante, reparemos que este último texto, ao definir a função jurisdicional, acentua o carácter *tutelador* dessa função: a sua missão é assegurar a defesa dos direitos e interesses legítimos dos cidadãos e dirimir os conflitos de interesses públicos e privados (*tutela dos direitos*), e bem assim reprimir de um modo geral as violações da legalidade democrática (*tutela do Direito*).

B) *Os Tribunais como órgãos de soberania.*
Ao ler o art. 205.º deparamos com certos embaraços. Aí se diz que os Tribunais são *órgãos de soberania* e que administram a justiça *em nome do povo*.

A qualidade dos tribunais como órgãos de soberania levanta uma certa dificuldade à teoria constitucional. Isto porque a soberania pertence ao povo. Ora, como entre nós os juízes não são, em regra, eleitos, nem directa nem indirectamente, mas nomeados (cfr. pelo que respeita aos Tribunais Judiciais o art. 223.º), parece não existir qualquer relação orgânica (qualquer relação representativa) entre os Tribunais e o soberano popular. Os juízes não são sequer nomeados por um órgão que funde a sua legitimidade, em último termo, no sufrágio popular (Assembleia Legislativa, Governo, Presidente da República), até porque isso seria incompatível com o princípio da independência dos Tribunais, mas por um órgão autárquico (o Conselho Superior Judiciário: art. 223.º, 2) em cuja constituição predominam membros eleitos pela própria corporação.

Parece, assim, que careceriam de legitimidade democrática para pronunciarem as suas decisões *em nome do povo*, já que este os não mandatou para tal, nem directa nem indirectamente.

Repare-se que têm esta legitimidade não só os órgãos directamente eleitos pelo sufrágio popular (o Presidente da República e a Assembleia da República, relativamente ao poder central), mas ainda aqueles que destes emanam ou por estes são de algum modo investidos ou aceites. Assim, tem legitimidade democrática o Governo e, já noutro plano, têm-na ainda certos órgãos (hierarquicamente subordinados) designados pelo Governo para exercer certas funções de autoridade (como, p. ex., os governadores civis, os reitores das Universidades, etc.), por isso mesmo que a sua nomeação é feita sob responsabilidade de um órgão democraticamente legitimado e as suas funções são exercidas sob o controle deste órgão (por isso, o Governo responde perante a A.R. pelos actos deste órgãos subordinados). Nada disto acontece relativamente aos titulares do poder jurisdicional, os juízes.

C) *Administrar justiça "em nome do povo".*

Nestas condições, parece que se deveria dizer, como já se disse com certa razão, que a afirmação de que os Tribunais administram a justiça *em nome do povo* não passa duma *fictio iuris*. Em nome do povo só pode agir ou pronunciar-se quem por ele foi directa ou indirectamente mandatado.

Saliente-se desde já, porém, que, mesmo que partíssemos deste ponto de vista, uma tal *fictio iuris* teria um significado preceptivo: significaria que, ao decidir, os tribunais teriam de agir

A *tutela do Direito e a garantia dos direitos* 141

"representando" e realizando os interesses de todo o povo, de toda a colectividade, e não os interesses parcelares de grupos, facções ou categorias sociais.

Recorde-se que, quando o soberano era o monarca, o juiz decidia em nome de Sua Magestade. Agora que o soberano é o povo, decide em nome deste. Dir-se-ia que, tal como no primeiro caso representava o rei, agora representa o povo. Mas donde vem aos tribunais tal legitimidade representativa?

D) *A legitimidade fundada na vinculação às leis e no respeito dos deveres estatutários do cargo.*

As perguntas deixadas em aberto colocam-nos perante o problema fundamental de definir o que é legitimidade ou representatividade democrática. Não vamos tratar aqui deste delicado problema. Vamos apenas propor algumas pistas de reflexão, tendo em conta as premissas seguintes:

I — A maioria política definida pelo sufrágio universal representa *todo* o povo, porque lhe cabe interpretar e, de algum modo, definir e realizar os interesses de toda a colectividade, incluindo o das minorias. Donde facilmente se conclui que o Estado partidarizado, ou um Governo que anteponha os interesses partidários ou os interesses de uma facção ou categoria social aos interesses gerais que, por força dos deveres do cargo e do seu estatuto constitucional, lhe incumbe ter em conta e realizar, não age democraticamente. A legitimidade democrática baseada no sufrágio não equivale à atribuição de um *poder de dominação* à maioria: implica tão-somente atribuição a essa maioria da *função* ou encargo de interpretar e representar o interesse de todo o povo como colectividade. Donde que a legitimidade das decisões se não funde no puro facto de elas serem tomadas por quem detém a maioria dos sufrágios: funda-se também no respeito pelo estatuto da função em que os titulares dos órgãos são investidos.

II — Em se tratando de criar as leis (criar direito) e de definir as linhas fundamentais da política do País, no *interesse da colectividade,* importa definir, dada a diversidade e divergência de concepções, qual a interpretação daquele interesse que deve prevalecer. Segundo o princípio democrático, prevalecerá a opinião da maioria: esta, presume-se *iuris et de iure*, é a que interpreta mais adequada e justamente os valores e intereses da colectividade.

III — Mas já quando se trata de aplicar o Direito parece que, para assegurar a legitimidade ou representatividade dos órgãos a que é cometido tal encargo (os Tribunais), bastaria a *vinculação destes às leis* (estas provêm de órgãos directa ou indirectamente legitimados pelo voto popular) e a observância pelos titulares do poder judicial do estatuto próprio da sua função (dos deveres ou do *ethos* do cargo). Todo aquele que actua no exercício de uma competência que lhe é adjudicada por normas organizativas do sistema (desde que nessa competência não esteja coenvolvido um poder de opção política) tem de algum modo legitimidade para o exercício do cargo: tal legitimidade é aqui mediatizada pela vinculação às leis.

Sendo assim, estaríamos em face de uma *representação estatutária,* no sentido de se tratar de uma competência atribuída por lei (pela Constituição) para a realização dos interesses manifestados e definidos (indirectamente, isto é, através dos órgãos directa ou indirectamente eleitos) pelo representado (o povo). O fundamento da legitimidade não está aqui na eleição dos titulares dos órgãos mas na vinculação deles às leis e, portanto, aos interesses (e directivas) do representado. Pode deste modo dizer-se que todo aquele que decide no exercício de uma competência que lhe é atribuída por regras jurídicas organizativas, respeitando os limites dessa competência e procedendo de conformidade com o estatuto do seu *officium* (deveres do cargo) decide "em nome do povo". Em nome do povo porque de conformidade com os interesses e o sentir de todo o povo legitimamente interpretados pelos órgãos legislativos.

IV — Mas, sendo assim, daí resultam desde logo duas consequências. A primeira é a de que, em democracia, o titular da função judicial tem de realizar os interesses de *todo o povo.* O *ethos* democrático da função, do "papel" que o seu estatuto lhe impõe, exige do juiz o respeito das leis, a consideração do interesse geral e, quando tenha de dirimir interesses conflituantes, exige que ele profira uma decisão imparcial e justa. E daqui se destaca logo a segunda consequência: o juiz desempenha a sua função de representação do todo quando decide com justiça, pois *decidir com justiça* coincidirá exactamente com decidir em representação do todo, sem parcialidade nem partidarismo. Por isso a função do juiz é tipicamente a de decidir com justiça em *processo de partes*, descomprometidamente e com toda a isenção.

A tutela do Direito e a garantia dos direitos 143

Neste momento importa recordar que o juiz se não limita a aplicar as leis aos casos concretos: deve dizer-se, antes, que ele aplica o Direito a esses casos. Ora isso pode levá-lo a decidir *praeter legem*, de modo que, neste ponto, ele vai representar ainda os interesses de todo o povo ao entender e *aplicar a lei no sentido da justiça*. Mas, mesmo nestes casos, o elo de legitimidade representativa não se interrompe, pois se tem de entender que na ordem jurídica positiva está necessariamente contida uma referência à ideia de justiça e que o legislador e toda a colectividade pretendem que a ordem jurídica seja aplicada *no sentido da justiça*. Pelo que toda a decisão imparcial e justa, não contraditória com os critérios legais, será ainda uma decisão, tomada em nome do povo.

Diversamente, as decisões inspiradas pelo partidarismo, no sentido de nelas se optar pelo interesse de uma facção, classe ou grupo, é que nunca podem ser decisões proferidas em nome de todo o povo — uma vez que só contemplam o interesse de uma *parte* desse todo.

V — Mas do exposto se deduz também que, dentro dos limites em que a lei consente ao julgador um certo poder de discrição (prudente arbítrio) na aplicação de certas normas (cfr. supra: conceitos indeterminados, cláusulas gerais, etc.), o magistrado há-de decidir de acordo com o *ethos* do seu *officium*. Quer dizer, mesmo nestes domínios em que lhe é conferida uma espécie de mandato para um decisão "livre", não lhe é confiado um poder de decisão arbitrária, ou de decidir de acordo com as suas concepções pessoais de justiça, dada a obrigação e responsabilidade que sobre todo o representante impende de tomar em conta e realizar os interesses do representado (no caso, todo o povo, a colectividade como um todo) e de, por isso mesmo, decidir segundo critérios objectivos de justiça.

VI — Do exposto resulta, por fim, uma última consequência: uma relação de certo modo antitética entre o poder judicial e o poder político.

Na clássica concepção da divisão dos poderes de Montesquieu (*De l'Esprit des Lois*), o poder judicial é de certo modo um poder "nulo" ou neutro que não entra no equilíbrio dos poderes nem o afecta e os juízes são apenas "a boca que pronuncia as palavras da lei; seres inanimados que não podem modificar nem a sua força nem o seu rigor". Descontado o exagero desta segunda parte, que não se compagina de forma alguma com a função judicial, sobretudo no direito moderno tão propenso a cláusulas gerais, fica este fundo de verdade: por uma razão determinante de ordem organizativo-funcional à Jurisdição apenas compete aplicar imparcialmente a lei e o Direito, e não criar novas leis.

A ideia central pode resumir-se nisto: os tribunais têm legitimidade para decidir em nome do povo na medida da sua vinculação às leis e, como salientámos, na medida em que na sua competência não vá coenvolvida qualquer faculdade de opção política. Portanto, só têm legitimidade democrática na exacta medida em que lhes cumpre descobrir e aplicar aos casos o direito que *já é*, carecendo de qualquer legitimidade para opções inspiradas por directivas políticas.

Daí a dificuldade de conciliar com a função jurisdicional propriamente dita certas tarefas de decisão em assuntos mais propriamente administrativos (como sucede pelo menos em certos casos da chamada jurisdição voluntária).

Nestes casos o recurso aos tribunais pode justificar-se pela sua especialização técnica, pelas maiores garantias de apuramento dos factos dada pelo processo judicial e pela necessidade de atribuir à decisão a força do caso julgado. Mas não deve dispensar uma acessoria técnica (a intervenção de pedagogos, sociólogos, psicólogos, economistas, etc., conforme os casos) e uma acessoria popular.

2. *A Jurisdição em sentido material: Jurisdição e Administração.*

I — Falando de meios de tutela jurídica, fomos naturalmente conduzidos a falar dos tribunais. Dada a proibição da "justiça privada" (referido art. 1.º do C.P.C), é mediante a via judiciária (pelo recurso aos tribunais) que, em regra, são postos a funcionar os referidos meios de tutela. Mas agora surge também naturalmente a pergunta: como se define a função jurisdicional em sentido estrito?

Não podemos limitar-nos a definir a jurisdição como "aplicação do direito" ou como "realização do direito". Pois que também os órgãos da Administração Pública funcionam como órgãos "aplicadores" do direito e como órgãos aos quais compete implementar os objectivos de Justiça exigidos pelo Direito.

A tutela do Direito e a garantia dos direitos 145

A Jurisdição traduz-se, sem dúvida, na apreciação ("julgamento") jurídica duma situação concreta seguida da pronúncia de uma decisão sobre quais são os direitos e quais são as obrigações das partes envolvidas na contenda. Tal pronúncia há-de ser feita por um órgão do Estado "imparcial", isto é, que não seja de modo algum parte interessada mas, antes, tenha a posição de um terceiro *supra partes*, e há-de sê-lo em aplicação do direito objectivo e no termo ou conclusão de um processo (*processo de partes*) devidamente organizado e regulado por lei (*due process of law*).

Diz-se, não sem razão, que é por esta característica da *imparcialidade* (isto é, por esta condição de *terceiro imparcial*) que a Jurisdição se distingue da Administração. Na verdade, os órgãos desta, na medida em que lhes é confiada a tarefa de, em aplicação do direito, realizar especiais interesses públicos, estão empenhados como parte nas suas decisões e na realização dos objectivos que têm em vista — mesmo quando porventura tais órgãos decidam e actuem sem subordinação a directivas ou ordens procedentes de outros órgãos hierarquicamente superiores ou de centros do poder político.

Todavia, não cremos que seja apenas esta posição de terceiro imparcial o que distingue, em sentido material, a Jurisdição da Administração. Senão vejamos.

II — Na Administração há órgãos consultivos e órgãos activos (deliberativos). Aqueles são auxiliares destes, a estes cabendo a competência e a responsabilidade de praticar actos definitivos e executórios. Entre os órgãos consultivos da Administração figuram órgãos de acessoria ou consultadoria jurídica aos quais compete dar pareceres sobre matéria jurídica. Estes pareceres podem incidir sobre a decisão de um caso concreto, dizendo qual é o direito do caso: qual é a sua solução jurídica. Pois bem, se um destes pareceres sobre um caso concreto tivesse o valor de uma decisão e fosse revestido da autoridade de caso julgado, tal órgão exerceria, nessa hipótese, uma função jurisdicional — deixando pois de funcionar como órgão consultivo da Administração para funcionar como tribunal. Designadamente, se aquele "órgão autárquico" a que se refere o art. 243.º, 2, da Constituição e cujo parecer tem de ser ouvido antes de serem tomadas medidas especialmente restritivas da autonomia local fosse apenas chamado a pronunciar-se sobre casos concretos, apenas de um ponto de vista estritamente jurídico e num processo legalmente organizado que desse plenas garantias de defesa a ambas as partes interessadas, e se a tudo isto acrescesse o carácter definitivo e vinculante de tal pronúncia ou "parecer", o dito órgão seria um tribunal.

Mas já o não seria, é claro, se fosse chamado a pronunciar-se de qualquer *outro ponto de vista* (político, técnico, económico, etc.), ainda que o seu parecer fosse estritamente vinculante para a autoridade que tem de decidir ou representasse mesmo para as partes uma decisão inapelável. Nesta última hipótese, estaríamos sempre em face de uma decisão administrativa, não de uma decisão judicial.

III — Do exposto se colige que é ainda essencial à Jurisdição em sentido material o facto de a decisão ou sentença (a pronúncia) ser proferida de um ponto de vista estrita e exclusivamente jurídico. A pronúncia que se baseie em qualquer outro ponto de vista, que tenha por objectivo a realização ou modelação *activa,* transformadora, de qualquer ordem social e económica, que tenha que inspirar-se em cálculos, previsões ou presunções sobre qual será o efeito da decisão a tomar sobre uma determinada conjuntura esperada ou sobre uma eventual evolução das circunstâncias, em vez de se preocupar exclusivamente com o que *é o direito* do caso concreto no preciso momento em que julga, já não seria uma decisão jurisdicional em sentido material mas uma decisão administrativa ou, pelo menos, contaminada por elementos de carácter *administrativo* (o que, talvez possa dizer-se, se verifica logo na chamada *jurisdição voluntária*, de que a seu tempo se falará no curso).

Por isso mesmo, poderá dizer-se que a decisão jurisdicional assenta sempre, em último termo, em factos já verificados — isto é, em factos que engendraram aquele efeito de direito que a sentença se limita a *declarar*. Pois que, mesmo a sentença *constitutiva,* fora do campo da jurisdição voluntária, só pode e deve ser proferida quando se verifiquem aqueles factos ou pressupostos que a lei considera antecedentes obrigatórios da intervenção constitutiva do tribunal (p. ex., sentença de anulação de um acto jurídico, sentença de resolução do arrendamento, etc.).

Deste ponto de vista, não seria, p. ex., uma função estritamente jurisdicional em sentido material, mas talvez mais uma função administractiva, aquela que o art. 85.º do Tratado de

Roma (Tratado da CEE) comete ao juiz quando este seja chamado a declarar ilícitos os acordos entre empresas que possam ter por efeito restringir, falsear ou suprimir o jogo da concorrência: o juiz não pode decidir da ilicitude do acordo (da sua infracção ao Tratado) sem cotejar os potenciais efeitos do mesmo acordo, no domínio da concorrência, com aquilo que se verificaria num determinado contexto económico e conjuntural se tal acordo não existisse. Quer isto dizer que, para decidir da licitude ou ilicitude do acordo, o juiz teria de fazer uma prognose sobre a evolução futura de situações de facto e, em face dela, decidir sobre a validade ou invalidade do mesmo acordo. Parece-nos que a solução racional e natural de um tal problema seria, antes, a de submeter as cláusulas do acordo a uma aprovação (administrativa) prévia, a qual seria concedida ou não, conforme o juízo de conveniência e oportunidade face à conjuntura esperada. Ora tal concessão ou denegação da aprovação pedida seria materialmente um acto de natureza administrativa, ainda que porventura fosse praticado por um tribunal.

IV — Em nosso entender, o tribunal, na sua função estritamente jurisdicional, não faz prognoses, não decide com base em prognoses com vista à realização ou constituição de uma ordem social e jurídica diversa da ordem social vigente. A sua decisão não pode ter efeitos *constitutivos* neste aspecto [1]. Decisões deste tipo, com influência *constitutiva* sobre a ordem social e económica, e baseadas em prognoses sobre o futuro e sobre a possível influência das mesmas decisões na modelação efectiva de uma nova ordem (mais justa), é matéria da competência dos órgãos legislativos e governamentais (uns e outros politicamente responsáveis), dos quais por isso mesmo deve *depender* a Administração, à qual cumpre justamente implementar os desígnios ou directivas políticas do Governo (ou do programa deste).

É neste contexto de ideias, e só nele, que o "poder judicial" deve ser definido como um "poder neutro" [1].

---

[1] Como mais de uma vez teremos ocasião de ver, a aplicação jurisdicional do Direito implica aspectos verdadeiramente *constitutivos* no desenvolvimento de uma ordem jurídica informada pela ideia de Direito. Mas trata-se sempre de uma actividade jurídico-constitutiva dentro de uma ordem jurídico-social que já é vigente — não de uma ordem social-económica a *criar*, não do ponto de vista do efeito *factual* que a decisão poderá ter para a constituição de uma outra ordem social, por mais justa e desejável que se considere.

3. A imparcialidade.

Em contrapartida, porém, todas aquelas questões que são susceptíveis de decisão *jurisdicional* em sentido material devem, num Estado de Direito, ser deixadas à decisão dos tribunais ou ser, pelo menos, sujeitas a controle jurisdicional. Pois é justamente a Jurisdição que, não só pela sua imparcialidade e independência, mas ainda pela sua específica competência para (num processo em que a ambas as partes são garantidas todas as possibilidades de alegação e de defesa) decidir os litígios do estrito ponto de vista da *juridicidade* e sem se deixarem influenciar por considerações de qualquer outra natureza, oferece a maior garantia de objectividade e correcção jurídica da decisão.

O que o Poder Político não pode, porque isso seria um *venire contra factum proprium*, é definir por via legislativa os direitos e obrigações dos cidadãos e do Estado, respectivamente, e depois arrogar-se o direito de ser ele próprio a julgar os litígios concretos sobre tais direitos e obrigações. Pode modificar a lei, mas não pode decidir (julgar) em termos definitivos sobre os efeitos jurídicos que as normas em vigor operaram num dado caso concreto. Nesta última hipótese já não se trata de uma decisão política (nem mesmo de *política jurídica*), mas de uma decisão puramente *jurídica* — de uma espécie de "constatação" (passe o termo) do que *já é*, do que já é *vigente* como direito da situação concreta.

Tudo isto tem a ver com a garantia da *imparcialidade* do julgador. Já vimos que é sobretudo por esta *imparcialidade* (que também pressupõe a não subordinação a directivas de outras instâncias políticas ou administrativas, de que falaremos a seguir) que a Jurisdição se distingue da Administração, segundo a doutrina corrente.

Mas o dever de actuar com justiça e *imparcialidade* é imposto a todos os órgãos e agentes da Administração em geral pelo art. 267.º, 2, da Constituição; pelo que a imparcialidade referida à função de juiz deve representar algo *mais* que este dever de imparcialidade imposto a todos os funcionários. A diferença vai nisto: a *imparcialidade* a que se refere o citado texto constitucional tem essencialmente a ver com o tratamento igual de todos os cidadãos ("administrados"), qualquer que seja a sua filiação partidária, a sua posição social, etc. Isto é, o agente administrativo, nas suas decisões e actuações, não deve fazer

A tutela do Direito e a garantia dos direitos 149

acepção de pessoas, não deve discriminar entre amigos ou inimigos, correlegionários ou não correlegionários, etc. Mas deve sempre, em qualquer caso, prosseguir o interesse público da Administração, tal como este aparece definido por lei e interpretado pelas directivas das instâncias administrativas de hierarquia superior. Neste sentido, o órgão ou agente da Administração age com "parcialidade", na medida em que lhe cumpre defender um interesse (o da Administração) que pode estar em conflito com o interesse de um particular.

Diferentemente, ao magistrado judicial só compete defender e declarar o que é *de direito* em cada caso, pois não está empenhado na realização do interesse ou dos fins da Administração. Demais disso, não deve achar-se ligado às partes em litígio, ou ter contendas com qualquer delas, para que fique garantida a sua *isenção* ou a *imparcialidade* da decisão a proferir. Para acautelar este outro aspecto da imparcialidade, prevê a lei o pedido de *escusa* por parte do juiz (art. 126.º do C.P.C.) e o incidente da *suspeição*, com os fundamentos constantes do art. 127.º do mesmo Código. Vejam-se ainda as garantias de imparcialidade estabelecidas no art. 9.º do Estatuto dos Magistrados Judiciais.

4. *A independência dos tribunais.*

Estreitamente ligada à imparcialidade está a *independência* dos tribunais, a que se refere o art. 208.º da Constituição nestes termos: "os tribunais são independentes e apenas estão sujeitos à lei". Significa esta independência antes de mais que os juízes, nos seus julgamentos, não estão sujeitos a quaisquer ordens, instruções ou directivas de qualquer superior hierárquico — ao contrário do que se verifica relativamente aos órgãos e agentes da Administração, segundo já vimos. Nos termos do art. 4.º, 1, do Estatuto dos Magistrados Judiciais, "os juízes julgam apenas segundo a constituição e a lei e não estão sujeitos a ordens ou instruções, salvo o dever de acatamento pelos tribunais inferiores das decisões proferidas, em via de recurso, pelos tribunais superiores". Para melhor garantir esta independência, estabelece-se o princípio da *irresponsabilidade* dos juízes pelos seus julgamentos e decisões e o princípio da *inamobilidade* (cfr. arts. 5.º e 6.º do referido Estatuto).

150 *Introdução ao Direito e ao discurso legitimador*

Para reforçar a independência e isenção dos magistrados judiciais a Constituição (art. 222.º) e o Estatuto dos Magistrados Judiciais (art. 15.º) estabelecem certas *incompatibilidades*. Assim, os juízes em exercício não podem desempenhar qualquer outra função pública ou privada remunerada. Chega-se mesmo a vedar aos magistrados judiciais na efectividade a prática de actividades *político-partidárias* de *carácter público* e o desempenho de cargos políticos, com excepção do de Ministro, Secretário ou Subsecretário de Estado (art. 13.º do mencionado Estatuto).

Acrescente-se que, nos termos do art. 3.º, 2, da Lei Orgânica dos Tribunais Judiciais, "a independência dos tribunais judiciais caracteriza-se pelo *autogoverno* da magistratura judicial, pela inamobilidade e irresponsabilidade dos juízes e pela não sujeição destes a quaisquer ordens ou instruções...". Resta-nos, pois, fazer uma breve alusão ao *autogoverno* dos tribunais judiciais. Este autogoverno traduz-se em a nomeação, colocação, transferência e promoção dos juízes, bem como o exercício da acção disciplinar sobre os mesmos, não competirem, como acontece relativamente aos funcionários públicos, ao poder executivo (ao Governo) ou a órgãos dele dependentes, mas a um órgão autárquico, o Conselho Superior da Magistratura (art. 223.º, 2, da Constituição). Este Conselho é que "é o órgão superior de gestão e disciplina da magistratura judicial" (art. 139.º, 1, do Estatuto dos Magistrados Judiciais). Donde se conclui, pois, que os juízes não dependem do Ministro da Justiça, como, p. ex., os conservadores e notários (ou como os funcionários doutros departamentos dependem dos respectivos Ministros). O que bem se compreende, até porque os tribunais são órgãos de soberania (art. 205.º da Constituição) e os diferentes poderes do Estado devem ser independentes uns dos outros. Ora o Ministro da Justiça faz parte de outro órgão de soberania: o Governo.

5. *Organização judicial.*

Dentro da hierarquia dos tribunais judiciais há tribunais de 1.ª e 2.ª instância e o Supremo Tribunal de Justiça. Os tribunais de 1.ª instância são, em regra, os tribunais de comarca. Estes agrupam-se em círculos judiciais.

Os tribunais de 2.ª instância são as relações, as quais correspondem a distritos judiciais. Há, neste momento, quatro

Fontes de Direito e vigência das normas 151

distritos judiciais e, portanto quatro relações: a do Porto, a de Coimbra, a de Lisboa e a de Évora. As relações têm secções especializadas de jurisdição cível, criminal e social. Os juízes das relações têm o título de desembargadores.

O Supremo Tribunal de Justiça, que é o órgão superior da hierarquia dos Tribunais judiciais, compreende quatro secções especializadas: duas de jurisdição cível, uma de jurisdição criminal e uma de jurisdição social. Pode funcionar por secções ou em plenário (Tribunal Pleno) e só conhece de matéria de direito. Os juízes do S.T.J. têm o título de conselheiros.

Esta hierarquização dos tribunais judiciais tem em vista a reapreciação, em via de recurso, das decisãos dos tribunais inferiores pelos tribunais superiores. Todavia, não admitem recurso as decisões proferidas em acções cujo valor não exceda a alçada. Assim é que o S.T.J. conhece de causas cujo valor exceda a alçada das relações (que actualmente é de 200.000$00, em matéria cível), e estas conhecem das causas cujo valor exceda a alçada dos tribunais de comarca (actualmente 80.000$00, em matéria cível). Em matéria criminal não existe alçada.

Para além destes existem tribunais de competência especializada: tribunais de menores, tribunais de família, tribunais do trabalho, tribunais de execução das penas e ainda tribunais de instrução criminal.

Fora da hierarquia dos tribunais judiciais temos os tribunais administrativos (auditorias administrativas de Lisboa e Porto e Supremo Tribunal Administrativo), os tribunais militares e ainda o Tribunal de Contas (cuja caracterização como *tribunal* é duvidosa).

Em cada freguesia pode haver um Julgado de paz, com competência restrita. Das decisões destes Julgados há sempre recurso para o tribunal de comarca.

Resta acréscentar que o Estado é representado junto dos tribunais judiciais pelo Ministério Público (por procuradores da República, por procuradores-gerais adjuntos ou pelo Procurador Geral da República), ao qual compete, além daquela representação, exercer a acção penal, promover a realização do interesse social e defender, de uma maneira geral, a legalidade democrática.

CAPÍTULO VI

FONTES DE DIREITO E VIGÊNCIA DAS NORMAS

1. Noção. O problema.

I — o problema da determinação das fontes de direito é o problema da *positivação* de certos conteúdos normativos como normas *jurídicas*, o problema de saber como esses conteúdos adquirem *juridicidade*, isto é, se tornam historicamente *vigentes* como normas *jurídicas*, como *direito*.

Já atrás referimos que o *direito* representa aquele subsistema social que é uma zona de articulação entre a *normatividade* e a *realidade*, um ponto de intersecção e de incarnação do *valor* na facticidade social. Logo, a questão das fontes, sendo a questão de saber o que constitui o direito *como direito*, não pode deixar de ser justamente a questão de saber como a *validade* incarna na realidade social-histórica, adquirindo vigência, mais exactamente, adquirindo o modo de ser próprio do direito.

Posta nestes termos, a questão não é uma "questão jurídica" no sentido de questão susceptível de uma *resposta* preceptiva pelo próprio sistema jurídico positivo. Pois é uma questão de segundo grau: também a propósito das normas do sistema que autoritariamente decidem quais as "fontes de direito" reconhecidas pelo sistema se põe a questão de como acederam elas à *juridicidade*, ou seja, a questão da sua fonte de positiva juridicidade. Trata-se, portanto, de uma questão que transcende o sistema posto, que escapa à capacidade regulamentadora desse sistema. É, antes, uma questão de alçada da teoria do direito (*hoc sensu*, portanto, uma "questão jurística").

No entanto, o estatismo, o voluntarismo, o dogmatismo e o formalismo, que passaram a dominar o pensamento jurídico sobretudo a partir do movimento codificador do século passado, entenderam as coisas doutra maneira. Em particular o estatismo, enquanto concepção político-constitucional, entende que é ao

154 *Introdução ao Direito e ao discurso legitimador*

titular do poder legislativo, e só a ele, que compete criar regras de direito obrigatórias; pelo que, em última instância, só a lei seria fonte decisiva, cabendo a outras possíveis fontes de direito apenas o valor que a lei lhes reconhecesse. Seria, pois, à lei que caberia determinar e regular os modos de formação do direito. Portanto, haveria que distinguir no sistema entre normas de *segundo grau* (normas sobre as fontes) que prescreveriam quais as fontes admitidas pelo sistema e *normas primárias* ou de primeiro grau que seriam as fontes directas de direito.

II — A doutrina tradicional define fontes de direito como modos de formação ou de revelação do direito (objectivo). Seriam, portanto, fontes de direito determinados *factos normativos*, a saber, aqueles factos que em regra se representam como o desfecho ou a conclusão (decisão) de um processo (v.g., do processo legislativo) juridicamente regulado e aos quais o sistema jurídico atribui a qualidade de factos produtores de normas vinculantes. Através do facto normativo (revestido dos predicados que a própria lei estabelece) as normas são *postas*, são positivadas, transformam-se em direito positivo. Temos, pois, o direito a regular a sua própria produção.

Estes factos normativos a que o sistema jurídico imputa o efeito de pôr ou positivar normas juridicamente vinculantes designam-se por *fontes formais* — por oposição àqueles factores ou poderes sociais de facto que *causalmente* originaram e influiram o processo de produção normativa e que são designados por *fontes materiais* ('). Estes factores reais causalmente determinantes seriam da alçada da Sociologia do direito e não interessariam directamente à dogmática jurídica.

Postas estas noções introdutórias, é de perguntar se a doutrina tradicional das "fontes formais" de direito, que pressupõe um sistema fechado de fontes positivamente fixado pela própria lei ou pelo sistema jurídico positivo, implica a ideia de que no facto que produz (positiva) a norma se funda a *validade* do conteúdo da norma produzida. Por outras palavras: se o direito não só é *posto* pela decisão normativa (um mero facto) como *vale* por força dessa decisão (desse facto). Sim, com efeito tal é a férrea lógica do positivismo, que, através de normas de segundo grau, atribui ao sistema jurídico posto (positivo) a

---

(') Designam-se normalmente por "fontes materiais" aqueles factores que se apresentam como a causa próxima do surgir de certas normas.

Fontes de Direito e vigência das normas

competência exclusiva para decidir sobre as próprias fontes do direito positivamente válido.

É certo que a teoria positivista das fontes de direito nos aconselha a distinguir entre *imputação e causalidade*. Juridicamente, o que importa é aquela decisão da autoridade competente à qual pelo direito é *imputada* a eficácia positivadora de uma norma como norma vinculante. O processo *causal* que levou à emissão daquele acto normativo e inflectiu neste ou naquele sentido o respectivo processo de formação pertence já à alçada da Sociologia. O que quer dizer que aquela particular importância estratégica da decisão (ou conclusão do processo formativo) e a sua importância decisiva para a positivação da validade jurídica resultam da *imputação* feita pelo próprio sistema jurídico a tal facto (a decisão), constituindo-o em fonte ou origem de normas válidas — não do facto em si mesmo. As fontes de direito nunca deveriam ser entendidas nos termos de uma origem genético-causal, mas num sentido jurídico-formal. Pelo que, em último termo, a validade jurídica da norma produzida pela decisão não se fundaria no facto "decisão" enquanto mero facto, mas na norma superior que confere a tal facto eficácia normativa.

Porém, como as normas sobre as fontes são elas mesmas produto de uma decisão legislativa — de um facto, portanto — teremos de afirmar que, na dogmática positivista das fontes, a validade jurídica acaba por fundar-se em última análise num facto. Pois não podemos embarcar num *recursum ad infinitum*. Ora é inadmissível fundar a validade num facto. Por princípio universalmente reconhecido — e até porque uma tal posição conduziria aos mais rematados absurdos.

Tomemos a norma fundamental do regime democrático segundo a qual o poder político pertence ao povo e as decisões são tomadas por maioria. Poderá porventura este princípio normativo significar que a legitimidade e validade das decisões se funda no facto "vontade da maioria"? Se sim, temos que admitir como democraticamente legítima e válida a decisão maioritária (ou até unânime) mediante a qual o povo, muito democraticamente e segundo as regras do processo democrático, ponha um termo final a este processo entregando o poder a um chefe. Ora ninguém aceitaria hoje a validade de tal tipo de decisões. O que mostra que a validade se funda em princípios regulativos superiores que transcendem os factos mediante os quais ela se positiva.

Sumariemos um outro exemplo ilustrativo. O legislador constituinte elabora o texto constitucional e, além disso, estabelece uma norma de segundo grau que fixa determinados limites materiais à revisão constitucional declarando imutável uma norma daquele texto que nada tem a ver com a própria essência da Constituição. Terá aquela norma de segundo grau eficácia jurídico-vinculante? Quanto a norma constitucional tutelada, estabeleceu-a o poder constituinte na convicção de ela ser justa e adequada. Porém, a norma de segundo grau que vem adicionalmente declarar esta intocável por um poder democraticamente legítimo só pode entender-se como uma patética afirmação de força que pretende projectar-se para além da sua própria existência e como norma fundada num simples *quero porque quero* que funciona como uma democrática decisão final em que o próprio princípio e o próprio processo democráticos são postos em causa. A admitirmos a validade jurídica daquela norma de segundo grau teríamos de admitir que a validade jurídica se pode fundar num facto: num mero acto de vontade do detentor contingente do poder.

De todo o exposto parece que devemos retirar as seguintes conclusões:

a) Que há "fontes" de direito que não são positivadas nem podem por natureza ser positivadas, pelo que é inviável a pretensão do legislador de definir taxativamente as "fontes de direito";

b) Que o legislador é limitado por princípios fundamentais de direito que estão fora do seu alcance e, como princípios regulativos, predefinem o sentido possível das normas que ele põe e delimitam a sua liberdade de acção;

c) Que a estes princípios (entre os quais se conta hoje o princípio regulativo da legitimidade democrática), sedimentados na esfera da cultura humana ao longo da história, se tem de fazer remontar, ainda que através de mediações várias, o fundamento último da validade das normas jurídicas.

III — O problema da positivação do direito tem atinências com o problema da relação entre o direito e poder político, de que falámos atrás.

Temos, por um lado, a seguinte alternativa: ou poder político juridicamente vinculado — ou despotismo. Num Estado de Direito, o direito vincula, pois, o poder do Estado. Mas, por outro lado, o direito, enquanto norma ajustada aos condiciona-

Fontes de Direito e vigência das normas 157

lismos e mudanças sociais, pressupõe a *positivação* de conteúdos variáveis e, porque a positivação se traduz por via de regra numa decisão política, o próprio direito é política. Por outras palavras: o direito impõe determinadas exigências à acção política, mas estas exigências, por força das exigências que, por seu turno, impõem ao direito as mudanças sociais, carecem de ser *positivadas* em normas. Ora esta positivação, por isso que se trata de escolher e decidir entre possibilidades várias, é por via de regra (sobretudo na dinâmica sociedade actual) uma decisão política. Onde está, pois, a vinculação do político pelo jurídico?

Nisto: o direito nunca está por inteiro na livre disponibilidade do poder político, não depende da vontade arbitrária da própria maioria democrática; antes lhe é inerente um núcleo irredutível de autonomia e independência ante aquele poder (núcleo esse que podemos designar por princípios fundamentais de direito, decorrentes da própria "ideia de direito"). Quer isto dizer, pois: aquela acção *política* em que se traduz a mencionada *positivação* tem que se justificar ou legitimar perante os próprios postulados do direito, tem de, ao escolher e decidir, manter-se dentro do que é admissível no quadro das exigências fundamentais e irrenunciáveis de todo e qualquer direito. Bem que seja de admitir que estas exigências fundamentais sedimentadas na cultura humana ao longo da história também estão sujeitas a uma mais longa e morosa evolução. Permanece sempre válido, no entanto, que o direito, para impor a sua "norma" à política e vincular todos os órgãos do poder, tem de radicar o seu último fundamento de validade nos estratos mais profundos e permanentes do património cultural da humanidade, situados fora do alcance do poder político. Recorde-se que a ordem jurídica na sua globalidade está sob o signo ou sob a postulação vinculante da Justiça, à qual vai buscar, em última instância, o primordial suporte da sua pretensão de validade.

2. *Enumeração e classificação das fontes de direito.*

No elenco tradicional das fontes do direito é de uso referir a lei, o costume, a jurisprudência e a doutrina. Modernamente vêem-se apontando ainda como fontes os "princípios fundamentais de direito", a que se confere uma certa posição de primazia sobre as demais fontes de direito. No sistema jurídico português são também fontes de direito os *assentos*.

De entre as fontes enumeradas há que distinguir as fontes *voluntárias* (que pressupõem um acto explícito de criação normativa) das *não voluntárias*. À primeira categoria pertencem designadamente a lei (em sentido material), os assentos, e ainda a jurisprudência e a doutrina. À segunda categoria pertenceriam os princípios fundamentais de direito e o costume. Por outro lado, nos termos do art. 1.º do nosso Código Civil haveria que distinguir entre as fontes imediatas (as leis e as normas corporativas) e as fontes mediatas (os assentos, os usos e a equidade) — ou seja, aquelas cuja força vinculante resulta, afinal, da lei que para elas remete.

O legislador português estabeleceu nos artigos 1.º a 4.º do Código Civil disposições sobre as Fontes de Direito(¹). Segundo estas disposições são fontes imediatas do direito apenas as *leis* e as normas corporativas que não contrariem as disposições legais de carácter imperativo (art. 1.º)(²).

Por seu turno, o art. 2.º reconhece ao poder judicial a competência para, nos casos declarados na lei, fixar por meio de *assentos* doutrina com força obrigatória geral(³).

O art. 3.º estabelece que "são juridicamente atendíveis quando a lei o determine" (como fontes *mediatas* de direito, portanto) os usos não contrários aos princípios da boa fé. Por último, segundo o art. 4.º, os tribunais podem recorrer à equidade quando haja disposição legal que o permita, quando exista acordo das partes e a relação jurídica não seja indisponível, ou ainda quando as partes tenham convencionado o recurso à equidade numa cláusula compromissória.

Do exposto se deduz que a nossa lei não reconhece ao costume o carácter de fonte imediata de direito: quer ao costume

---

(¹) Também o Estatuto dos Magistrados Judiciais adopta idêntica perspectiva, ao estabelecer, no seu art. 3.º, 1, que a função da magistratura judicial administrar a justiça de acordo com as fontes a que, *segundo a lei*, deva recorrer".

(²) Por leis (em sentido material) devem entender-se hoje as disposições genéricas provindas não só dos órgãos *estaduais* competentes (art. 1.º, 2) mas também dos órgãos competentes da administração autónoma (Regiões Autónomas, autarquias locais, etc.).

(³) Observe-se que hoje, por força do art. 281.º da Constituição, o Conselho da Revolução pode, em certas condições, declarar a inconstitucionalidade de quaisquer normas "com força obrigatória geral".

Fontes de Direito e vigência das normas 159

como prática social constante acompanhada da convicção da juridicidade (*opinio iuris vel necessitatis*), quer ao costume jurisprudencial como prática judicial constante que se integrou na "consciência jurídica geral" e informa de facto as decisões dos tribunais e de outros órgãos aplicadores do direito (agentes ou órgãos administrativos), quer às praxes jurídico-administrativas porventura radicadas e seguidas pelos agentes da administração convencidos da sua juridicidade, quer ao desuso, por mais prolongado e sistemático que seja (cfr. art. 7.º, 1).

Por nós entendemos que, sendo o problema das fontes um problema que transcende a vontade do legislador (ele é insusceptível de resposta através de umas decisão legislativa), mas um problema da alçada da teoria e da metodologia do direito, o não reconhecimento pelo legislador do costume como fonte de direito não tem carácter decisivo. E o mesmo se poderá porventura dizer a respeito de outras possíveis fontes, como a jurisprudência e a doutrina. Tudo dependerá das conclusões a que formos conduzidos pela teoria das fontes[1].

3. *A lei.*

Diz-se lei em sentido *material* a declaração de uma ou mais normas jurídicas pela autoridade competente. Em sentido puramente formal poder-se-ia considerar lei qualquer diploma emanado do órgão legislativo por excelência (entre nós a Assembleia da República), quer nesse diploma se contenham verdadeiras normas jurídicas, quer comandos individuais concretos. O que importa é sublinhar que a designação oficial de Lei, seguida do número e data, deve corresponder em regra a uma lei em sentido material e formal.

São leis em sentido material e formal a Constituição, as leis de revisão constitucional e as leis ordinárias da Assembleia da República. Não são directamente fontes de direito as leis ordinárias meramente formais, como, p. ex., as que conferem ao Governo autorizações legislativas, autorizam o Governo a

---

[1] Para uma teoria das fontes, v. o trabalho em curso da publicação de CASTANHEIRA NEVES, *As Fontes do Direito e o problema da positividade jurídica,* no "Boletim da Faculdade de Direito" de Coimbra, Vol. LI (1975), pp. 115 e sgs.

160   *Introdução ao Direito e ao discurso legitimador*

realizar empréstimos e outras operações de crédito, aprovam os tratados, concedem amnistias, etc.. A Assembleia da República, além de emanar deliberações que assumem a forma de "lei" (art. 169.º, 2, da Constituição), emana outras que assumem a forma de "moção" (citado art. 169.º, 3) e ainda outras que assumem a forma de "resolução" (citado art. 169.º, 4).

São leis em sentido material os Decretos-Leis do Governo, os Decretos-Leis do Conselho da Revolução, certos Decretos do Presidente da República, os Decretos regionais, as leis e os decretos-leis dos órgãos legislativos do território de Macau. São ainda leis em sentido material os regulamentos: quer os regulamentos emanados do Governo (decretos regulamentares, portarias normativas, despachos normativos), quer os regulamentos emanados das autarquias locais (municípios, freguesias), das autarquias institucionais ou das autarquias corporativas.

4. *Assentos.*

No nosso sistema jurídico, o Supremo Tribunal de Justiça (C.P.C., arts. 768.º e sgs., C.P.P., arts. 668.º e sgs., C.P. de Trabalho, arts. 195.º ([1]) e sgs.) e o Tribunal de Contas podem, ao resolver um conflito de jurisprudência e verificados certos pressupostos, fixar doutrina "com força obrigatória geral" (art. 2.º do Código Civil), que o mesmo é dizer, editar normas sob a forma de "assentos" que, uma vez publicados no Diário da República, vinculam todos os tribunais (incluindo aqueles que os proferem), assim como todas as demais pessoas e entidades. Os assentos são fontes mediatas de direito.

De modo que os assentos se apresentam como verdadeiras fontes mediatas de direito, e não como simples jurisprudência obrigatória (nos termos da regra do "precedente vinculante") ou como meras *ordens de serviço* emanadas pelo S.T.J. e tendo por destinatários apenas os tribunais inferiores. Trata-se de uma *fonte interpretativa*, se se limita a fixar o sentido de certa norma de alcance ambíguo, ou de uma *fonte inovadora*, se vem preencher uma lacuna do sistema jurídico.

([1]) Parece que a hipótese visada por este texto se deve considerar hoje incluída na previsão do art. 768.º do C.P.C., já que foi extinta a 3.ª Secção do S.T.A. e foram criadas secções especializadas de justiça social nas Relações para julgar em segunda instância as causas da competência dos tribunais do trabalho.

Fontes de Direito e vigência das normas 161

No entanto, os assentos não são actos legislativos. Pois que os tribunais competentes para "tirar" assentos não gozam da mesma liberdade de iniciativa e da mesma liberdade de acção que os órgãos dotados de competência legislativa, nem podem modificar, suspender e revogar outros assentos ou normas preexistentes. Ao elaborar assentos o órgão jurisdicional acha-se vinculado ao direito constituído e, portanto, não pratica um acto livre e discricionário, como o é, dentro de certos limites, o acto legislativo.

5. *Costume.*

Como fonte de direito distinta da lei e, *hoc sensu,* não voluntária, é de uso definir costume como uma prática social constante, acompanhada do sentimento ou convicção da obrigatoriedade da norma que lhe corresponde. São, portanto, dois os elementos do costume enquanto fonte de direito consuetudinário: a) o *corpus,* traduzido na observância generalizada e uniforme, com certa duração, de determinado padrão de conduta em que está implícita uma norma; b) o *animus,* isto é, a convicção de se estar a obedecer a uma regra geral e abstracta obrigatória, caucionada pela consciência jurídica da comunidade (*opinio iuris vel necessitatis*).

O direito consuetudinário é, como se vê, um direito não deliberadamente produzido. Neste sentido se diz que o costume é uma fonte não voluntária. Por longo tempo, até meados do séc. XVIII, o costume foi a principal fonte do direito. Na sociedade industrial moderna, fortemente dinâmica e diferenciada, é escassa a possibilidade da formação do direito pela via consuetudinária. Há em todo o caso que considerar designadamente o costume derrogativo (*desuetudo*), capaz de levar à caducidade de uma norma — bem que o art. 7.º do Código Civil exclua esta forma de cessação de vigência da lei.

Já referimos que o mesmo Código Civil exclui o costume como fonte imediata de direito, apenas admitindo que os *usos* tenham relevância jurídica quando a lei para eles remeta — ou seja, como fontes mediatas de direito. Também já dissemos que não nos parece em princípio admissível que a lei voluntariamente posta ou positivada (pelo menos a lei ordinária) tenha

162 *Introdução ao Direito e ao discurso legitimador*

legitimidade para excluir a juridicidade de normas consuetudinárias nascidas directamente da comunidade social.

No Direito Internacional Público o costume (costume internacional) continua a ser uma importante fonte de direito. Este costume internacional, por força do art. 8.º, 1, da Constituição, vigora directamente na ordem jurídica interna portuguesa pelo simples facto de vigorar na ordem internacional (recepção automática).

6. *A jurisprudência.*

Aqui entende-se por tal o conjunto das decisões em que se exprime a orientação seguida pelos tribunais ao julgar os casos concretos que lhes são submetidos. Rigorosamente, deveria entender-se que a jurisprudência apenas é fonte de direito quando a orientação assumida pelos tribunais (ou por certos tribunais) na decisão de casos concretos (sobretudo a *ratio decidendi*, em que se contém implícito o critério normativo adoptado) fica a vincular os mesmos ou outros tribunais no julgamento de casos futuros do mesmo tipo. Assim acontece onde vigora a "regra do precedente", como é o caso dos países da *Common Law*. Não assim na nossa ordem jurídica, em que as decisões dos tribunais só têm força vinculativa nos limites do "caso julgado", mas as respectivas "rationes decidendi" não ficam a vincular, como se fossem normas gerais (ainda que "implícitas"), outros tribunais para diferentes casos concretos análogos. Isto não significa, porém, que entre nós as decisões dos tribunais, sobretudo os acórdãos dos tribunais superiores, não tenham um peso efectivo na actividade jurisdicional posterior. Os referidos acórdãos dos tribunais superiores costumam ser publicados ou sumariados e não deixam de ser referidos ou citados quando se entende que o novo caso *sub judice* é análogo ao que foi decidido por um desses acórdãos. Em todo o caso não vinculam, pois os tribunais não editam regras gerais e abstractas, salvo no caso dos *assentos.*

Diferente é o problema de saber se os tribunais têm uma intervenção "criadora" no direito do caso concreto que decidem. Aí sim, reconhece-se hoje que a jurisprudência, sobretudo no domínio da "concretização" das cláusulas gerais e dos conceitos indeterminados e no domínio do desenvolvimento do direito *praeter legem* (lacunas), assume o papel de um "legislador complementar". Por outro lado, esta actividade jurisprudencial, na medida em que ao longo do tempo vai explicitando uma "consciência jurídica geral", contribui para a formulação de normas que, por virem a ser positivadas por via legislativa ou por via consuetudinária (costume jurisprudencial), podem vir a tornar-se em verdadeiras normas gerais e abstractas juridicamente vinculantes.

7. *A doutrina.*

Por doutrina entendem-se aqui as opiniões ou pareceres dos jurisconsultos em que estes desenvolvem, em bases científicas ou doutrinárias, as suas concepções sobre a interpretação ou integração do direito. Essa doutrina consta de tratados, monografias, manuais, anotações e estudos jurídicos vários. A influência que a doutrina exerce de facto sobre as decisões jurisprudenciais depende em muito do apuro técnico da mesma e da autoridade científica (ou qualidade de especialista na matéria) do autor que a subscreve.

Em certos períodos do Direito Romano a doutrina daqueles jurisconsultos a quem foi atribuida uma certa *auctoritas* (ou seja, o *ius publici respondendi*) chegou a alcançar a qualidade de fonte de direito: os pareceres desses jurisconsultos tinham força vinculante para além dos casos concretos que os tinham motivado. Isto não se verifica no direito actual, onde o parecer do jurisconsulto sobre a exacta solução de certos problemas jurídicos apenas dispõe daquela autoridade científica (força persuasiva dos argumentos) e de facto a que acima aludimos, mas nunca vincula o julgador.

8. *Princípios fundamentais de direito.*

Conforme já atrás referimos, temos aqui em vista aqueles princípios jurídicos que, porque são exigências feitas a todo e qualquer ordenamento jurídico se este quer ser coerente com a sua própria pretensão de legitimidade e validade, são transcendentes às decisões positivadoras do legislador e por isso mesmo são válidas de per si num Estado de Direito porque representam postulações eliciadas da própria "ideia de Direito". Vinculam o próprio legislador constituinte, como a gramática vincula o uso da linguagem: pois aquele legislador, colocando as suas decisões normativas sob o signo da justiça na medida em que pretende que elas sejam justas e válidas por fundadas em princípios regulativos superiores e não apenas numa sua decisão arbitrária e contingente, se tem de submeter à lógica dos princípios legitimadores de que se reclama. Consequentemente, são princípios que não podem ser derrogados sem perversão da própria ordem jurídica e do "sentimento jurídico" da comunidade, sem perda do fundamento de legitimidade e, portanto, da validade por parte das leis que os desrespeitem. Por outro lado, são princípios *universais* de direito, por imporem as suas exigências a todo e qualquer ordenamento jurídico.

Entre esses princípios está desde logo (no Estado moderno) o princípio democrático que atribui o poder constituinte ao povo e princípios materiais que impõem limites ao exercício desse poder, e bem assim limites à competência das maiorias, em nome do respeito pelas minorias ou seja, em último termo, em nome da "dignidade da pessoa humana" (art. 1.º da Constituição) e, consequentemente, em nome do respeito dos direitos e liberdades fundamentais.

Há certos princípios fundamentais expressos na Declaração Universal dos Direitos do Homem aos quais se deve conformar a interpretação e a *integração* dos preceitos da lei interna relativos aos direitos fundamentais (art. 16.º, 2, da Constituição). Por outro lado, nos termos do art. 8.º, 1, da Constituição os princípios do direito internacional geral ou comum "fazem parte integrante do direito português". Trata-se aqui dos "princípios gerais de direito comuns às nações civilizadas" que também são fontes de Direito Internacional, nos termos do Estatuto do Tribunal Internacional de Justiça.

Para além destes princípios *universais*, podemos considerar ainda os princípios gerais do ordenamento interno, como princípios de direito aos quais pode ser reconduzida uma pluralidade de normas dispersas pelos textos legais ou cuja adopção pelo ordenamento positivo vigente se pode por vezes induzir do seu afloramento numa ou noutra solução estabelecida pela lei. Estes princípios são particularmente importantes no domínio da interpretação e, sobretudo, da integração do ordenamento vigente (cfr. art. 10.º, 3).

Fontes de Direito e vigência das normas 165

9. *Entrada em vigor da leis.*

Ao ponto se refere o art. 5.º do Código Civil. Diz o n.º 2 deste artigo que "entre a aplicação e a vigência da lei decorrerá o tempo que a própria lei fixar ou, na falta de fixação, o que for determinado em legislação especial". O tempo que decorre entre a publicação e a vigência da lei chama-se *vacatio legis*. Destina-se a possibilitar o conhecimento da lei pelos seus destinatários.

A legislação especial sobre o começo da vigência da lei é hoje constituída pela Lei N.º 3/76 de 10 de Setembro, alterada pela lei N.º 8/77, de 1 de Fevereiro. O art. 1.º desta lei diz que "a data do diploma é a da sua publicação" e o art. 2.º determina: "1. O diploma entra em vigor no dia nele fixado ou, na falta de fixação, no continente no quinto dia após a publicação, nos Açores e Madeira no décimo dia e em Macau e no estrangeiro no trigésimo dia. 2. O dia da publicação do diploma não se conta". Relativamente às Regiões Autónomas (Açores e Madeira) o período de *vacatio legis* foi recentemente alargado para 15 dias .

10. *Termo da vigência da lei.*

Com modo de cessação da vigência da lei o art. 7.º apenas prevê a *caducidade* e a *revogação*. Outras formas possíveis seriam o desuso e o costume contrário. Já sabemos, porém, que o nosso legislador não quis reconhecer ao costume o valor de fonte de direito.

A caducidade *stricto sensu* dá-se por superveniência de um facto (previsto pela própria lei que se destina a vigência temporária) ou pelo desaparecimento, em termos definitivos, daquela realidade que a lei se destina a regular. É frequente estabelecer-se numa lei que o regime nela estabelecido será revisto dentro de certo prazo. Passado o prazo sem que se verifique a revisão, não cessa a vigência de tal lei por caducidade: ela continua em vigor até à sua substituição.

A revogação, essa pressupõe a entrada em vigor de uma nova lei (segundo o nosso legislador). A revogação pode ser expressa ou tácita, total (ab-rogação) ou parcial (derrogação).É expressa quando consta de declaração feita na lei posterior (*fica revogado...*), e tácita quando resulta da incompatibilidade entre as disposições novas e as antigas, ou ainda quando a nova lei

166 Introdução ao Direito e ao discurso legitimador

regula toda a matéria da lei anterior — substituição global (art. 7.º, 2). Porém, nos termos do art. 7.º, 3, a lei geral posterior não revoga a lei especial anterior, salvo se "outra for a intenção inequívoca do legislador"(¹).

Por último, nos termos do art. 7.º, 3, a revogação da lei revogatória não importa de per si *repristinação*, isto é, o renascimento da lei anteriormente revogada. Salvo se o legislador a repõe em vigor, como já tem sucedido entre nós; pois que, então, teremos uma verdadeira *repristinação*, total ou parcial.

11. *Hierarquia das fontes e das normas.*

Em caso de conflito, as normas de hierarquia superior prevalecem sobre as normas de hierarquia inferior. Ora a hierarquia das normas depende da hierarquia das fontes em que estão contidas ou de que promanam.

A este respeito costuma fazer-se logo uma grande distinção entre *leis constitucionais e leis ordinárias*. As normas das leis ordinárias que contrariem as leis constitucionais padecem do vício da *inconstitucionalidade*, pelo que não devem ser aplicadas pelos tribunais ou por outros órgãos aplicadores do direito. A inconstitucionalidade pode ser *orgânica ou formal*, se, ante a Constituição, o próprio acto de que promana a norma se acha viciado nos seus pressupostos (p. ex., incompetência do órgão em razão da matéria) ou no seu processo de formação (são preteridos trâmites ou formalidades constitucionalmente prescritas); e *material* (substancial ou doutrinária) se o vício afecta a própria norma no seu conteúdo, por este ser contrário ao conteúdo de uma norma constitucional.

Entre as próprias normas constitucionais pode estabelecer-se uma hierarquia, distinguindo entre as normas constitucionais editadas pelo legislador constituinte originário e as normas constitucionais editadas pelo poder constituinte derivado ou de revisão. Estas últimas podem ser inconstitucionais se violam os

---

(¹) Por força deste preceito, quando o legislador pretenda, p.ex., estabelecer regras uniformes para uma série de organismos ou serviços entre os quais se encontram alguns com leis, estatutos ou regulamentos específicos, importa que declare a prevalência do novo diploma sobre quaisquer disposições especiais em contrário (Cfr. Decreto-Lei n.º, 165/82, de 10/5, art. 22.º, e Decreto-Lei n.º 166/82, de 10/5, art. 20.º).

Fontes de Direito e vigência das normas 167

limites juridicamente vinculantes (quando o sejam) impostos pelo poder constituinte, no texto constitucional originário, ao poder de revisão.

Além destas duas espécies de normas constitucionais, podemos falar ainda de normas constitucionais *mediatas* ou por devolução, ou seja, de normas "constitucionalizadas". É o caso das normas de Direito Internacional (costume internacional geral e princípios gerais de direito comuns às nações civilizadas, por um lado, e normas de direito internacional convencional recebido, por outro lado) a que se referem os n.ᵒˢ 1 e 2 do art. 8.º da Constituição. Ao lado das normas constitucionais situam-se também (nos Estados membros da CEE), como já vimos, as normas dos Regulamentos Comunitários.

Importa referir aqui, porém, em conformidade com o que atrás se disse, que os princípios fundamentais do direito, na medida em que são supra-estaduais e supraconstitucionais, se devem situar hierarquicamente acima da própria Constituição.

Seguidamente deverá observar-se que os decretos presidenciais a declarar o estado de sítio ou o estado de emergência nos termos da Constituição prevalecem, durante o período da sua vigência, sobre todas as normas (incluindo certas normas constitucionais) cuja vigência fica suspensa durante o mesmo período.

A seguir às leis constitucionais, haverá que referir as leis ordinárias, estabelecendo entre elas a seguinte hierarquia: 1.º, Leis da A.R. e decretos-leis do Governo e do C.R.; 2.º, decretos regulamentares e decretos (simples); 3.º, portarias e despachos normativos (que são também regulamentos de fonte governamental a que se sobrepõem os regulamentos referidos no número anterior); 4.º, regulamentos locais.

Todavia, para termos uma ideia mais exacta da hierarquia das normas, importa fazer uma destrinça prévia:

A) Normas jurídicas estaduais:

a) Normas jurídicas estaduais de direito universal;

b) Normas jurídicas estaduais de direito local emanadas de órgãos estaduais subalternos (por hipótese, regulamentos dos governos civis);

c) Normas autónomas emanadas das autarquias institucionais dependentes da administração do Estado (regulamentos editados por institutos públicos sob tutela do Governo, como, p. ex., as Universidades).

168 *Introdução ao Direito e ao discurso legitimador*

B) Normas das Regiões Autónomas e do território de Macau.

C) Normas autónomas emanadas de órgãos das autarquias não integradas na Administração do Estado:
a) das autarquias territoriais (freguesias, municípios, regiões...);
b*) das autarquias institucionais dependentes das autarquias territoriais (associações de municípios, etc.);*
c) das autarquias corporativas (p. ex., associações sindicais e patronais ou, de uma maneira geral, "organismos representativos das diferentes categorias morais, culturais, económicas e profissionais").

Esta distinção torna-se necessária porque, dentro da respectiva esfera de competência autónoma, constitucionalmente reconhecida, as normas emanadas das Regiões Autónomas (e, com mais forte razão ainda, dos órgãos legislativos do território de Macau), assim como as normas emanadas dos órgãos competentes das autarquias locais e corporativas, não se acham subordinadas às emanadas dos órgãos centrais do Estado (salvo, obviamente, no que respeita às normas constitucionais). Todavia, fora dessa esfera de competência autónoma, os regulamentos locais e as normas corporativas têm que respeitar as normas jurídicas estaduais aplicáveis (preceptivas ou proibitivas), sob pena de ilegalidade, de nulidade ou de anulabilidade. Assim, a norma de um regulamento municipal sobre edificações que contrarie uma norma imperativa do regulamento geral das edificações urbanas emanado dos órgãos centrais é ilegal e, como tal, ineficaz. As cláusulas de um instrumento de regulamentação colectiva do trabalho (convenção colectiva de trabalho, decisão arbitral, portaria de extensão ou de regulamentação das relações colectivas de trabalho) que violem normas superiores são *anuláveis*, nos termos do Decreto-Lei n.º 164-A/76, de 28 de Fevereiro (mediante acção de anulação proposta perante os tribunais do trabalho pelos interessados, podendo o vício também ser conhecido incidentalmente, quando o tribunal tenha de apreciar e julgar um caso concreto), e, em certos casos, são *nulas* ([1]).

([1]) Assim, pelo que respeita ao Direito do Trabalho, temos como fontes de direito: a Constituição, as Convenções internacionais (com destaque para as Convenções da O.l.T. — art. 8.º, 2, da Constituição), as leis e os Decretos-Leis, os assentos (art.195.º do C.P. Trabalho — hoje art. 763.º do C.P.C.), os

Fontes de Direito e vigência das normas 169

Refira-se que os assentos têm a mesma posição hierárquica que as leis que eles interpretam ou integram.

Observe-se, por último, que entre a lei e o decreto-lei não existe relação de hierarquia. O que pode acontecer é o Governo ou o C.R. regular por Decreto-Lei matéria reservada a lei da A.R. e, nesse caso, aquele diploma padece de inconstitucionalidade orgânica. O decreto regulamentar ou decreto (simples) do Governo não pode violar o disposto numa lei ou num decreto-lei (só pode regular *secundum* ou *praeter legem*), sob pena de *ilegalidade*. As portarias genéricas e os despachos normativos, por seu turno, subordinam-se aos decretos regulamentares e aos decretos (simples). Pode no entanto dar-se o caso de num decreto-lei ou num decreto se prever que certos dos seus preceitos possam ser revogados ou alterados por simples portaria ou interpretados por despacho. Deve ainda notar-se que, para além de matérias reservadas à competência exclusiva da A.R. e matérias reservadas à competência exclusiva do Governo (ou do C.R.), há matérias de competência conjunta daqueles dois órgãos da soberania. Neste domínio de matérias prevalece sempre a lei posterior, de modo que um decreto-lei pode revogar uma lei, e inversamente. É óbvio que também um decreto-lei emanado pelo Governo no exercício de uma competência legislativa delegada pela A.R. pode ser revogado por uma lei posterior deste órgão.

Resta acrescentar que as autarquias institucionais e as autarquias corporativas podem ter competência estatutária (competência de auto-organização, pela criação do seu próprio estatuto). Neste caso é de ter em conta que as normas regulamentares da mesma autarquia (incluindo as normas regimentais, que regulam o funcionamento do seus órgãos) se subordinam às suas normas estatutárias.

Podemos, pois, concluir que entre o direito regional (decretos regionais e decretos regulamentares regionais) e o direito estadual não há relação de hierarquia, por isso que cada um tem, por força da Constituição, a sua esfera de competência própria, delimitada em razão da matéria. Pelo que respeita às leis, decretos-leis, portarias e despachos normativos do território de Macau, as normas neles contidas não podem entrar em

---

instrumentos de regulamentação colectiva de trabalho (Convenções colectivas e acordos de adesão, decisões arbitrais e portarias de extensão ou regulamentação), os *usos* da profissão (art. 12.º, 2, do Regime Jurídico do Contrato Individual de Trabalho) e a *equidade*.

170   *Introdução ao Direito e ao discurso legitimador*

conflito com as do direito do Estado português: aquelas e estas têm o seu âmbito de aplicação definido em função do território. Melhor, os conflitos que possam surgir assumirão a forma de conflitos de leis no espaço (conflitos inter-territoriais).

Podemos igualmente concluir que as autarquias só têm competência normativa de tipo regulamentar (posturas, regulamentos, regimentos) e que o direito regulamentar do Estado tem precedência sobre esse direito regulamentar autónomo, sem prejuízo porém, no caso das autarquias locais (e, eventualmente, das futuras autarquias regionais), da autonomia constitucionalmente reconhecida a estas autarquias.

12. *Conflitos de normas.*

Vimos no número anterior que, no caso de aparecerem norma em conflito emanadas de fontes de hierarquia diferente, prefere a norma de fonte hierárquica superior (critério da *superioridade: lex superior derogat legi inferiori*). Já tínhamos visto que, por força do art. 7.º, no caso de conflito de leis da mesma hierarquia, prefere a lei mais recente (critério da *posteridade: lex posterior derogat legi priori*)([1]), com a ressalva, porém, de que a lei especial prevalece sobre a lei geral (critério da *especialidade: lex specialis derogat legi generali*), ainda que esta seja posterior, excepto, neste caso, "se outra for a intenção inequívoca do legislador".

Aplicados estes critérios, parece, à primeira vista, que não poderiam verificar-se conflitos de normas. Em todo o caso, temos de configurar ainda três tipos de conflitos possíveis. Assim, porque as situações de vida e os seus efeitos perduram no tempo, poderá dar-se que elas apareçam como reconduzíveis a hipóteses de normas diferentes que se sucedem no tempo, e teremos então um conflito de leis no tempo (*infra*, Cap. VIII). Por outro lado, se um mesmo facto ou situação concreta tem atinências com dois ou mais ordenamentos jurídicos com esferas territoriais de aplicação diferentes, teremos um conflito de leis no espaço (de

---

([1])   Advirta-se que, se uma Lei da Assembleia da República, nos termos de alínea c) do art. 165.º da Constituição, ratifica (com alterações ou não) um anterior Decreto-Lei do Governo, também o conteúdo por ela ratificado passa, para efeitos de um concurso aparente com um diploma que entretanto entrara em vigor, a valer como *lex posterior.*

Interpretação e integração da lei 171

que trata o Direito Internacional Privado). Por último, pode acontecer que o mesmo facto concreto apareça abrangido pelas hipóteses legais de normas simultaneamente em vigor no mesmo ordenamento, mas cuja aplicação simultânea é impossível por implicar uma contradição — e teremos então verdadeiros conflitos "internos" de normas.

Conflitos ou contradições deste tipo existirão ainda quando duas ou mais normas, que se proponham resolver "a mesma questão de direito" no domínio da mesma legislação e dentro do mesmo contexto teleológico, estabeleçam para casos idênticos ou para casos *juridicamente* equiparáveis consequências jurídicas diferentes. Portanto, a contradição pode ser uma contradição *lógica* (se, p. ex., uma norma impõe certa conduta e outra a proíbe ou, em geral, se as consequências jurídicas estatuídas por duas normas para o mesmo facto são entre si incompatíveis) ou uma contradição *teleológica* ou valorativa.

Em qualquer dos casos, temos que assentar em que o postulado da "unidade da ordem jurídica" exige que não se verifiquem contradições entre as suas normas (pela mesma razão que exige o preenchimento das respectivas lacunas). Se uma contradição for descoberta e não for de todo possível eliminá-la pelos critérios acima referidos ou pela via interpretativa, teremos de partir da ideia de que as normas em contradição se anulam uma à outra e dar por verificada uma "lacuna de colisão", a preencher nos termos que adiante serão referidos (*infra*, Cap. VII).

CAPÍTULO VII

INTERPRETAÇÃO E INTEGRAÇÃO DA LEI

SECÇÃO I — INTRODUÇÃO

1. *Indicação da sequência.*

Vamos entrar num dos capítulos fundamentais da cadeira, de tratamento obrigatório numa Introdução ao Direito. O apontamento que se segue destina-se fundamentalmente a definir as coordenadas do debate, bem como a sugerir pistas de reflexão.

Vamos designadamente proceder a uma análise sumária do art. 9.º do Código Civil, se bem que nos pareça que este texto tem mais um carácter didáctico (o que para nós não deixa de ser importante) do que uma natureza preceptiva. O referido texto, situado embora no Código Civil, é uma daquelas "normas" de segundo grau ou normas sobre normas que valem para todo o direito, qualquer que seja o ramo em causa. No caso presente, tratar-se-ia de uma norma que pretende "prescrever" o modo de determinação do conteúdo significativo de todas as restantes normas do sistema, pelo que, nessa medida, se deveria considerar como que uma parte integrante — ou pelo menos como um dispositivo complementar — de todas as normas do sistema.

Ponto é que se possa considerar tal artigo como uma verdadeira disposição legal de carácter preceptivo. Pode o método de interpretação da lei configurar-se como uma "questão de direito" a que o legislador possa dar resposta? Há quem entenda que sim: assim, p. ex., Emílio BETTI e, entre nós, Oliveira ASCENSÃO. Há quem entenda que não: assim, entre nós, Castanheira NEVES.

Seja ou não a questão do método interpretativo uma questão que entra no círculo daquelas que são susceptíveis de uma resposta "jurídico-positiva" (legislativa) — a nós parece-nos bem que não —, o certo é que muito raro os legisladores se aventuram a fixar autoritariamente qualquer orientação interpretativa. Serão muito provavelmente induzidos a esta abstinência pela sensata razão de que as regras legais sobre interpretação terão nenhuma ou escassa relevância prática, pois que sob a capa da orientação interpretativa ditada pelo legislador (p. ex., da orientação "subjectivista") facilmente se insinuariam os princípios e os argumentos da orientação oposta. Digamos que, quando muito[1], o legislador pode atribuir um peso interpretativo maior ou menor a textos não promulgados (trabalhos preparatórios) em que se possa descobrir, digamos, a "interpretação" que o legislador deu às suas próprias palavras. Mas o recurso a tais textos não promulgados só se verificará, ainda assim, ou quando o texto promulgado seja em si ininteligível (e então seria um recurso sempre necessário), ou quando o intérprete conclua que este texto é intrinsecamente ambíguo (conclusão a que pode não chegar dentro de certa orientação interpretativa, mas a que já chegaria se adoptasse uma outra).

De seguida, entraremos no capítulo da integração da lei e na análise do art. 10.º do Código Civil. Também a maneira tradicional de enfocar este problema nos merecerá certas reservas, como veremos no lugar próprio. Depois, na Secção IV, salientaremos os pressupostos hermenêuticos básicos de toda a compreensão do direito.

2. Notícia bibliográfica.

Sobre o problema da interpretação e integração da lei na literatura jurídica portuguesa podem ver-se, em especial:

a) **Antes do Código Civil de 1966 ou do respectivo Projecto:**

— MANUEL de ANDRADE, *Ensaio sobre a teoria da interpretação das leis*, 2.ª ed., Coimbra 1963;
— IDEM, *Noções fundamentais de processo civil*, (com a col. de ANTUNES VARELA e actualização de H. ESTEVES), reedição de 1976, Coimbra 1976, pp. 24 e sgs.
— IDEM, *Fontes de direito, vigência, interpretação e aplicação da*

---

[1] Mas sem que isso possa afastar o intérprete da ideia de que o texto, pelo menos na medida em que lhe é inerente a pretensão de "juridicidade" e remete para um "referente" que está fora dele (v. *infra*, Secção IV), se destaca da subjectividade de quem o criou.

Interpretação e integração da lei 175

lei, Lisboa 1961 (publicado como o esboço de um "anteprojecto"
no BMJ N.º 102);
— P. de LIMA e A. VARELA, *Noções Fundamentais*, cit., Vol. I, pp.
144 e sgs;

b) **Depois do Código Civil de 1976 ou respectivo Projecto:**

—ANTUNES VARELA, *Do Projecto ao Código Civil*, Lisboa 1966, pp.
19 e sgs. (publicado também no BMJ N.º 161);
— JOSÉ H. SARAIVA, *Apostilha crítica ao projecto de Código Civil*,
Lisboa 1966, pp. 79 e sgs.;
—OLIVEIRA ASCENSÃO, *Introdução*, cit., pp. 305 e sgs.;
— P. LIMA e A. VARELA, *Código Civil Anotado*, I, pp. 16 e sgs.;
—MÁRIO de BRITO, *Código Civil Anotado*, I, pp. 24 e sgs.;

c) **Obras mais recentes e actualizadas sobre a matéria:**

— KARL LARENZ, *Methodenlehre der Rechtswissenschaft*, 4.ª e ed.
1979 (numa perspectiva predominantemente privatista);
-MARTIN KRIELE, *Theorie der Rechtsgewinnung*, 2.ª, ed. 1976
(numa perspectiva predominantemente publicista);
— KARL ENGISCH, *Einführung in das juristische Denken*, 7.ª ed.
1977.

SECÇÃO II — A INTERPRETAÇÃO DA LEI

§ 1.º — A doutrina tradicional da interpretação das leis

1. *Noção.*

A disposição legal apresenta-se ao jurista como um
enunciado linguístico, como um conjunto de palavras que
constituem um texto. Interpretar consiste evidentemente em
retirar desse texto um determinado sentido ou conteúdo de
pensamento.

O texto comporta múltiplos sentidos (polissemia do texto) e
contém com frequência expressões ambíguas ou obscuras.
Mesmo quando aparentemente claro à primeira leitura, a sua
aplicação aos casos concretos da vida faz muitas vezes surgir
dificuldades de interpretação insuspeitadas e imprevisíveis. Além
de que, embora aparentemente claro na sua expressão verbal e

portador de um só sentido, há ainda que contar com a possibilidade de a expressão verbal ter atraiçoado o pensamento legislativo — fenómeno mais frequente do que parecerá à primeira vista.

Daí justamente a necessidade da interpretação, ou seja, daquela actividade do jurista que se destina a fixar o sentido e o alcance com que o texto deve valer. De entre os sentidos possíveis do texto há que eleger um. Qual deles?

Sem dúvida que não um qualquer de entre os sentidos possíveis. Sendo a lei um instrumento de prática conformação e ordenação da vida social, dirigida a uma generalidade de pessoas e a uma série indefinida de casos, deve procurar extrair-se dela um sentido que valha para todas as pessoas e para todos os casos. Deve, pois, fixar-se um sentido decisivo da lei que garanta um mínimo de *uniformidade de soluções*.

Para este efeito julga-se indispensável fixar um conjunto de directivas ou critérios que devem orientar a actividade do intérprete, por forma a evitar o casuísmo e o arbítrio de cada julgador, incompatíveis com as necessidades da vida social, incompatíveis, designadamente, com a segurança jurídica. Esse conjunto de directivas ou cânones hermenêuticos constitui a chamada *metodologia da interpretação* ou *hermenêutica jurídica*.

2. *Interpretação doutrinal e interpretação autêntica.*

A interpretação a que nos vimos referindo é a interpretação doutrinal. A esta se costuma contrapor uma outra forma de interpretação de natureza bem diversa e dotada de uma força especial: a chamada interpretação *autêntica*.

O órgão competente que cria uma lei (p. ex., a Assembleia de República), tem também a competência para a *interpretar*, modificar, suspender ou revogar. Significa isto que, uma vez promulgada certa lei e suscitadas dúvidas importantes acerca do seu exacto sentido ou alcance, o órgão que a editou tem, como é lógico, competência para a *interpretar* através de uma nova lei. É a isto que se chama *interpretação autêntica*, que representa, afinal, uma manifestação da competência legislativa e tem, por isso, a força vinculante própria da lei.

Às leis que apenas se destinam a fixar o sentido com que deve valer uma lei anterior chamamos *leis interpretativas*. A estas se refere o art. 13.º, quando diz: "A lei interpretativa integra-se na lei interpretada". Às leis interpretativas contrapõem-se as leis *inovadoras* (esta distinção interessa sobretudo, como veremos, para efeitos de aplicação da lei no tempo).

Os cânones ou directivas hermenêuticas não vinculam o órgão com competência legislativa: a interpretação (lei interpretativa) fixada por tal órgão vale com a força inerente à nova manifestação de vontade do legislador. Ao passo que a interpretação doutrinal, essa tem apenas a força ou poder de persuasão que decorre da sua fidelidade aos cânones de uma metodologia jurídica correcta, do seu maior ou menor *acerto* na "descoberta" do direito.

3. *A querela dos métodos.*

A) *Os dois eixos de coordenadas.*

Com vista ao enquadramento lógico-racional do texto do art. 9.º, vamos começar por estabelecer as direcções doutrinais ou escolas interpretativas que, na história do pensamento jurídico, precederam a elaboração daquele texto.

As duas primeiras posições contrapostas em matéria interpretação da lei foram a corrente *subjectivista* e a corrente *objectivista*. A primeira faz finca-pé na *mens legislatoris* (na vontade ou na intenção do legislador), ao passo que a segunda se apega à *mens legis* (vontade ou intenção da lei). Quer isto dizer que a primeira entende que a actividade interpretativa deve ir apontada à descoberta da vontade do legislador, dando menos peso à objectivação linguística dessa vontade no texto ou fórmula da lei; ao passo que a segunda entende que aquela actividade se deve dirigir essencialmente à descoberta do sentido da fórmula normativa objectivada no texto, autonomizando este da possível vontade psicológica que esteve na sua origem, tomando-o como algo de separado da vontade que o engendrou, como dado objectivo a partir do qual se deve descobrir a solução mais razoável.

Ao lado desta alternativa, embora mantendo com ela uma relação, desenhou-se uma outra, a que contrapõe a lei e a vida, o passado e o presente. As correntes que neste outro eixo se contrapõem podem ser designadas, respectivamente, por *historicismo* e *actualismo*. A questão agora em debate é a questão de saber se deve prevalecer a rigidez da lei — o carácter sagrado do versículo do Código — ou o dinamismo e a fluidez da vida na sua evolução histórico-social, ou seja, se o sentido das leis se mantém imutável (*historicismo*) ou, pelo contrário, deve esse mesmo sentido evoluir de acordo com o evoluir da vida (de acordo com as mudanças técnicas, as necessidades e as concepções sociais).

Estas duas alternativas são teoricamente distintas. O próprio *subjectivista* pode ater-se fundamentalmente à lei, no sentido de vontade histórica do legislador (*subjectivismo histórico*, que foi predominante na chamada "Escola exegese"), ou atender àquilo que a *mens legislatoris* (a vontade histórica do legislador) projectaria como solução por ela querida nas actuais condições de vida (*subjectivismo actualista* ou corrente histórico-evolutiva). Mas é sobretudo no que respeita à corrente objectivista que esta segunda alternativa tem repercussões mais nítidas. Assim, haverá que distinguir um *objectivismo histórico*, que atribui à objectivação linguística do texto um sentido invariável, tão objectivado e "petrificado" como o próprio texto, e um *objectivismo actualista* que, fazendo embora finca-pé na fórmula e no sentido que dela objectivamente decorre, entende que este sentido que da fórmula se extrai pode variar conforme a evolução da vida e bem assim que as novas normas inseridas pelo legislador actual no ordenamento jurídico podem introduzir neste um novo espírito capaz de se repercutir sobre as normas anteriores, sobre o sentido que o intérprete actual deve extrair, objectivamente, dessas fórmulas antigas — já que o ordenamento jurídico tem que ser tomado sempre como uma unidade.

B) *A orientação subjectivista.*

De entre as várias acepções que o texto legal comporta, deve prevalecer aquela que corresponda à vontade ou ao pensamento real do "legislador", isto é, a "vontade historicamente real do legislador" (HECK).

Escora-se esta posição em vários argumentos. Entre eles, saliente-se: 1) o dever de obediência ao legislador ou ao poder legítimo exige que se procure a determinação de uma "vontade" histórica prescritiva (*mens legislatoris*); 2) a certeza do direito: a determinação dessa "vontade" histórica dá maiores garantias de segurança aos destinatários das normas e promove a uniformidade de soluções. Contra o argumento dos "objectivistas" de que não é possível determinar a vontade histórica do legislador, por

Interpretação e integração da lei 179

isso que este é em regra um órgão colegial e cada um dos seus membros pode ter atribuído à fórmula um sentido diferente, responde-se, pelo lado dos "subjectivistas", que tal circunstância pode até facilitar a descoberta do sentido com que a lei foi querida e votada, dada a existência de relatórios e actas onde ficam a constar os debates, os pareceres, os comentários, as críticas, os projectos ou propostas alternativas, etc.

Em todo e qualquer caso, permaneceria válido o dever de obediência à "vontade" real do legislador sempre que a sua descoberta fosse possível.

A orientação subjectivista moderada exige, no entanto, que essa vontade se reflita no texto legal, ainda que minimamente (teoria da alusão). Ao passo que o subjectivismo extremo considera que a "mens legislatoris" é determinante mesmo quando nos conduza para além do texto.

C) *A orientação objectivista.*

Para outros autores o objecto da interpretação é a "mens legis": o intérprete não está vinculado à vontade do legislador real mas ao sentido objectivado no texto ou, se quisermos, deverá supor um legislador ideal que pensa as leis com o sentido mais razoável que o respectivo texto comporta (objectivismo histórico). De entre os "objectivistas" há ainda que salientar aqueles que, além de tomarem para ponto de referência um legislador ideal que pensa os textos por aquela forma objectiva, os "repõe continuadamente em vigor com o sentido mais razoável que o seu quadro verbal vai reflectindo dentro do condicionalismo renovado em que elas (as normas) vão vivendo" (ANDRADE), enquanto elementos integrantes do ordenamento jurídico global (objectivismo actualista).

Argumentam os objectivistas com a ideia de que deve prevalecer a "vontade" objectivada no próprio texto, pois este, no seu teor de enunciado linguístico destinado a comunicar um sentido, desprende-se do seu autor e fica a valer como tal, desse texto tendo de partir qualquer intérprte ou destinatário da norma para apreender o sentido que lhe está imanente. Argumentam ainda com a inexiquibilidade do ponto de vista subjectivista, dada a pluralidade dos intervenientes na feitura e na votação das leis. Por último, argumentam sobretudo com a ideia de que a interpretação objectivista favorece mais a *rectidão* ou justeza do direito, já que permite extrair dos textos o sentido mais razoável que estes comportam, ao mesmo tempo que (na variante actualista) confere à lei maior *maleabilidade*, pois, além de facilitar a sua aplicação directa a situações que o legislador não previu, aproveita a virtualidade, contida no texto, de constante adaptação aos critérios de justiça e de oportunidade próprios de cada época em que a lei é aplicada.

Pelo que respeita a este último argumento, porém, deve salientar-se que também os "subjectivistas" entendem que a expressão geral e abstracta do pensamento do legislador permite que a lei possa compreender não só os casos efectivamente previstos, mas também os casos semelhantes. Além disso, certos subjectivistas (subjectivismo actualista ou histórico-evolutivo) entendem que a solução ou "decisão" do legislador se projecta nas actuais situações da vida social, satisfazendo às exigências desta. Importante e decisivo seria a "decisão" ou opção por certa solução ante determinado conflito de interesses, a resposta a certo problema jurídico — opção esta tomada pelo legislador histórico. Essa opção-decisão é que deveria prevalecer sempre, pelo que não seria respeitá-la aplicar a lei de maneira cega e por forma a chegar-se a um resultado oposto à intenção normativa do legislador, só porque as circunstâncias mudaram.

D) *Balanço provisório entre as duas correntes.*

A certeza do direito é caucionada pela uniformidade da sua interpretação e aplicação. O objectivismo, designadamente na sua modalidade actualista, apontando para o sentido do texto que em cada momento histórico se repute mais justo ou mais razoável, fomenta a disparidade de julgados. Pelo que se costuma dizer que a maleabilidade da lei é, nesta corrente interpretativa, obtida à custa da *certeza* e *segurança* do Direito. À vantagem da rectidão e maleabilidade do Direito contrapõe-se, pois, a desvantagem da incerteza ou insegurança do Direito.

Como vimos, do lado subjectivista argumenta-se ainda contra o objectivismo alegando que este faz perigosas concessões ao arbítrio do intérprete, abstraindo ousadamente do dever de obediência ao poder constituído, dever este que vincula o julgador ao sentido com que as leis foram pensadas e queridas pelo órgão legislativo. O objectivismo faria descaso do princípio orgânico fundamental da repartição dos poderes pelos diversos órgãos da soberania — designadamente, pelos órgãos legislativos e pelos órgãos judiciais.

No entender de Manuel de Andrade, porém, as divergências entre as duas escolas reduzem-se a bem pouco. Escreve este autor: "Todo o peso da questão se encontra no valor interpretativo a ser atribuído aos chamados *trabalhos preparatórios* ou *materiais legislativos* (projectos e relatórios oficiais, pareceres de organismos consultivos, debates travados em comissões *ad hoc* ou nas assembleias legisferantes, aquando da preparação do respectivo diploma) e a quaisquer outros elementos capazes de nos elucidar, *como que directamente*, sobre a vontade efectiva do legislador concreto (declarações extra-oficiais, testemunhos escritos ou orais)". Com efeito, entende o mesmo professor, na falta de dados precisos sobre a vontade real do órgão legislativo, o intérprete, mesmo que adira à corrente subjectivista, tem de partir do suposto de que a lei emana de um legislador razoável; e, por isso, terá de perguntar-se como um tal legislador teria pensado e querido a lei ao legislar no condicionalismo do tempo da sua publicação e no ambiente histórico em que foi sancionada a lei. Logo, só poderá existir colisão entre as duas correntes (a subjectivista e a objectivista) quando existam aquelas elementos e deles se colham dados seguros acerca do pensamento real do legislador. Em tais casos é que haverá que optar por uma de duas soluções: ou atribuir a tais elementos valor decisório (ponto de vista subjectivista) ou, como diz ANDRADE, reconhecer-lhes mero "valor heurístico de sugerirem uma possibilidade interpretativa, a confirmar ou repelir por intervenção dos outros factores hermenêuticos".

4. *Elementos de interpretação (factores hermenêuticos).*

Refiramos agora os elementos de que o intérprete lança mão para desvendar o verdadeiro sentido e alcance dos textos legais. Tradicionalmente estes factores interpretativos são-nos apresentados como sendo essencialmente dois: a) o *elemento gramatical* (isto é, o *texto*, a "letra da lei") e b) o *elemento lógico*. Este último, por seu turno, aparece-nos subdividido em três elementos: a) o *elemento racional* (ou teleológico), b) o *elemento sistemático* e c) o *elemento histórico*.

Convém salientar, porém, que o elemento gramatical ("letra da lei") e o elemento lógico ("espírito da lei") têm sempre que ser utilizados conjuntamente. Não pode haver, pois, uma modalidade de interpretação gramatical e uma outra lógica; pois é evidente que o enunciado linguístico que é a "letra da lei" é apenas um significante, portador de um sentido ("espírito") para que nos remete. Por isso, quando se fala em "interpretação literal" quer-se apenas referir aquela modalidade de interpretação muito cingida ao texto e que extrai das palavras deste o sentido que elas mais naturalmente comportam, fazendo porventura descaso doutros elementos interpretativos.

A) *Elemento gramatical (texto ou "letra da lei").*
O texto é o ponto de partida da interpretação. Como tal, cabe-lhe desde logo uma função *negativa*: a de eliminar aqueles sentidos que não tenham qualquer apoio, ou pelo menos uma qualquer "correspondência" ou ressonância nas palavras da lei.

Mas cabe-lhe igualmente uma função positiva, nos seguintes termos. Primeiro, se o texto comporta apenas um sentido, é esse o sentido da norma — com a ressalva, porém, de se poder concluir com base noutras normas que a redacção do texto atraiçoou o pensamento do legislador.

Quando, como é de regra, as normas (fórmulas legislativas) comportam mais que um significado, então a função positiva do texto traduz-se em dar mais forte apoio a, ou sugerir mais fortemente, um dos sentidos possíveis. É que, de entre os sentidos possíveis, uns corresponderão ao significado mais natural e *directo* das expressões usadas, ao passo que outros só caberão no quadro verbal da norma de uma maneira *forçada, contrafeita*. Ora, na falta de outros elementos que induzam à eleição do sentido menos imediato do texto, o intérprete deve optar em princípio por aquele sentido que melhor e mais imediatamente corresponde ao significado natural das expressões verbais utilizadas, e designadamente ao seu significado técnico-jurídico, no suposto (nem sempre exacto) de que o legislador soube exprimir com correcção o seu pensamento.

B) *O elemento racional ou teleológico.*
Consiste este elemento na razão de ser da lei (*ratio legis*), no fim visado pelo legislador ao elaborar a norma. O conhecimento deste fim, sobretudo quando acompanhado do conhecimento das circunstâncias (políticas, sociais, económicas, morais, etc.,) em que a norma foi elaborada ou da conjuntura político-económico-social que motivou a "decisão" legislativa (*occasio legis*) constitui

Interpretação e integração da lei 183

um subsídio da maior importância para determinar o sentido da norma. Basta lembrar que o esclarecimento da *ratio legis* nos revela a "valoração" ou ponderação dos diversos interesses que a norma regula e, portanto, o peso relativo desses interesses, a opção entre eles traduzida pela solução que a norma exprime. Sem esquecer ainda que, pela descoberta daquela "racionalidade" que (por vezes inconscientemente) inspirou o legislador na fixação de certo regime jurídico particular, o intérprete se apodera de um ponto de referência que ao mesmo tempo o habilita a definir o exacto alcance da norma e a discriminar outras situações típicas com o mesmo ou com diferente recorte.

C) *Elemento sistemático (contexto da lei e lugares paralelos).*

Este elemento compreende a consideração das outras disposições que formam o complexo normativo do instituto em que se integra a norma interpetanda, isto é, que regulam a mesma matéria (*contexto da lei*), assim como a consideração de disposições legais que regulam problemas normativos paralelos ou institutos afins (*lugares paralelos*). Compreende ainda o "lugar sistemático" que compete à norma interpretanda no ordenamento global, assim como a sua consonância com o espírito ou unidade intrínseca de todo o ordenamento jurídico.

Baseia-se este subsídio interpretativo no postulado da coerência intrínseca do ordenamento, designadamente no facto de que as normas contidas numa codificação obdecem por princípio a um pensamento unitário.

Nomeadamente o recurso aos "lugares paralelos" pode ser de grande utilidade, pois que, se um problema de regulamentação jurídica fundamentalmente idêntico é tratado pelo legislador em diferentes lugares do sistema, sucede com frequência que num desses lugares a fórmula legislativa emerge mais clara e explícita. Em tal hipótese, porque o legislador dever ser uma pessoa coerente e porque o sistema jurídico deve por igual formar um todo coerente, é legítimo recorrer à norma mais clara e explícita para fixar a interpretação de outra norma (paralela) mais obscura ou ambígua.

É oportuno referir aqui que a descoberta da "genealogia" ou "linhagem jurídico-sistemática" de uma norma, no sentido da recondução da mesma, já a princípios fundamentais do sistema (como manifestação, afloramento ou "precipitado" de tais

184   *Introdução ao Direito e ao discurso legitimador*

princípios), já ao lugar que lhe caberia numa "codificação" racional e exacta do dito sistema([1]), representa muitas vezes um longo e fadigoso trabalho de elaboração doutrinal indispensável para recortar com precisão o alcance da norma, balizando o seu âmbito de aplicação em face de outras normas que se referem a problemas ou figuras próximas. Tal é a maioria das vezes a tarefa levada a cabo no domínio da investigação jurídica, concretizada em monografias e em "dissertações" académicas.

D) *Elemento histórico.*

Compreende todos os materiais relacionados com a história do preceito, a saber:

a) *A história evolutiva do instituto,* da figura ou do regime jurídico em causa: as mais das vezes a norma é produto de uma evolução histórica de certo regime jurídico, pelo que o conhecimento dessa evolução é susceptível de lançar luz sobre o sentido da norma, pois nos faz compreender o que pretendeu o legislador com a fórmula ou com a alteração legislativa introduzida.

b) *As chamadas "fontes da lei",* ou seja, os textos legais ou doutrinais que inspiraram o legislador na elaboração da lei. Aqui devem ser tomadas em conta não só as principais obras doutrinárias, nacionais ou estrangeiras, que serviram de inspiração à fórmula normativa, mas sobretudo aquelas leis doutros países (e estaremos já no domínio do Direito Comparado) que serviram de modelo ao legislador português, em muitos pontos, ou que, pelo menos, representam as fontes em que ele foi beber a sua inspiração. Assim, p. ex., para o bom entendimento de muitos preceitos do Código Civil de 1966 é frequentes vezes da maior utilidade consultar os preceitos correspondentes do Código Civil italiano (de 1942) ou do Código Civil Alemão (de 1900), bem como os comentários e as aplicações jurisprudenciais desses preceitos na Itália ou na Alemanha. Uma indagação monográfica no domínio do Direito português coenvolve as mais das vezes uma investigação de Direito Comparado.

c) *Os trabalhos preparatórios.*

Entendem-se por tais os estudos prévios, os anteprojectos que normalmente os acompanham, os projectos, as respostas a

---

([1]) Independentemente do lugar que de facto ocupa no desenvolvimento do sistema da lei e que pode ser incorrecto.

Interpretação e integração da lei 185

críticas feitas aos projectos, as propostas de alterações aos projectos, as actas das comissões encarregadas da elaboração do projecto, as actas da discussão do projecto na generalidade e na especialidade na assembleia legislativa (quando seja caso disso), etc. Muitas vezes, o cotejo da fórmula finalmente adoptada e promulgada como lei com as fórmulas propostas nos projectos, nas emendas, propostas, etc., é de grande valia para definir a atitude final e a opção do "legislador", servindo, assim, para afastar interpretações que se devem considerar rejeitadas (pelo mesmo legislador) justamente pelo facto de ele ter alterado a fórmula do projecto, ter recusado a sua adesão a uma proposta de emenda ou ter considerado impertinente uma crítica movida ao texto submetido a votação.

5. *Resultados da interpretação.*

Segundo a doutrina tradicional, o intérprete, socorrendo-se dos elementos ou subsídios interpretativos acabados de referir, acabará por chegar a um dos seguintes resultados ou modalidades de interpretação:

a) Interpretação declarativa: Nesta o intérprete limita-se a eleger um dos sentidos que o texto directa e claramente comporta, por ser esse aquele que corresponde ao pensamento legislativo.

b) Interpretação extensiva: o intérprete chega à conclusão de que a letra do texto fica aquém do espírito da lei, que a fórmula verbal adoptada peca por defeito, pois diz menos do que aquilo que se pretendia dizer. Alarga ou estende então o texto, dando-lhe um alcance conforme ao pensamento legislativo, isto é, fazendo corresponder a *letra da lei* ao *espírito da lei.* Não se tratará de uma lacuna da lei, porque os casos não directamente abrangidos pela letra são indubitavelmente abrangidos pelo espírito da lei. Da própria *ratio legis* decorre, p. ex., que o legislador se quer referir a um género; mas, porventura fechado numa perspectiva casuística, apenas se referiu a uma espécie desse género.

A interpretação extensiva assume normalmente a forma de *extensão teleológica:* a própria razão de ser da lei postula a aplicação a casos que não são directamente abrangidos pela letra da lei mas são abrangidos pela finalidade da mesma.

Os argumentos usados pelo jurista para fundamentar a interpretação extensiva são o *argumento de identidade de razão* (arg. *a pari*) e o *argumento de maioria de razão* (arg. *a fortiori*). Segundo o primeiro, onde a razão de decidir seja a mesma, a mesma deve ser a decisão. De acordo com o segundo, se a lei explicitamente contempla certas situações, para que estabelece dado regime, há-de forçosamente pretender abranger também outra ou outras que, com mais fortes motivos, exigem ou justificam aquele regime.

c) *Interpretação restritiva:* outras vezes, pelo contrário, o intérprete chega à conclusão de que o legislador adoptou um texto que atraiçoa o seu pensamento, na medida em que diz mais do que aquilo que se pretendia dizer. Também aqui a *ratio legis* terá uma palavra decisiva. O intérprete não deve deixar-se arrastar pelo alcance aparente do texto, mas deve restringir este em termos de o tornar compatível com o pensamento legislativo, isto é, com aquela *ratio*. O argumento em que assenta este tipo de interpretação costuma ser assim expresso: *cessante ratione legis cessat eius dispositio* (lá onde termina a razão de ser da lei termina o seu alcance).

d) *Interpretação revogatória ou ab-rogante:* Por vezes, embora raramente, será preciso ir mais além e sacrificar, em obediência ainda ao pensamento legislativo, parte duma fórmula normativa, ou até a totalidade da norma. Trata-se de fórmulas legislativas abortadas ou de verdadeiros lapsos. Quando a fórmula normativa é tão mal inspirada que nem sequer consegue aludir com uma clareza mínima às hipóteses que pretende abranger e, tomada à letra, abrange outras que decididamente não estão no espírito da lei, poderá falar-se de *interpretação correctiva*. O intérprete recorrerá a tal forma de interpretação, é claro, apenas quando só por essa via seja possível alcançar o fim visado pelo legislador.

A interpretação *revogatória* ou *ab-rogante* terá lugar apenas quando entre duas disposições legais existe uma contradição insanável.

e) *Interpretação enunciativa:* é aquela pela qual o intérprete deduz de uma norma um preceito que nela apenas está

Interpretação e integração da lei 187

virtualmente contido, utilizando para tal certas inferências lógico-
-jurídicas que assentam nos seguintes tipos de argumentos:

1.º *Argumento "a maiori ad minus":* a lei que permite o
mais também permite o menos (se certo indivíduo pode alienar
determinados bens, também poderá onerá-los);

2.º *Argumento "a minori ad maius":* a lei que proíbe o
menos também proíbe o mais (se, p. ex., proíbe *onerar* certos
bens, também proíbe aliená-los);

3.º *Argumento "a contrario":* É este um argumento que deve
ser usado com muita prudência. Por meio dele deduz-se de um
ius singulare, isto é, da disciplina *excepcional* estabelecida para
certo caso, um princípio-regra de sentido oposto para os casos
não abrangidos pela norma excepcional. Assim, a partir de uma
norma excepcional, deduz-se a *contrario* que os casos que ela não
contempla na sua hipótese seguem um regime oposto, que será o
regime-regra.

Observe-se, a propósito, que o art. 11.º proíbe a aplicação
analógica das normas excepcionais, mas não a sua interpretação
extensiva. (Só o art. 18.º do Código Penal, por razões privativas
do Direito Penal, é que proíbe tanto a aplicação analógica como
a interpretação extensiva das *normas incriminadoras*). Por isso
mesmo, para definirmos o campo de aplicação do regime-regra
que se contrapõe ao regime estabelecido pela norma excepcional,
teremos que verificar primeiro se, por interpretação extensiva
desta norma, não deverão por ela ser abrangidos casos não
directamente contemplados na sua hipótese([1]).

Em último termo, o argumento a *contrario* apenas terá força
plena quando se consiga mostrar a existência de uma *implicação
intensiva* (ou *replicação*) entre a hipótese e a estatuição — quando
se mostre, pois, que a consequência jurídica se produz quando se
verifique a hipótese e que tal consequência *só* se produz quando
se verifique tal hipótese. Assim sucederá, designadamente,
quando a hipótese legal é constituída por uma enumeração
taxativa ("Apenas quando se verifique um dos seguintes casos...

([1]) Assim como, e antes do mais, nos deveremos certificar se a norma que
aparentemente nos aparece como excepcional não representará antes o
afloramento de um princípio ou critério normativo que, por inadvertência,
recebeu apenas uma expressão *avulsa* insuficiente no sistema da lei.

188   *Introdução ao Direito e ao discurso legitimador*

ou fundamentos...") e o caso em apreço não caiba decididamente em nenhuma das hipóteses que constituem o elenco legal (*numerus clausus*)([1]). Ou sempre que seja possível demonstrar que a norma em causa exprime deveras um *ius singulare*.

§ 2.º — Posição do Código Civil.

Qual a posição do nosso Código Civil perante o problema da interpretação?

I — O art. 9.º deste Código, que à matéria se refere, não tomou posição na controvérsia entre a doutrina subjectivista e a doutrina objectivista. Comprova-o o facto de se não referir, nem à "vontade do legislador", nem à "vontade da lei", mas apontar antes como escopo da actividade interpretativa a descoberta do "pensamento legislativo" (art. 9.º, 1.º). Esta expressão, propositadamente incolor, significa exactamente que o legislador não se quis comprometer.

O então Ministro da Justiça, Antunes VARELA, na sua comunicação à Assembleia da Nacional de 26/11/1966, escreveu: "Colocando-se deliberadamente acima da velha querela entre subjectivistas e objectivistas, a nova lei limitou-se a recolher uns tantos princípios que considerou aquisições definitivas da ciência jurídica, sem curar grandemente da sua origem doutrinária" ([2]). Por isso mesmo, talvez possa dizer-se que o referido artigo pouco adianta — a não ser porventura na medida em que afasta certos extremismos que os próprios cânones hermenêuticos correntes também repudiam.

II — Começa o referido texto por dizer que a interpretação não deve cingir-se à *letra* mas reconstituir a partir dela o "pensamento legislativo". Contrapõe-se *letra* (texto) e *espírito* (pensamento) da lei, declarando-se que a actividade interpretativa deve — como não podia deixar de ser — procurar este a partir daquela.

([1])   Cfr., p. ex., o n.º 2 do art. 483.º do Código Civil. Nestes casos não se tratará propriamente da inferir de um "regime excepcional" um "regime-regra", mas de concluir do rigor dos termos da lei que esta, por mor da segurança jurídica, quer obstar a que das suas disposições se infira um princípio geral aplicável a casos não previstos (proibição da *analogia iuris*). Cfr. *infra; cap. X, Secção III, § 2.º*.

([2])   Antunes VARELA, *Do Projecto ao Código Civil,* Lisboa 1966, p. 25 (n.º 6), também publicado no *BMJ*, n.º 161.

Interpretação e integração da lei

A letra (o enunciado linguístico) é, assim, o *ponto de partida*. Mas não só, pois exerce também a função de um *limite*, nos termos do art. 9.º, 2: não pode ser considerado como compreendido entre os sentidos possíveis da lei aquele pensamento legislativo (espírito, sentido) "que não tenha na letra da lei um mínimo de correspondência verbal, ainda que imperfeitamente expresso". Pode ter de proceder-se a uma interpretação extensiva ou restritiva, ou até porventura a uma interpretação correctiva, se a fórmula verbal foi sumamente infeliz, a ponto de ter falhado completamente o alvo. Mas, ainda neste último caso, será necessário que do texto "falhado" se colha pelo menos indirectamente uma alusão àquele sentido que o intérprete venha a acolher como resultado da interpretação. Afasta-se assim o exagero de um subjectivismo extremo que propende a abstrair por completo do texto legal quando, através de quaisquer elementos exteriores ao texto, descobre ou julga descobrir a vontade do legislador. Não significa isto que se não possa verificar a eventualidade de aparecerem textos de tal modo ambíguos que só o recurso a esses elementos externos nos habilite a retirar deles algum sentido. Mas, em tais hipóteses, este sentido só poderá valer se for ainda assim possível estabelecer alguma relação entre ele e o texto infeliz que se pretende interpretar.

III — Ainda pelo que se refere à letra (texto), esta exerce uma terceira função: a de dar um mais forte apoio àquela das interpretações possíveis que melhor condiga com o significado natural e correcto das expressões utilizadas. Com efeito, nos termos do art. 9.º, 3, o intérprete presumirá que o legislador "soube exprimir o seu pensamento em termos adequados". Só quando razões ponderosas, baseadas noutros subsídios interpretativos, conduzem à conclusão de que não é o sentido mais natural e directo da letra que deve ser acolhido, deve o intérprete preteri-lo.

IV — Desde logo, o mesmo n.º 3 destaca outra presunção: "o intérprete presumirá que o legislador consagrou as soluções mais acertadas".

Este n.º 3 propõe-nos, portanto, um modelo de legislador ideal que consagra as soluções mais acertadas (mais correctas, justas ou razoáveis) e sabe exprimir-se por forma correcta. Este modelo reveste-se claramente de características objectivistas, pois não se toma para ponto de referência o legislador concreto (tantas vezes incorrecto, precipitado, infeliz) mas um legislador abstracto: sábio, previdente, racional e justo. Só que não convém exagerar a tónica objectivista, pois já vimos ser ponto assente que a nossa lei não tomou partido entre as duas correntes (a subjectivista e a objectivista).

Pode, porém, acontecer que a interpretação mais natural e directamente condizente com a fórmula verbal não corresponda à solução mais acertada. Nesta hipótese, as duas presunções entrarão em conflito. Por qual das interpretações optar?

Manuel de ANDRADE([1]) propõe para esta hipótese a procura de um certo ponto de equilíbrio, nos seguintes termos: "Dentre os dois sentidos, cada um deles o mais razoável sob um dos aspectos considerados, deve preferir-se aquele que menos se distanciar da razoabilidade sob o outro aspecto". É esta uma directriz equilibrada, sem dúvida; mas é óbvio que apenas será de observar se o "impasse" se mantiver depois de exauridos os outros elementos de interpretação mencionados pelo art. 9.º e que ainda falta referir.

V — O n.º 1 do art. 9.º refere mais três desses elementos de interpretação: a "unidade do sistema jurídico", "as circunstâncias em que a lei foi elaborada" e as "condições específicas do tempo em que é aplicada".

Tomemos em primeiro lugar estes dois últimos elementos. Entre eles não existe qualquer hierarquia ou melhor, como diz A. VARELA([2]), "nenhum significado especial possui a ordem por que são indicados esses dois factores".

O primeiro destes factores, "as circunstâncias do tempo em que a lei foi elaborada", representa aquilo a que tradicionalmente se chama a *occasio legis*: os factores conjunturais de ordem política, social e económica que determinaram ou motivaram a medida legislativa em causa. Por vezes o conhecimento destes factores é mesmo indispensável para se poder atinar com o sentido e alcance da norma — sobretudo quando esta é já antiga e foi fortemente condicionada por factores de conjuntura.

O segundo dos dois elementos, as circunstâncias vigentes ao tempo em que a lei é aplicada, tem decididamente uma conotação *actualista* e, talvez deva afirmar-se, a referência que o art. 9.º lhe faz significa que o legislador aderiu ao *actualismo*. Com efeito,

---

([1]) Cfr. *Noções Elem. de Proc. Civil,* cit., p. 30.
([2]) *Do Projecto ao Código Civil,* cit., p. 26.

Interpretação e integração da lei   191

este não é de forma alguma incompatível com a utilização de elementos históricos como meios auxiliares da interpretação da lei. A posição historicista, essa é que seria incongraçável com a consideração das circunstâncias do tempo de aplicação da lei para efeitos de determinar o sentido decisivo com que esta deve valer.

Não tem que nos surpreender essa posição actualista do legislador se nos lembrarmos que uma lei só tem sentido quando integrada num ordenamento vivo e, muito em especial, enquanto harmonicamente integrada na "unidade do sistema jurídico", de que falaremos a seguir.

Cumpre ainda anotar que, quanto mais uma lei esteja marcada, no seu conteúdo, pelo circunstancialismo da conjuntura em que foi elaborada, tanto maior poderá ser a necessidade da sua adaptação às circunstâncias, porventura muito alteradas, do tempo em que é aplicada. O que bem mostra que a consideração, para efeitos interpretativos, da *occasio legis* (circunstâncias do tempo em que a lei foi elaborada) tem em vista uma finalidade bem diversa da consideração, para os mesmos efeitos, das condições específicas do tempo em que é aplicada. Acolá trata-se muito especialmente de conferir à letra (ao texto) um sentido possível (quando o texto de per si seja totalmente equívoco) ou de identificar o ponto de vista valorativo que presidiu à feitura da lei; aqui trata-se, por um lado, de transpor para o condicionalismo actual aquele juízo de valor e, por outro lado, de ajustar o próprio significado da norma à evolução entretanto sofrida (pela introdução de novas normas ou decisões valorativas) pelo ordenamento em cuja vida ela se integra.

VI — Com isto abeiramo-nos de um último factor ou ponto de referência da interpretação: "a unidade do sistema jurídico". Dos três factores interpretativos a que se refere o n.º 1 do art. 9.º, este é sem dúvida o mais importante. A sua consideração como factor decisivo ser-nos-ia sempre imposta pelo princípio da coerência valorativa ou axiológica da ordem jurídica.

Como diz LARENZ, "a lei vale na verdade para todas as épocas, mas em cada época da maneira como esta a compreende e desimplica, segundo a sua própria consciência jurídica". A isto há que acrescentar que, se o legislador actual insuflou de espírito novo o ordenamento jurídico ou o regime de uma dada matéria, se altera o termo de referência para a compreensão da fórmula

192   *Introdução ao Direito e ao discurso legitimador*

verbal de uma norma antiga que se mantenha em vigor([1]).
Engisch fala a este propósito em "referência do sentido de cada
norma ao ordenamento jurídico global" e menciona neste
contexto, designadamente, a "interpretação conforme à Constituição"([2]).

SECÇÃO III — INTEGRAÇÃO DA LEI

1. *Introdução: distinção entre interpretação e integração
da lei.*

Tal como fizemos a propósito da interpretação da lei,
também aqui vamos seguir o quadro expositivo tradicional, e
pelas mesmas razões: pelo seu relevante valor didáctico e para
acompanhar os quadros de referência a que se reportou o nosso
legislador no Código Civil. Seja-nos lícito advertir, porém, que
estes quadros de referência assentam no esquema subsuntivo da
interpretação e aplicação do Direito, esquema este que nos parece
dever considerar-se em larga medida superado.

Na perspectiva dinâmica da aplicação do direito, a custo se
poderá distinguir, no plano metodológico, entre interpretação e
integração do Direito: aquela e esta, em face do caso concreto,
podem exigir procedimentos metodológicos igualmente complexos, como o recurso a inferências analógicas e a princípios e
valores jurídicos gerais. Tratar-se-á, num caso e noutro, de
"desenvolução" do ordenamento jurídico ([3])

Na perspectiva da exposição tradicional (mais estática), essa
distinção costuma ser feita, nos seguintes termos:

a) Começa por afirmar-se que nenhum legislador é capaz de
prever todas as relações da vida social merecedoras de tutela
jurídica, por mais diligente e precavido que seja. Há mesmo
situações que são imprevisíveis no momento da elaboração da lei,
ao lado das que, embora previsíveis, escapam à previsão do
legislador. Além de que este, em relação a certas questões
previstas, pode não querer decidir-se a regulá-las directamente,

---

([1]) Cfr. o nosso *Sobre o Discurso Jurídico*, Coimbra 1965, p. 49
(publicado em prefácio à *Introdução* de Engisch). Isto vale de modo especial
no que tange à "interpretação em consonância com a Constituição".

([2]) Cfr. Engisch, *Introdução*, cit., pp. 114 e 120.

([3]) A interpretação da lei e a complementação da lei são, como diz
Larenz, diferentes etapas do mesmo processo mental.

Interpretação e integração da lei 193

por não se sentir habilitado a estabelecer para elas uma disciplina geral e abstracta suficientemente definida.

b) Embora tais situações da vida careçam de regulamentação jurídica e devam ser regulamentadas, a verdade é que, exorbitando elas da previsão do legislador, terão de ser decididas pelo julgador de acordo com os processos de integração das leis; por isso que o *comando* directo da lei só cobre o que da norma se deduz, e não já aquelas inferências que o intérprete faça, a partir das normas postas, para resolver casos não previstos, as decisões do julgador não poderão fundar-se directamente nos comandos normativos, mas em argumentos e inferências metodológicas menos estritamente vinculados a tais comandos. Passar-se-ia, assim, do plano da estrita aplicação do Direito *secundum legem* para o plano da indagação e aplicação do Direito *praeter legem*.

c) Para definir a linha divisória entre estes dois planos costumam ser indicados dois critérios diferentes.

Segundo uns autores, a indagação do direito *praeter legem* inicia-se no extremo limite que separa a *interpretação extensiva* (da norma jurídica) da *aplicação analógica* (da mesma norma). A primeira limitar-se-ia a estender a aplicação da norma a casos não previstos pela sua letra mas *compreendidos pelo seu espírito*; ao passo que a segunda leva a aplicar a norma mesmo a situações que já nem sequer são abrangíveis no seu "espírito" ([1]).

Segundo outros autores, entra-se no domínio da indagação e aplicação do Direito *praeter legem* logo que a situação a regular não seja susceptível de ser abrangida por qualquer interpretação da norma com uma correspondência, ainda que mínima, no enunciado ou fórmula verbal da mesma norma (*teoria da alusão*).

2. *Proibição da decisão de "non liquet"* (obrigação de julgar).

Perante os "casos omissos", perante situações que não caibam em qualquer previsão legal, poderia formalmente adoptar-se sempre a seguinte atitude: considerar tais situações

---

([1]) Para uma tentativa de definir um critério de distinção entre *interpretação extensiva* e *aplicação analógica*, podem ver-se as nossas *Lições de Direito Internacional Privado*, Coimbra 1974, p. 100, nota 1.

194   *Introdução ao Direito e ao discurso legitimador*

excluídas do âmbito do jurídico. Isto ainda que as considerássemos merecedoras de tutela jurídica.

Esta atitude é abertamente repudiada pelo art. 8.º, 1, do Código Civil: "O tribunal não pode abster-se de julgar, invocando a falta ou obscuridade da lei ou alegando dúvida insanável acerca dos factos em litígio". Estabelece-se, pois, a proibição da denegação de justiça (obrigação de julgar (¹)). Mas isto, é óbvio, quando se esteja perante casos que mereçam tutela jurídica. Pois que, ao lado destes, haverá necessariamente casos que exorbitam do "âmbito do jurídico", que caem no domínio do "espaço ajurídico" ("rechtsfreier Raum"). Por isso, o art. 3.º, 2, do Estatuto dos Magistrados Judiciais, ao estabelecer também a proibição da decisão de 'non liquet", declara: "Os juízes não podem abster-se de julgar com fundamento na falta, obscuridade ou ambiguidade da lei ou em dúvida insanável sobre o caso em litígio *desde que este deva ser juridicamente regulado*". Na parte final deste texto previne-se a hipótese de o litígio se situar fora do "âmbito do jurídico".

3. *Noção e espécies de lacunas.*

A lacuna é sempre uma *incompletude*, uma falta ou falha. Mas uma incompletude relativamente a quê? Uma incompletude relativamente a algo que protende para a completude. Diz-se, pois, que uma lacuna é uma "incompletude contrária a um plano" ("planwidrige Unvollständigkeit").

Tratando-se de uma lacuna jurídica, dir-se-á, pois, que ela consiste numa *incompletude* contrária ao plano do Direito vigente, determinada segundo critérios eliciáveis da ordem jurídica global. Existirá uma lacuna quando a lei (dentro dos limites de uma interpretação ainda possível) e o direito consuetudinário não contêm uma regulamentação exigida ou postulada pela ordem jurídica global — ou melhor: não contêm a resposta a uma *questão jurídica.*

É claro que esse *plano* em relação ao qual se determina a incompletude é mais visível quando esteja conexo com o escopo subjacente à regulamentação legal — com a *ratio legis* ou com a teologia imanente da lei. Já quando se trata do plano global da

---

(¹) À obrigação de administrar justiça se refere também o art. 156.º, 1, do C.P.C.. A denegação de justiça envolve responsabilidade penal (arts. 286.º e 303.º do Código Penal) e responsabilidade civil (arts. 1083.º e 1093.º do C.P.C.).

Interpretação e integração da lei

ordem jurídica, do *sistema jurídico,* não pode rigorosamente falar-se de um *plano*, pelo menos no sentido de plano acabado ou concluso, visto o sistema jurídico ser um sistema "aberto". Ora a noção de *incompletude* parece pressupor a completude do plano a que vai reportada. Podemos, no entanto, referir-nos à incompletude ou ao inacabamento de um *processo formativo* que protende para a complementação ou acabamento segundo uma teleonomia própria. Mas então logo nos damos conta de que o dito *plano* que nos serve de ponto de referência para a determinação das lacunas não é algo de já dado e estaticamente concebível.

4. *Espécies de lacunas.*

Para facilitar uma apreensão estrutural do problema, vamos supor a ordem jurídica constituída por três camadas: a camada das normas, a camada das *rationes legis*, ou seja, da teleologia imanente às normas de Direito positivo, e a camada dos princípios e valores jurídicos gerais (*rationes iuris*).

Ao primeiro e segundo níveis faremos corresponder as chamadas "lacunas da lei" (ou "lacunas de regulamentação", como as designam os autores germânicos) e ao terceiro nível as chamadas "lacunas do direito".

As "lacunas da lei", por seu turno, tanto podem referir-se ao primeiro nível como ao segundo. Sim, no plano das próprias normas podem verificar-se lacunas quando uma norma legal não pode ser aplicada sem que acresça uma nova determinação que a lei não contém. Assim. poderá suceder, p. ex., se a lei manda constituir um órgão por eleição mas não diz quem elege ou qual é o processo eleitoral; ou se manda adoptar certos procedimentos deixando por regular um dos seus trâmites; ou se estabelece uma norma que é uma *lex perfecta* mas se esquece de fixar a respectiva sanção; ou se diz que haverá um prazo certo para a prática de certo acto mas se esquece de determinar ou indicar a forma de determinar tal prazo. ZITTELMANN reservou para este género de lacunas a designação de lacunas "próprias". Podemos designá-las por "lacunas ao nível das normas"[1].

---

[1] Sobre o modo como se configuram as lacunas no sistema das regras de conflitos, podem ver-se as nossas citadas *Lições de D. I. P.*, pp. 145 e sgs.

196   *Introdução ao Direito e ao discurso legitimador*

Próximas desta categoria estão as lacunas resultantes de contradições normativas. Já sabemos que tais contradições só podem propriamente verificar-se entre normas da mesma hierarquia que entrem em vigor na mesma data. Elas podem, conforme refere ENGISCH([1]), ser contradições lógicas, contradições teleológicas e contradições valorativas (axiológicas). Das contradições lógicas e teleológicas (e porventura também de algumas contradições valorativas) nascem as chamadas "lacunas de colisão": um espaço jurídico à primeira vista "duplamente ocupado" fica a constituir um espaço jurídico "desocupado", uma lacuna. Em sede interpretativa apenas, a aplicação de qualquer das normas em concurso com exclusão da outra seria arbitrária. Ora, como a aplicação simultânea das duas se mostra impossível ou absurda, podemos dizer que as duas normas (ou, antes, as respectivas estatuições) se anulam uma à outra. Pelo que ficamos perante uma lacuna carecida de preenchimento. Nada impede que esse preenchimento se faça mediante uma fórmula normativa materialmente coincidente com uma das normas em concurso (por ser essa a solução havida por mais condizente com o espírito do sistema jurídico); sendo certo, porém, que tal decisão já não retira o seu fundamento de validade do comando legislativo expresso nessa norma.

A mais importante das categorias das "lacunas da lei" são as "lacunas teleológicas". São lacunas de segundo nível, a determinar em face do escopo visado pelo legislador ou seja, em face da *ratio legis* de uma norma ou da teleologia imanente a um complexo normativo. Estamos no domínio de eleição da analogia: a analogia serve aqui tanto para determinar a existência de uma lacuna como para o preenchimento da mesma.

Nesta categoria de lacunas a doutrina (sobretudo alemã) costuma distinguir entre lacunas "patentes" e lacunas "latentes". Verifica-se um caso da primeira espécie sempre que a lei não contém qualquer regra que seja aplicável a certo caso ou grupo de casos, se bem que a mesma lei, segundo a sua própria teleologia imanente e a ser coerente consigo própria, devera conter tal regulamentação. A lacuna teleológica será "latente" ou "oculta" quando a lei contém na verdade uma regra aplicável a certa categoria de casos, mas por modo tal que, olhando ao

---

([1]) *Introdução*, cit. pp. 255 e sgs.

Interpretação e integração da lei 197

próprio sentido e finalidade da lei, se verifica que essa categoria abrange uma subcategoria cuja particularidade ou especialidade, valorativamente relevante, não foi considerada. A lacuna traduzir-se-ia aqui na ausência de uma disposição excepcional ou de uma disposição especial para essa subcategoria de casos.

5. *"Lacunas do Direito": referência à unidade da ordem jurídica.*

Por último vêm as lacunas de terceiro nível ou "lacunas do Direito". O Direito positivo não se esgota nos seus comandos e valorações avulsos, informadores das *rationes legis* e da teleologia das diferentes normas. Não, sob a *ratio legis* e acima da *ratio legis* está a *ratio iuris*.

Quer isto dizer que toda a ordem jurídica assenta num transfundo de princípios ordenadores ou decisões fundamentantes e se legitima pela referência (expressa ou implícita) a valores jurídicos fundamentais que lhe conferem a unidade e coerência de um "sistema intrínseco" do qual são eliciáveis critérios orientadores que tornam possível a adaptação do ordenamento a novos problemas e situações. "No normative order is ever selflegitimating" — diz PARSONS. Pelo que também o Direito só dos valores culturais pode retirar a sua legitimação. Deste modo, uma sociedade cujas normas se não deixassem reconduzir a tais valores, afirma o mesmo autor, possuiria na verdade "normas", mas não uma "ordem normativa", uma "ordem jurídica" ou "sistema jurídico" ([1]).

Só normas provindas de instâncias sociais que engendrem uma "ordem normativa desenvolvida em consonância com um sistema de valores fundamentais gerais" (PARSONS) criam um verdadeiro "sistema jurídico". Também estes princípios e valores jurídicos gerais, na medida em que não hajam recebido suficiente expressão nas normas postas, postulam a integração e a complementação da lei.

Neste terceiro nível, portanto, porque já se não trata de operar apenas com critérios directamente deduzíveis de uma teleologia imanente à lei, somos remetidos para critérios de valoração *extralegais*, mas nem por isso *extrajurídicos*. Na

---

([1]) Sobre a unidade da ordem jurídica, por último, CASTANHEIRA NEVES, *A Unidade do Sistema Jurídico, o seu Problema e o seu Sentido*, Coimbra, 1979.

medida em que os referidos princípios gerais possam ser obtidos indutivamente a partir das normas postas, é ainda grande a proximidade deste tipo de lacunas com as lacunas teleológicas. Em todo o caso, os procedimentos metodológicos exigidos para a descoberta e preenchimento das "lacunas do direito" são já bem mais complexos, pois que, por força da generalidade do princípio, se exige uma valoração adicional que não raro coenvolve o recurso à ideia de Direito e à "natureza das coisas".

Noutros casos os princípios e valores jurídicos gerais nem sequer poderão ser induzidos de normas postas, mas terão que ser directamente derivadas da ideia de Direito (princípios de justiça supralegais) e da "natureza das coisas".

Se se trata de verdadeiros princípios universais de Direito directamente derivados da ideia de Direito, não haverá que fazer a prova da sua compatibilidade com o Direito Positivo, pois tais critérios ou princípios de Justiça supralegais são tão co-essenciais ao Direito que as normas positivas que os contrariassem não poderiam constituir Direito.

Fora deste caso, haverá que tomar várias precauções. Importa averiguar, primeiro, se o princípio faz parte integrante do direito vigente — se foi por ele recebido. Se não puder demonstrar-se isto, é preciso verificar se o princípio não terá sido porventura excluído por uma valoração ou decisão fundamental da ordem jurídica vigente. Por fim, haverá que indagar da sua consonância com as valorações e disposições do Direito posto e tomar em conta as limitações ou restrições que deste decorrem para a aplicação concreta do princípio. Aqui, princípio e sistema terão de conjugar-se: o sistema vigente, ou os diferentes domínios do sistema vigente, oferecerão um número limitado de possibilidades de intervenção regulamentadora do princípio e este determinará por via de regra qual dessas modalidades ou virtualidades regulamentadoras deve prevalecer.

Vê-se, pois, que é possível fazer uma grande distinção entre lacunas *imanentes* e lacunas *transcendentes* ao quadro (teleológico) da lei positiva. As primeiras (que atrás referimos como de 1.º e 2.º nível) são ainda descobertas e colmatadas no quadro da teleologia imanente à lei e o processo metodológico correspondente pode ser designado, com LARENZ, por *gesetzesimmanente Rechtsfortbildung* (explicitação evolutiva do Direito a partir da lei). As segundas acham-se e preenchem-se já pelo recurso a princípios e valorações ético-jurídicos *supralegais*, isto é,

Interpretação e integração da lei 199

mediante um processo que pode designar-se, segundo o mesmo LARENZ, como *gesetzesübersteigende Rechtsfortbildung* (desenvolvimento do Direito ultrapassando o quadro da lei). São duas etapas do pensamento e do discurso jurídico teoricamente distinguíveis a que correspondem procedimentos metodológicos de complexidade diferente.

É claro que só será lícito passar ao desenvolvimento *extra-legal (ultra legem)* do Direito quando, reconhecida a existência de uma verdadeira "questão jurídica", esta não possa, nem no plano da interpretação, nem no plano da explicitção da lei a partir da sua teleologia imanente, ser resolvida de forma a dar satisfação a necessidades irrecusáveis do comércio jurídico, a exigências imperativas da praticabilidade do Direito, da "natureza" da instituição jurídica ou dos princípios ético-jurídicos que formam o substrato do ordenamento. Sempre que seja possível resolver um problema dentro de quadros jurídicos mais precisos e rigorosos, é metodologicamente incorrecto recorrer a quadros de pensamento de contornos mais fluidos. Ora pode bem acontecer que a vinculação do pensamento do jurista a quadros jurídico-metodológicos mais rigorosos o levem a negar a existência de uma lacuna lá onde um discurso mais deslaçado o induziria a vê-la.

Deve a propósito salientar-se que o desenvolvimento do Direito *ultra legem* não pode aventurar-se além da linha de confins entre o *jurídico* e o *político*. Assim, se uma Constituição deixa claramente em aberto várias soluções possíveis (p. ex., a opção entre vários regimes possíveis de direito de trabalho, com implicações diferentes sobre o regime do contrato de trabalho), e se não pode optar-se por nenhuma delas com base em razões jurídicas (que, na hipótese, teriam de buscar-se fora de Constituição), o tribunal deve exercer a *political restraint* e não substituir-se ao legislador fazendo, em vez dele, uma opção política por uma daquelas soluções. Se, para concluir pela existência de uma lacuna, o jurista tem de assentar numa opção política pessoal de prática convivência e oportunidade, então essa lacuna não é uma lacuna jurídica (que o tribunal esteja autorizado a preencher) mas, quando muito, uma "lacuna política".

6. *A determinação das lacunas e a colmatação das lacunas.*

Tradicionalmente o problema das lacunas é-nos apresentado como problema do preenchimento das mesmas. Mas não menos importante, e prioritário até, é o problema da determinação ou descoberta das lacunas.

As lacunas de primeiro nível, assim como as "lacunas de colisão", lógicas e teleológicas, são lacunas patentes que se nos oferecem mediante critérios de pura lógica. O seu preenchimento será em regra mais difícil, em certos casos mesmo impossível sem uma intervenção legislativa. Todavia, sempre que seja possível o recurso à analogia com uma norma existente no sistema, este recurso é de preceito (art. 10.º, 1, do Código Civil). Na falta de norma que regule um caso análogo, haverá que proceder nos termos do n.º 3 do mesmo art. 10.º, tirando todo o partido possível, para efeitos da eleboração da norma *ad hoc*, dos princípios gerais constituintes do sistema ou dos princípios jurídicos supralegais.

As lacunas de segundo nível, designadamente as lacunas teleológicas, são preenchidas sempre pelo mesmo processo por que são descobertas: pelo recurso à analogia (art. 10.º, 1).

As lacunas de terceiros nível ("lacunas do direito") são aquelas que exigem procedimento metodológicos mais complexos na sua descoberta e no seu preenchimento, conforme já vimos. No entanto não está excluída a possibilidade de, depois de descoberta a lacuna com base em princípios e valores jurídicos gerais, se achar no sistema jurídico uma norma que possa ser aplicada por analogia para o preenchimento de tal lacuna (art. 10.º, 1). Então a descoberta e o preenchimento da lacuna fundar--se-ão em critérios completamente diferentes. À parte esta hipótese, as lacunas deste tipo terão de ser preenchidas nos termos do art. 10.º, 3.

7. *Enquadramento teórico do domínio das lacunas e do possível espaço de jogo da metodologia integradora ou "praeter legem".*

Teoricamente o domínio das lacunas — que é o domínio da aplicação do Direito *praeter legem* — situa-se entre a interpretação da lei (ou aplicação do Direito *secundum legem*) e a completude ou o *estar-concluso* do sistema. Mas, por outro lado,

Interpretação e integração da lei 201

entesta ainda com o "espaço ajurídico", ou seja, com o domínio das situações da vida não carecidas ou não merecedoras de tutela jurídica ([1]).

Acerca desta última linha de confrontação (a do "espaço ajurídico") apenas diremos que ela se desloca com o evoluir do desenvolvimento técnico, das relações económicas e sociais e até da "consciência jurídica geral". Estes desenvolvimentos podem tornar necessária a regulamentação de um domínio de relações que até ali se não revelaram juridicamente significativas ou merecedoras de tutela jurídica. É sobretudo pela conquista de novos terrenos ao "espaço ajurídico" que se criam os "institutos jurídicos novos". À primeira linha de fronteira (entre o *secundum* e o *praeter legem*) já nos referimos no número 1.

A outra linha-limite, a da completude ou acabamento da lei, merece-nos algumas observações. Em primeiro lugar, importa advertir que há silêncios da lei que podem ser *significativos,* isto é, podem traduzir uma *resposta* da lei a certa questão de direito. Tal o que se verifica, designadamente, quando de uma ou mais disposições da lei se infira um *argumentum e contrario* (argumento de inversão). Só que, por vezes, como foi já demonstrado por LARENZ, o próprio *argumentum e contrario* serve para revelar a existência de uma lacuna: assim acontecerá quando do argumento e *contrario* apenas resulte a exclusão de certa hipótese do âmbito de determinada norma, mas ao mesmo tempo se torne necessário achar para a dita hipótese uma regulamentação adequada.

Noutros casos verifica-se que a lei proíbe o *recurso à analogia.* Além de devermos recordar aqui o art.18.º do Código Penal (que proíbe não só o recurso à analogia como a interpretação extensiva), queremos salientar que essa proibição se verifica sempre que a lei recorre a uma enumeração completa (*numerus clausus,* p. ex., no domínio dos direitos reais, na determinação das hipóteses em que o negócio unilateral é fonte de obrigações), ou expressamente reserve certo regime aos casos especificados na lei (cfr. art. 483.º, 2, do Código Civil), ou por qualquer outra forma confira a esse regime o carácter de regime

---

([1]) Trata-se do domínio de casos que M. ANDRADE designa como "postos à margem do direito, como situados extramuros da cidadela jurídica" (cfr. *Sobre a recente evolução do direito privado português,* Bol. Fac. Direito Coimbra, Ano XXII (1946), p. 291.

202   *Introdução ao Direito e ao discurso legitimador*

excepcional (ver o art. 11.º do mesmo Código, proibindo a aplicação analógica das normas excepcionais). Em todos estes casos é a própria lei que exclui a possibilidade de uma lacuna ou, mais exactamente, que exclui a viabilidade do recurso à via metodológica integradora.

8. *O recurso à analogia: art. 10.º, 1 e 2.*

Nos termos do art. 10.º, 1, do Código Civil o julgador deverá aplicar (por analogia) aos casos omissos as normas que directamente contemplem casos análogos — e só na hipótese de não encontrar no sistema uma norma aplicável a casos análogos é que deverá proceder de acordo com o n.º 3 do mesmo artigo.

Dois casos dizem-se *análogos* quando neles se verifique um conflito de interesses([1]) paralelo, isomorfo ou semelhante — de modo a que o critério valorativo adoptado pelo legislador para compor esse conflito de interesses num dos casos seja por igual ou maioria de razão aplicável ao outro (cfr. o n.º 2 do art. 10.º).

Já vimos que há uma categoria de lacunas em que o recurso à analogia aparece como logicamente necessário, e outras em que tal recurso é apenas acidental (ou seja, apenas será utilizado quando porventura se descubra uma norma reguladora de casos análogos).

O recurso à analogia como primeiro meio de preenchimento das lacunas justifica-se por uma razão de coerência normativa ou de justiça relativa (princípio da igualdade: casos semelhantes ou conflitos de interesses semelhantes devem ter um tratamento semelhante)([2]), a que acresce ainda uma razão de certeza do direito: é muito mais fácil obter a uniformidade de julgados pelo recurso à aplicação, com as devidas adaptações, da norma aplicável a casos análogos do que remetendo o julgador para critérios de equidade ou para os princípios gerais do Direito.

9. *Função do recurso a uma norma "ad hoc" elaborada pelo julgador dentro do espírito do sistema: art. 10.º, 3.*

Na falta de caso análogo, diz o art. 10.º, 3, "a situação é resolvida segundo a norma que o próprio intérprete criaria, se houvesse de legislar dentro do espírito do sistema".

([1]) Interesses que, note-se, não têm de ser meros interesses materiais.
([2]) Sobre o significado do recurso à analogia, cfr. também *infra*, Cap. X, S. III, § 2.º.

Interpretação e integração da lei 203

Como se verifica, o legislador não remete o intérprete para juízos de equidade, para a justiça do caso concreto, antes, bem ao contrário, o incumbe de elaborar e formular uma "norma", isto é, uma regra geral e abstracta que contemple o tipo de casos em que se integra o caso omisso. Esta norma será uma simples norma "ad hoc", apenas para o caso *sub judice,* sem que de modo algum adquira carácter vinculante para futuros casos ou para outros julgadores. Perguntar-se-á, então, por que manda o legislador ao intérprete recorrer à elaboração de uma norma.

Quase nos atreveríamos a responder que não é apenas em razão de um simples postulado metodológico que o juiz deve, ao preencher a lacuna, "mediatizar" a sua solução através de uma norma geral por ele elaborada *ad hoc* — mas em razão de um postulado que decorre da própria natureza do Direito ou, pelo menos, de um postulado de objectiva juridicidade.

Se é o caso concreto que nos indica qual o elemento da norma que carece de ser mais precisa e aprofundadamente interpretado, é o problema jurídico específico por ele suscitado que define o horizonte da questão jurídica e das suas soluções possíveis. Pelo que a generalização da regra resolutiva aos casos da mesma categoria significa, ao fim e ao cabo, uma generalização em função da descoberta do problema jurídico na sua especificidade — pois que é mediante o recorte específico do problema que podemos determinar os casos da mesma categoria (¹). Pelo que esta categoria abstracta nada tem a ver com uma abstracção feita a partir dos factos como tais; antes, como conceito típico de uma hipótese normativa, apresenta-se já como mediador (instrumental) na resolução do problema.

De resto, só assim ("mediatizando" a solução a dar ao problema pela elaboração de uma fórmula geral) será possível ao intérprete enquadrar-se no espírito do sistema. Ele tem que resolver "dentro do espírito do sistema". Ora como lhe seria possível resolver dentro desse espírito, "objectivamente", sem isolar das particularidades do caso concreto o problema jurídico por ele posto e sem encarar este problema na sua generalidade típica — naquela generalidade correspondente à resposta a dar-

---

(¹) Aparentemente, não pensa assim CASTANHEIRA NEVES, quando na sua obra fundamental, *Questão-de-Facto-Questão-de-Direito,* Coimbra 1967, a pp. 309 e sgs., critica a orientação do art. 1.º do Código Civil suíço que, no ponto, inspirou o n.º 3 do art. 10.º do nosso Código.

-lhe por uma norma geral e abstracta —, se só por este meio lhe é possível proceder à sua "localização" ou enquadramento no sistema?

O que o legislador pretende é, pois, que o julgador capte o problema jurídico no seu recorte específico, isolando-o "preventivamente" das particularidades do caso concreto, para que ganhe altura e ascenda a um horizonte visual capaz de lhe permitir não só ver o problema na sua especificidade mas também, mediante a inserção no espírito do sistema da norma elaborada *ad hoc* ('), inserir igualmente nesse espírito a solução do caso, através de um adequado entendimento daquela norma como resposta àquele problema e através de uma "concretização" da mesma norma — capaz de fazer o sistema *concluso na direcção do caso* — em função das particularidades da situação. Metodologicamente isto significa que, para alcançar o verdadeiro concreto, para "ascender do abstracto ao concreto", é preciso primeiro "descer" (ou subir?) do pseudo-concreto ao abstracto (').

Quanto às complexidades dos procedimentos metodológicos coenvolvidas neste tipo de hipóteses, já atrás nos referimos a elas; pois entendemos que o campo predominante de aplicação do n.º3 do art. 10.º é justamente o das lacunas de terceiro nível ("lacunas do direito", ou lacunas descobertas pelo recurso a princípios e valores jurídicos gerais). Se bem que para a colmatação de algumas eventuais lacunas de primeiro nível se possa ter de recorrer ao mesmo procedimento.

Com o agora dito fica assinalado o nosso modo de ver acerca da antiga doutrina da *analogia iuris* e acerca da ausência, no mencionado art. 10.º — em contraste com o que se verificava no art. 16.º do Código Civil anterior —, de qualquer referência aos princípios gerais do Direito: cremos que o legislador abrangeu estas questões no n.º 3 do art. 10.º. Sempre que se trate

---

(') Para uma referência às restrições a que essa inserção se tem de sujeitar, cfr. supra, n.º 5.

(') Embora no nosso sistema não vigore a "regra do precedente" vinculante (segundo a qual a *ratio decidendi* de um aresto vincula em decisões posteriores), está aqui em causa o mesmo problema fundamental, ainda que com o sinal trocado: o julgador deve como que ter em mente um hipotético "efeito prejudicial" da sua decisão, procedendo como se a respectiva *ratio decidendi* houvesse de servir de fundamento a um número indeterminado de futuras decisões (em sentido idêntico, cfr. M. KRIELE, *Recht und praktische Vernunft*, Göttingen 1979, p. 35).

de fazer aplicação desses princípios e valores gerais, como estes carecem em regra de "concretizar-se" em fórmulas aplicáveis, cunhadas em termos de normas jurídicas compatíveis com as restantes normas e princípios do sistema e positivamente confortadas pela sua coerente inserção nas falhas desse mesmo sistema, entendemos que se está dentro do âmbito do n.º 3 do art. 10.º.

SECÇÃO IV — POSTULADOS HERMENÊUTICOS FUNDAMENTAIS

1. A "pré-compreensão" do "referente" ou o "subentendido" no entendido

Após os desenvolvimentos e aprofundamentos que a teoria da hermenêutica sofreu nos últimos decénios em trabalhos da especialidade (designadamente nos trabalhos de Heidegger, do teólogo Barth e, sobretudo, de Gadamer) e bem assim sob a influência de estudos levados a efeito no domínio da linguística moderna, o jurista, ao enfrentar o problema de interpretação das leis não pode ignorar que, antes mesmo de pôr a funcionar as suas directivas interpretativo-metodológicas, precisa de tomar em conta os pressupostos gerais da interpretação de todo e qualquer texto ou enunciado linguístico. Por outras palavras, precisa de ter em conta o próprio ponto de partida de toda a interpretação e, portanto, enfrentar o problema mais geral da "compreensão" do sentido de um texto[1].

Como não podemos desenvolver aqui essa matéria, vamos salientar apenas alguns dos pontos que podem dar-se por adquiridos. Assim, é desde logo ponto assente que todo o enunciado linguístico (ou mesmo todo o signo linguístico) há-de ser entendido como um significante que, em último termo, aponta ou remete para algo de extralinguístico. Esse *quid* extralinguístico designado pela palavra ou pelo texto recebe o nome de "referente".

É também ponto assente que a compreensão do sentido do enunciado linguístico pressupõe um pré-conhecimento (presciência) do *referente* (do *quid* ou "coisa" extralinguística significada). Esta tese costuma ser assim enunciada: condição da própria

---

[1] Sobre a corrente hermenêutica, de Schleirmacher e Dilthey a O.F. Bollnow, pode ver-se Julien FREUND, *Les Theories des Sciences Humaines*, Paris 1973, pp. 50 e sgs.

possibilidade da compreensão de um texto é uma "pré-compreensão" do *quid*, chamado "referente", que está *fora* desse texto (e para que este aponta). Daí que se afirme existir sempre um "subentendido" em todo o "entendido". Gadamer fala a este propósito da pré-estrutura do compreender e da sua fundamental referência à coisa (compreender o texto é compreender a "coisa" para que ele remete).

Quer isto dizer que, sendo o compreender a apreensão do sentido e sendo este aquilo que é apreendido na compreensão, nós só compreendemos um texto se e porque ele é significativo, sendo certo que o mesmo texto só se torna para nós significativo se apreendemos a relação palavra-"coisa". O que pressupõe que, além da apreensão da palavra que designa a "coisa", temos sempre que fazer também uma apreensão da "coisa" designada pela palavra. Pelo que aquele que se propõe compreender tem de ter já, ou de adquirir, um ponto de vista sobre a "coisa" designada.

É claro que do compreender faz parte um "pôr em questão" o ponto de vista que temos sobre a "coisa" (referente) e a presdiposição para nos deixarmos informar pelo texto e corrigir, sendo caso disso, a nossa pré-compreensão da coisa. Mas, sem esta *pré-compreensão,* o texto não pode fazer para nós sentido.

2. *O referente das "facti-species" legais e o referente fundamental da ordem jurídica*

Assente este primeiro ponto sobre o pressuposto necessário *(a priori)* de todo o compreender de qualquer texto ou obra cultural, vejamos agora como essa ideia se reflecte na compreensão dos textos jurídicos.

No que respeita à compreensão das previsões legais, elas referem-se a situações ou relações da vida das quais, pela nossa própria experiência vivida, temos já uma pré-compreensão que nos permite compreender os textos. Dissemos até que o jurista-intérprete deve olhar e identificar as situações da vida previstas na hipótese legal através do óculo particular da *facti-species:* que deve, pois, orientar a sua *in-spicium* da situação (referente) por aquela *facti-species.*

Mas que isto não nos induza a uma perspectivação errónea das coisas. Pois também dissemos que a aplicação de um norma a um caso começa por coenvolver de certo modo uma operação de

Interpretação e integração da lei   207

"aplicação" de todo o ordenamento jurídico. Vimos que este ordenamento constitui uma *unidade*, um universo de ordem e de sentido cujas partes componentes (as normas) não podem ser tomadas e entendidas por forma avulsa, ou isoladas dessa unidade de que fazem parte, sob pena de se lhes *deturpar o sentido*. Isto por força daquela unidade da ordem jurídica, que postula uma coerência intrínseca.

Mas, sendo assim, o principal referente do enunciado linguístico que é uma norma não será sequer a situação da vida para que aponta a sua "facti-species". Como se entende isto?

O ponto começa a clarificar-se se desde já tivermos em conta que a função e o "sentido" das normas não é propriamente a de descrever ou classificar situações da vida.

Vimos que as diferentes normas jurídicas têm de ser encaradas já como "respostas" a questões ou problemas de regulamentação jurídica — designadamente, a problemas de ordenação e integração justa da vida social. Diremos agora que elas, as normas, representam já, ao fim e ao cabo, "interpretações" do legislador da sua própria concepção de Direito ou da ideia de Justiça a que adere. Logo, os próprios enunciados legais *(facti-species)* hão-de ser entendidos neste contexto, perspectivados segundo esta função das normas.

Donde que devamos ter presentes as seguintes considerações. É através da *facti-species* que se procede à "in-spicium" dos factos da vida, tomados como referentes imediatos. Mas estes enunciados linguísticos, assim considerados, têm de certo modo um valor secundário ou derivado, por isso que são já *instrumentos* ou "mediadores" através dos quais o legislador nos procura comunicar outra "coisa": a sua ideia de Direito e a sua concepção de justiça. Mediante os "referentes" (situações da vida) de tais enunciados o "legislador" comunica-nos a sua *resposta* a problemas ou questões de juridicidade e vai traduzindo, assim, a sua ideia de Justiça.

Chegados aqui, damo-nos conta de um aspecto importante e decisivo: para além dos "referentes" imediatos até aqui mencionados — as situações da vida referidas por enunciados linguísticos que, acabámos de ver, assumem no contexto global uma posição em certo sentido "instrumental" — existe um outro "referente", um *referente fundamental:* o Direito, essa "coisa" que é o Direito e que o "legislador" nos procura comunicar através dos enunciados das normas.

Observe-se apenas que esta conclusão viria a surgir necessariamente logo a partir da ideia de unidade de significação do ordenamento jurídico — ou logo a partir da ideia, também já atrás explicitamente recordada, de que os conceitos utilizados nos enunciados normativos se situam num contexto ou sistema específico de significação que (de acordo aliás com a regra de que a mudança de contextualização provoca uma mudança na significação) lhes há-de conferir um sentido também específico. Sendo as normas legais elementos integrantes de um *ordenamento* ou *sistema,* o "referente" último para a compreensão delas, esse *quid* cuja "pré-compreensão" se requer para que as mesmas sejam compreendidas (como *jurídicas,* como integradas nesse subuniverso da juridicidade), o "subentendido" que precede sempre o seu correcto entendimento, há-de ser um outro "referente" que está necessariamente fora dos textos, fora do sistema legal positivado — e que representa, portanto, neste sentido, algo de necessariamente *extrapositivo* ou *trans-positivo* (mas não extrajurídico).

Eis-nos perante o "referente" mediato, mas *fundamental,* para que somos remetidos na interpretação dos textos legais.

Resumindo em duas palavras: Os enunciados ou textos legais, porque se integram num todo ou universo de sentido, porque as suas referências a factos da vida representam já "respostas" a problemas postos à luz daquela unidade de ordem, e porque tais respostas reflectem uma concepção de Direito e de Justiça e, portanto, são já "interpretações" autorizadas dessa concepção — têm como *referente principal* outro que não os factos da vida a que tais textos directamente se reportam.

3. *A dialéctica do "positivo" e do "trans-positivo"*([¹]).

Do exposto se segue uma consequência muito importante: a de que existe necessariamente uma relação de tensão (e de transitividade) dialéctica permanente entre um pólo "positivo" e um pólo "trans-positivo" do Direito.

Constatámos em primeiro lugar que os textos legais não determinam ou criam "autonomamente" o jurídico, a juridici-

---

([¹]) Sobre este ponto, cfr. Joachim HRUSCHKA, *Das Verstehen von Rechtstexten*, München 1972, pp. 52 e sgs.

Interpretação e integração da lei 209

dade: antes, eles são já uma expressão ou tradução dessa juridicidade, a qual por princípio, e como referente último, está para além deles, está *fora deles*. E desse referente, da sua "pré-compreensão", tem o intérprete de partir necessariamente se pretende sequer entender esses textos como *jurídicos*, como portadores de um sentido jurídico.

Diga-se em parênteses que isto está aliás de acordo com o que frisámos no princípio deste curso a respeito da questão "o que é o Direito?" ou "o que é de direito?" e ao lembrarmos com Kant que esta questão posta a um jurista o coloca no mesmo embaraço em que a questão "o que é a Verdade?" coloca o lógico. É que, assim como as asserções lógicas, mesmo quando falsas, pressupõem o valor "Verdade" e contêm, portanto, uma remissão para este valor, também toda e qualquer norma editada pelo legislador como norma jurídica pressupõe o valor "Justiça", para o qual necessariamente reenvia. Na norma legislada vai sempre implícita uma pretensão de validade, uma pretensão de justiça. E é apenas sob a égide do *sentido* que lhe imprime essa pretensão ou à luz daquela polaridade para que nos remete que nós podemos compreender a norma legislada no seu sentido próprio de norma *jurídica*.

Por outro lado, como vimos, o legislador pretende, através das suas normas, dar-nos um traslado e uma "interpretação" da sua ideia de Direito (ou de Justiça), designadamente da sua concepção de uma *ordem social justa* — concepção essa à qual vem a corresponder uma determinada visão da própria "realidade" social. Logo, todas as suas normas devem formar uma unidade intrinsecamente coerente e ser entendidas e interpretadas de acordo com aquela concepção do legislador, de acordo com a ideia de Direito que o inspira. Mas a isto acresce que essa ordem jurídica concebida pelo legislador tem de ser compreendida como uma ordem efectiva de uma forma de vida social efectiva. Logo, tem necessariamente que ser entendida como submetida aos imperativos incondicionais da existência e da subsistência da entidade social concreta que vai regular, como submetida aos postulados básicos (as "leis da vida e evolução") daquela forma de vida social e de toda e qualquer forma de vida social.

Tudo isto está necessariamente pressuposto pelos textos legais, como "subentendido" do que neles vai ser entendido, e se tem de considerar como algo *fora* dos textos mas para que estes necessariamente remetem.

Do exposto podemos inferir que, se entendermos que o legislador *positiva* a sua visão da ordem jurídica nos textos legislativos, ele está impossibilitado de o fazer sem, por essa via, nos remeter para algo que está *fora* desses textos (embora neles pressuposto) e, portanto, para algo de *extrapositivo* ou *trans-positivo*. Esse *quid* "trans-positivo" é o tal "referente", a "coisa" com a qual temos de relacionar o texto para, nessa relação, lhe apreender o sentido. Donde se segue que o *positivo* (o texto) nos remete para uma polaridade trans-positiva (o Direito ou certa ideia de Direito).

Por seu turno, porém, este *quid trans-positivo* não tem existência *a se* (autónoma), pois só existe ou tem vigência através dos textos positivos e na interpretação e aplicação deles. Se bem que tais textos (o tal pólo positivo) também não possam ser compreendidos no seu sentido jurídico senão por remissão para aquele pólo extrapositivo: os textos apenas são expressão e interpretação de algo que está para além deles.

Donde se conclui que no Direito (no Direito que *é*, vigente) existe uma permanente tensão e "transacção" dialéctica, tradu-zida por uma incessante e cruzada cadeia de reenvios entre uma polaridade positiva e uma *polaridade extrapositiva.*

Se pudéssemos chamar à referida polaridade extrapositiva "Direito Natural", diríamos que, no plano hermenêutico — no plano dos pressupostos *a priori* de qualquer compreensão de um sentido —, não existe um "Direito Positivo" sem um "Direito Natural" e também não existe um "Direito Natural" sem um "Direito Positivo".

4. *Paralelismo entre os postulados hermenêuticos e os postulados do "Direito Natural"*([1]).

As questões deste capítulo reportam-se ao *conhecer* (são questões hermenêuticas e metodológicas) e não ao *ser* (não são questões ontológicas). Por isso aparecerá aqui deslocada uma referência ao "Direito Natural". Diga-se, porém, que vem sendo constantemente notado um surpreendente paralelismo entre as

---

([1]) A este paralelismo se refere expressamente J. HRUSCHKA, ob. cit., pp. 97 e s.

Interpretação e integração da lei   211

questões e as respostas relativas ao conhecer e as questões e as respostas relativas ao ser.

Aqui apenas queremos salientar que alguns autores que têm aprofundado a doutrina do "Direito Natural", depois de porem em evidência a diversidade de concepções relativas à natureza deste, reconhecem que todas assentam numa ideia unívoca quanto à sua função. Designadamente Erik WOLF reconhece que a função da ideia de "Direito Natural" tem no fundo permanecido a mesma através dos tempos — o que comprovaria, segundo este autor, que tal ideia se acha ligada ao próprio modo de ser e de existir do homem. O "Direito Natural", como quer que seja concebido, apareceria sempre, no plano prático-axiológico da existência humana, como algo que necessariamente "fundamenta" e limita todo o Direito.

As funções da doutrina jusnaturalista seriam fundamentalmente duas:

a) Uma função *legitimadora* (justificadora) do Direito Positivo: Afirma ou postula um fundamento de legitimação para este, mostrando que o "direito", só pelo facto de se apresentar como "direito" (legislado), não se torna em direito verdadeiro, direito que seja realmente direito, direito justo;

b) Uma função *regulativa* ou de critério normativo para todo o direito histórico-empírico — apresentando-se, nesta função, como afirmação de um critério de medida "originário", fundamental (e fundamentante) ou como postulação de um tal critério fundamental: a função do "Direito Natural" neste sentido é já uma função *crítica,* destinada a mostrar que a aplicação do direito puramente *positivo* não satisfará as exigências da justiça, pelo que importará sempre, a propósito de cada proposição jurídico-normativa ou de cada decisão, *questionar* acerca da sua "real juridicidade".

Concebendo o "Direito Natural" como algo co-implicado na realidade histórico-social da vida humana, verificamos que existe um certo paralelismo entre essa ideia de "Direito Natural" e a polaridade extrapositiva atrás mencionada como ponto de partida de toda a hermenêutica jurídica. Somos deste modo tentados a dizer que caberia ao "Direito Natural", enquanto polaridade extrapositiva ou "referente" do sentido subentendido em todo o compreender, aquela função hermenêutica indispensável à compreensão dos textos legais positivos de que nos vimos ocupando neste capítulo.

Por esta forma, o "Direito Natural" representaria de certo modo o "Étimo" fundante de todo o sentido do *jurídico,* como uma espécie de princípio *regulativo* que se poderia dizer transcendente ao direito posto pelo legislador — mas de algum modo imanente na forma de vida social-histórica, como lei de vida e de evolução da sociedade disciplinada pela lei positiva.

Mas então, concebido o "Direito Natural" nesta sua função de "referente" hermenêutico, haveria que extrair daí também outras conclusões. Se o Direito Positivo remete sempre para além de si, se ele na sua positividade é já necessariamente e sempre de certo modo "trans-positivo", aparece-nos também como a expressão ou "interpretação" (autorizada) do princípio de Justiça extrapositivo. Pelo que também o Direito Positivo, na sua *positividade,* teria uma função simultaneamente gnoseológica e "ontológica" relativamente ao "Direito Natural", não podendo este existir (ser direito, *ter vigência)* independentemente daquele. E de novo nos achamos prisioneiros de um *regressum ad infinitum.*

Significaria isto (em nosso entender) que não pode falar-se de direito sem uma positividade ou eficácia social-histórica que articule a idealidade dos valores com a factualidade da vida histórica; mas também não pode falar-se de Direito se esta factualidade histórica, enquanto pura positividade avulsa olhada exclusivamente no seu lado extrínseco de eficácia social, se desvincula de qualquer referência à idealidade do valor Justiça consonante com a realidade ou com a "lei de vida" da entidade social cuja ordenação está em causa.

5. *O referente hermenêutico e a polaridade "positiva" do Direito.*

Falámos atrás do "referente" fundamental da ordem jurídica e concebêmo-lo como sendo a ideia de Direito ou a concepção da Justiça que qualquer ordenamento jurídico concreto pressupõe. É dessa concepção (sempre trans-positiva mas positivamente "interpretada" ou "mediatizada"), que decorre aquela unidade da ordem jurídica de que atrás falámos e a que atribuímos o carácter de "Étimo" fundante de todo o sentido do jurídico.

Cumpre-nos agora acentuar, porém, que aquela unidade da ordem jurídica como referente global e como elemento

Interpretação e integração da lei 213

clarificador do sentido das normas ou dos textos legais esparsos não é ela própria um dado que nos seja fornecido já pronto a utilizar: tal *unidade* clarificadora do todo só se alcança através da articulação racional e coerente das partes (dos textos ou normas) que constituem o mesmo todo. De modo que, assim como a compreensão das referidas partes pressupõe uma visão compreensiva e clarificadora do todo (da *unidade* da ordem jurídica), também esta pressupõe uma interpretação das partes e uma articulação entre elas. Estamos de novo prisioneiros de uma série infindável de remissões que se entrecruzam. Deste círculo só poderá sair-se através do pensamento jurídico, da metodologia da aplicação da lei, a qual por isso mesmo adquire certo carácter *constitutivo* da juridicidade e tem a sua quota parte na "produção social do sentido" — isto é, na constituição de uma "consciência jurídica" na qual se reflecte e refracta o "espírito do sistema jurídico".

Também concebemos aquele referente hermenêutico global como projecção da "lei de vida" e de evolução de uma comunidade (ou seja, a lei de evolução de um processo formativo, de uma realidade vivente, que é essa comunidade). Neste caso, aquele "referente" hermenêutico extrapositivo, que necessariamente variaria com a forma e o estado de evolução da comunidade concreta em causa, viria a coincidir, enquanto projecção de tais postulados, com o Direito Natural dessa comunidade concreta.

Entretanto, fizemos sempre notar que o "compromisso" do Direito Positivo com a Justiça é sempre, também, um compromisso com os tais postulados surgidos da "lei de vida" da comunidade. Acentuar realisticamente este compromisso é reconhecer que o Direito não pertence ao mundo dos "factores ideais" nem ao mundo dos "factores reais" mas representa justamente a estrutura mediadora entre os dois grupos de factores.

Digamos que a simultânea consideração da *normatividade* (validade) e da *eficácia social* coenvolve uma evidente rejeição do idealismo, enquanto este pressupõe uma dicotomia entre Direito Natural e Direito Positivo. Aliás, o problema não é exclusivo da teoria do Direito, antes respeita a toda a ciência social. Nesta ordem de ideias virá a propósito uma citação de PARSONS. Escreve este sociólogo: "Parece-me que discutir sobre se são os factores ideais ou os reais que determinam em último termo a

214 *Introdução ao Direito e ao discurso legitimador*

conduta do homem é hoje tão inútil como o foi a disputa sobre se são os factores hereditários (endógenos) ou os factores de meio (exógenos) os que em último termo determinam a natureza da vida orgânica. Em ambos os casos trata-se seguramente de interdependências complexas entre factores operativos diferentes mas igualmente importantes" ([1]).

6. *Rejeição da hermenêutica positivista.*

Assente que o *referente principal* para a compreensão e interpretação das normas é aquela mesma "trans-positiva" ideia de Direito que confere unidade e coerência intrínseca ao ordenamento, temos que rejeitar a atitude positivista perante o problema da interpretação da lei. Com efeito, para o positivismo existe apenas o *dado,* o *dado* passivamente recebido, que um observador passivamente percepciona ou pode percepcionar. Por isso mesmo, ele rejeita um *mundo* que esteja por detrás daquilo que é percepcionado e que, como pano de fundo, tornaria possível — e só ele tornaria possível — o percepcionar ou captar do *dado*. Uma tal concepção rejeita-a o positivismo categoricamente como "metafísica" (dando a esta um significado pejorativo).

Porém, se confrontarmos o positivismo com esta questão: mas em que sentido e por que modo as situações jurídicas e as normas jurídicas são, em estrito rigor, "dados" e são, portanto, realidades "positivas"? — ele vê-se impossibilitado de nos dar uma resposta. Isto pela simples razão de que terá de aceitar esta tese hermenêutica fundamental: todo o texto, todo o enunciado com um sentido remete necessariamente para algo que está fora de si próprio e que, para a sua compreensão, pressupõe a pré-compreensão, a "presciência" desse algo para que o texto remete.

Assim, como já várias vezes dissemos, a norma, o texto legal, é já uma resposta a uma *questão de direito* — ela é já uma objectivação linguística de "pontos de vista jurídicos" e, portanto, pode afirmar-se com segurança, é ela própria já uma *interpretação* de algo: de algo que está fora dela e para que ela necessariamente remete, sendo esse algo o Direito, a juricidade.

([1]) Citação colhida *apud* Reinhard DAMM, *Systemtheorie und Recht,* Berlin 1976, p. 39.

Interpretação e integração da lei 215

Todavia, enquanto resposta a uma questão de direito e enquanto interpretração do Direito, a norma legislada *positiva* o Direito.

Para o positivismo, para a tese hermenêutica pressuposta pelo positivismo, o "sentido" ou significação de um texto seria como que uma *qualidade* desse texto, um *dado de facto positivo* inerente ao texto. Tal tese hermenêutica é, porém, insustentável: para ser válida deveria ser susceptível de generalização e ser, portanto, aplicável a qualquer texto ou objectivação linguística de um sentido.

Se bem reflectirmos, veremos que esta posição do positivismo resulta do seu radical *voluntarismo* e da sua antitética (e negativa) autodefinição por contraposição a certa concepção jusnaturalista.

Resulta do seu *voluntarismo* radical, pois ele entende por *positivo,* por "Direito Positivo", apenas o *comando* ou ordem dada pela autoridade legislativa, sendo este *comando* o "dado". Nós já vimos, porém, que toda a norma editada pelo legislador leva em si a pretensão de ser justa, de ser conforme a uma ideia de Direito ou a um ordenamento *justo* da vida social. Nesta medida, remete necessariamente para um *sentido* de justiça e para uma concepção de ordem social justa que coimplica uma certa concepção do que seja a *realidade* da vida humana social. Por isso mesmo, tem de ser entendida como objectivação linguística e como "interpretação" dessa realidade pressuposta ou "subentendida". Por consequência, remete necessariamente para uma polaridade pré-pósitiva ou extrapositiva a que procura imprimir *positividade.*

Nesta medida, e por esta razão, a norma legislativamente posta nunca pode ser entendida exclusivamente como simples produto de um puro acto de vontade — de um puro arbítrio.

No essencial, a concepção positivista alimenta-se da polémica que contrapõe antiteticamente Direito Natural e Direito Positivo — e representa por isso mesmo, enquanto atitude determinada pela rejeição do Direito Natural, uma posição doutrinal *derivada,* não autónoma, que compartilha dos vícios da doutrina que rejeita e cuja posição inverte. A teoria do positivismo jurídico não é mesmo concebível senão em função daquela rejeição.

Pode na verdade aceitar-se a posição do positivismo jurídico que se traduz em rejeitar um Direito Natural já pronto e acabado, firmemente articulado, inatacável e absoluto. Mas quando o positivismo, por seu turno e antiteticamente, *absolutiza* o Direito Positivo em termos de o hipostasiar como *dado* e de o colocar *no mesmo e preciso lugar* que um Direito Natural absoluto pretenderia ocupar (em certa interpretação da doutrina jusnaturalista), assume e integra no seu conteúdo doutrinal os limites à compreensão e interpretação do Direito que resultam daquela sua relação antitética com o Direito Natural: este, no seu "absolutismo", continua presente como ponto de referência para definir a posição doutrinal assumida pelo positivismo e para delimitar o horizonte hermenêutico deste.

O que nos separa dos positivistas é, afinal, o irrealismo destes: para eles o legislador é aquela entidade que fabrica uma ordem *ex nihlo*. O Direito é concebido como produto acabado de um *comando* voluntário. Não se repara em que esse próprio "comando" não pretende ser um simples comando *avulso* mas preceito que se justifique e legitime pela sua integração num ordenamento que se articula com certo universo de valores. Para o positivista, a *positivação* legal do Direito passa de meio a fim: ela é um fim em si mesmo como pura manifestação de vontade. Daí que não entenda o texto legal como nós o entendemos: como uma "interpretação", mas uma interpretação *autorizada* e dotada de particular autoridade, do Direito. Entende-o antes (como se isso fosse possível) em si mesmo, como expressão de uma vontade e como se nele e só nele se contivesse a própria realidade do Direito: porque é a *positivação (auctoritas-voluntas)* que dá à norma todo o seu ser e significado, já que este se esgota na *vontade positivadora*. Pelo que esta vontade seria, afinal, o "referente" último da interpretação. Vê, pois, a realidade do Direito na *positivação* voluntária-autoritária do Direito, quando afinal essa positivação é necessariamente apenas um meio que o legislador utiliza para dar vigência a uma *certa normatividade* e não o fundamento, o conteúdo e a justificação dessa normatividade.

Ora, sendo assim, sendo certo que a própria vontade legislativa remete para um universo de valores em que se louva e pelo qual se justifica, o positivismo induz a interpretar os textos legais, não como o legislador pretensamente *quer ser interpretado,* mas como a teoria positivista do Direito entende que *deve ser* interpretado. Também o positivismo extrai de uma teoria do Direito, que, segundo as suas premissas, deverá ter uma

Interpretação e integração da lei 217

natureza puramente *descritiva*, conclusões decididamente *prescritivas* quanto ao modo de interpretar e de aplicar o Direito. Com a agravante de que toma como realidade última e indiscutível, a partir da qual engendra a sua teoria do Direito, os fenómenos de primeira aparência, os dados em bruto, de modo inteiramente acrítico.

7. *Pressupostos hermenêuticos e "vontade do legislador".*

Em face do exposto, o aluno já pode concluir por si que não faz sentido pôr como escopo da interpretação da lei a descoberta da "vontade do legislador". E já terá compreendido melhor por que atrás advertimos contra os perigos de conceber a lei como um *comando* (geral e abstracto), como um *imperativo*.

Em sentido estrito, as normas jurídicas são regras de conduta gerais e abstractas que se apresentam com uma pretensão de validade (e vinculatividade) porque são conformes ao princípio do Direito — "interpretam" e aplicam por forma autorizada esse princípio. Por isso mesmo, mediatamente valoram os interesses que tipicamente se defrontam em certas *situações* da vida. Por outras palavras: contêm decisões normativo-valoradoras para os conflitos sociais, valorações coerentes com uma certa concepção de justiça.

Aqueles que contrapõem a *norma* ao *comando* concreto (ao acto administrativo, à decisão judicial, etc.) para concluir que aquela se distingue deste apenas pela sua generalidade e abstracção, acabam por definir a norma jurídica por referência à ideia de *comando* ou *imperativo*. Logicamente, terão que enquadrar-se na perspectiva positivista e procurar, na interpretação da norma, a *vontade* (o comando) do legislador.

Este ponto de vista ainda faz algum sentido pelo que respeita àqueles comandos gerais e abstractos que traduzem verdadeiras *medidas administrativas* (leis-medida, *Massnahmegesetze),* como acontece relativamente a certos *planos* administrativos na forma de lei que contendem directamente com os interesses dos particulares (p. ex., leis-plano sobre o aproveitamento dos solos, regulamentos das edificações e regulamentos urbanísticos, leis-plano sobre as reservas e parques naturais, leis-plano de defesa do ambiente, etc., etc.) ou relativamente a certos regulamentos de índole acentuadamente técnica (regulamentos de trânsito, p. ex.).

E não pode negar-se que comandos deste tipo são hoje cada vez mais frequentes.

Aqui, sim, o que mais conta em primeira linha é a realização de determinados objectivos, a realização de determinados fins do Estado-Administração, e o momento voluntário-decisório sobressai como o mais relevante. Trata-se de fazer *administração* através de instrumentos concebidos na forma geral e abstracta da lei. Diríamos, se não houvesse contradição, que se trata de "praticar actos administrativos por via geral e abstracta". Mas, por isso mesmo, tais leis constituem uma categoria à parte e recebem a designação de "leis-medida" ou "leis-providência". Não quer isto dizer que por detrás delas, em segundo plano, não esteja uma concepção de justiça e uma concepção da ordem social. Em primeiro plano, porém, avulta o carácter técnico da *social engineering* de tais perceitos. O legislador não procura imediatamente "interpretar" a sua ideia de Direito mas tomar medidas com vista ao efectivo implemento de certos fins do Estado.

Porém, não será legítimo transpor esta ideia para o restante domínio do jurídico, entendendo a "vontade" legislativa como criadora, em boa medida "arbitrária", da própria evolução da sociedade, e como sobrepondo-se a algo que nesta é já teleonomia imanente e anunciadora do devir. Tal atitude só pode conformar-se com a ideia de um legislador vanguardista e jacobino, prepotentemente pedagógico, voltado para uma *social engineering* de iluminado. Isto corresponderia, sim, à acentuação do "voluntarismo", ao predomínio da "voluntas absoluta" sobre a "voluntas ordinata" e sobre a racionalidade desta. Neste contexto é que seria efectivamente cabida uma orientação *subjectivista,* preocupada exclusivamente com a determinação da *vontade* do legislador.

CAPÍTULO VIII

Limites à Aplicação da Lei no Tempo e no Espaço

SECÇÃO I — APLICAÇÃO DA LEI NO TEMPO

BIBLIOGRAFIA

Paiva PITTA, *Questões Transitórias do Direito Civil*, Coimbra 1870; E. Pires da CRUZ, *Da Aplicação das Leis no Tempo*, Lisboa 1940; J. Baptista MACHADO, *Sobre a Aplicação no Tempo do Novo Código Civil*, Coimbra 1968; Pires de LIMA e Antunes VARELA, *Noções*, cit vol. I; J. Oliveira ASCENSÃO, *O Direito — Introdução e Teoria Geral*, Lisboa 1978; M. ANDRADE,*Fontes de Direito, Vigência, Interpretação e Aplicação da Lei* (Anteprojecto para o Código Civil), BMJ n.º 102, Lisboa 1961; P. LIMA e A. VARELA, (colab. H. MESQUITA), *Código Civil Anotado*, I, anotações aos arts. 12.º, 13.º e 297.º (com jurisprudência): Abílio NETO e Herlander MARTINS, *Código Civil Anotado*, 2.ª ed., Lisboa 1979, arts. 12.º, 13.º e 297.º (com jurisprudência); Paul ROUBIER, *Le Droit Transitoire*, Paris 1960; Patrice LEVEL, *Essai sur les conflits de lois dans le temps*, Paris 1959; F. DEKEUWER-DÉFOSSEZ, *Les Dispositions Transitoires dans la Législation Civile Contemporaine*, Paris 1977; GABBA, *Teoria della Retroattivitá delle Leggi*, 4 vols., sem data; Gaetano PACE, *Il Diritto Transitório con particolare riguardo al diritto privato*, Milão 1944; ENNECCE-RUS-NIPPERDEY, *Allgemeiner Teil des buergerlichen Rechts*, 14.ª ed., pp. 222 e sgs.; G. KISKER, *Die Rueckwirkung von Gesetzen*, Tuebingen 1963; F. LASSALLE, *Théorie Systématique des Droits acquis et des Conflits de lois*, trad. francesa, Paris 1904.

Abreviaturas: Neste capítulo usaremos as seguintes abreviaturas:
LA = lei antiga;
IV = início de vigência ou entrada em vigor;
SJ = situação jurídica;
LN = lei nova.
Os artigos citados sem indicação de origem pertencem ao C. Civil.

§ 1.º — Introdução

1. *O problema. Sua importância prática.*

As leis sucedem-se no tempo. A cada passo o legislador modifica os regimes jurídicos. Por força do princípio *lex posterior derrogat legi priori* (art. 7.º), esta sucessão de leis não chega a gerar um conflito real de normas *aplicáveis* (um conflito intra-sistemático). Mas isto não significa que se não possa configurar um conflito de leis no tempo — conflito extra-sistemático a resolver necessariamente *antes* (¹) de se proceder à *aplicação* das leis aos factos da causa.

É que a entrada em vigor de uma lei nova ou até de um sistema jurídico inteiramente novo não provoca um corte radical na continuidade da vida social. Há factos e situações que, tendo-se verificado antes da entrada em vigor da lei nova, tendem a continuar no futuro ou a projectar-se nele. Há situações jurídicas constituídas no passado que se prolongam no futuro. Para melhor apreender o sentido do problema, suponham-se os seguintes casos:

I — 1. *A* pratica um facto que, na altura, não era considerado punível. Antes do julgamento, surge uma LN que considera tal facto como criminoso e punível com prisão até seis meses. Deve esta lei ser aplicável àquele facto de *A*?

2. Suponha-se a hipótese inversa da anterior: o facto era punível pela LA mas deixou de o ser pela LN.

II — *A* celebrou com *B* certo contrato, por escrito particular, segundo exigia a lei então vigente. Entretanto surge uma LN que vem exigir exritura pública para os contratos do mesmo tipo. Deverá aquele contrato ter-se por formalmente inválido, por força da LN?

III — 1. Uma LN vem alterar o regime da administração dos bens do casal. Aplica-se aos casamentos anteriores?

(¹) Daí que não seja perfeitamente correcta a designação escolhida para título: "Aplicação da lei no tempo".

A aplicação da lei no tempo e no espaço

2. Uma LN vem restringir ou proibir as cláusulas de inalienabilidade ou fideicomissórias (v. arts. 2286 e segs.) insertas em doações ou em testamentos. Aplica--se aos testamentos já celebrados cujo autor ainda não faleceu? E se a LN vem permitir que o fiduciário seja autorizado pelo tribunal a alienar, em certas situações, os bens sujeitos ao fideicomisso: — aplica-se aos fideicomissos existentes?

3. A LA mandava repartir as despesas da conservação das partes comuns do edifício pelos condóminos, não havendo disposição em contrário, na proporção dos valores das respectivas fracções. Uma LN vem estabelecer um critério diferente: manda repartir aquelas despesas por forma proporcional à utilidade que cada fracção autónoma retira das partes comuns, proibindo toda a cláusula em contrário. Será aplicável às situações de propriedade horizontal constituídas no passado? Cfr. arts. 1424 e 1426.

4. Segunda a LA, a legítima dos filhos era de metade da herança. Segundo a LN, com IV em 1.6.67, a legítima dos filhos é de metade da herança quando exista um só filho e dois terços quando existam dois ou mais (art. 2158.º). *A* fizera testamento a favor de *H*, deixando-lhe toda a sua quota disponível. *A* veio a falecer às $O^h 5^m$ de 1.6.1967, deixando dois filhos. Qual a quota disponível de *A*? Configure um problema idêntico, tendo em conta a entrada em vigor dos actuais arts. 2158.º e seg. em 1.4.1978.

IV — 1. Um contrato de venda com espera do preço foi celebrado sob a LA, sem fixação do lugar do cumprimento. A LA estabelecia uma norma supletiva segundo a qual a obrigação pecuniária deveria ser cumprida no lugar do domicílio do devedor. Antes da data do pagamento surge uma LN que estipula uma norma supletiva segundo a qual o cumprimento da obrigação pecuniária será feito no lugar do domicílio do credor. Qual o lugar do cumprimento da obrigação pecuniária nascida do referido contrato?

2. Nos termos do art. 1720.º do Código de 1966 o casamento em segundas núpcias de alguém que tivesse filhos legítimos era imperativamente contraído no regime de separação de bens. Por força do art. 87.º do Decreto-Lei n.º 496/77, de 25 Nov. (com IV em 1.4.78), só os casamentos celebrados sem precedência do processo de publicações ou por quem tenha completado sessenta anos de idade estão sujeitos àquele regime imperativo. Aplica-se esta alteração aos casamentos celebrados antes de 1 de Abril de 1978?

3. A LA admitia a inserção de uma cláusula resolutiva no contrato de arrendamento. A LA vem proibir esta cláusula no referido contrato. Aplica-se esta última lei a contrato de arrendamento ainda em vigor celebrado sob a LA?

4. A LA estabelecia como fundamento da revogação da doação a superveniência de filhos legítimos ao doador. A LN eliminou este fundamento de revogação (v. art. 970.º, na sua redacção anterior e na actual). É esta lei aplicável às doações anteriores ao seu IV? O art. 197.º do DL n.º 496/77, de 25 de Nov., tem efeitos retroactivos?

5. Segundo a LA, o senhorio tinha direito de exigir, além das rendas em atraso, uma indemnização igual ao dobro das mesmas. Segundo a LN, o senhorio só tem direito às rendas em atraso e a 50% do valor das mesmas. Que indemnização pode exigir o senhorio relativamente às rendas que já estavam em atraso no momento do IV da LN?

V — 1. A LN vem aumentar o elenco das causas de indignidade sucessória (v. arts. 2034.º a 2038.º). É aplicável a factos praticados antes da sua entrada em vigor? E se uma nova lei entra em vigor entre a abertura e a partilha da herança?

2. A LN vem estabelecer que não podem adquirir o estatuto de comerciante aqueles que tenham praticado certo tipo de delitos anti-económicos. É esta lei

aplicável a factos delituais praticados sob a LA mas que, então, não representavam impedimento à aquisição do estatuto de comerciante?

VI — Os menores com idades compreendidas entre 18 e 21 anos de idade em 1 de Abril de 1978 ascenderam à maioridade nessa data por força do referido DL n.º 496/77. Como se conta o prazo de um ano (durante o qual a prescrição contra menores se não completa) a que se refere o art. 320.º, 1?

É muito grande a importância prática do problema da aplicação da lei no tempo, pois são cada vez mais numerosas e frequentes as alterações legislativas. Com problemas deste tipo se debatem constantemente tribunais e jurisconsultos.

2. *Problemas de filosofia e de política jurídica subjacentes à teoria da não retroactividade. Fundamento último do princípio da não retroactividade.*

Cabem ao direito duas funções diferentes, tendencialmente antinómicas: uma função estabilizadora, capaz de garantir a continuidade da vida social e os direitos e expectativas legítimas das pessoas, e uma função dinamizadora e modeladora, capaz de ajustar a ordem estabelecida à evolução social e de promover mesmo esta evolução num determinado sentido.

Este segundo aspecto (o aspecto dinâmico e de mudança do direito) assume uma dimensão particular no nosso tempo. A "aceleração da história", as mudanças tecnológicas, económicas e sociais sucedem-se a ritmo vertiginoso. Daí que se verifique hoje uma mudança na maneira como o legislador concebe o seu papel e o papel do direito: este é considerado hoje como um instrumento de modelação da sociedade. A sociedade pluralista de hoje assenta na ideia de uma modificabilidade do direito e postula um sistema jurídico aberto e dinâmico que resolva o problema de uma modificação e evolução ordenada: um sistema capaz de, através de reformas permanentes, evitar as revoluções periódicas, alcançando assim uma evolução histórica incruenta. Os ordenamentos estáticos que não respondem às pressões sociais, acolhendo os impulsos inovadores e resolvendo problemas novos, explodem em revoluções. De forma que as ordens jurídicas da sociedade técnica estão sujeitas ao postulado de uma dinâmica ordenada e ordenadora, por isso mesmo que o equilíbrio deste tipo de sociedade se há-de buscar também num processo dinâmico de contínua mudança.

O que acaba de ser dito explica a proliferação de textos legislativos nos nossos dias.

Mas nem sempre assim foi. No Ancien Régime o direito, de base essencialmente consuetudinária, tinha um carácter predominantemente estático. Pelo que o problema da retroactividade da lei não se punha com a mesma acuidade que hoje. E mesmo quando eram promulgadas novas leis ou ordenações, ou reduzido a escrito o direito consuetudinário, não se considerava a retroactividade da lei inovadora como um facto particularmente censurável, por isso que ela aparecia suficientemente justificada pelos poderes absolutos, de origem divina, do monarca.

Só no séc. XVIII o problema dos conflitos de lei no tempo surgiu com um novo e decisivo interesse, em ligação com a protecção dos direitos fundamentais do cidadão e da segurança jurídica destes contra o poder. Não admira, pois, que as doutrinas que posteriormente surgiram sobre a retroactividade da lei se tenham inspirado no princípio do respeito dos "direitos adquiridos". Assim como não admira que em diferentes constituições do final do séc. XVIII (designadamente nas várias constituições dos Estados da América do Norte) se tenha proibido ao legislador a promulgação de leis retroactivas.

Não quer isto dizer, porém, que na Revolução Francesa de 1789 tenha prevalecido desde logo o princípio da irrectroactividade da lei. Pelo contrário, no calor da revolução, houve quem entendesse que, vindo o direito revolucionário restabelecer o Direito Natural, de essência superior, ele não tinha que respeitar os factos passados ou as situações jurídicas que se tinham constituído à sombra de leis antigas que representavam desvios àquele Direito e eram, como tais, ilegítimas. Assim é que, sem se preocupar com as perturbações sociais que tal medida desencadearia, o decreto revolucionário de 17 do Nivôse, Ano II, estipula a aplicação retroactiva das suas disposições respeitantes à sucessão por morte. Séculos antes também o papa Alexandre III tinha decretado a retroactividade de algumas das suas constituições (em particular a da constituição relativa à usura), com fundamento em que elas vinham restabelecer um direito divino, de essência superior, que deveria ter sido sempre respeitado, pelo que os desvios verificados no passado não poderiam ter criado

A *aplicação da lei no tempo e no espaço*

qualquer direito. O certo é que, na sequência da revolução liberal de 1789, havia de prevalecer a corrente inspirada na ideia garantista da não retroactividade da lei, tendo-se estipulado na Constituição de 1792 que "nenhuma lei, criminal ou civil, pode ter efeito retroactivo".

O breve escorço que antecede mostra até que ponto o problema da sucessão das leis no tempo andou envolvido em problemas de filosofia política e jurídica. Ainda hoje se pode afirmar que os legisladores de inspiração conservadora pendem a adoptar um sistema de normas que permita preservar a estabilidade e a segurança das situações adquiridas, ao passo que os legisladores reformistas propendem para a fixação de disposições transitórias que fomentem a mais rápida aplicação possível da LN a todas as situações em curso, por isso que são mais sensíveis à necessidade de mudança e a LN é considerada melhor ou mais justa que a LA. Os legisladores revolucionários, esses têm tanta pressa de pôr a funcionar uma ordem nova que raro se preocupam com os inconvenientes e injustiças da aplicação generalizada das leis novas. Um legislador comunista tende a considerar que a legislação popular não tem que respeitar as situações criadas à sombra do direito burguês, injusto e ilegítimo. Ademais, a legislação revolucionária será por natureza retroactiva na medida em que vem legitimar *ex post* toda a acção revolucionária ("legitimação retroactiva").

Seja como for, ninguém pode recusar que a função social do direito é essencialmente uma função estabilizadora, ou ordenadora-estabilizadora de condutas e de expectativas de conduta. A regra jurídica primária é antes de mais uma regra de conduta (*regula agendi*) destinada justamente a orientar, a motivar ou determinar a conduta dos seus destinatários. Ora, como tal, ela não pode orientar ou dirigir tais condutas antes de ser posta em vigor. Pelo que seria absurdo apreciar uma conduta em face de uma regra que ainda não "existia" ou vigorava quando essa conduta se verificou. É neste sentido que se pode afirmar com SAVIGNY que o princípio da não retroactividade decorre da essência da lei, é neste mesmo sentido que se pode afirmar que ele é um princípio universal de direito e se pode presumir, como ensinam ENNECCERUS-NIPPERDEY, que em todo o preceito jurídico está implícito um "de ora avante", um "daqui para futuro".

Por outro lado, o direito tem como função estabilizar as expectativas das pessoas que nele confiam e nele assentam os seus planos de vida. Nada corrói mais a função social do direito do que a perda de confiança nas suas normas em consequência da frustração de expectativas legítimas fundadas nas mesmas normas. Daí que a necessidade de respeitar a estabilidade das situações jurídicas seja ela mesma um postulado inerente àquela função social do direito.

O problema dos conflitos de leis no tempo, repetimos, põe-se com particular acuidade na nossa época, em que são tão numerosas as alterações e as inovações legislativas. Mas também é próprio do nosso tempo o aparecimento de textos legislativos votados na ideia de que se não trata de textos definitivos mas de "leis de ensaio" nas quais se chega a prever desde logo um prazo para a sua própria revisão([1]). Outras vezes limita-se de antemão o período de vigência do texto promulgado. Espera-se que na aplicação prática destas leis se revelarão novos dados que permitirão melhorar ou modificar o seu regime.

3. *Graus de retroactividade.*

Podemos distinguir pelo menos três graus de retroactividade. A retroactividade de grau máximo seria aquela em que a LN nem sequer respeitasse as situações definitivamente decididas por sentença transitada em julgado ou por qualquer outro título equivalente (sentença arbitral homologada, transacção, etc.) ou aquelas causas em que o direito de acção havia já caducado (*res iudicata, vel transacta, vel praescrita*).

Numa palavra, a retroactividade deste tipo não respeitaria sequer as *causae finitae* ou aquelas que como tais são de considerar.

A esta segue-se aquela retroactividade que, respeitando embora as *causae finitae*, não se detém sequer perante efeitos jurídicos já produzidos no passado mas que não chegaram a ser objecto de uma decisão judicial nem foram cobertos ou consolidados por um título equivalente. Tal o que sucederia se uma LN viesse reduzir a taxa legal de juro máximo e estabelecesse a sua aplicação retroactiva em termos de obrigar a restituir os próprios juros vencidos sob a LA (e em face desta perfeitamente legais); ou se uma lei que viesse impor um prazo

---

([1]) Cfr., p. ex., art. 113.º da Lei N.º 79/77, de 25 de Outubro e o art. 29.º da Lei N.º 1/79, de 2 de Janeiro.

A aplicação da lei no tempo e no espaço 227

mínimo ao contrato de arrendamento rural se aplicasse aos próprios contratos já extintos no domínio de vigência da LA.

Por fim, podemos referir a retroactividade normal (aquela a que se refere o n.º 1 do art. 12.º(¹)), que respeita os efeitos de direito já produzidos pela SJ sob a LA. Tal a retroactividade que se verificaria se a LN viesse estabelecer um prazo mínimo mais longo para os arrendamentos rurais e mandasse aplicar esse prazo aos contratos em curso no momento do seu IV; ou se a LN viesse reduzir o máximo da taxa legal de juros e se declarasse aplicável aos juros dos contratos de mútuo em curso no momento do seu IV, relativamente aos juros que se viessem a vencer de futuro(·).

4. A retroactividade e a Constituição.

Já referimos que várias constituições dos fins do séc. XVIII deram ao princípio da não retroactividade da lei o valor de um princípio constitucional. Ainda hoje a Constituição dos USA proíbe a retroactividade da lei em geral e a Constituição brasileira proíbe que a LN atinja o direito adquirido ou o acto jurídico perfeito.

Sabemos que esta posição se inspirou na ideia de defesa dos direitos subjectivos dos indivíduos contra o arbítrio do poder do Estado. Tal ideia ainda hoje é válida. Pelo que certas formas extremas de retroactividade se poderão considerar inconstitucio-nais, não propriamente por se tratar da aplicação retroactiva da

---

(¹) Cfr. Oliveira ASCENSÃO, o Direito, cit., pp. 441 e sgs.

(·) De uma maneira geral, quando a LN estabelece que aos contratos existentes á data da sua entrada em vigor se aplica o regime nela prescrito, deve sempre entender-se que ficam ressalvados os efeitos já produzidos por factos passados (art. 12.º, 1). Uma disposição legal deste teor visa apenas afastar o entendimento de que só os contratos novos ficarão submetidos ao regime da nova lei.

Para ilustrar este ponto, vejam-se, p. ex., os acórdãos do S.T.J. de 20.3.79, 10.7.79 e 10.4.80. Na venda de prédio rústico a LA não reconhecia direito de preferência ao simples arrendatário. O proprietário do prédio vendeu-o em 18.8.77. Em 29.8.77 entra em vigor a LN que confere o direito de preferência ao simples arrendatário e estabelece a sua aplicabilidade aos contratos (de arrendamento) existentes. Já na vigência da LN, e ainda dentro do prazo de seis meses que a lei para o efeito estabelece, o arrendatário apresenta-se a preferir. Quid iuris?

Entendeu o S.T.J., e muito bem, que "a nova lei que concede o direito de preferência como efeito da venda somente pode aplicar-se a vendas futuras".

228   *Introdução ao Direito e ao discurso legitimador*

LN, mas por esta aplicação implicar a violação de direitos fundamentais. Assim, p. ex., uma lei que viesse declarar nulas e de nenhum efeito as alienações do domínio público marítimo feitas nos últimos 50 anos não seria inconstitucional por ser retroactiva, mas por violar o direito de propriedade constitucionalmente reconhecido — pois corresponderia a uma expropriação uesacompanhada da indemnização devida.

Nas constituições modernas, porém, o princípio da não retroactividade não assume foros de princípio constitucional, a não ser num domínio específico: no domínio do Direito Penal. Significa isto que, fora deste domínio, o legislador ordinário não está constitucionalmente impedido de conferir retroactividade às leis que edita, salvo se através da retroactividade vier a violar direitos fundamentais constitucionalmente tutelados ou qualquer outro princípio ou garantia constitucional ([1]). E cabe perguntar a propósito se aquela retroactividade extrema que se traduz no próprio desrespeito de caso julgado anterior não será porventura inconstitucional, pelo menos em certos casos, por violação do princípio da separação dos poderes (art. 114.º da constituição). Oliveira ASCENSÃO ([2]) entende que a violação do caso julgado seria inconstitucional, mas com base num argumento de maioria de razão extraído do art. 281.º, 2, da Constituição, na medida em que este texto, conferindo ao Conselho da Revolução o poder de "declarar, com força obrigatória geral, a inconstitucionalidade de uma norma...", logo, porém, acrescenta: "Sem ofensa dos casos julgados".

Em matéria de lei penal incriminadora, de lei que venha instituir novas penas ou medidas de segurança, ou venha agravar as penas ou medidas de segurança anteriores, é constitucionalmente proibida a retroactividade (art. 29.º, 1, 3 e 4 da Constituição). Mas, mais do que isso, vigora nesta matéria o princípio da retroactividade *in mitius*: aplicam-se "retroactivamente as leis penais de conteúdo mais favorável ao arguido" (art. 29.º, 4). Este princípio da retroactividade *in mitius* vem desenvolvido no art. 6.º do Código Penal nos seguintes termos: *a)* se a LN vem eliminar o facto até ali punível do número das

---

([1]) Sobre o ponto, v. Oliveira ASCENSÃO, *A violação da garantia constitucional da propriedade por disposição retroactiva*, Rev. dos Tribunais, Porto 1974. Cfr. ainda o acórdão da Comissão Constitucional n.º 437, de 26.1.1982 (no BMJ n.º 314, p. 141).

([2]) Cfr. *O Direito*, cit., p. 426.

A aplicação da lei no tempo e no espaço   229

infracções, o arguido já não pode ser condenado e, se já o foi por sentença transitada em julgado, tem-se a pena por extinta; *b*) sendo diferentes a pena estabelecida pela lei do tempo da infracção e as penas estabelecidas (para o mesmo delito) por leis posteriores, será sempre aplicada a pena mais leve ao infractor ainda não condenado por sentença transitada em julgado; *c*) as disposições legais sobre os efeitos das penas têm efeito retroactivo em tudo quanto seja favorável ao infractor.

Em face do exposto, na hipótese do I-1 *A* não pode ser condenado e na hipótese I-2 também não. Nesta última hipótese, se *A* já tinha sido condenado, a pena considera-se extinta. E solução idêntica haveria de ser adoptada ainda para a hipótese de, entre a prática do acto por *A* e o julgamento, outra lei surgisse que viesse de novo considerar punível o mesmo acto.

A propósito da retroactividade *in mitius* assinale-se aqui que se verifica uma certa tendência para alargar este princípio a outros domínios (com ressalva, evidentemente, dos direitos de terceiros). Assim se passa pelo que respeita, designadamente, às chamadas leis *confirmativas,* de que falaremos adiante. E também no domínio do direito fiscal se tem entendido que a lei fiscal que venha abreviar um prazo de prescrição do imposto se aplica sempre imediatamente a todos os prazos em curso, contando-se todo o tempo decorrido sob a lei anterior. A retroactividade *in mitius* é sempre inspirada pela ideia de favorecer os interesses dos particulares, quando um tal favor não ponha em causa a segurança jurídica (isto é, não afecte aquele interesse que o princípio da não retroactividade pretende tutelar).

5. *Soluções possíveis do problema. As disposições transitórias. "Direito transitório".*

Os problemas de sucessão de leis no tempo suscitados pela entrada em vigor de uma LN podem, pelo mesmo em parte, ser directamente resolvidos por esta mesma lei, mediante disposições adrede formuladas, chamadas *disposições transitórias* (Cfr. p. ex., as várias disposições do Decreto-Lei N.º 47344, de 25 de Novembro de 1966, que aprova o Código Civil de 1966, e os arts. 177.º e seguintes do Decreto-Lei N.º 496/77, de 25 de Novembro, que introduz alterações no mesmo Código).

Estas disposições transitórias podem ter carácter *formal* ou *material*. Dizem-se de direito transitório *formal* aquelas disposições que se limitam a determinar qual das leis, a LA ou a LN, é aplicável a determinadas situações. São de direito transitório *material* aquelas que estabelecem uma regulamentação própria, não coincidente nem com a LA nem com a LN, para certas situações que se encontram na fronteira entre as duas leis. Destinam-se em regra estas últimas disposições a *adaptar* o regime da LN a situações existentes no momento do seu IV.

Por vezes estas disposições de direito transitório material são mesmo necessárias para estabelecer a transição entre os dois regimes relativamente a situações jurídicas até então configuradas e regidas pela LA ou então para alargar os benefícios da LN a situações que, por força de disposições (sobre prazos, etc.) desta mesma lei, por ela não poderiam ser contempladas. Assim, p. ex., se a LN vem permitir à mãe ou ao filho instaurar acção de impugnação da paternidade em casos que a LA não contemplava, mas dentro de certos prazos a contar do nascimento, do início da maioridade ou da emancipação, muitas hipóteses haveria em que tal acção não poderia ser intentada, por já se terem esgotado os referidos prazos no IV da LN. Esta lei deve então prever prazos especiais para tais hipóteses (Cfr. o art. 182.º do referido Decreto Lei N.º 496/77). Suponhamos um outro exemplo. Por força da LA certas condenações penais implicavam de per si, automaticamente, a inibição do poder paternal. Segundo o regime da LN tal inibição nunca se verifica necessariamente por força de tais condenações. Todavia, as inibições anteriormente decretadas em sentenças penais continuam a produzir efeitos. Para estes casos a solução adequada será a seguinte: a LN permitir que o inibido em consequência de condenação penal proferida sob a LA requeira ao tribunal, sem ter que aguardar qualquer prazo, o levantamento da inibição.

Além do referido art. 182.º, constituem ainda exemplos de disposições transitórias materiais os arts. 184.º e 185.º do mesmo Decreto-Lei.

A maior parte das vezes ou para a grande maioria dos casos o legislador nada diz em especial sobre a lei aplicável a situações em que se suscita um problema de conflitos de leis no tempo. O jurista é então remetido para o princípio da não retroactividade da lei, nos termos do art. 12.º. Este princípio, à primeira vista tão simples, tem-se revelado de aplicação sobremodo complexa nas

A aplicação da lei no tempo e no espaço

diferentes hipóteses. Aos critérios ou normas deduzidos de tal princípio chamaremos por vezes critérios ou normas de *direito transitório*. Poderá dizer-se que esta designação é incorrecta, pois *transitórias* ou de direito transitório seriam apenas as disposições acima referidas. Mas o facto é que ela é extremamente cómoda e já de algum modo consagrada na linguagem de vários autores.

§ 2.º — Teoria da não retroactividade da lei e suas aplicações

1. *O princípio da não retroactividade da lei e a sua expressão no nosso Código.*

Do até aqui exposto liquida-se:
— que o princípio da não retroactividade não tem força de princípio constitucional senão no domínio do direito penal, pelo que o legislador ordinário bem pode dar às leis que edita eficácia retroactiva;
— que o legislador pode resolver os problemas suscitados pela sucessão de leis mediante *disposições transitórias*;
— que na grande maioria dos casos a lei nada estabelece quanto à sua "aplicação" no tempo.

Nesta última hipótese vigora em todos os ramos do direito o princípio da não retroactividade da lei. Donde que caiba à doutrina, à lei e à jurisprudência apurar um critério racional e preciso que permita *definir a retroactividade*, ou seja, que permita desenhar com nitidez a linha de confins que separa o âmbito de competência (de aplicabilidade) da LA e da LN. Trata-se obviamente de um problema de definição do âmbito de aplicabilidade de cada uma das leis ou sistemas jurídicos (o sistema antigo e o novo), e não directamente de um problema de aplicação de normas, isto é, de determinação dos factos a abranger nas hipóteses das normas. O problema da aplicabilidade (ou competência) é necessariamente um *prius* relativamente ao problema da *aplicação* [1].

---

[1] Não se esqueça que estamos num sector de *normas sobre normas* (ou normas de segundo grau) enquadrado numa *teoria geral da lei*. Assim se entende que o princípio da não retroactividade, como princípio geral (universal) de direito — e bem assim a sua expressão no art. 12.º do Código Civil — seja aplicável às próprias normas constitucionais. Elucidativos são, a este propósito, os acórdãos do S.T.J. de 26.10.78 (BMJ N.º 280, p. 321) e de 16.10.79 (BMJ N.º

232 Introdução ao Direito e ao discurso legitimador

Esse problema da definição do conceito de retroactividade foi objecto de duas doutrinas principais: a doutrina dos *direitos adquiridos* e a doutrina do *facto passado*. Resumidamente, para a primeira doutrina seria retroactiva toda a lei que violasse direitos já constituídos (adquiridos); para a segunda seria retroactiva toda a lei que se aplicasse a factos passados antes do seu IV. Para a primeira a LN deveria respeitar os direitos adquiridos, sob pena de retroactividade; para a segunda a LN não se aplicaria (sob pena de retroactividade) a factos passados e aos seus efeitos (só se aplicaria a factos futuros) (¹).

A primeira foi sendo posta de lado pelos autores modernos, por causa da sua grande imprecisão. A segunda, complementada pelo chamado princípio da aplicação imediata da LN às situações em curso no momento do seu IV, é a que hoje tende a predominar em toda a parte.

É a doutrina do facto passado, na formulação que lhe deu NIPPERDEY, que inspira o art. 12.º do nosso Código, artigo esse onde se contêm os princípios gerais sobre a aplicação da lei no tempo para todo o nosso ordenamento jurídico (²). Com efeito, é neste artigo e nos arts. 13.º (leis interpretativas) e 297.º (alteração de prazos) que se fixam os critérios aplicáveis em todos os ramos de direito (excepção feita do direito penal e com a já referida reserva da possibilidade de uma retroactividade *in mitius* noutros ramos de direito).

Estipula o referido art. 12.º, 1, que a lei só dispõe para futuro, quando lhe não seja atribuída eficácia retroactiva pelo

---

328). Estava em causa nestes arestos uma possível aplicação retroactiva do disposto no art. 36.º, 4, da Constituição, que proibe qualquer discriminação entre os filhos nascidos fora e os filhos nascidos dentro do casamento (deixando assim de existir distinção jurídica entre filhos legítimos e ilegítimo). Ora a norma estão vigente do art. 2139.º, 2, do Código Civil de 1966 estabelecia que, em caso de concurso entre filhos legítimos ou legitimados e ilegítimos, estes apenas tinham direito a uma quota igual a metade da de cada um daqueles. Pôsse assim o problema de saber se às heranças abertas antes da entrada em vigor da Constituição (25.4.76), mas só partilhadas depois, se devia ou não aplicar a disposição inovadora do referido art. 36.º, 4. Ora, como a transmissão da herança se opera com a abertura da sucessão (morte do autor da herança), parece evidente que às sucessões abertas antes daquela data se aplica o Código Civil de 1966. Assim decidiu, e muito bem, o S.T.J.

(¹) Para uma exposição das duas doutrinas e para crítica da primeira, cfr. P. LIMA e A. VARELA, *Noções* cit., pp. 199 e sgs.

(²) Neste mesmo sentido, Marcelo CAETANO, *Manual de Direito Administrativo*, Tomo 1, 8.ª ed., Lisboa 1968, p. 136.

legislador; e que, mesmo nesta última hipótese, se presumem ressalvados os efeitos já produzidos pelos factos que a lei se destina a regular. Assim, por exemplo, se a LN vem fixar uma taxa de juro máximo inferior à até ali praticada e se declara aplicável aos contratos anteriores, ela não afecta os juros já vencidos no passado; se fixa a renda máxima declarando-se aplicável aos contratos de arrendamento em vigor, não atinge as rendas já vencidas antes do seu IV; etc.

Desenvolvendo o princípio da não retroactividade nos termos da teoria do facto passado, o art. 12.º, 2, distingue dois tipos de leis ou de normas: aquelas que dispõem sobre os requisitos de validade (substancial ou formal) de quaisquer factos ou sobre os efeitos de quaisquer factos (1.ª parte) e aquelas que dispõem sobre o conteúdo de certas situações jurídicas e o modelam sem olhar aos factos que a tais situações deram origem (2.ª parte). As primeiras só se aplicam a factos novos, ao passo que as segundas se aplicam a relações jurídicas (melhor: Ss Js) constituídas antes da LN mas subsistentes ou em curso à data do seu IV. Assim, p., ex., a lei que venha exigir escritura pública para a validade de contratos que até ali podiam ser validamente celebrados por escrito particular, ou que venha exigir que a nubente tenha completado 16 anos para ter capacidade nupcial, só se aplica, respectivamente, a contratos ou a casamentos futuros. Do mesmo modo, a lei que venha regular por forma diferente os efeitos (a responsabilidade) de factos ilícitos só se aplica a factos futuros. Por outro lado, a lei que venha alterar o regime das relações pessoais dos cônjuges ou o regime de administração dos bens do casal, ou que venha alterar o conteúdo do direito de propriedade, aplica-se, respectivamente, aos casamento já celebrados antes do seu IV ou aos direitos de propriedade constituídos ou adquiridos antes da mesma data.

À parte isto, o n.º 2 do art. 12.º deixa entrever a possibilidade de leis que regulem o conteúdo das relações jurídicas atendendo aos factos que lhes deram origem (sem abstrair destes factos). Tal o que acontece no domínio dos contratos, pelo menos em todos os casos em que as disposições estabelecidas pela LN tenham natureza supletiva ou interpretativa. Assim, nos exemplos IV, 1, 2 e 4 seria aplicável a LA. Pelo que o aí mencionado art. 197.º confere à LN eficácia retroactiva.

Posto isto, poderíamos sintetizar a teoria da aplicação das leis no tempo distinguindo entre *constituição* e *conteúdo* das Ss

Js. À constituição das Ss Js (requisitos de validade, substancial e formal, factos constitutivos) aplica-se lei do momento em que essa constituição se verifica; ao conteúdo das Ss Js que subsistam à data do IV da LN aplica-se imediatamente esta lei, pelo que respeita ao regime futuro deste conteúdo e seus efeitos, com ressalva das situações de origem contratual relativamente às quais poderia haver uma como que "sobrevigência" da LA.

Especificando os diferentes "estatutos" (à maneira de certa tradição doutrinal do direito internacional privado), poderemos reter os seguintes critérios: os regimes jurídicos gerais das pessoas e dos bens ("estatuto pessoal" e "estatuto real" — incluindo certos princípios fundamentais de direito económico e social) estariam sujeitos ao princípio da aplicação imediata da LN: o "estatuto do contrato", na parte em que não entre em conflito com regras imperativas do "estatuto pessoal" e do "estatuto real", seria regulado pela lei vigente ao tempo da conclusão do contrato; a responsabilidade extracontratual (por facto ilícito, pelo risco ou por facto lícito) será naturalmente regulada pela lei vigente ao tempo de prática do facto gerador da responsabilidade; o "estatuto sucessório", no domínio da sucessão legal e das implicações desta sobre a sucessão voluntária, seria regido pela lei vigente ao tempo da abertura da sucessão. No que respeita ao "estatuto sucessório", haveria que distinguir da sucessão legal a sucessão voluntária (por testamento ou pacto sucessório). Esta última é também regulada pela lei vigente ao tempo da abertura da sucessão, excepto quando à validade formal dos testamentos e dos pactos sucessórios e à capacidade para a sua feitura, questões que serão em princípio reguladas pela lei do tempo da celebração do testamento ou do pacto (salva a possibilidade de se aplicar também aqui a lei da sucessão, quando desta resulte a convales-cência dos referidos actos: v. adiante: Leis confirmatives)(¹).

2. *Insuficiência da fórmula da teoria do facto passado: factos-"pressupostos" não constitutivos.*

A fórmula da teoria do facto passado apenas seria inteiramente exacta se a aplicação da LN a "quaisquer" factos

---

(¹) Cfr. as disposições paralelas dos arts. 63.º a 65.º e o art. 22.º do referido Decreto-Lei N.º 47344. Cfr. também o nosso *Sobre a aplicação*, cit., pp. 185 e sgs.

A aplicação da lei no tempo e no espaço   235

passados implicasse retroactividade da mesma lei. Ora nem sempre assim sucede e daí que certa doutrina antiga tenha falado de hipóteses de retroactividade "inata" ou "conatural". Assim, p. ex., nas hipóteses referidas em V, 1 e 2, é de aplicar a LN a factos passados, nos casos em que, respectivamente, ainda se não tenha verificado a abertura da herança ou o candidato a comerciante não tenha adquirido o respectivo estatuto, sem que isso envolva retroactividade. Como explicar esta (aparente) anomalia?

O mistério tem fácil explicação se tivermos presente o que atrás se disse acerca da natureza do problema da "aplicação" da lei no tempo (trata-se de determinar a "lei competente") e a distinção clara entre *factos determinantes* da competência da lei aplicável e factos abrangidos no campo de aplicação (nas hipóteses normativas) da lei competente. É que não são quaisquer factos que determinam a competência da lei aplicável, mas só os *factos constitutivos* (modificativos e extintivos) de Ss Js([¹]). Pelo que a teoria do facto passado, enquanto critério determinativo da competência da LN e não dos factos a que esta se aplica, deverá ser formulada nos seguintes termos: a LN não se aplica a factos *constitutivos* (modificativos e extintivos) verificados antes do seu IV — no sentido de que será retroactiva sempre que se aplique a factos passados por ela própria assumidos ou visados como factos constitutivos (ou modificativos, ou extintivos) de Ss Js. Mas já nada impede que, uma vez determinada a competência da LN com fundamento na circunstância de o facto constitutivo da SJ se passar sob a sua vigência, a mesma lei seja aplicada a factos passados que ela assume como pressupostos impeditivos ou "desimpeditivos" (isto é, como pressupostos negativos ou positivos) relativamente à questão da validade ou admissibilidade da constituição da SJ, questão essa que é da sua exclusiva *competência*.

Pertencem ao número dos factos-"pressupostos" cuja localização no tempo não influi sobre a determinação da lei aplicável, entre outros, os impedimentos matrimoniais, os "pressupostos da investigação da paternidade" a que se referia o art. 1860.º do Código Civil([·]), as causas de indignidade sucessória e os fundamentos de deserdação, etc. Pertencem ainda

---

([¹]) Cfr. as nossas *Lições de Direito Internacional Privado*, 2.ª ed., Coimbra 1982, pp. 230 e sgs., 317 e sgs., esp. 329, nota.

( ) Pressupostos da admissibilidade da acção: Cfr., p. ex., o Ac. do STJ de 5-4-79, BMJ n.º 286, pp. 260 e sgs. (na versão de 1966).

à mesma categoria os efeitos inibitórios e outros de certas penas (relativamente à aquisição do estatuto de funcionário ou de comerciante, relativamente à inibição do poder paternal, etc.), quando não estejam obrigatoriamente ligados à condenação penal(¹)), assim como quaisquer consequências *mediatas* de uma SJ regulada por uma lei sobre uma SJ regulada por *outra* lei (suponha-se, por hipótese, que uma LN vem pela primeira vez retirar direitos sucessórios aos cônjuges separados judicialmente: ela aplica-se mesmo aos casos em que a separação teve lugar na vigência da LA).

Quanto a factos destes, decisivo para saber se a LN se aplica ou não, conforme o caso concreto, a factos passados é não existir ou existir já uma SJ constituída quando da entrada em vigor da mesma lei. Isto explica em parte por que, não obstante as críticas a que foi sujeita a respectiva doutrina, os tribunais têm continuado a recorrer de quando em vez ao conceito de "direito adquirido" para resolver problemas concretos de "aplicação" da lei no tempo (²).

O ponto está todo em manter clara a distinção entre "âmbito de competência" e "âmbito de aplicação" de uma lei. Uma vez fixada a lei competente, cabe a esta definir livremente o seu "campo de aplicação". E pode fazê-lo reportando-se a factos anteriores que, concretamente, se verificaram antes do seu IV — desde que não atribua a tais factos um valor *constitutivo* mas os utilize apenas como pontos de referência para a definição do regime de direito material da SJ criada ou a criar na sua vigência. Neste caso poderá dizer-se, com H. G. LESER(³), que existirá "retroconexão" (Rückanknupfung), mas não "retroactividade". A essa "retroconexão" demos noutro lugar o nome de "referência pressuponente".

Devemos acrescentar agora que tal "retroconexão" pode ter lugar não só relativamente à hipótese, mas também pelo que respeita à estatuição de uma norma. Estaremos então em face daquilo que certos autores franceses designam por "situações

---

(¹) Por força do art. 6.º do Código Penal, excepção 3.ª., vale aqui o princípio da retroactividade *in mitius*.

(²) E não só na Jurisprudência se recorre a esta perspectiva. Atente-se na seguinte fórmula do § 2.º da lei de Introdução ao Código Civil da RDA de 1975: "A existência de direitos e obrigações constituídos antes da entrada em vigor do Código Civil é determinado pelo direito vigente até esse momento".

(³) Hans G. LESER, *Der Rücktritt vom Vertrag*, Tübingen 1975, pp. 194 e sgs.

materialmene retroactivas". A lei civil atribui designadamente eficácia retroactiva (material), sem prejuizo dos direitos de terceiro, à ratificação (art. 268º., 2), à condição (art. 276.º), à declaração de nulidade e à anulação (art. 289.º), à resolução (art. 434.º), à sentença de divórcio (art. 1789.º), etc. Tomemos, p. ex., a resolução. A lei diz que ela tem (em regra) efeito retroactivo. Ora o facto que produz a resolução do contrato e é, portanto, o facto gerador *(constitutivo)* da obrigação de restituir a prestação recebida é a declaração de resolução, um facto presente. Pelo que, quando falamos de "retroactividade" da resolução, não queremos com isto significar que a lei se reporte a um facto passado como facto gerador daquele efeito jurídico (obrigação de restituir), entre outros. Queremos apenas dizer que, para determinar a medida e amplitude daquele efeito (conteúdo e limites da obrigação de restituir e do correspondente direito), a lei se reporta a um momento ou facto anterior ("retroconexão"). Logo, não estão em causa a *validade* ou os *efeitos* de um facto passado, pois apenas se cura de definir a amplitude do efeito de um facto presente.

A correcção assim introduzida na teoria do facto passado não é simples aditamento lógico à fórmula da mesma teoria (tal como ela sempre foi apresentada), mas representa antes uma recondução da teoria da retroactividade à lógica do problema a que pretende dar resposta, e, portanto, à lógica da sua própria função — que é a de *determinar a lei competente* e não a de determinar os factos a que cada lei se aplica.([1])

3. *Lei aplicável às Ss Js contratuais ("estatuto do contrato").*

I — É tradicional contrapor ao "estatuto legal" o "estatuto contratual" e admitir a especificidade das regras transitórias aplicáveis aos contratos. Estes estariam submetidos, em princípio, à lei vigente no momento da sua conclusão, a qual seria competente para os reger até à extinção da relação contratual. É notório o contraste de um tal regime com o princípio da aplicação imediata da lei nova nos restantes domínios jurídicos.

([1]) Sobre todo este número, síntese de uma reflexão, cfr., além das págs. por último citadas das nossas *Lições de D.I.P., Sobre a Aplicação no tempo*, cit., pp. 213 e sgs., 306 e segs., e *passim*.

Por isso não falta quem fale de "sobrevigência" da LA no domínio das situações de origem contratual. Outros preferem dizer (com mais acerto) que não há "sobrevigência" da LA, porquanto esta é revogada pela entrada em vigor da LN, apenas acontecendo que aquela lei se deve considerar como incorporada no contrato (*lex transit in contractum*) por ter sido como que tacitamente acolhida nas suas disposições pela vontade das partes.

O fundamento deste regime específico da sucessão de leis no tempo em matéria de contratos estaria no respeito das vontades individuais expressas nas suas convenções pelos particulares — no respeito pelo princípio da autonomia privada, portanto. O contrato aparece como um acto de previsão em que as partes estabelecem, tendo em conta a lei então vigente, um certo equilíbrio de interesses que será como que a matriz do regime da vida e da economia da relação contratual. A intervenção do legislador que venha modificar este regime querido pelas partes afecta as previsões destas, transtorna o equilíbrio por elas arquitectado e afecta, portanto, a segurança jurídica. Além de que as cláusulas contratuais são tão diversificadas, detalhadas e originais que o legislador nunca as poderia prever a todas. Por isso mesmo não falta quem entenda que uma LN não pode ser imediatamente aplicável às situações contratuais em curso quando do seu IV sem violação do princípio da não retroctividade.

É perfeitamente possível enquadrar este ponto de vista na disposição do art.12.º, 2, do nosso Código. Podemos na verdade entender que as disposições da LN relativas aos contratos e que sejam interpretativas ou supletivas não dispõem sobre o conteúdo de uma SJ abstraindo dos factos que lhe deram origem (2.ª parte do art. 12.º, 2) e que, portanto, através delas a lei dispõe sobre os efeitos de certo facto (o contrato), nos termos do art. 12.º, 2, 1.ª parte. Ou então, se se referem à validade do contrato, dispõem sobre a validade substancial ou formal de certo facto. Deste modo, não só a validade como também os efeitos dos contratos deveriam ser "localizados" no momento da conclusão destes. Decisivo é poder afirmar-se que existem normas dispondo sobre o conteúdo de uma S J contratual *sem abstrair* do facto (o contrato) que lhe deu origem.

II — O âmbito do "estatuto contratual" é vasto, pois abrange não só os contratos através dos quais se opera o intercâmbio de

A aplicação da lei no tempo e no espaço 239

bens e serviços mas também os contratos através dos quais se criam organizações de pessoas e bens (sociedades), certas situações patrimoniais estreitamente conexa com um "estado pessoal", como o regime de bens do casamento (¹), certos contratos pelos quais se constituem direitos reais, como o de usufruto, etc., e ainda contratos (pactos sucessórios e doações) que, ou são títulos de vocação sucessória (pactos sucessórios), ou podem ter implicações sobre as sucessões por morte (doações: colação e redução por inoficiosidade)(²). Além disso, se há contratos de execução instantânea (isto é, contratos dos quais nascem obrigações susceptíveis de serem cumpridas mediante uma só prestação e de uma só vez), há outros que se destinam a instituir uma relação duradoira pela sua própria natureza (contratos de execução sucessiva ou continuada). Estes últimos dão origem a uma verdadeira e própria SJ duradoira. Mas também os contratos de execução instantânea podem de facto durar por certo tempo, ou porque são celebrados a prazo, ou porque certos dos seus efeitos (como a obrigação da entrega da coisa e a obrigação de garantia de qualidade da mesma) subsistem após a sua conclusão. Já por aqui se vê que a grande diversidade das Ss Js contratuais aumenta a complexidade do problema que nos ocupa. Assim, p. ex., se parece aceitável a aplicação de novas leis, que entretanto vão surgindo, a um contrato de arrendamento rural celebrado por dezoito ou vinte anos, já parece menos facilmente aceitável a aplicação da LN a um contrato instantâneo de execução diferida ainda não cumprido quando do seu IV. Neste último caso é bem mais difícil dissociar os efeitos do contrato do acto de conclusão do mesmo.

III — A doutrina tradicional sobre o critério de resolução dos conflitos de leis no tempo em matéria de contratos condizia perfeitamente com legislação de inspiração liberal, assente no reconhecimento de um largo papel à autonomia da vontade. Tal legislação tinha fundamentalmente um carácter supletivo.

O papel do legislador, nos quadros de uma concepção intervencionista do Estado na vida económica e social, leva-o hoje a prosseguir objectivos e a utilizar meios inconciliáveis, quer com um amplo respeito do dogma da autonomia da vontade, quer com a subsistência do regime da LA relativamente às Ss Js

---

(¹) Sobre este regime de bens cfr. a disposição do art. 15.º do mencionado Decreto-Lei N.º 47344 e as nossas *Lições de DIP*, cit., pp. 406 e sgs.

( ) Cfr. o nosso *Sobre a Aplicação no Tempo*, cit., pp. 263 sgs., 266 e sgs.

240   *Introdução ao Direito e ao discurso legitimador*

contratuais em curso. A eficácia da política económica e social supõe medidas de conjunto extensíveis a todas as situações jurídicas em curso. Daí que, quer a chamada "ordem pública económica de protecção" (medidas legislativas destinadas a tutelar o interesse da parte contratual mais fraca), quer a chamada "ordem pública económica de direcção" (medidas de dirigismo económico destinadas a modificar a estrutura ou a equilibrar a conjuntura económica), pesem cada vem mais fortemente sobre as relações contratuais.

Por outro lado, a doutrina tradicional, ao lembrar a necessidade de respeitar as previsões comuns das partes e o equilíbrio contratual por elas gizado, tomava por paradigma um contrato livremente conlcuído por duas vontades iguais — não um contrato imposto por uma das partes. Ora na sociedade hodierna também no domínio dos contratos surge um fenómeno de *massificação* através dos contratos de adesão (seguros, transportes, fornecimentos vários, etc.), em que uma das partes dita, por assim dizer, as cláusulas à outra, através de contratos-tipo, etc., cada vez mais frequentes. Daí que se exija cada vez mais a intervenção do legislador em defesa da parte mais fraca (muito especialmente quando se trate de contratos obrigatórios — como certos seguros — ou contratos relativos a bens e serviços de primeira necessidade).

A tudo isto acrece que muitas vezes a LN tem por objectivo *reequilibrar* as convenções que, em razão de perturbações políticas e sociais ou de circunstâncias económicas imprevisíveis, viram a sua economia interna também perturbada e, por isso, se tornaram injustas. Em casos tais não fará sentido a não aplicação imediata da LN.

IV — O princípio da aplicação da LA às Ss Js contratuais nunca foi inteiramente respeitado. Sempre se entendeu que tal princípio estava sujeito a excepções. Assim, seriam sempre de aplicação imediata as chamadas leis de ordem públicada, isto é, aquelas leis imperativas que visavam tutelar um interesse social particularmente imperioso ou fundamental.

Sempre se entendeu, também, que o "estatuto contratual" se encontra numa posição subordinada relativamente ao "estatuto legal", pelo que também seriam de aplicação imediata, mesmo quando conflituassem com cláusulas contratuais anteriores, aquelas disposições da LN que viessem modelar um novo regime geral

A aplicação da lei no tempo e no espaço 241

das pessoas e dos bens, resolver problemas de política social ou económica.

Em vez de denegar pura e simplesmente um regime específico de direito transitório para os contratos(¹), parece preferível continuar a admitir que existe um domínio jurídico em que o conteúdo da SJ depende do facto (contrato) que lhe deu origem. Esse conteúdo deveria, pois, continuar a ser regido pela lei vigente ao tempo dito facto (conclusão de contrato), mesmo depois do IV da LN.

Na fórmula do art. 12.º, 2, prefigura-se uma grande divisão entre leis que dispõem sobre o conteúdo de uma SJ *abstraindo* do facto que a tal SJ deu origem (2a. parte) e leis que, ao regularem o conteúdo de uma SJ, *não abstraem* do facto que a esta deu origem e, por isso, se vêm a identificar como leis que dispõem sobre os efeitos de certo facto (1a. parte). Daqui poderíamos nós extrair um critério genérico formulável nos seguintes termos: A LN só poderá, sem retroactividade, reger os efeitos futuros dos contratos em curso quando tais efeitos possam ser dissociados do facto da conclusão do contrato.

É certo que são cada vez mais numerosas as leis de cariz proteccionista ou dirigista e cada vez mais frequentes as leis que expressamente se declaram aplicáveis aos contratos em curso. Mas daqui não parece que devamos concluir para a eliminação da autonomia ou da liberdade contratual. Podemos concluir, sim, que esse domínio vem sendo restringido mais e mais, mas o princípio permanece. Não são as exepções a um princípio, por muito numerosas que sejam, que o fazem desaparecer como princípio, enquanto subsistir o fundamento que lhe confere o valor normativo.

O que de facto acontece é que o chamado "estatuto do contrato" (ou melhor, o estatuto da autonomia privada) sempre foi um "estatuto" *subordinado* relativamente aos restantes "estatutos". Por isso mesmo toda a LN que seja de qualificar como respeitante ao estatuto das pessoas ou dos bens, ou como relativa à organização da economia, à defesa dos direitos das pessoas ou à tutela das categorias sociais "mais fracas" (de cariz dirigista ou de cariz proteccionista, portanto) restringe o domínio da autonomia contratual e será em regra de aplicação imediata.

Embora nos pareça de aceitar, portanto, a orientação tradicional, e por isso mesmo, julgamos que nesta matéria o

---

(¹) Como o faz DEKEUWER-DÉFOSSEZ, op. cit., p. 48.

legislador deverá ser previdente, declarando a LN aplicável aos contratos em curso, quando seja essa a sua intenção

Concluiremos com uma súmula. O "estatuto do contrato" é determinado em face da lei vigente ao tempo da conclusão do mesmo contrato. Sempre que, porém, as cláusulas de um contrato celebrado na vigência da LA e por esta consideradas válidas briguem (conflituem) com as disposições da LN com incidência sobre os efeitos dos contratos [1], sendo o teor de tais disposições ditado por razões atinentes ao estatuto das pessoas ou dos bens, a princípios estruturadores da ordem social ou económica, estas disposições prevalecem sobre aquelas cláusulas. Enquanto ordenadoras do estatuto legal das pessoas e dos bens tais disposições regulam problemas para os quais a lei competente é a LN [2].

4. Leis sobre prazos.

I — À aplicação no tempo das leis sobre prazos refere-se o art. 297.º do Código Civil. Este texto contempla nos seus dois primeiros números, respectivamente, a hipótese de a LN encurtar um prazo e a hipótese de a LN vir alongar um prazo. Para a primeira hipótese estabelece que a LN se aplica aos prazos em curso, mas o novo prazo só se conta a partir do IV desta lei, salvo quando, segundo a LA, falta menos tempo para o prazo se completar. Para a segunda hipótese estabelece que a LN é igualmente aplicável aos prazos em curso, mas se contará todo o prazo decorrido desde o momento inicial.

Salientemos que esta segunda norma não passa de uma aplicação directa dos critérios gerais do direito transitório. Com

---

[1] E não sobre a validade destes. É claro que a LN que, com fins proteccionistas ou dirigistas, venha exigir uma autorização para a validade de certo contrato ou de certa cláusula contratual, como dispõe directamente sobre a validade de um facto (art. 12.º, 2, 1.ª parte), não se aplica aos contratos já celebrados. Mas já se compreende que não incorra em retroactividade censurável a LN que venha, p. ex., proibir certas modalidades de indexação das rendas e substitua de pleno direito as cláusulas de indexação dos arrendamentos existentes por uma cláusula de indexação referida à variação do índice nacional do custo da construção. E o mesmo se diga se a LN vem reduzir certas cláusulas penais excessivas ou permitir aos tribunais reduzi-las (cfr. arts. 811.º e sg. e 935). declarando-se aplicável aos contratos já celebrados.

[2] Sobre toda a matéria deste número, cfr. Sobre a Aplicação no Tempo, cit., pp. 103 e sgs., 331 e sgs.

A aplicação da lei no tempo e no espaço 243

efeito, tendo o decurso global do prazo o valor de um facto constitutivo (ou extintivo) de um direito ou SJ, se tal prazo ainda se achava em curso no momento de IV da LN, é porque tal SJ ainda se não achava constituída (ou extinta) neste momento. Logo cabe à LN a competência para determinar os requisitos da constituição da mesma SJ. Achando-se uma SJ em curso de constituição, passa o respectivo processo constitutivo a ficar **imediatamente subordinado à LN**([1]).

Quanto à norma do art. 297.º 1, vale também o que acabámos de dizer: como o *facto* constitutivo (ou extintivo), isto é, o decurso do tempo previsto, o completar-se da *facti-species* constitutiva, se vem a verificar já na vigência da LN, é esta a aplicável. Mas, por razões de justiça e de prática conveniência, há que proceder aqui a uma certa adaptação das soluções que decorreriam dos critérios gerais, atendendo às possíveis particularidades de situações (a possíveis efeitos de surpresa) que podem verificar-se quando a LN vem encurtar um prazo: assim, p. ex., em virtude deste encurtamento certos direitos poderiam ficar automaticamente prescritos por força da entrada em vigor da LN. Por isso se manda contar o novo prazo a partir do IV da LN, com a ressalva da parte final do preceito.

Doutrina idêntica se deve aplicar na hipótese de a LN alterar o momento a partir do qual um prazo se começa a contar. Se o referido momento inicial é por ela *antecipado*, aplica-se o art. 297.º, 1; se o mesmo momento é postcipado, aplica-se a regra do art. 297.º, 2. Assim, p. ex., tendo o novo art. 122.º do Código Civil antecipado a maioridade para os 18 anos completos, aqueles prazos (como, p. ex., os referidos no art. 320.º, 1 e 2, do mesmo Código, relativos à suspensão da prescrição em curso contra menores) que deveriam contar-se a partir do termo da menoridade só começam a contar-se a partir da entrada em vigor da LN (cfr. aliás o art. 178.º do referido Decreto-Lei N.º 496/77).

Deve ainda acrescentar-se que, se a LN vem estabelecer pela primeira vez um prazo, este só deve ser contado, qualquer que seja o momento inicial fixado, a partir do IV da nova lei ( ).

([1]) Porque é na vigência desta que a constituição (ou seja, o facto constitutivo "completo") se vem a verificar. Cfr. *Sobre a Aplicação no Tempo*, cit., pp. 149 e sgs.

( ) Sobre toda a matéria deste número, cfr. *Sobre a Aplicação no Tempo*, cit., pp. 161 e sgs., pp. 231 e sgs.

II — Há, todavia, certos "prazos" a que não é aplicável o disposto no art. 297.º, especialmente o disposto no seu número 1. Queremos referir-nos àquelas hipóteses em que uma disposição legal se refere ao decurso de determinado período de tempo como fundamento de certa presunção legal (período legal de concepção e de gestação, período da incubação e manifestação de uma doença como a silicose, etc.), como pressuposto do reconhecimento de certa "capacidade especial" ou faculdade (para a celebração de novo casamento — prazo internupcial — , para requerer a conversão em divórcio da separação de pessoas e bens, etc., etc.) ou, em geral, como pressuposto que deve *acrescer* a um facto principal para que este se torne relevante e produza certa consequência de direito. Nestes casos nada interessa o facto de o "prazo" em causa ter decorrido, no todo ou em parte, sob a LA, visto que tal decurso não é, de per si, causa de qualquer efeito jurídico. Só o *facto principal* (o nascimento, a manifestação da doença — como factos em que a lei assenta a presunção — , a celebração do novo matrimónio, o pedido de conversão em divórcio, etc., etc.) é que determina a lei aplicável. O decurso do tempo do prazo não representa nunca um *facto constitutivo* (ou modificativo, ou extintivo), mas é um simples "facto-pressuposto" ([1]).

Daí que não haja que fazer as acomodações a que se refere o art. 297.º, 1. Se a LN vem encurtar o período de tempo necessário para a aquisição de uma faculdade legal (de conversão da separação em divórcio, p. ex.), aplica-se imediatamente, sem mais. Se a LN vem encurtar o período de tempo dentro do qual se deve verificar certo facto para que exista uma presunção legal (p. ex., se vem encurtar de 15 para 10 anos, a contar do termo da relação de trabalho na mina, o período de manifestação da silicose), aplica-se também imediatamente e sem mais ([2]).

Resta ainda acrescentar que certos prazos de caducidade estabelecidos por disposição legal supletiva e que, por isso, podem ser alterados pela vontade dos particulares, estão em princípio sujeitos aos critérios de direito transitório aplicáveis aos contratos. Nestes casos a lei fixa em regra prazos de caducidade mínimos mas admite que as partes estipulem prazos mais longos ([3]).

([1]) Cfr. o que se diz *supra*, no n.º 2 deste parágrafo.

( ) Sobre este ponto cfr. *Sobre a Aplicação no Tempo*, cit., pp. 231 e sgs. e *Lições de DIP*, cit., pp. 327, nota 1.

( ) Sobre este ponto, cfr. *Sobre a Aplicação no Tempo*, cit., pp. 167 e sgs.

A aplicação da lei no tempo e no espaço

5. *Leis interpretativas.*

I — Das disposições do Código Civil que consagram regras gerais de direito transitório falta-nos referir o art. 13.º. Este texto começa por estabelecer que a lei interpretativa se integra na lei interpretada, querendo com isto significar que relativamente a leis desta natureza não há que aplicar o princípio da não retroactividade consignado no artigo anterior. Logo ressalva, porém, "os efeitos já produzidos pelo cumprimento das obrigações, por sentença passada em julgado, por transacção, ainda que não homologada, ou actos de análoga natureza". O n.º 2 do mesmo artigo 13.º esclarece que podem ser revogadas pelo desistente ou confitente a quem a lei interpretativa for favorável a desistência e a confissão não homologadas pelo tribunal.

São dois os pontos a esclarecer a propósito do art. 13.º: a questão da distinção entre lei *interpretativa* e lei *inovadora* e a questão do alcance ou dos limites da chamada "retroactividade" das leis interpretativas.

II — O legislador pode declarar interpretativa certa disposição da LN, mesmo quando essa disposição é de facto inovadora. E por vezes fá-lo. Em tais casos, tratar-se-á de um disfarce da retroactividade da LN. Quando não existe norma de hierarquia superior que proíba a retroactividade, tal qualificação do legislador deve ser aceite para efeito de dar a tal disposição um efeito equivalente ao de uma lei interpretativa, nos termos do art. 13.º. Na verdade, o legislador teria, na hipótese, o poder de declarar retroactiva a LN e definir os limites desta retroactividade.

Na grande maioria dos casos, porém, o legislador não se preocupa com a classificação como interpretativas de normas que edita, que são efectivamente interpretativas e estão sujeitas, como tais, ao disposto no art. 13.º. Por isto mesmo, porque em certas matérias a retroactividade (ainda que disfarçada) é proibida por uma lei de hierarquia superior(¹) e ainda porque existe uma

---

(¹) Assim acontece designadamente no domínio do direito penal, nos termos já vistos. Outras vezes a retroactividade pode violar outro princípio ou garantia constitucional. Cfr. a propósito as duas seguintes proposições do acórdão do Tribunal Pleno do S.T.A de 21-1-1981: — "A qualificação, como lei interpretativa, feita pelo legislador, de uma disposição que não pode considerar-se como norma interpretativa por natureza, por representar solução que não corresponde a um dos sentidos possíveis da norma anterior, equivale a uma

pronunciada tendência para aplicar as leis novas interpretativas às causas pendentes e para não aplicar a estas mesmas causas as leis retroactivas (a não ser que o legislador expressamente o determine), importa definir um critério de distinção entre leis *interpretativas* e leis *inovadoras* — um critério que permita definir as leis realmente interpretativas e distingui-las das leis apenas qualificadas como tais pelo legislador. Sobretudo porque acontece com relativa frequência que o corpo ou complexo legislativo novo vem substituir um complexo legislativo anterior, reformulando muitas normas que já faziam parte deste, e ao intérprete se põe então com permência a questão de saber quais das normas novas são verdadeiramente inovadoras e quais aquelas que devem ser consideradas *interpretativas*. Leia-se a propósito o art. 15.º do já muito referido Decreto-Lei N.º 47344, onde se diz: "O preceituado nos arts. 1717.º a 1752.º só é aplicável aos casamentos celebrados até 31 de Maio de 1967 na medida em que for considerado interpretativo do direito vigente".

Ora a razão pela qual a lei interpretativa se aplica a factos e situações anteriores reside fundamentalmente em que ela, vindo consagrar e fixar uma das interpretações possíveis da LA com que os interessados podiam e deviam contar, não é susceptível de violar expectativas seguras e legitimamente fundadas. Poderemos consequentemente dizer que são de sua natureza interpretativas aquelas leis que, sobre pontos ou questões em que as regras jurídicas aplicáveis são incertas ou o seu sentido controvertido, vem consagrar uma solução que os tribunais poderiam ter adoptado. Não é preciso que a lei venha consagrar uma das correntes jurisprudenciais anteriores ou uma forte corrente jurisprudencial anterior. Tanto mais que a lei interpretativa surge muitas vezes antes que tais correntes jurisprudenciais se cheguem a formar. Mas, se é este o caso, e se entretanto se formou uma corrente jurisprudencial uniforme que tornou praticamente certo

---

mera 'cláusula de retroactividade". — "É inadmissível a aplicação, como norma interpretativa, de disposição que, apesar de como tal qualificada pelo legislador, constitui afinal norma inovadora, nos termos referidos no número antecedente, nos casos em que o ordenamento jurídico-constitucional não permitiria a simples e directa aplicação retroactiva da disposição de carácter inovador". Em termos paralelos, cfr. o acórdão do S.T.A. de 2-4-1981: "A lei que, embora arrogando-se a qualidade de interpretativa, é inovadora, por não constituir um dos sentidos possíveis da lei interpretada, não pode sanar retroactivamente actos ilegais, mercê da garantia constitucional do recurso contencioso". Cfr. ainda o acórdão da Comissão Constitucional N.º 437, atrás citado.

o sentido da norma antiga, então a LN que venha consagrar uma interpretação diferente da mesma norma já não pode ser considerada realmente interpretativa (embora o seja porventura por determinação do legislador), mas inovadora.

Para que uma LN possa ser realmente interpretativa são necessários, portanto, dois requisitos: que a solução do direito anterior seja controvertida ou pelo menos incerta; e que a solução definida pela nova lei se situe dentro dos quadros da controvérsia e seja tal que o julgador ou o intérprete a ela poderiam chegar sem ultrapassar os limites normalmente impostos à interpretação e aplicação da lei. Se o julgador ou o intérprete, em face de textos antigos, não podiam sentir-se autorizados a adoptar a solução que a LN vem consagrar, então esta é decididamente inovadora.

III — Falemos agora dos limites à chamada "retroactividade" da lei interpretativa. Mas em primeiro lugar perguntemos: representará a aplicação da lei interpretativa a factos passados verdadeira retroactividade? Há quem entenda que sim ([1]). A fórmula do art. 13.º: "a lei interpretativa integra-se na lei interpretada" sugere que não. E, na verdade, se porventura se pode dizer que as variações e mudanças de jurisprudência no que respeita à interpretação da regra de direito, pelo menos na medida em que esta regra nunca foi considerada certa, não têm efeito retroactivo, então também a lei interpretativa nos termos atrás definidos não será *substancialmente* retroactiva.

Nos termos do art. 13.º a "retroactividade" formal da lei interpretativa não atinge os efeitos já produzidos pelo cumprimento das obrigações, pelo caso julgado, pela transacção ou por actos de analoga natureza. Numa fórmula incisiva pode dizer-se que ela se detém perante a *res judicata vel transacta vel praescrita*. Qual a *ratio* desta limitação? Já vimos que a "retroactividade" da lei interpretativa se justifica pelo facto de não violar expectativas fundadas (isto é, pelo facto de não ser *substancialmente* retroactiva). Ora, em todas as hipóteses acabadas de referir, se os direitos e obrigações ou as situações jurídicas em causa alguma vez foram duvidosas ou controvertidas, acabaram por se tornar *certas e pacíficas*, já através da decisão judicial, já através de um novo acordo das partes destinado justamente a arredar

---

([1]) Cfr. entre nós, e por último, Oliveira ASCENSÃO. *O Direito*, cit. p. 260.

toda a controvérsia ou dúvida, já através de uma conduta das partes que por forma concludente confirma, dá execução e põe termo à relação jurídica que as ligava. Em todos estes casos se pode dizer que a SJ concreta como que veio a ser concretamente consolidada por um novo título que firma a convicção de se achar definitivamente arrumado o assunto e excluída a possibilidade de uma reabertura do mesmo.

Entre os actos de natureza análoga a que se refere a parte final do art. 13.º, 1, parece que podem indicar-se, por argumento *a contrario* do n.º 2 do mesmo art. 13.º, a desistência e a confissão judicialmente homologadas e ainda, como ensinam P. LIMA e A. VARELA ([1]), "todos os actos que importem a definição ou reconhecimento expresso do direito e, duma maneira geral, os factos extintivos, tais como a compensação e a novação".

IV — Não terminaremos sem observar que o mesmo texto da LN pode conter simultaneamente uma disposição inovadora e uma disposição interpretativa. Assim, p. ex., o novo art. 1786.º do Código Civil é inovador relativamente ao anterior art. 1782.º, enquanto aumenta para dois anos o prazo de caducidade do direito ao divórcio ou à separação; mas o seu n.º 2 é interpretativo, por isso que vem resolver uma dúvida suscitada na doutrina e nos tribunais quanto ao modo de contar aquele prazo quando se apresentem sucessivamente vários factos do mesmo tipo, ou um facto continuado, como possíveis fundamentos do pedido ([2]).

6. *Leis confirmativas.*

Frequentemente sucede que a LN vem aligeirar formalidades havidas por demasiado pesadas exigidas pela lei antiga como requisitos de validade de certos negócios jurídicos, ou vem dispensar algum pressuposto ou trâmite a que a mesma lei antiga condicionava a validade de certos negócios, ou vem eliminar impedimentos cuja verificação era considerada pela dita LA fundamento de nulidade do acto, ou vem admitir actos (p. ex., a legitimação de filhos adulterinos) que eram inadmissíveis (e, portanto, nulos) pela lei anterior. A este propósito pode pôr-se a

---

([1]) Cfr. *Código Civil Anotado*, 1, anotação ao art. 13.º.
([2]) Sobre toda a matéria deste número cfr. *Aplicação no Tempo*, cit., pp. 285 e sgs.

A *aplicação da lei no tempo e no espaço* 249

seguinte questão: que sucede aos actos praticados sob o império da LA e por esta considerados nulos ou anuláveis? Ficam convalidados pela entrada em vigor da LN mais permissiva?

Parece que por princípio a resposta a esta questão dev ser negativa. De acordo com a 1.ª parte do art. 12.º, 1, quando a lei dispõe sobre as condições de validade substancial ou formal de quaisquer factos (...), entende-se (...) que só visa os factos novos Em síntese: a lei da validade ou invalidade de quaisquer factos é a lei vigente ao tempo da prática dos mesmos factos. Assim como a LN não pode pôr em causa a validade dos actos jurídicos passados sob o império duma lei mais liberal, também inversamente uma LN mais liberal não produz a convalescência dos actos anteriores nulos ou anuláveis.

É todavia tão frequente a LN mais favorável à validade confirmar expressamente actos nulos ou anuláveis realizados sob o império da LA que nos temos de perguntar se não haverá uma razão particular que justifique esta atitude do legislador. Em regra é a LN que aparece como mais liberal: ou porque pretende facilitar o tráfico jurídico, ou porque certas exigências feitas pela lei anterior sob pena de nulidade se revelaram irrealistas e os práticos exigem a sua supressão, ou porque certos obstáculos à admissibilidade da celebração de certos actos (casamento, legitimação, adopção, etc.) já não estão de acordo com as concepções sociais ou com as concepções do legislador.

Por vezes trata-se apenas de actos cuja validade era controvertida em face de legislação anterior e a lei que vem confirmar a validade deles é uma simples lei interpretativa — pelo que não haverá problema, antes se poderá dizer que convergem no sentido da "retroactividade", quer o carácter interpretativo, quer o carácter confirmativo da LN. Mas chega mesmo a acontecer que a LN vem exigir certos requisitos de validade cuja exigência era duvidosa no domínio da LA e ao mesmo tempo declara expressamente válidos os actos anteriores que não respeitaram tais condições. Neste caso, verifica-se um desvio ao princípio da aplicação "retroactiva" da lei interpretativa e os actos praticados sem observância dos requisitos fixados por esta lei, cuja validade era até ali duvidosa, passam a ser indiscutivelmente válidos. Tal a preocupação com a segurança jurídica por parte do legislador que este cai na aparente incoerência de validar para o passado o que anula para o futuro.

A maioria das vezes, porém, era segura a invalidade do acto (a sua nulidade, anulabilidade ou ineficácia jurídica) e a LN vem expressamente confirmá-lo declarando que terá os efeitos que ela lhe teria dado ou que não pode ser anulado se obedeceu aos requisitos nela estabelecidos (cfr., p. ex., o art. 183.º do referido Decreto-Lei N.º 496/77, pelo que respeita às perfilhações anteriores), ou que só pode ser declarado nulo ou anulado se para tanto houver fundamento reconhecido tanto pela LA como pela LN (cfr. art. 13.º do mencionado Decreto-Lei N.º 47344, pelo que respeita ao casamento), ou que só o poderá ser se o respectivo fundamento for também reconhecido pela LN (cfr. o já citado art. 22.º do mesmo Decreto-Lei).

A razão de ser destas disposições transitórias que quase sistematicamente vêm declarar válidos actos indiscutivelmente nulos ou anuláveis por força das disposições vigentes ao tempo da sua prática é sem dúvida a preocupação do legislador com a estabilidade e segurança das relações jurídicas. A esta razão pode acrescer, uma vez ou outra, a de protecção à "parte mais fraca" (nos contratos de arrendamento ou nos contratos de trabalho, p. ex.), verificando-se então mais uma hipótese de "retroactividade de protecção".

Como devem, porém, proceder o intérprete e o julgador quando a LN mais liberal em matéria de condições de validade dos actos não contém uma disposição confirmativa dos actos anteriores?

Já vimos qual a resposta da doutrina clássica e a que se deduz do art. 12.º, 2, (1.ª parte): A confirmação pela LN de actos anteriores é contrária ao princípio da não retroactividade. Logo, não se deveria admitir a figura da lei confirmativa tácita. Em todo o caso, sempre se manifestaram certas dúvidas quanto a este ponto; pelo menos em certos domínios, como o do direito de família e o do direito das sucessões por morte.

Por outro lado é lícito ponderar que o princípio da não retroactividade tem o seu fundamento verdadeiro e próprio na necessidade de garantir a estabilidade e a segurança jurídicas, que a retroactividade comprometeria. Ora a maioria das vezes as leis confirmativas, bem ao contrário, em vez de comprometer essa segurança, vêm reforçá-la, afastando aquelas perturbações que seriam causadas pela anulação ou declaração de nulidade de actos que os seus autores poderão ter concluído na melhor das boas-fés. Nestes casos o princípio da não retroactividade carece

A *aplicação da lei no tempo e no espaço* 251

de fundamento real que justifique a sua aplicação em concreto, pelo que o apego ao mesmo não passaria de uma exigência formalista e inútil. Inútil, pelo menos naqueles casos em que o tribunal iria declarar nulo um acto que as mesmas partes logo poderiam celebrar validamente no dia seguinte. Mas pior ainda se revelaria tal solução naqueles casos em que o autor do acto, por confiar na validade dele, por ignorância ou por já ter falecido não realiza ou não pode realizar de novo o acto a que a LN já não tem qualquer objecção a fazer (pense-se na hipótese de perfilhação de filhos adulterinos).

Em certos casos, é certo, a outra parte ou outras pessoas afectadas pelos efeitos do acto poderão estar interessadas na nulidade ou anulação do mesmo acto. Há que ponderar, porém, que nem sempre as expectativas destas pessoas são merecedoras de protecção. Em certos casos a nulidade ou a anulação serão mesmo invocadas por uma contraparte desonesta que não quer respeitar os seus compromissos ou agiu até deslealmente por estar consciente de que celebrava um negócio nulo ou anulável. Em casos tais o recurso à ideia de abuso do direito, conjugado com a consideração de que a LN já não reconhece este ou aquele fundamento de nulidade ou de anulação, poderá fazer gorar os desígnios da referida contraparte.

Estas considerações, porém, não bastarão para aceitar a regra geral de que devem ter-se por confirmativas (ou por retroactivas) todas as leis que venham reduzir ou liberalizar as condições de validade dos actos jurídicos ('). Mas já nos parece, isso sim, que deve valer neste domínio uma ideia de retroactividade *in mitius*, paralela àquela que conduz à aplicação da lei penal mais branda, sempre que a LN seja mais favorável aos interesses do particular sem prejuízo do interesse de uma contraparte ou de terceiros.

Afora isso, deve sempre o legislador dar expressão no texto legal ao alcance confirmativo do mesmo, pois doutro modo o intérprete orientar-se-á pelo disposto no art. 12.º, 2, 1.ª parte (') (').

(') Esta tese é defendida por DEKEUWER-DÉFOSSEZ (op. cit., p. 185) pelo que respeita às leis civis.

( ) Sobre todo este número, cfr. *Sobre a Aplicação no Tempo*, cit., pp. 69-86.

(') Convirá ainda fazer referência à aplicação no tempo das normas de direito probatório. Sobre este ponto vejam-se o nosso *Sobre a Aplicação no Tempo*, cit., pp. 273 e sgs., e os acórdãos do STJ de 25-1-77 e 23-10-79.

SECÇÃO II – APLICAÇÃO DA LEI NO ESPAÇO

Acabámos de ver que as normas jurídicas, como regras de conduta, vêem o seu âmbito de eficácia limitado pela fronteira temporal: não podem ter a pretensão de regular factos que se passaram antes da sua entrada em vigor. Ora também o factor espaço representa uma outra fronteira: as normas jurídicas não podem ter a pretensão de regular factos que se passaram ou passam sem qualquer contacto (conexão) com o Estado que as edita (seria pretensão irrealista submeter à lei material portuguesa, p. ex., o casamento de dois japoneses no Japão).

Por outro lado, assim como há situações jurídicas que, provindo do passado, se prolongam sob a vigência da lei nova, entrando assim em contacto com duas (ou mais) leis que se sucedem no tempo, também há situações jurídicas que, logo no momento da sua constituição, ou posteriormente (mudança de nacionalidade ou de domicílio, mudança de situação da coisa, da sede da pessoa colectiva, etc.), entram em contacto com mais de um ordenamento jurídico estadual já através da nacionalidade ou do domicílio das partes, já· pelo lugar da prática do facto constitutivo, já pelo lugar da situação do objecto da relação, já pelo lugar onde os efeitos do facto ou da situação se vão produzir, etc. Surgem então os conflitos de leis no espaço. Estes são normalmente dirimidos mediante regras de conflitos, cuja função é determinar qual de entre as leis em contacto com a situação deve ser considerada competente para a reger. Tais regras são ainda *normas sobre normas*, estão contidas nos arts. 14.º a 65.º do Código Civil e constituem o principal objecto da disciplina de Direito Internacional Privado que, como disciplina autónoma, faz parte do plano de curso da licenciatura em Direito. Por isso não temos que nos ocupar delas aqui, como fizemos a propósito das regras de direito transitório ([1]).

([1]) Sobre o tema desta secção, podem ver-se as citadas *Lições de DIP*, capítulo I, e Oliveira ASCENSÃO, *O Direito*, cit., pp. **447** e sgs., sobretudo pp. **450** e sgs.

CAPÍTULO IX

O DIREITO E AS CIÊNCIAS SOCIAIS

1. *Ser e Dever-Ser — Facticidade e Normatividade.*

O ponto de partida para relacionar o Direito com as restantes Ciências Sociais tem sido a distinção de Ser e Dever-Ser. A jurisprudência seria uma *ciência normativa*, a ciência social uma *ciência descritiva.*

Para colher o sentido da distinção podemos tomar o seguinte esquema de referência:

I — Distinção entre um *meio-interior* e um *meio-ambiente* (envolvimento);

II — De um *facto* (ser) não pode deduzir-se uma *norma* (dever-ser);

III — *Imputação ética* (causalidade culpabilizante e responsabilidade) e descoberta das causas estruturais e conjunturais que determinam os fenómenos sociais e humanos.

I — *Meio interior/Meio exterior.*

Este modelo de pensamento assenta em que um sistema vivo, enquanto unidade com uma identidade própria e uma (relativa) autonomia, tem a sua legalidade intrínseca que afirma a persistência daquela autonomia perante as contingências variáveis de um meio-ambiente, ao qual se vai *adaptando*, mas sem nele se dissolver. Neste esquema, a *normatividade* corresponde àquela legalidade intrínseca pela qual se afirma a coerência, a persistência e a autonomia do sistema vivo; a *facticidade* corresponde aos fenómenos do meio-exterior que actuam sobre o dito meio-interior e o obrigam a uma resposta de adaptação.

II — *Do facto para a norma: trânsito inviável.*

Este outro ponto de referência pode ser ilustrado da seguinte maneira. — Assenta-se em que a *legitimidade* do exercício do poder estatal (e a *validade* das normas editadas por este poder) se funda em último termo no "consenso constitucional", isto é, naquele consenso básico (ou pacto) de que emergiu a Constituição do Estado. E a verdade é que o consenso, o pacto, é uma forma originária de fundamentação jurídica. Porém, persiste a questão: que é que transforma aquele fenómeno factual, o facto "consenso", em Direito, que princípio fundamenta a vinculatividade geral do pacto? Que a convenção ou acordo pode ser declarado pressuposto de exercício do poder legítimo, muito bem; mas que ele o seja, eis o que nunca poderá deduzir-se do acordo enquanto facto. A tentativa de uma justificação causal--genética a partir de um facto conduz a um beco sem saída ou a um *recursum ad infinitum*. Do ponto de vista factual, o chegar a acordo numa tal convenção fundamental não passa de um facto histórico contingente ou casual. Se tal facto vale mais do que isso, é porque se pressupõe um princípio *normativo* segundo o qual *pacta sunt servanda*. Logo, diz-se, só pode transitar-se daquele facto para a legitimidade ou validade aceitando um mínimo de Direito Natural — aceitando pelo menos o princípio "pacta sunt servanda" ([1]).

De modo que o sentido último da validade provém de uma herança cultural-histórica que integra (co-constitui) a própria natureza do homem: não tendo o homem uma natureza fixa e não sendo ele um ser cuja acção seja predeterminada, como nos animais, por um equipamento instintivo inato, ele vê-se na contingência de ter que decidir e na necessidade de ter que *justificar* as suas decisões. Como a sua história integra a sua própria natureza, como a questão de "saber quem é o reenvia sempre para a sua história e também para o seu futuro" (Karl Rahner), tal justificação só pode ele colhê-la nessa mesma história, nos sentidos ou valores "culturais" que ao longo dela vão sendo "adquiridos".

([1])   Sobre o ponto, cfr. *infra*, Cap. X, S. II, 2, II.

O Direito e as Ciências Sociais

III — *Imputação ética (responsabilização) e causas estru-turais-conjunturais dos actos humanos.*

Diz-se que, sobretudo no Direito e na Ética, se substitui a explicação científica pela causalidade culpabilizante (ou de imputação ética); e que esta substituição da explicação científica pela acusação moral seria sobrevivência de uma "mentalidade mágica". Aquilo que cientificamente se deveria atribuir a causas estruturais ou conjunturais — ou até a pulsões inconscientes — , é imputado a decisões conscientes e voluntárias, a comportamentos intencionais. Ora justamente a atitude científica exige que se faça um esforço de objectividade para determinar as ditas causas estruturais e conjunturais (ou mesmo as pulsões inconscientes) que estão na origem de fenómenos humanos e sociais (tais como o crime, as guerras, os conflitos, as crises económicas e sociais). À forma mental da causalidade culpabilizante (imputação) deveria substituir-se, pois, o pensamento científico que explica os factos humanos pelas referidas causas. Assim, p. ex., pelo que respeita ao crime e à "social deviance" em geral, aquela mentalidade pré-científica leva a confundir a motivação e os pretextos com as causas sociais (estruturais e conjunturais) e endógenas que explicam a conduta. Pelo que tal mentalidade estaria na base da sociedade repressiva — já que tudo compreender é (dentro de uma intelectual-feminil complacência que só vale enquanto nos não afecta) tudo perdoar.

Há muita razão neste ponto de vista — tanto mais que os factos sociais estão submetidos às regularidades estatísticas e à lei dos grandes números. E, no entanto, a sociedade "repressiva", apesar de bem iluminada pela ciência, não abandona a atitude repressiva. O que obriga a reflectir.

O certo é que, no plano normativo, não se trata já, e em primeiro lugar, de explicar os fenómenos, mas de os *dirigir*. Agora o que está em causa é a modelação normativa dos comportamentos humanos, a conformação de um artefacto historicamente criado que é a organização social. A preocupação central é a do sentido de uma orientação a imprimir a essa realidade humana, e não, primordialmente, a procura das causas estruturais ou conjunturais dos fenómenos humanos.

Donde se seguem duas consequências. Uma delas é que se passa a operar com os conceitos de imputação, de culpa e de responsabilidade. A outra é que não se trata primordialmente de um esforço de objectividade científica à procura das tais causas, ma de um esforço de *objectivação*, isto é, de "institucionalização", que não é senão a criação de estruturas ou instâncias sociais que traduzem valores, os incarnam e asseguram a sua realização. Por outras palavras, não se trata de descobrir as estruturas determinantes mas de as implantar, isto é, de implantar instâncias autorizadas e dotadas de uma organização capaz de conferir eficácia às normas e *motivar* os destinatários delas. Mas, se é assim, se a norma aspira a ter eficácia (vigência), na sua aplicação não pode deixar-se de responsabilizar os destinatários dela pelas condutas que a violam — não pode deixar de recorrer-se a considerações "culpabilizantes".

2. Ponto de partida normativo na indagação "jurística" do Direito.

Do que acabámos de dizer resulta que as referidas estruturas de organização explícita ou voluntária da sociedade — as instituições jurídicas — , na medida em que pretendem modelar a mesma sociedade segundo um certo ideal ou paradigma e, portanto, realizar *valores*, suscitam também um problema de *eficácia*, mas suscitam antes de mais um problema de *validade*.

Suscitam um problema de eficácia, pois que as normas e instituições aspiram a modelar a sociedade e a conduta dos indivíduos. Por isso, ao Direito não pode deixar de interessar o conhecimento dos mecanismos que estão na origem de certos comportamentos humanos e sociais. Mas esta consideração ou perspectivação da conduta humana social interessa predominante, se não exclusivamente, na fase de elaboração dos projectos legislativos, ou seja, quando se trata de implantar as tais instituições ou estruturas socialmente determinantes. Então, haverá que tomar em conta, precipuamente, considerações de praticabilidade (da tutela jurídica) e considerações relativas aos possíveis efeitos directos e reflexos da regulamentação a instituir. Mas, mesmo aí, tais considerações são *instrumentais* relativamente à consideração da *validade* ou do carácter *valioso* do objectivo a alcançar ou do conteúdo das normas. Assim como se põe um problema de *legitimidade* para instituir essas regulamentações normativas. De forma que, mesmo nessa fase, o paradigma normativo constitui o *prius* e o principal ponto de referência, vindo a eficácia em segundo lugar.

O Direito e as Ciências Sociais

Transitando agora para o terreno das instituições e normas *postas*, para o problema da sua apreensão, compreensão e aplicação, achamo-nos, não em face de estruturas por assim dizer "inatas" que são a causa de certos fenómenos, mas perante estruturas institucionais que devem assegurar uma certa conduta. É óbvio que o mais importante é então saber qual o sentido (normativo) dessas instituições, qual a orientação que elas procuram imprimir à conduta dos destinatários e dos órgãos aplicadores das normas. Importa já muito menos conhecer as causas estruturais ou conjunturais que levam a determinadas condutas do que aferir essas condutas pelos paradigmas normativos instituídos. Isto porque a norma, comungando da pretensão de todo e qualquer princípio regulativo, pretende modelar a facticidade e (por força dessa sua mesma *postulação normativa*) não se resigna a abdicar perante esta: a norma posta desatende até certo ponto determinada *causa* estrutural ou conjuntural de certa conduta, porque quer ela mesma *pôr a causa* dessa conduta (isto é, motivar o agente).

Donde se segue que, na indagação "jurística" do Direito posto, o objectivo é revelar em todos os seus aspectos e implicações o *sentido* da orientação do ordenamento — o que significa que o problema a resolver pela ciência jurídica é fundamentalmente um problema "hermenêutico" de *explicitação* e *aplicação* da decisão normativa instituída pela autoridade social competente. Os problemas propriamente jurídicos são sempre problemas de legitimidade (competência da instância legisladora para editar decisões normativas com aquele conteúdo) e problemas de validade, isto é, problemas de conformidade com o sistema jurídico dos actos praticados (entre estes se incluindo actos normativos) e das decisões a tomar ou a proferir. Tendo por objectivo a descoberta do que é juridicamente correcto e aceite como justo, o que a obriga a dar prioridade a métodos normativos, a Jurisprudência intenta precisar e sistematizar as normas do Direito, com vista à aplicação deste, à sua integração e complementação. O jurista discorre e argumenta normativa-mente, isto é, a partir de normas *(jurisconsulti tanquam ex vinculis sermocinantur)*.

3. Descritivo e preceptivo.

Ao contrário da Jurisprudência, que usa métodos normativos, a Sociologia usaria métodos empíricos. A Sociologia procura informações e teorias que sejam empiricamente verdadeiras. Investiga, designadamente, as causas estruturais e conjunturais que estão na origem dos fenómenos humanos. Mesmo quando, enquanto Sociologia do Direito, toma as normas jurídicas por objecto, seria para descobrir os mecanismos estruturais e conjunturais que levaram à emissão destas normas e os efeitos e repercussões que tais normas têm sobre a sociedade real. Donde se seguiria que à Sociologia interessaria apenas o descritivo, e não o prescritivo. Consequentemente, a contraposição entre o ser e o dever-ser permitiria distinguir entre Sociologia e Jurisprudência.

Olhando as coisas mais de perto, porém, chega-se à conclusão de que uma tal contraposição não serve para delimitar a esfera das duas formas de conhecimento. É que entre as formas de discorrer hegemonizadas pelo descritivo (ser) e pelo prescritivo (dever-ser) há um vasto campo de intersecção.

Assim, também os sociólogos argumentam normativamente, a saber: a) quando procuram fundamentar como político-socialmente relevantes os seus projectos de investigação (na escolha dos temas da pesquisa, portanto); b) quando enfrentam problemas sistemáticos e de análise funcional da estabilidade de um sistema social; c) quando pretendem fazer *aplicação* dos resultados da sua investigação teorética e empírica. Além disso, toda a teoria tem um certo carácter "preceptivo", na medida em que só com base nela se descobrem os factos "empíricos" relevantes que, de seguida, servem para fundamentar empiricamente a mesma teoria com base na qual foi possível descobri-los como relevantes. Por outro lado ainda, para a indagação do seu tema central, a análise das estruturas de influenciação e dominação nas relações sociais, o sociólogo carece de prestar uma atenção particular ao direito.

Por seu turno, a Jurisprudência não discorre apenas normativamente, antes se refere de contínuo a factos empíricos. Antes de mais, na fase de preparação dos projectos legislativos. Nesta fase têm de ser indagados os condicionamentos económicos e sociais da matéria a regular, assim como as consequências possíveis de regulamentação jurídica a estabelecer. A tarefa legislativa é em parte uma tarefa de ciência social que deve ser levada a cabo em equipa, com a colaboração de peritos de diferentes especialidades.

Logo de seguida há que pensar naqueles domínios em que o órgão aplicador do direito funciona como um "legislador complementar": no domínio das lacunas, da aplicação de normas indeterminadas, da decisão de novos problemas carecidos de regulamentação jurídica e não contemplados pelo direito posto. Nestes domínios em que a decisão jurídica é uma decisão não estritamente vinculada, inserem-se no discurso do jurista amplas considerações sobre a realidade social, sendo aí ponderados os diversos factores económicos, culturais, psíquicos, etc., a levar em linha de conta. Ora, com a complicação dos processos sociais e a aceleração da mudança, a experiência da vida e uma formação geral conferida por um curso superior de direito não bastam para permitir uma adequada compreensão dos processos sociais. Parece necessário, pelo menos em muitos casos, o recurso ao parecer especializado do sociólogo, para evitar apreciações grosseiramente deformadas da realidade social.

Por último, na aplicação aos casos concretos existe sempre um momento em que é preciso proceder à averiguação dos factos em causa; e nessa fase, portanto, o jurista tem de discorrer e argumentar também em termos de descrição empírica. Naqueles casos em que a decisão jurisdicional tem uma natureza *materialmente* administrativa (p. ex., decisão quanto ao destino e tratamento de menores e noutros casos de "jurisdição voluntária"), em que é preciso um conhecimento de certo ambiente social e uma prognose sobre a evolução futura de certas situações, parece indispensável o recurso a peritos em matérias não jurídicas (assistentes sociais, sociólogos, psicólogos, médicos, etc.). Em muitos outros casos (de direito penal, de direito comercial, de direito económico, etc.) o tribunal tem que recorrer a peritos de outras ciências humanas.

Em resumo poderia dizer-se, pois, que ambas as disciplinas, a Sociologia e a Jurisprudência, se ocupam do mesmo problema: do problema da estrutura e da conformação do convívio humano. Mas de pontos de vista diferentes. O que não significa que por vezes esses pontos de vista diferentes não tenham que ser integrados.

4. Investigar e decidir. O modelo jurídico de decisão.

Também se diz que nas ciências sociais predomina um discurso polarizado pela *averiguação*, ao passo que na Jurisprudência predomina um discurso endereçado à *decisão*.

Este ponto de vista, porém, também não pode por si mesmo servir-nos como critério para distinguir entre a Jurisprudência e as ciências sociais. É que, como já resulta de observações anteriores, a sociologia não enjeita a sua responsabilidade pela prática social e pretende contribuir para uma maior racionalidade das decisões com o resultado das suas pesquisas. Designadamente no domínio da criminologia (assim como no do planeamento económico-social e noutros) essa sua utilidade ou aplicabilidade prática é um dos trunfos que o sociólogo gosta de exibir.

É inegável que o Direito, sobretudo no momento em que vai ser aplicado, se nos apresenta como um particular modelo de decisão, em larga medida *técnico* e com a sua racionalidade própria. Como modelo particular de decisão com a sua racionalidade própria, afasta-se dos modelos de decisão que nos poderiam ser propostos pelas outras ciências sociais.

Assim, p. ex., a investigação histórica, psicológica ou sociológica da realidade visa esclarecer, tão exactamente quanto possível e de fundamento, as raízes, as causas e os efeitos de um conflito. O âmbito desta investigação não suporta quaisquer restrições à partida: o que se pretende é uma explicação exaustiva.

O Direito, pelo contrário, atém-se a certos critérios *extrínsecos* (formais), de certo modo claramente determináveis, na medida em que só considera certas características (as "juridicamente relevantes") como decisivas e certos argumentos como pertinentes. Deste modo, opera um corte abstractivante e "isolante" na sequência ininterrupta dos factos considerados no processo explicativo da psicologia ou da ciência social. Assim, p. ex., uma certa motivação do acto a julgar pelo tribunal que, para a investigação do psicólogo, é particularmente interessante, será eventualmente afastada, como juridicamente irrelevante, da *configuração do caso* pelo jurista. Certas causas psicológicas ou sociológicas de um delito, da máxima relevância para o criminologista, podem não ter qualquer significado para a qualificação jurídica do acto punível. As causas económicas do estado de insolvência de uma sociedade comercial, ou os efeitos económicos do decretamento da falência da mesma sociedade, serão desatendidos pelo juiz que vai decretar a falência.

Ora como se compreende que o modelo de decisão jurídico abstraia assim do processo explicativo da ciência social e se atenha apenas a certas características extrínsecas claramente determináveis, seleccionadas como decisivas? Não representará aquele isolamento operado pelo modelo de decisão jurídico uma atitude de resignação ou de cinismo, designadamente quando procura reprimir os sintomas do mal (dos conflitos) em vez de enfrentar directamente as causas desse mal (as causas dos conflitos e dos delitos, que talvez estejam na estrutura da própria sociedade)? Não representará formalismo estéril, imoralidade até, dar peso a certos argumentos havidos por juridicamente relevantes e ignorar outros de ordem moral, social ou económica cuja importância efectiva talvez seja maior? Porquê, pois, aquele "isolamento" do modelo jurídico de decisão?

Por razões de ordem *normativa* e por razões de ordem *pragmático-funcional*, e bem assim pela necessidade de recorrer à ideia de imputação subjectiva.

a) De ordem *normativa:*

Cabe ao direito, atenta embora a realidade, exprimir o que é *exigível* de todos, o que *deve ser*. Procura, portanto, submeter os factos (a realidade social) a normas (intenção *modeladora*) e não subordinar estas à força dos factos (atitude passiva de pura adaptação).

b) De ordem *pragmático-funcional:*

A resolução expedita dos litígios e a própria viabilidade da organização social exigem que a paz seja prontamente restabelecida e a dita organização seja protegida por uma espécie de "cordão sanitário" contra a invasão de forças e motivações anarquizantes. Exigem, pois: *a*) que, em caso de litígio, seja possível chegar a uma solução rápida e suficientemente segura do conflito, para o que importa atender apenas a certos critérios claramente determináveis e só reconhecer relevância a argumentos que joguem dentro do contexto normativo assim delimitado; *b*) que seja tutelável juridicamente (que seja possível a tutela jurídica de) certo interesse; *c*) que a ordem de convivência social seja protegida contra os agentes perigosos, quer estes sejam ou não imputáveis; *d*) que as razões ou argumentos atendíveis não pertençam a uma ordem de razões e de argumentos que instauram um processo ilimitado e infindável de discussão. Significa isto que a "redução da complexidade" (LUHMANN), quer para efeitos das decisões juridicamente vinculantes em geral, quer para efeitos da resolução dos conflitos em especial, é afinal um pressuposto indispensável ao bom funcionamento e à própria viabilidade de qualquer organização humana. Assim como é indispensável que em toda e qualquer organização existam órgãos a que seja atribuída a competência e imputada a responsabilidade de decidir segundo *critérios determináveis*, que lhes permitam pôr termo a discussões sem fim e a pressões sem conta.

c) *O Direito e a categoria da "subjectividade".*

Na verdade, a própria estrutura do discurso jurídico erige a subjectividade do homem (desde a ideia de pessoa "natural" até ao conceito de sujeito jurídico) em categoria central e indispensável. Doutro modo o direito não poderia "responsabilizar" e atribuir direitos e competências a titulares determinados: não poderia, em suma, constituir centros de imputação de direitos ou poderes e de deveres ou responsabilidades. Dentro desta lógica da "subjectividade" se articula o discurso jurídico. E é óbvio que esta lógica corresponde a certa concepção antropológica e a um processo específico de conhecimento (apreensão) da realidade (social).

Diferentemente, a ciência política e a sociologia não estão vinculadas à lógica da "subjectividade" e da responsabilidade ou competência individualizada: antes, focam a sua atenção numa estruturação da realidade social de certo modo "objectivada" ou consistente e constituída por uma ordem normativa da acção transcendente às identidades individuais. Daí que a sua perspectiva gnoseológica seja diferente, acontecendo mesmo, p. ex., que o direito *imputa* uma certa decisão ao órgão juridicamente competente, ao passo que a análise sociológica verifica que, de facto, a autoria real desse acto se localiza noutro ponto do processo complexo da tomada de decisão e que o poder de decisão vem a caber *de facto* a outros indivíduos ou forças sociais, que não ao órgão juridicamente competente.

Deste modo pode dizer-se que a realidade política e económico-social permanecem, em certo sentido e até certo ponto, fora do discurso jurídico: na medida em que não sejam redutíveis à lógica da subjectividade responsável.

O Direito e as Ciências Sociais 263

Assim como se pode dizer que a submissão de certa matéria ao discurso jurídico — a sua jurisdicização — não é uma simples questão processual, antes tem um significado muito mais profundo. Essa conversão de certos problemas sociais em problemas jurídicos submete-os ao processo de formação de sentido que organiza internamente o discurso jurídico, a uma racionalidade (lógica) que conduz a contextos de significação e unidades discursivas que se formam na tramitação daquele discurso, unidades discursivas essas ou quadros que tomam o seu lugar entre outros quadros ou unidades discursivas das quais retiram uma parte importante da sua significação. Em suma: tais problemas são integrados num novo sistema de linguagem e de discursividade.

Donde resulta que, se um problema de índole política ou situado nas fronteiras do jurídico e do político é jurisdiconalizado (pense-se, designadamente, no Tribunal Constitucional), vai caber ao órgão jurisdicional definir a fronteira entre o jurídico e o político a partir da lógica que organiza internamente o discurso jurídico.

5. *Relevância das Ciências Sociais para o Direito.*

Depois do que atrás fica dito, enfrentemos directamente a questão de saber em que medida podem as ciências sociais contribuir para incrementar a racionalidade do jurídico.

Podemos responder sucintamente a esta questão dizendo que as análises e conhecimentos das ciências sociais podem dar o seu contributo ao direito em três momentos:

a) Informando racionalmente o processo legislativo;

b) Informando a concretização do Direito (aplicação do direito, especialmente no domínio da integração do ordenamento, no domínio das fórmulas normativas indeterminadas e no do exercício de poderes discricionários);

c) Exercendo uma função clarificadora e crítica, capaz de prevenir a adesão irreflectida a preconceitos e a pontos de vista ideológicos.

No momento de legislar, o legislador precisa de conhecer o meio social em que a lei vai actuar, prever em que medida uma certa norma irá ser aceite e observada, prever, enfim, se ela vai surtir os efeitos desejados e se produzirá ou não efeitos laterais indesejáveis.

No domínio da aplicação do Direito, o julgador apoia-se em asserções sobre a realidade que devem ser empiricamente verdadeiras. Ao reconstruir a situação de facto a julgar, o juiz faz de algum modo o mesmo que o sociólogo ou o psicólogo. Sobretudo a conformação jurídica ou "concretização" do direito naqueles domínios em que o julgador completa o trabalho do legislador exige ponderações referidas à realidade de facto que carecem de ser informadas pelas análises das ciências sociais. Muito especialmente naqueles domínios em que o julgador tem que fazer prognoses sobre a conduta futura de um menor ou de um delinquente em certo meio, ele deve recolher o parecer de peritos para poder tomar uma decisão esclarecida.

As ciências sociais, pela introdução de métodos críticos na análise dos contextos sociais, dos preconceitos ideológicos, etc., permitem alcançar um certo distanciamento em relação aos modos de pensar correntes, retirando-lhes o véu da falsa evidência e fazendo aparecer como problemático aquilo que é acriticamente assumido por esses modos de ver rotineiros. Em suma, a disciplina e o método crítico das ciências sociais incrementam a faculdade de juízo crítico, persuadindo-nos de que as coisas não são o que parecem.

Por último, as análises psico-sociológicas podem dar-nos conta de factores extrajurídicos (factores de personalidade do juiz, factores de mentalidade ou ideológicos, factores sociológicos, etc.) que interferem na decisão do julgador. É este o campo de eleição da chamada "sociologia judiciária".

6. *A validade jurídica: seu fundamento supra-positivo*

Diz-se que "vale como direito aquilo que foi estabelecido como direito por uma instância cuja legitimidade para estabelecer direito é reconhecida" (Karl ENGISCH). Decorre desta afirmação que as noções de validade e legitimidade estão intrinsecamente interligadas. A norma jurídica é um comando geral e abstracto estabelecido pela autoridade competente. Mas qual é a autoridade competente ou *legítima*? E como é ela legitimada?

Simplificando, diremos que a primeira questão que se nos põe ao indagar da *validade* de uma norma é a de verificar se ela provém de uma autoridade *legítima* e — acrescentemos — foi estabelecida dentro dos limites que decorrem da base de legitimidade dessa instância social. De modo que poderíamos dizer que o problema do fundamento último da *validade* das normas de Direito se vem a converter em última análise no problema da *legitimidade* para estabelecer normas heteronomamente vinculantes, normas coercivas que se imponham a seres *naturalmente* livres ou autónomos, a seres humanos.

Já Rousseau em *Du Contrat Social* se debateu com este problema e aí mesmo apontou a solução que ainda hoje nos parece a mais correcta. Começa por observar que "o homem nasceu livre e por toda a parte se encontra sujeito a vínculos". E prossegue: "Como se operou esta mudança? Ignoro-o. O que é que a pode tornar legítima? Creio poder resolver esta questão". Depois de salientar que, a considerar como fundamento de legitimidade apenas a força, só a coacção pode impor a obediência; pelo que, logo que seja possível a um povo sacudir o jugo e recuperar a liberdade pelo mesmo direito (isto é, pela força) por que lhe foi retirada, terá todo o direito de o fazer. Porém, acrescenta Rousseau, "a ordem social é um direito sagrado que serve de base a todos os outros". E é um direito, acrescenta, que não provém da natureza, mas se funda nas convenções (quer dizer, é de instituição histórico-cultural).

Mais adiante, Rousseau esclarece que o seu problema é o de "encontrar uma forma de associação que defenda e proteja com toda a sua força comum as pessoas e os bens de cada associado, e pela qual, cada um, unindo-se a todos, não obedeça no entanto senão a si próprio e permaneça tão livre como dantes". E conclui que a tal problema básico a resposta é dada pelo *Contrato Social*, cujas cláusulas "são de tal maneira determinadas pela natureza do acto que a mínima modificação as tornaria nulas e de nenhum efeito".

Chamamos aqui Rousseau à colação porque nos parece que foi o autor que mais se aproximou desta ideia: só um poder que vise impor uma heteronomia a seres livres carece de justificar-se ou legitimar-se. Porém, um poder informado pelo desígnio de assegurar e promover a um nível superior essa mesma liberdade (autonomia) dos seres livres, justifica-se ou legitima-se de per si: ele não funciona em último termo como um poder de coerção, mas como um poder de *libertação* ou de promoção dessa mesma liberdade inerente aos seres humanos.

A coerção não passaria, assim, de mero elemento de algum modo acidental, e justificar-se-ia apenas enquanto pressuposto da garantia da liberdade de seres *naturalmente* livres. Pois que,

266 *Introdução ao Direito e ao discurso legitimador*

como estes seres são também seres *naturalmente* sociais, há que compatibilizar a liberdade dos diferentes indivíduos e que promover uma maior liberdade de todos.

Nesta ordem de ideias, poderíamos afirmar que o princípio que, em último termo, fundamenta a *legitimidade* do poder e a *validade* das normas jurídicas (no Estado moderno) é o *princípio democrático*, que reconhece ao povo (isto é, àqueles que têm de obedecer às leis) o poder soberano. Este poder exerce-o o povo através dos órgãos de soberania por ele eleitos.

Do princípio democrático, porém, não decorre apenas que a titularidade do poder soberano pertence ao povo. Decorre também, por estranho que pareça, limites materiais a este mesmo poder soberano[¹]. Isto porque o princípio democrático é ele mesmo um princípio *regulativo* e um princípio *jurídico*.

É um princípio *regulativo* porque postula a sua própria implementação histórico-social, postula que o exercício de tal poder esteja em cada momento de acordo com o consenso popular (ou consenso democrático) — sem no entanto pôr em causa os procedimentos e prazos de alterações legislativas, tal como exigido pela boa ordenação do exercício do poder e pela necessária estabilidade que lhe serve de suporte. Daqui decorre: a) que o dito exercício do poder não pode fazer tábua rasa da história enquanto dimensão da humanidade do homem (ser histórico portador de uma tradição cultural e posto perante a necessidade de tomar decisões quanto a um futuro aleatório) e, portanto, não pode abstrair das convicções de que os indivíduos são ou venham a ser (por obra da persuasão, que não da coacção) portadores; b) que o mesmo exercício tem de dirigir-se à promoção da liberdade de todos e de cada um e ao aperfeiçoamento do modo de expressão da vontade popular (do processo democrático); c) que o soberano, ou quem o represente, não pode *alienar* a sua soberania pondo termo ao processo democrático mediante uma "democrática" decisão final que entregue o poder a um chefe, a um partido único ou a uma fracção da sociedade.

Estes limites, entendamos, são limites *jurídicos*, por isso que o princípio da legitimidade democrática, sendo embora princípio *extrapositivo*, não é um princípio *extra-jurídico*, mas jurídico. É *extrapositivo* ou *suprapositivo*, sem dúvida, porque não carece de

---

[¹] Estes limites foram esquecidos, ou mesmo negados, por Rousseau.

O Direito e as Ciências Sociais 267

ser positivado por uma decisão de vontade. Antes, a decisão de um povo de aderir a ele importa que o *povo fique vinculado* por ele. É, pois, um princípio normativo que vincula a própria vontade popular. Que a vincula e a *legitima*, pois que aquela decisão de vontade (ou consenso), como mero *facto* (contingente) que é, não pode legitimar-se por si mesma, mas só através de um princípio normativo suprapositivo. Mas é um princípio *jurídico*, pois que, como fundamento último da legitimidade e validade jurídicas, faz parte integrante do universo de sentido que dele emana. Pondere-se que não é concebível *um poder a decidir do fundamento da própria legitimação* nem um *direito positivo a decidir positivamente sobre o seu próprio fundamento de validade.*

De tudo se retira que um *facto* ou uma *decisão de vontade* não podem fundar a legitimidade ou a validade. Estas remetem sempre para uma norma. Pelo que a instância que legisla ou decide — ainda que essa instância seja o próprio poder soberano — é sempre *limitada* na sua legitimidade (e, portanto, na validade jurídica das suas decisões) por uma norma. Essa instância não pode abandonar o seu fundamento de legitimidade sem se colocar *fora* do Direito.

Assim é que, p. ex., o poder constituinte originário não pode fixar ao poder de revisão limites "materiais", fundando-se num mero "*fiat*" da sua vontade. Isto porque, além do mais, se aquele *fiat*, traduzido numa norma metaconstitucional, pretende impor a perenidade de dada norma constitucional a um ulterior consenso democrático, excede o seu fundamento de legitimidade (mais, nega-o) e, nessa medida, deixa de ser válido; ou ainda porque, apresentando-se como manifestação de uma correlação de forças existente no momento constituinte, não pode ter a veleidade de *sobreviver* à própria força em que exclusivamente se apoiou. Como ensina Rousseau na passagem transcrita, a liberdade que nos é retirada pela força também muito legitimamente pode ser reconquistada pela força. Mas já a norma votada pelo poder constituinte que é pedra angular da ordem constitucional (e, portanto, "limite material imanente"), essa representa o tal "direito sagrado" de que fala Rousseau e a decisão que a estabelece tem aquela qualidade intrínseca que lhe confere *sobrevigência* no tempo para além da vontade que a positivou, por isso mesmo que não se funda nesta vontade mas num princípio suprapositivo.

Este exemplo parece sobremodo adequado para fazer intuir a diferença que vai entre a *validade* de uma norma e o facto de vontade que a positivou: pode desaparecer ou alterar-se esta contingente vontade positivadora e *subsistir* aquela validade. O que não é mero ponto de vista teórico, pois um tribunal poderia e deveria declarar inconstitucional, num Estado democrático, aquela decisão das forças políticas que, fundadas embora no consenso popular, eliminasse a divisão dos poderes ou entregasse o poder político a um chefe. Muito embora numa tal conjuntura social fosse de esperar que prevalecesse o chamado direito da força, esta pelo menos não poderia reclamar-se da força do Direito.

Em conclusão: no universo semântico (na linguagem) da validade, e ao nível dos princípios fundamentais, somos sempre forçados a pensar um fundamento de legitimidade como transcendente às contingências histórico-sociológicas. O que significa que a adesão a um *novo* princípio de legitimidade (ou a uma nova "ideia de direito") importa o reconhecimento de que ele já valia *antes* de aceite pela prática político-social e de que a sua validade *subsiste para além* dos factores conjunturais ou correlações de forças que lhe conferiram vigência histórica positiva.

Observemos a propósito que a doutrina do Direito Natural postula a existência de princípios normativos fundamentais (fundados na "natureza" do homem ou na razão) transcendentes, isto é, fora do alcance do arbítrio humano. Damo-nos agora conta de que a postulação jusnaturalista é afinal uma estrutura de pensamento inerente à própria linguagem da validade. Donde que não deva surpreender-nos que até as doutrinas mais revolucionárias e antijusnaturalistas estejam fortemente maculadas pelo "pecado" jusnaturalista.

7. *Conclusão.*

I — Depois de tudo o atrás exposto, cremos poder concluir, com LARENZ, que existe uma diferença entre a perspectivação cognitiva dirigida à apreensão das conexões fácticas e a perspectivação dirigida à apreensão do sentido normativo. A própria diferença entre a vigência fáctica e a "validade" normativa dá disso testemunho. Dizer que um contrato "vincula" (é válido) não significa o mesmo que dizer que, no caso de não

O Direito e as Ciências Sociais

ser observado, são de esperar "sanções" por parte da ordem jurídica. A "vinculação" em sentido normativo subsiste ainda que tais sanções não sejam de esperar. O sociólogo, no seu domínio, opera com um conceito de contrato que assenta na probabilidade de que à violação do contrato se seguirá uma sanção. Sendo assim, ele descreve a "validade de facto" (ou vigência de facto), mas não a validade (ou vigência) normativa. O jurista tem que distinguir estes dois aspectos.

O mesmo se passa com o conceito de "legitimidade" ou "legitimação". Legitimidade em sentido normativo significa o mesmo que *justificação* e não pode traduzir-se na linguagem do factual. A legitimação (ou legitimidade) para o sociólogo caracteriza-se por um aspecto factual e será, segundo LUHMANN, "uma predisposição generalizada para aceitar, dentro de certos limites de tolerância, decisões (scl. dos órgãos do poder) ainda não determinadas quanto ao seu conteúdo". É, portanto, um conceito não valorativo que pode ser objecto de uma "constatação empírica" (dirigida em especial à questão de saber se e em que medida o sistema político corresponde às exigências e expectativas da população — que é coisa bem diferente da questão de saber em que medida o funcionamento desse sistema satisfaz aos postulados do princípio democrático da legitimidade).

Ora nós já vimos que a legitimidade enquanto princípio normativo (regulativo) se coloca acima da própria expressão factual da mesma (a vontade da maioria) e a regula. Aceitar um princípio como princípio é aceitar que ele regule a nossa conduta (vontade) e que a nossa conduta é ilegítima quando o contrarie. É, pois, um comprometimento com o princípio: com o princípio que regula o nosso proceder e o nosso discurso prático de justificação por um modo *transcendente*, ou seja, como pressuposto *não contingente* da validade do nosso próprio discurso prático de justificação. Pelo que este perderá o seu fundamento de validade logo que tal princípio seja violado. Pois que, ao rejeitarmos um primeiro princípio regulativo, teremos que logicamente aceitar que o nosso ponto de vista é *contingente* e *subjectivo*, e, como tal, inapto para fundar a validade do nosso discurso prático de justificação. O que também significa que, para podermos pretender validade para um ponto de vista (subjectivamente) *novo*, temos de admitir que já *antes* de o termos adquirido existia uma norma que o validava.

Acrescente-se ainda que o que significa "dever-ser" ou "justificação" normativa é algo que nunca pode traduzir-se naquela linguagem em que se fala do fáctico.

II — As ciências sociais ocupam-se do fáctico, do que acontece ou acontecerá. Mas este fáctico é constituído essencialmente por condutas humanas, a que é inerente um sentido. Logo, naquele fáctico que elas investigam estão inextricavelmente entretecidas relações de sentido. Há, porém, uma diferença: é que as relações de sentido interessam às ciências sociais especialmente na medida em que elas motivam condutas sociais ou participam na estruturação de sistemas de referência sociais (semântica social ou estruturas semânticas da sociedade). Ao passo que a Jurisprudência destaca as relações jurídico--normativas de sentido como tais e torna-as em objecto e tema da sua particular consideração. Assim discorre LARENZ.

III — Saltar de um contexto de sentido ou de um "jogo de linguagem" para outro importa sempre confusão de conceitos. Cada contexto de linguagem pode ser um universo fechado sobre si, o que não permite apreender o sentido de um vocábulo dentro de um contexto reconduzindo-o ao significado que ele tem num contexto diverso e separado do primeiro — conforme pôs em evidência WITTGENSTEIN.

Ora a referida confusão de conceitos é óbvia naqueles que pretenderam suprir a queda do Direito Natural por certas concepções sociológicas do direito, designadamente por aquelas que partem da "função" deste no sistema, da sua contribuição para o bom funcionamento do sistema social (nomeadamente para a "redução da complexidade" ou para a integração do sistema). É que a doutrina do Direito Natural curava da legitimação ou da validade em sentido normativo, tomando como ponto de partida a natureza do homem ou da razão, e procurava definir o sentido da decisão "justa" ou "recta". Ao passo que a visão sociológica em referência trata a questão da decisão (ou da norma) "recta" como uma questão de *eficácia* (social) e, portanto, não deve falar de decisão "justa", mas de decisão "óptima". Ela não se preocupa com a "rectidão" mas com a "optimização". São linguagens diferentes.

IV — A Jurisprudência e o Direito têm, pois, uma linguagem própria, cuja especificidade se não define pelo seu tecnicismo

O *Direito e as Ciências Sociais* 271

mas, antes de mais, por constituir um "universo semântico" originário — tão originário pelo menos como o da linguagem em que exprimimos os factos —, o universo da normatividade, do "dever-ser". Mas toda a linguagem fala de algo, de alguma coisa. A linguagem do direito fala, como diz HRUSCHKA, da "coisa Direito", isto é, justamente do "direito vigente" no seu sentido normativo de "Direito". O que implica uma referência de sentido à própria "ideia de Direito".

Esta referência obrigatório à "ideia de Direito" significa que a Jurisprudência se ocupa de qualquer direito vigente tomando-o num sentido normativo — ou seja, que ela o procura compreender como uma das expressões, entre as várias possíveis, da "ideia de Direito". Daí o vínculo necessário que a liga a princípios "extrapositivos" que, porque necessariamente implícitos na "ideia de Direito" como princípios *regulativos*, são princípios *jurídicos* (juridicamente vinculantes): são extrapositivos mas não extra-jurídicos. Relembramos aqui, p. ex., o carácter *suprapositivo* do princípio da legitimidade democrática.

V — É certo, pois, que a própria Sociologia, enquanto Sociologia do Direito, dirige a sua "inspecção" ao Direito, às normas e aos factos jurídicos — e produz enunciados sobre eles. Mas tal "inspecção" sociológica vai ordenada apenas ao conhecimento dos factos e das conexões "de facto" entre eles. Ao passo que a "inspecção" jurística, quer dos factos quer das normas, vai essencialmente dirigida a uma actividade de decisão (não visando falar *sobre* as normas mas *pro-ferir* a decisão implícita nas normas). Daí o poder dizer-se que a Jurisprudência e o seu discurso têm um carácter *preceptivo*, na medida em que visam inserir a normatividade na facticidade contingente.

Dir-se-ia à primeira vista que também a Sociologia (numa das suas orientações: a da chamada Sociologia Dialéctica ou "teoria crítica") pode ser preceptiva, na medida em que se serve de um paradigma de sociedade como termo de referência para se dar conta das "deficiências" da sociedade actual e postular uma transformação desta em termos de a ajustar àquele modelo idealizado. Logo, também o discurso sociológico seria (ou poderia ser) preceptivo (normativo).

Mesmo assim, haveria uma importante diferença a assinalar. É que o discurso jurídico é normativo ou preceptivo em si mesmo: não vai ordenado ao *conhecimento*, mas à decisão, não visa directamente a concatenação dos factos com o fim de realizar um paradigma ideal de sociedade, não visa à *eficácia* das decisões para a realização desse paradigma. Visa, antes, muito mais modesta e pragmaticamente, a descobrir as decisões rectas ou justas no presente estado da Sociedade e no contexto vinculante das normas vigentes, a implantar a normatividade possível na presente conjuntura social, a fim de resolver conflitos, evitar a ruptura, assegurar a base de organização e de ordem sobre a qual se poderá ir construindo, ao longo de um percurso histórico de persuasão e mudança do consenso comunitário, um modelo qualitativamente superior de sociedade. As análises da sociologia normativa podem comandar o discurso da política jurídica (política legislativa), mas não o discurso da Jurisprudência.

CAPÍTULO X

PROLEGÓMENOS DO DISCURSO LEGITIMADOR

SECÇÃO I — INTRODUÇÃO GERAL AO DISCURSO LEGITIMADOR

1. *Ligação do discurso ligitimador à origem da nova forma de vida "homem".*

I — A crença numa existência humana significativa pressupõe que a nossa interacção com o mundo social, mediada pela nossa comunicação com os outros, possa ter êxito, que a posição que assumimos na relação comunicativa, assim como as nossas asserções, possam ser justificadas por uma forma intersubjectivamente válida.

Para que este pressuposto se verifique é necessário admitir um outro: que algo de intersubjectivamente vinculante "antecede", por assim dizer, o próprio acto de comunicação e o rege enquanto *acto de conduta* responsável — não como mero acto de fala apenas regido por regras linguísticas. O acto de comunicação é antes de mais uma conduta submetida a normas de acção ([1]).

Toda a comunicação supõe um comprometimento, pois através dela se define a nossa identidade e a dos outros, assim como se define a "relação" entre os que comunicam. Quando esta "relação" é tematizada e se comunica sobre ela, diz-se que se metacomunica. De todo o modo, nunca há comunicação sem metacomunidação, pelo menos implícita.

Toda a comunicação bem lograda é acompanhada de uma *metacomunicação* sobre normas intersubjectivamente aceites.

([1]) Quer isto dizer, pois, que há regras reguladoras das condutas linguístico-comunicativas que funcionam como condições normativas da possibilidade da própria comunicação e que aparecem como *normas* (éticas) *da conduta* responsável, não como meras regras imanentes ao sistema linguístico.

Numa relação de comunicação sã ou normal, este aspecto de metacomunicação (ou seja, o problema da "relação" entre os que comunicam) passa a segundo plano e mantém-se latente. Pelo contrário, as relações humanas conflituosas caracterizam-se por um incessante debate sobre a natureza da "relação", pelo que o conteúdo da comunicação (ou da mensagem) perde todo o significado. Com rigor, neste caso a comunicação não funciona — ou não funciona correctamente.

É caso, portanto, para dizer que a aptidão para metacomunicar de forma satisfatória é condição *sine qua non* de uma boa comunicação. Pelo que a possibilidade de restabelecer tal metacomunicação satisfatória (e já veremos que é essa a função do discurso legitimador), quando esta tenha entrado em crise, deve considerar-se condição *sine qua non* da possibilidade de subsistência da "comunidade comunicativa", que o mesmo é dizer, da forma de vida "homem".

Ora, se o desentendimento sobre a relação comunicativa tem a ver com a própria organização social ou com as instituições que regem as relações entre os membros da "comunidade comunicativa", é de algum modo o próprio suporte estrutural da comunicação que é posto em causa. Como resolver o impasse e assegurar a sobrevivência daquela comunidade?

Ao desafio apresentado por esta situação crítica responde HABERMAS com a exigência de um "discurso": de um discurso assente numa "situação ideal de diálogo", da qual estariam excluídas todas as motivações, excepto a de uma predisposição de cooperar para a compreensão. Nessa situação ideal, cada um dos participantes observa intencionalmente as regras que exteriormente a sua conduta cumpre ou exprime e apenas observa aquelas normas que lhe pareçam justificadas. Postula-se ainda que o discurso tramite de jeito a que todos os participantes tenham oportunidades iguais de falar, de fazer sugestões, de exprimir as suas posições e sentimentos. Deste modo obter-se-ia um "diálogo isento de dominação", livre de factores coercitivos, no qual ao mesmo tempo se realizaria o objectivo de emancipação social do homem.

Subjacente a esta posição está a teoria do "consenso como critério de verdade": como critério de verdade dos enunciados e, ao mesmo tempo, como critério de rectitude das normas a observar. A verdade e a rectitude seriam, do ponto de vista hermenêutico, pretensões de validade que inerem, respectiva-

Prolegómenos do discurso legitimador 275

mente, às asserções e às normas. Sempre que exista litígio sobre tais pretensões de validade, esse litígio deve resolver-se no discurso e mediante o discurso. Critério de verdade será então o consenso, mas só aquele consenso obtido na referida "situação ideal de diálogo" e conseguido argumentativamente.

Ora a teoria do consenso como critério de verdade e da justiça não pode ser aceite. Desde logo, se o consenso é tomado como facto, dir-se-á que de um facto não pode deduzir-se qualquer validade, do mesmo modo que do pacto entendido como mero facto psicológico de acordo de vontades não pode deduzir-se o carácter vinculante do mesmo.

Não é clara a função da "situação ideal de diálogo" e do "livre discurso universal". Aquela "situação ideal de diálogo" pode ser entendida como um "ideador necessário" (como uma "utopia" regulativa) ou como uma situação prática a realizar. No primeiro caso, teremos que o consenso, que funciona como critério de verdade, é um consenso "presumido". Deste modo, nada adianta ao critério tradicional de verdade — pois apenas substitui a evidência racional como critério de verdade por uma outra designação, visto que aquele consenso é o consenso "presumido" de todos os seres racionais (voltamos ao "homem-número" de KANT).

Se aquele ponto de referência tem o segundo sentido (o de tarefa prática a realizar), então a teoria em causa vem afinal a cair na armadilha do empirismo e do positivismo a que pretendia escapar. De modo que apenas resta uma terceira possibilidade: a de conferir à tese da situação ideal de diálogo, do discurso e do consenso universal o valor de um mero critério ou ponto de vista metodológico: o próprio sentido do discurso, enquanto dirigido à persuasão e ao consenso, pressupõe "ideativamente" uma "situação ideal de diálogo", por isso que só esta permite excluir as coerções cognitivo-normativas conexas com uma concreta situação de facto e deixa prevalecer e vingar a pura força persuasiva do discurso. Já não se trata, pois, de deduzir um critério de verdade mas normas de conduta: designadamente, de normas a observar no discurso persuasivo (¹).

(¹) Sobre a teoria do consenso e sobre o discurso universal como "discurso ideal", bem como sobre a tese de HABERMAS de que o critério da decisão razoável é um "consenso antecipado" (no sentido de que razoável seria aquela decisão que resultaria de uma discussão exaustiva até ao consenso, e de que só

Observaremos que também para APEL o discurso argumentativo é aquela instância única em que o jogo transcendental de linguagem é explicitamente consciencializado, nele se institucionalizando (ou instituindo?) essa função transcendental por referência a uma "comunidade de comunicação ilimitada"( ).

II — Porém, se a tese do "consenso como critério de verdade" não parece aceitável, talvez possa admitir-se que o Discurso Universal e universalmente participado, *pro-dutor* do consenso, é o caminho para a verdade. Isto com base numa determinada concepção antropológica, que é a seguinte:

a) Entrar em comunidade pela comunicação é o fenómeno originário de qualquer forma de vida. Ora a "novidade" na forma de vida "homem" (aquele *quid* que está na origem da "eclosão germinativa" de uma nova e diferente forma de vida) é uma nova forma de comunicação, a linguagem, e, consequentemente, a forma de comunidade (comunidade "comunicativa") que através dessa forma de comunicação se instaura (o homem como "ser de linguagem" e — o que é o mesmo — como animal político ou social). A isto acresce (outra "novidade") que essa forma de comunicação que possibilita a nova forma de vida, sendo auto--reflexiva, é também por isso mesmo suceptível de virtualizar a evolução para novas etapas decisivas dessa mesma forma de vida (transferência da evolução do plano biológico-natural para o plano da cultura).

b) Donde se segue que o evoluir para formas mais avançadas desta nova forma de vida tem de estar em ligação intrínseca com o evoluir da *comunicação* que permite o surgir da nova forma (mais evoluída) da "comunidade comunicativa" e, portanto, com a integração mais perfeita de todos os homens na

---

as normas com que os seus destinatários se poriam de acordo num discurso plenamente participado e isento de coacção podem pretender validade), cfr., M. KRIELE, *Recht und Praktische Vernunft*, Göttingen 1979, pp. 55, 57, 60 e 61. Cfr. também CASTANHEIRA NEVES, *Unidade*, cit., pp. 77 e s.

(⁵) Karl-Otto APEL (cfr. o seu *Towards a Transformation of Philosophy*, trad. inglesa, London 1980 pp. 280 e s.) sustenta que quem participa no discurso argumentativo pressupõe de algum modo a possibilidade de uma *comunidade de comunicação ideal* como virtualidade real da comunidade de comunicação real de que ele próprio se tornou membro pela socialização. Essa pressuposição seria uma condição transcendental da possibilidade de sentido da sua conduta comunicativa-argumentativa.

comunidade através da participação universal num discurso universal.

c) Neste ponto, surge a ideia de Democracia como valor de comunicação e de comunidade — que nada tem *directamente* a ver, porém, com um ideal de Democracia assente na *participação* voluntarista de todas as fracções sociais nas tomadas de decisões e nas votações maioritárias, mas antes se reporta a um ideal de "situação comunicativa" alcançada através de um discurso universalmente participado que virtualize o consenso (democracia "cultural" *stricto sensu*).

d) Por este modo, os valores Verdade e Justiça, aparentemente relativos à forma de vida "homem", e também à etapa real historicamente alcançada pela comunicação e pela comunidade (pela comunidade "comunicativa"), sendo "ideadores" ou pressupostos necessários para a evolução dessa forma de vida (para que ela vença novas etapas) — e não podendo, portanto, ser referidos a qualquer etapa concebível como já adquirida, enquanto situação de facto(') , apresentam-se como verdadeiras categorias "universais" trancendentes a todo e qualquer estado de facto concebível.

Deste modo seria porventura lícito afirmar um critério de objectividade e de verdade meramente metodológico, segundo o qual essas mesmas objectividade e verdade nos seriam dadas pelo "êxito evolutivo" do discurso, isto é, pela capacidade deste para articular novas sequências discursivas e novas unidades de sentido e de consenso na "comunidade comunicativa". Este consenso, porém, não deveria ser visto como um *facto* produzido ou acontecido, mas como uma "origem" libertada e "pro-ferida" pelo discurso que ficaria a constituir como que um vórtice de novo sentido ordenador no seio do devir, viabilizando a evolução para uma nova etapa na articulação da realidade comunitária.

Todavia, em último termo, a Verdade, se, por um lado, é indesligável da história do homem, é, por outro lado, transcendente a esta história enquanto história que acontece (enquanto mera contingência) — por isso que exige a transcensão *ad infinitum* do homem tal como é em cada momento histórico e exige, portanto, a transcensão do homem enquanto ser histórico. E assim é que a própria lógica do pragmatismo filosófico conduz

---

(') Tal a consequência daquilo que APEL designa como "jogo transcendental da linguagem".

à negação do mesmo pragmatismo, na medida em que se reconheça (do próprio ponto de vista do pragmatismo) que da estratégia de sobrevivência da forma de vida "homem" fazem parte postulados e ideadores universais que transcendem o homem histórico.

A isto acresce que, ao exigir que as normas de acção a que há-de submeter a sua conduta sejam normas intersubjectivamente válidas, o homem não se contenta para o efeito com normas baseadas em decisões ou em consensos contingentes, antes postula normas fundadas em princípios não contingentes situados num plano *suprapositivo*, isto e. fora do alcance do arbítrio humano. Com efeito, ele não pode consolidar a sua *identidade pessoal* e a unidade de sentido da vida senão por referência a princípios que transcendam a factualidade contingente que o cerca por todos os lados e ameaça de contínuo essa mesma unidade e identidade pessoal.

III — À questão dos pressupostos e limites do conhecimento, suscitada por KANT, acresce a dos pressupostos da possibilidade da comunicação e da coerência do acto de comunicação linguística enquanto *conduta*. Por outro lado, quer aqueles pressupostos, quer estes, podem representar o resultado de um processo evolutivo em que se constituiu uma relação meta--institucional instituidora de uma nova forma de comunicação, assim se originando a comunidade comunicativa e o ser homem.

Nesta conformidade, seria possível distinguir três espécies de transcendência:

a) a dos pressupostos lógico-transcendentais como formas *a priori* da mente humana (transcendência lógica);

b) a dos pressupostos normativos pragmático-transcendentais enquanto condições necessárias da própria possibilidade da participação na comunidade comunicativa — ou da possibilidade de uma conduta com sentido (transcendência pragmático--normativa)[1];

---

[1] APEL (cfr, p. ex., ob. cit., p. 269) fala antes da "comunidade de comunicação transcendental", em cujo jogo transcendental de linguagem nos achamos logo à partida comprometidos e de que não podemos escapar sem ao mesmo tempo abolir a possibilidade, quer do auto-entendimento, quer da auto--identificação. Quem se envolve no discurso argumentativo pressupõe automaticamente: *a)* uma comunidade de comunicação real de que se tornou

Prolegómenos do discurso legitimador 279

c) a de um eventual pressuposto ontológico-transcendental constituído por aquela estrutura relacional consolidada no processo de hominização, ou por aquelas estruturas ordenadoras meta-institucionais seleccionadas e adquiridas no decurso da evolução para a forma de vida "homem" e que seriam o suporte e fonte daqueles princípios normativos transcendentais que tornam possível a comunidade comunicativa (transcendência estrutural ou ontológica).

A questão-charneira no que respeita ao problema da Razão Prática tem a ver com os pressupostos pragmático-normativos. Uma coisa é o *conteúdo* da declaração, outra a *conduta* declarativa que veicula esse conteúdo. As regras lógicas reportam-se à coerência do conteúdo. Os princípios pragmático-normativos reportam-se ao sentido da conduta enquanto conduta. Esta, enquanto conduta comunicativa, tem que respeitar os pressupostos da possibilidade da comunicação (e da inteligibilidade da mesma), e por isso mesmo tem de ser responsável, coerente e verídica. Tem, em suma, de inspirar confiança (credibilidade) e de ser interpretável pelos outros membros da comunidade comunicativa. Logo, o conteúdo da declaração (ou afirmação) que, referindo-se a esses pressupostos pragmático-normativos, os negassse, estaria em contradição com a conduta declarativa que o veicula, na medida em que esta é uma conduta concludente no sentido de reivindicar para si própria a inteligibilidade, a veracidade e a validade. Já não estaremos aqui perante uma simples questão teórica (de compatibilidade lógica com um modelo teórico ou com um sistema formal), mas perante uma questão prática, referida ao contexto pragmático da comunicação — questão essa que pode também designar-se como a questão da viabilidade daquele sentido intencional da conduta em face de um conteúdo declarativo que o nega.

Dado que os pressupostos da coerência do discurso comunicativo como *conduta* não são os mesmos que os da

---

membro pela socialização; *b*) uma comunidade de comunicação ideal que, no fundo, teria aptidão para compreender o sentido dos seus argumentos e para julgar da sua verdade em termos definitivos. Acontecendo assim que, de certo modo, a comunidade ideal é pressuposta e, contra a força dos factos, mesmo antecipada na comunidade real, como uma possibilidade real desta (*ib.*, pp. 280 e s.).

280 *Introdução ao Direito e ao discurso legitimador*

validade de um conjunto de proposições lógicas, sempre que o conteúdo da afirmação se refira em termos gerais ou teóricos ao sentido da conduta comunicativa entramos num jogo paradoxal, pois aquela afirmação é também ela mesma antes de mais uma conduta comunicativa abrangida pela teoria que desenvolve no respectivo conteúdo. Quer isto dizer que toda a teoria que se refira ao sentido da conduta comunicativa ou aos limites e pressupostos da validade desta é constituída por proposições teóricas de duplo grau semântico: afirmam algo sobre a sua própria validade, identificando a linguagem-objecto com a meta-linguagem (¹). Donde devemos concluir que não é possível falar do sentido da conduta em linguagem teorética — que o mesmo é dizer, falar em linguagem teorética do sujeito e da comunidade comunicativa em que este se define, colocando dentro do mundo o dito sujeito quando este é, na expressão de WITTGENSTEIN, "limite do mundo".

Logo, se não queremos abolir a comunicação que pelo nosso próprio discurso pressupomos e afirmamos, só nos resta aceitar como dados inquestionáveis os pressupostos normativos da possibilidade dessa mesma comunicação, assumindo uma posição pragmática, e não uma posição teorética. Questionar teoreticamente os referidos pressupostos pragmáticos representa um contra-senso, por duas razões: *a)* porque não faz sentido uma questão que, nos termos em que é posta (perspectiva teorética), não é decidível; *b)* porque o acto comunicativo de linguagem que

---

(¹) Note-se que o paradoxo da afirmação que contém dois enunciados, um na linguagem-objecto, outro ao nível da metalinguagem, afirmando este qualquer coisa sobre o primeiro (é o conhecido paradoxo da afirmação: "Eu sou mentiroso"), é classificado entre os paradoxos semânticos. A chamada reflexividade dos enunciados que abrangem a sua própria verdade ou falsidade (ou outras propriedades, como a sua legitimidade, demonstrabilidade, decidibilidade, etc.) faz com que as correspondentes asserções sejam destituídas de sentido (cfr. WATZLAWICK, BEAVIN e JACKSON, *Une Logique de la Communication*, trad. francesa, Paris 1972, pp. 193 e ss.). Nós, porém, encaramos tal paradoxo no texto enquanto paradoxo pragmático, no sentido de que existe antinomia entre o *conteúdo* da afirmação e o *sentido* da conduta comunicativa que veicula aquele conteúdo. Duvidamos mesmo se o verdadeiro paradoxo não é sempre um paradoxo pragmático. O "sem-sentido" (o contra--senso e a indecidibilidade) é primariamente característica de uma conduta antinómica. A contradição lógica, essa não é propriamente um contra-senso, por isso mesmo que é possível *defini-la* como contradição dentro do sistema de referência.

Prolegómenos do discurso legitimador 281

ponha em causa os ditos pressupostos põe também em causa o seu próprio sentido de conduta comunicativa.

Aceites como inquestionáveis os ditos pressupostos, devemos então esforçar-nos por uma comunicação mais lograda, mais persuasiva, mais clara e coerentemente articulada. Isto, porém, já só é possível mediante um discurso hermenêutico ou interpretativo que deixe falar ou traga à fala, numa linguagem mais explicitamente estruturada, as próprias origens da comunidade comunicativa (ou da hominização), os próprios princípios ordenadores que derivam daquela relação meta-institucional que engendrou a dita comunidade. Este, porém, é o campo da Razão Prática.

IV — Aqueles princípios ordenadores que "originariamente" subjazem à práxis humana histórica e são, por assim dizer, evidências latentes a que corresponde um "consenso pressuposto" que torna possível a "comunidade comunicativa" e, portanto, a "hominização", só nos podem ser revelados através de um discurso hermenêutico cuja força persuasiva lhe advém do facto de os "pro-ferir". Daí que esta força persuasiva do discurso se apresente como situada "fora dele", para além dele, para além do dito ou declarado. Deste modo, o discurso hermenêutico conclusivo, assim como a obra de cultura lograda, vale mais que o facto contingente do seu acontecer ou que as sequências lógicas que a compõem, porque "profere" ou revela um sistema de evidências latentes, ganhando assim uma dimensão institucional ou supracontingente. Pelo contrário, o discurso teorético vale pela sua coerência lógica intrínseca e pela sua conformidade ao modelo teórico.

Por outro lado, o discurso hermenêutico universal, mesmo quando propõe uma evolução a partir de um sentido originário que nos revela, não é coactivo, ao contrário do discurso teorético e das directivas emanadas de um projecto voluntarista ou de uma organização social da acção. Sim, as normas de conduta reveladas por aquele discurso, enquanto discurso universal, são sempre compatíveis com a nossa liberdade, porque dimanam de princípios orientadores congénitos com a nossa identidade (congénitos com a origem da nossa identidade pessoal na "comunidade comunicativa"). Daqui não se conclui pela fórmula paradoxal de ROSSEAU de que obrigar os homens a obedecer à razão é obrigá-los a ser livres, mas conclui-se, isso sim, que a participação num discurso universal e livremente participado não pode deixar de implicar um assentimento ou um consenso: pelo menos aquele substrato de consenso que nos permite comunicar e no qual se contêm os pressupostos normativos irrecusáveis da própria possibilidade de entendimento ([1]).

V — Importa assinalar o papel fundamental que tem o Discurso (o discurso crítico) no pensamento de autores como APEL e HABERMAS. Instância crítica de recurso para os casos de perturbação no funcionamento da "comunidade comunicativa" (crises de legitimidade das instituições), ele seria uma espécie de meta-instituição implícita ou de reserva, mas sempre virtualmente presente e pressuposto em todas as afirmações que se dão como fundamentáveis e em todas as normas e decisões que se apresentam como legítimas ou válidas ([2]). Intervém, actualizando a sua função latente, nos momentos críticos, para estabelecer uma nova base de entendimento e assegurar a continuidade da "comunidade comunicativa". Então torna consciente e explícito o jogo transcendental da linguagem da *comunidade de comunicação ilimitada"* (e ideal), representando como que a institucionalização da auto-reflexão racional deste jogo ([3]). A sua função é, pois, uma função *meta-teorética*, por isso mesmo que se reporta ao "jogo transcendental de linguagem da comunidade de comunicação ilimitada" que constitui "o pressuposto da possibilidade das ciências sociais", segundo APEL, se não mesmo de toda a ciência ([4]).

O discorrer meta-institucional é susceptível de alterar os pressupostos da comunicação até ali em curso na "comunidade comunicativa", por forma a produzir um fenómeno de *aprendizagem*. O que implica, não apenas consequências teóricas,

---

([1]) Sobre este ponto, cfr também infra, Secção IV, 5.

([2]) "Understanding pressuposes the regulative principle of hypothetical justification" — escreve APEL, ob. cit., p. 247.

([3]) Cfr. Walter WEYMANN-WEYHE ,*Sprache-Gesellschaft-Institution,* Düsseldorf 1978, p. 241.

([4]) Assinale-se que, segundo APEL (ob. cit., p. 123), quando se olhe a comunidade histórica de interacção como sujeito da interpretação dos signos, pode descortinar-se um princípio regulativo de um progresso potencialmente ilimitado. Na sua opinião, "esse principio regulativo seria constituido pela *ideia de realização de uma comunidade ilimitada de interpretação, pressuposta por todo aquele que toma parte numa discussão crítica* (isto é, por todo aquele que pensa) *como uma instância ideal de controle".*

Prolegómenos do discurso legitimador 283

mas também consequências práticas: uma mudança da *consue-tudo* e dos hábitos mentais, situando o homem numa outra relação com a realidade. Isto deverá significar avanço para uma nova etapa, mutação. A intenção profunda de tal discurso não é apenas a de uma explicação ou aclaramento teórico da comunicação corrente, revelando os seus pressupostos ocultos e os seus défices ou incompletudes. Na verdade, o discurso que profere a comunicação sobre os pressupostos e défices da comunicação corrente, sobre os automatismos do sistema de comunicação "instituído" cujo reconhecimento permitirá ao homem entrar num novo contexto comunicativo-discursivo e escapar à "coacção" que daqueles automatismos emana, tem de ser necessariamente um discurso hermenêutico "instituinte", por isso que não é possível, neste domínio, revelar a incompletude ou deficiência da comunicação sem ao mesmo tempo "instituir" uma *decisão* de completude.

Quer-se com isto significar também que o discurso meta--institucional, por isso mesmo que passa além do "instituído" instituindo um novo horizonte de comunicação, não é um discurso que fale *de fora* da comunidade de comunicação instituída, fazendo desta *objecto* de análise. Desde logo porque falar fora da comunidade comunicativa não faria sentido (não seria inteligível tal discurso, uma vez que toda a inteligibilidade pressupõe a mediação intersubjectiva da tradição). Logo, só pode tratar-se de um discurso de "crítica interna", capaz de "instituir" um outro nível de reflexão e de conhecimento.

Ao "pro-ferir" ou desenvolver o sistema de sentido da vida humana, a sua intenção não é falar teoricamente sobre o *facto*, nem sobre o "instituído" (ordem social) *como facto*, mas justamente desenvolver o sentido profundo subjacente ao sistema de sentido instituído e instituir assim um salto evolutivo na compreensão dos princípios organizativos subjacentes à práxis humana histórica. O que está em causa é a força modificadora da reflexão, designadamente daquela reflexão transcendental cuja força ilocutiva determina o sentido possível da conduta comunicativa enquanto *conduta* (normal) — o que significa determinar a legitimidade ou ilegitimidade, a inteligibilidade ou ininteligibilidade de certas condutas ou quadros comunicativos e, consequentemente, a eventual marginalização (exclusão da "comunidade comunicativa") daqueles que se refugiem em quadros comunicativos diferentes (caso dos alienados). Quer isto dizer que em último termo ela fixa os limites do normal e do anormal, determinando a "lógica da vida" do homem. Isto nos mostra e comprova que o "normal", o "humano" e o respectivo conceito, assentam numa estrutura de sentido profunda que transcende a nossa razão teórica.

A este nível, transparece a verdade do enunciado de WITTGENSTEIN segundo o qual o sujeito, o homem, "não pertence ao mundo mas constitui um limite do mundo"; assim como transparece a dignidade reconhecida pela mesmo filósofo e matemático, no final do seu *Tractatus Logico-Philosophicus*, ao elemento e à atitude mística, como atitude que finalmente transcende o paradoxo existencial do homem.

2. O Discurso Legitimador e o Discurso Jurídico

1 — O Discurso Legitimador é a prolação (continuação) daquele fenómeno originário de comunicação que institui aquela forma de vida comunicativa que é a forma de vida "homem". Como tal, ele é também originário, no sentido de que se encontra ligado de raíz àquela origem e antecede toda e qualquer outra forma de discurso, designadamente, o discurso teorético-científico.

Consequentemente, a sua tramitação ou o seu exercício tem a ver com o desenvolvimento e aprofundamento da "comunidade comunicativa" de interacção. Tem, pois, uma incidência directa e *constitutiva* sobre o evoluir daquela forma de vida. Nesta medida, é sempre uma interpretação ou reinterpretação da sua origem — do "acontecimento ou evento antropológico" — , tem sempre neste evento originártio um pressuposto estrutural inultrapassável (o seu *a-priori* sempre presente e ineliminável) e desenvolve-se em termos hermenêuticos, que não em termos de teoria científica explicativa.

O desenvolvimento de um discurso em termos de hermenêutica significa, porém, mediação do discurso através de "concretizações" de princípios "pressupostos", por modo tal que o conteúdo destes princípios é dilucidado mediante concretizações (ou positivações) dos mesmos, mas, ao mesmo tempo, estas concretizações só têm significado e o discurso que as utiliza só tem coerência e força persuasiva (ou legitimadora) por virtude dos princípios que eles procuram dilucidar aplicativamente. Estaremos, assim, caídos num "círculo hermenêutico". Neste e

Prolegómenos do discurso legitimador 285

noutros aspectos o Discurso Jurídico (como uma modalidade específica do Discurso Legitimador) é exemplar e com ele aprenderam (ou podem aprender) o Discurso Filosófico, o Discurso Ético e o Discurso Político. Do Discurso Jurídico aprendeu designadamente o Discurso Filosófico (nomeadamente com ROUSSEAU e com KANT) a distinguir entre o que é *de facto* e o que é *de iure* — entre a situação de facto da "comunidade comunicativa" (da estruturação da realidade social) e o que ela deve ser *de iure*, por força dos postulados ético-semânticos radicais implícitos na sua própria origem (implícitos no momento germinativo originário da "comunidade comunicativa").

II — Como já sugerimos, o Discurso Jurídico é uma modalidade específica do Discurso Legitimador. É, portanto, um discurso hermenêutico, não um discurso teorético-científico. Se nos perguntarmos o que é que o especifica perante o Discurso Legitimador universal, logo pensamos, designadamente, no seguinte:

a) O Discurso Jurídico procura justificar decisões a partir de *fontes* de Direito positivas que representam já concretizações ou positivações vinculantes de um Discurso Legitimador antecedente;

b) O Discurso Jurídico adopta uma linguagem específica, mais rigorosamente articulada e controlável, uma linguagem técnica e formalista que, representando, por um lado, exigências particulares decorrentes da própria função social do Direito e da expedita e controlada aplicação do mesmo (postulados funcionais), por outro lado, parece representar um corte ou ruptura entre o Discurso Jurídico e o Disurso Legitimador universal.

Em todo o caso, o Discurso Jurídico, apesar da sua especificidade, tecnicismo e formalismo, mantém uma ligação íntima com o Discurso Legitimador Universal e, portanto, com a sua raíz profunda na cultura. Isto porque no Direito Positivado se concretizam princípios suprapositivos sem os quais aquele não pode ser entendido, devidamente interpretado e aplicado. A isto acresce que, naqueles domínios em que a aplicação do Direito exige operações de "concretização" de princípios gerais, o Discurso Jurídico se apresenta como o modelo mais elaborado — por isso mesmo que é o mais praticado e experimentado — do Discurso Legitimador.

Bem no fio da ideia de que o Discurso Jurídico é uma subespécie do Discurso Legitimador, sendo este a prolação do fenómeno comunicativo originário, põe-se a propósito do Discurso Jurídico a questão de saber como tornar "discursivo" ou racionalmente controlável aquilo que necessariamente antecede toda a discursividade porque é já um pressuposto estrutural da possibilidade da comunicação e, portanto, do discurso.

A isto responderemos desde já que tal só se revela viável mediante a instituição (estabilização) de um quadro de linguagem específico, dentro do qual se torne possível uma comunicação e um discurso mais restrito, mas por isso mesmo mais produtivo e mais habilitante. É esta especificidade que permite o rigor do discurso e o seu controlo racional, e, mais ainda, confere ao jurista certo poder ou liberdade de "dispor", por isso que lhe permite tomar a iniciativa e fazer com essa linguagem um jogo consciente ([1]). Dir-se-á, pois, que o Discurso Jurídico se desenvolveu e progrediu em relação a qualquer outro Discurso Legitimador porque aceitou modestamente as limitações que são impostas a qualquer acção humana eficaz, aceitou a "mediação" de uma "dogmática" ajustada à função do Direito e dos seus agentes na sociedade. É essa "dogmática" que constitui o cerne da linguagem específica do Discurso Jurídico. E, como acabámos de sugerir, essa especificidade da linguagem jurídica é função das exigências decorrentes da função social do Direito.

SECÇÃO II — O PROBLEMA DO DIREITO JUSTO

1. Introdução.

I — Admite-se em regra que, com a passagem de um novo limiar na história do homem, se institui uma nova estrutura de sentido e que desta, enquanto estrutura englobante, derivaria um certo elemento "prescritivo" — um pré-dado — que impregna o discorrer em qualquer ciência, que se apresenta, designadamente, não só com um fundamento "prescritivo" do Discurso Legitimador enquanto discurso normativo, mas ainda como um fundamento "prescritivo" (um *a-priori*) do conhecimento das normas e da realidade humana social. Esse *a-priori* representaria,

---

([1]) A este propósito, cfr. *infra*, Cap.XI, n.ºs 3, 4 e 6.

Prolegómenos do discurso legitimador 287

pois, uma estrutura cognitivo-normativa. Sob a égide desse "prescritivo" evoluiriam todos os novos desenvolvimentos do pensamento e da linguagem humanos, quer dizer, a comunicação na "comunidade comunicativa".

À luz dessa estrutura cognitivo-normativa englobante — e só à luz dela — teriam que ser entendidas as normas *postas*, designadamente as normas jurídicas positivas, por isso que estas têm de assentar naquela estrutura a sua própria possibilidade de fazer sentido. Aquele *a-priori* impregna, pois, o discurso do legislador e do jurista — necessariamente. Nele estaria, portanto, o assento daqueles princípios suprapositivos havidos como princípios do *Direito Justo*. Nesta medida, tais princípios teriam não só a qualidade de princípios *vigentes* — enquanto as prescrições que deles emanam integram o ordenamento positivo — mas também a de princípios *válidos*, isto é, de princípios suprapositivos, enquanto pressupostos necessários do próprio direito positivo e, como tais, dotados de uma *validade* que é independente da sua consagração no direito positivo.

Surge-nos aqui — de uma maneira quase indutiva — o problema do *Direito Justo*, também designado por problema do *Direito Natural*.

II — Reconhece-se hoje de uma maneira geral que há orientações prescritivas decorrentes das próprias estruturas cognitivas e da estrutura englobante de sentido da consciência humana numa certa época e numa certa cultura. Daí decorreriam princípios suprapositivos que se impõem ao legislador. Mas a maioria dos autores coíbe-se de afirmar a validade *a se.* e intemporal de tais princípios. Pois que uma tal afirmação gravitaria na órbita da concepção ontológica fundada na "verdade do ser", na órbita de um modelo metafísico de "ser", "essência," "natureza-substância", modelo esse que postularia como ponto de partida absoluto uma noção de verdade *objectiva*, de todo independente da função vital do conhecimento (da sua função na *práxis* de certa forma de vida) e, portanto, do problema da legitimação discursivo-normativa da conduta humana. Este último problema, no modelo ontológico, surgiria já em segundo lugar, como problema a resolver por referência a uma natureza ou essência do homem, ontologicamente préfixada. Estabelecida metafisicamente esta essência, o problema da legitimação normativa da conduta humana (das normas por que esta se deve reger) seria resolvido derivando daquela essência ou natureza as normas básicas e universais da conduta recta. Ora a uma tal concepção objectam uns dizendo que tais normas universais são retiradas do conceito de natureza do homem por isso mesmo que já nele haviam sido introduzidas, ao que outros acrescentam que o modelo da metafísica clássica, aparecendo embora sob a capa de um "modelo de ser", tem já na verdade a função e o sentido de um "modelo de acção" — exercendo, portanto, uma função legitimadora.

A doutrina moderna, porém, critica com idêntico fundamento a concepção *positivista* que assenta no pressuposto "antimetafísico", mas afinal também metafísico, de que a verdadeira e única realidade é apenas a realidade dos factos e acontecimentos empiricamente apreensíveis e verificáveis e, consequentemente, no pressuposto de que todo o direito é direito *posto* por uma vontade humana, é direito positivo produzido pela vontade do legislador.

Escapa na verdade ao *Positivismo*, enquanto "metafísica antimetafísica", que tudo aquilo que o homem pode apreender como facto, como acontecimento, como norma positiva ou como sentido da norma positiva é já predeterminado por elementos "prescritivos" decorrentes de estruturas gnoseológicas e de estruturas de sentido que, em cada momento, transcendem o nível de reflexão ou o horizonte visual em que o homem historicamente se situa — nível e horizonte esses que só podem ser reflectidos num ulterior movimento de reflexão, a que corresponde uma nova etapa histórica em que se constitui uma diferente relação do homem com a realidade.

III — A concepção segundo a qual os referidos elementos "prescritivos" suprapositivos nascidos da estrutura de sentido de uma cultura e época histórica apontariam para a ideia de um "Direito Natural historicamente variável", não parece de molde a dar uma resposta satisfatória ao eterno problema do Direito Justo. À primeira vista, só uma doutrina concebida nos moldes do Direito Natural clássico (metafísico) poderia ser uma resposta adequada àquela interrogação.

Seja como for, o homem não renuncia à ideia de um Direito Justo nem à exigência de uma validade ideal, intemporal, desse direito, por isso que tal ideia e tal exigência correspondem a uma postulação intrínseca do ser hominal em todas as épocas e

Prolegómenos do discurso legitimador 289

culturas e está intimamente articulada com a necessidade radical (experimentada logo nas experiências elementares da vida) de procura de um sentido para a vida social-humana. Neste ponto somos forçados a reconhecer que existe um nexo profundo entre a "natureza" do homem enquanto ser que, *emergindo da natura,* se constitui no reino da cultura, e a ideia de Direito Natural.

E, com efeito, existem designadamente princípios que encontram determinadas concretizações no Direito Positivo (e que, nessa medida, participam do seu modo de vigência) para que todos reivindicamos a qualidade de princípios do Direito Justo dotados de validade intemporal. A nossa reivindicação poderá vir a revelar-se porventura errónea ou infundada no futuro, mas o certo é que é uma vivência humana originária, elementar, aquela que nos força a "pressupor" e a postular a validade intemporal de um Direito Justo. Não podemos renunciar a tal ideia, porque em último termo ela é uma "condição transcendental" da possibilidade de dar sentido à vida e às próprias interrogações que dela emergem. Assim acontece, designadamente, sempre que apreciamos qualquer Direito Positivo, quer para afirmar a sua desconformidade com o Direito Justo e a consequente necessidade de o aperfeiçoar, quer mesmo para reconhecer que em tal Direito Positivo ganham expressão determinadas concretizações de princípios do Direito Justo, princípios estes que se não confundem com a soma dessas expressões ou concretizações. Pois que então estaremos a remeter para conteúdos normativos extrapositivos que correspondem a um conteúdo do Direito Justo, ou a um certo conteúdo mínimo da própria ideia originária do Direito.

IV — Perante a postulação "transcendental" acima referida, dir-se-ia, então, que o Direito Justo *é*, que ele tem uma "realidade ideal" e, portanto, imutável, pelo que só o nosso conhecimento dele é que seria provisório, parcelar e mutável — daqui resultando que a nossa concepção do Justo tenha de submeter-se a revisão e a afinamentos nas sucessivas fases da história. Porém, o nosso conhecimento do Justo seria pelo menos capaz de alcançar "verdades parcelares" ou reverberações da ideia de Justiça refractadas pela situação histórica, pelo que, uma vez alcançadas ou "consciencializadas" tais parcelas da verdade, elas representariam como que etapas vencidas na evolução da humanidade. Parcelares embora e, por isso mesmo, carecidas de ajustamentos a contextos situacionais diferentes e a novas perspectivas, tais verdades ou princípios nunca mais poderiam vir a ser de todo olvidados ou obliterados — porque isso representaria um retrocesso na evolução do homem. Escreve a propósito RYFFEL([1]): "Temos de ver os critérios do Justo na mudança histórica. Esta mudança, porém, não é casual, se atentarmos nas estruturas que ela pode realizar. Não se pode retroceder a fases anteriores da evolução. Os critérios do Justo alteraram-se num processo irreversível. Sim, de um ponto de vista ulterior pode dizer-se que tais critérios se terão vindo a tornar mais claros e a deixar transparecer o Justo de forma cada vez mais adequada. Como o homem tem de realizar o Justo, isto significa também que ele próprio, no decurso da história, e olhado a partir das fases mais recentes da sua evolução, emerge cada vez mais claramente na sua verdadeira natureza".

Como salienta LARENZ([2]), RYFFEL assenta o seu ponto de vista numa dada concepção antropológica e numa concepção optimista da evolução histórica. Subjacente a tal ponto de vista está também uma ideia que LUHMANN exprime do seguinte modo: a "história do mundo tem sentido como auto-selectividade de ser e deve por isso ser teoricamente concebida como evolução" ([3]).

O certo, porém, é que o podemos dar por averiguado na história do homem é apenas o progresso no sentido de uma complexificação social crescente. No plano da Mora' e do Direito, confiado à liberdade do homem e não a uma lei natural, a evolução no sentido ascendente não surge como um processo necessário. Nada nos garante, p. ex., que o homem não venha a escolher o caminho que leva à sua própria catástrofe. Sim, é verdade que verificamos uma certa germinatividade eclosiva de certas ideias jurídicas que se organizam em torno de certas instituições sociais e se ramificam num expansionismo invasor, contagiante. Aí pode observar-se que a evolução de uma ideia no tempo histórico corresponde ao desentranhar progressivo da lógica intrínseca dessa mesma ideia. Falta-nos, porém, horizonte temporal suficiente para podermos afirmar que uma tal evolução representa uma etapa irreversível na história do homem.

([1]) Cit. apud LARENZ, *RR*, p. 184.
([2]) *Ib.*, pp. 184 e s.
([3]) Cit. *apud* W. WEYMANN-WEYHE, ob. cit., p. 77.

Mas, por outro lado, havemos de reafirmar que nós, como homens, temos de nos ver sempre confrontados com a questão das condições da possibilidade do agir humano, isto é, do agir com um sentido, e, portanto, de nos ver confrontados com os pressupostos do Direito Justo. Esta é uma questão a que não logramos escapar — porque não podemos escapar ao *problema da legitimação* dos nosso juízos e das nossas acções. E, se a resposta que damos a esta questão, ou seja, a concepção que temos do Direito Justo, muda em cada época, isto não tem de significar que mudem os ditos princípios. Dir-se-á, antes, que o que muda é o nosso conhecimento acerca deles (¹).

V — LARENZ (·) põe o problema do modo de vigência (*Geltungsweise*) dos princípios do Direito Justo pela seguinte forma.

Tais princípios dão-se-nos a conhecer no Direito Positivo, se e na medida em que neste se incorporam. Que o mesmo é dizer: na medida em que são "também" princípios do Direito Positivo. Donde se segue que, enquanto princípios de Direito Positivo, aqueles princípios "valem" pela mesma maneira por que este Direito "vale". Porém, o Direito Positivo vale por força da sua "positivação", ao passo que o Direito Justo, por definição, vale por força da sua Justiça, e não por força da sua positivação. Como conciliar, pois, as duas afirmações?

Importa a este propósito ter em conta que a dimensão temporal (e, bem assim, a dimensão espacial) é inerente à *positividade* do Direito. Assim, uma norma de Direito Positivo "entra em vigor" em determinada data e deixa de vigorar também a partir de certo momento (normalmente por força de outra norma que a revoga). Por outro lado, as normas do ordenamento de um Estado têm também um domínio de validade espacialmente limitado (para não falar já das normas do ordenamento de aplicação regional ou local). Consequentemente, a relatividade espácio-temporal é característica inerente à "positividade" do Direito.

Daqui se seguiria que os princípios do Direito Justo, enquanto elementos integrantes do Direito Positivo, deveriam participar desta maneira de ser (de ser vigente ou de "valer") do Direito Positivo — deveriam *participar*, designadamente, da

(¹) Também neste sentido, LARENZ, *RR, cit., p. 185,*
(·) Cfr. *Richtiges Recht,* cit. pp. 174 e segs.

estrutura temporal desse Direito. Sucede, porém, que os princípios do Direito Justo, por definição, estão subtraídos à relatividade temporal, pois gozam de uma "validade" *ideal, suprapositiva*. Pelo menos, é inegável que, ao afirmá-los como princípios do Direito Justo, *postulamos* para eles uma validade supratemporal (logo, suprapositiva), uma validade ideal, do mesmo tipo daquela validade que atribuímos às proposições *verdadeiras*.

Logo, quando se diz que os princípios do Direito Justo incorporados no Direito Positivo são "também" ("igualmente") princípios deste Direito, este "também" não pode traduzir uma ideia de identidade, mas apenas uma ideia de correspondência maior ou menor. Como princípios do Direito Positivo, tornam-se princípios deste, mas, enquanto princípios deste, eles já não são a mesma coisa que são como princípios do Direito Justo. Doutro modo, como poderiam eles, enquanto "positivados", postular uma validade ideal? Por outro lado, se, a tais princípios, enquanto princípios do Direito Positivo, fosse atribuída a dita validade ideal, isso corresponderia a atribuir uma validade ideal a uma parte de Direito Positivo, corresponderia a subtraír este à dimensão da contingência temporal — o que equivaleria a um regresso ao pensamento jusnaturalista.

Como se compreende então que, para esclarecer ou explicitar o conteúdo dos princípios do Direito Justo, nós tenhamos de partir do conhecimento das concretizações que estes princípios (mais rigorosamente: os princípios que a eles correspondem) alcançaram num determinado Direito Positivo? LARENZ responde assim a esta questão: Porque o *conteúdo de sentido* dos princípios do Direito Justo escapa à nossa concepção directa e só se nos manifesta ou dá a conhecer "mediatizadamente", isto é, através da sua concretização no Direito Positivo. E, por isso mesmo, também nunca se nos revela por forma completa e acabada. A partir da referida concretização é que nos é dado um "vislumbre" ("Vorgriff") daquele conteúdo que nos faz "pre-luzir" o sentido dos ditos princípios.

VI — A problemática suscitada assim por LARENZ leva-nos a distinguir entre *valer e vigorar* — sendo que *vigorar* pressupõe o "entrar em vigor" mediante um acto de positivação. Os princípios do Direito Justo que *vigoram* como princípios do Direito Positivo vigoram através das concretizações que deles faz o acto

Prolegómenos do discurso legitimador 293

positivador que organiza a sua efectivação ou implementação na realidade social. Porém, a sua *validade* é e permanece suprapositiva, enquanto précondição *da própria validade* do Direito Positivo ou, por outras palavras, enquanto pressuposto irredutível e constitutivo do próprio sentido de validade do Direito Positivo. Logo, aquela *validade* dos princípios do Direito Justo não é positivada nem o pode ser, por isso mesmo que ela é o fundamento ou pressuposto irredutível da própria validade do direito posto e, portanto, é sempre e necessariamente um *prius*.

Isto há-de significar que a "positivação" — normalmente o acto de vontade positivador do órgão competente para editar leis — não incide sobre a validade dos princípios do Direito Justo (que pressupõe, postula e necessariamente reconhece)([1]), mas sobre as formas organizativas de implementar tais princípios no contexto da realidade social. Sendo tais princípios princípios constitutivos do próprio sentido do Direito Positivo, sendo "ideadores necessários" do universo de linguagem em que a própria juridicidade tem de falar, podemos também considerá-los "pressupostos transcendentais" da dita linguagem.

2. *O Jusnaturalismo e a Filosofia Pragmatista da Linguagem.*

I — Como acabámos de ver, os princípios do Direito Justo são suprapositivos e neste plano da suprapositividade se mantêm sempre como polaridades de referência de todo o entendimento (e de todo o sentido possível) do Direito Posto.

Mas aqui duas concepções importa considerar: O pensamento Jusnaturalista fundamenta aquela *validade suprapositiva* na "unidade" e "verdade do ser" (modelo ontológico), ao passo que certas correntes hermenêuticas e da filosofia crítica da linguagem assentam essa mesma *validade suprapositiva* numa pragmática universal: na necessidade pragmática intransponível de dar coerência e sentido à linguagem, à intercomunicação e interacção humanas — pelo que tais princípios seriam de conceber como transcendentais da linguagem (neste caso, da

_____

([1]) Com efeito, o acto positivador nunca afirma a norma que positiva como um *quero porque quero,* antes ao decretá-la afirma uma pretensão de justiça para o conteúdo daquela norma.

linguagem jurídica), pressupostos inultrapassáveis, "ideadores ou postulados necessários" e *a priori* de todo o discurso (jurídico) coerente.

Esta última concepção parte de um facto antropológico fundamental: o *sentido* (ou seja, a "ordenação") da vida humana (vida social) não está predeterminado por qualquer Ser ou Verdade (como no entendimento do modelo ontológico). Antes, uma vez iniciada pelo "homem" (enquanto nova "forma de vida") a institucionalização dos sentidos orientadores da sua acção (que é sempre interacção, conduta), a necessidade de "unidade" e coerência dessa ordenação da vida torna-se num postulado radical (num "ideador necessário") e, como tal, está sempre e necessariamente pressuposto em todas as formas de ordenação estabelecidas pelo homem. Mas esses pressupostos suprapositivos não são algo que tenha existência *a se*, não se acham ancorados na natureza de um ser subsistente *extra mentem*: antes, apenas existem e valem em função da actividade daquela forma de vida, desempenhando, pois, uma função vital — pelo que não existiriam se não existisse aquela actividade vital-cultural, tal como a gramática, que rege a linguagem, não existiria se não existisse essa linguagem que a aplica. Tais princípios suprapositivos decorreriam assim de uma prática, da pragmática da forma de vida "homem", e, neste sentido, deve dizer-se deles que correspondem a uma necessidade antropológica.

Na ordem prática, as diferenças entre as duas concepções acabadas de referir não parecem muito salientes. A isto deve acrescentar-se que a corrente crítico-hermenêutica teve o mérito de arredar de vez — parece-nos — a concepção *positivista* entranhada nos hábitos mentais dos juristas, sobretudo a partir do século passado.

II — Procuremos ilustrar as diferenças entre as duas concepções. Assim, p. ex., a regra "pacta sunt servanda" é, para os jusnaturalistas, um princípio de Direito Natural. Para a filosofia crítica da linguagem (na sua versão mais evoluída) ela será um pressuposto necessário da própria possibilidade de certo tipo de comunicação, da comunicação linguística, designadamente, enquanto esta é instrumento (ou, mais que instrumento, "medium") vital ao serviço da interacção organizada entre os indivíduos — interacção esta que é o próprio chão de toda a vida social-humana.

Prolegómenos do discurso legitimador 295

O Jusnaturalismo diria que o princípio "pacta sunt servanda" é um princípio de Direito Natural ancorado na ordem do ser, na natureza ética do homem (porque a vontade do homem, como vontade de um ser racional, está sujeita à ética). A filosofia crítica da linguagem explicaria as coisas doutra maneira—e por tal modo que a suprapositividade de tal princípio (que ela afirma) não careceria, nem mesmo seria susceptível, de uma fundamentação metafísica. Na verdade, dir-se-á, o princípio em causa está *constitutivamente* presente no acto de comunicação (declaração de vontade) pelo qual uma pessoa se vincula a uma promessa perante outra: ele é um pressuposto ético-semântico intransponível do próprio tipo de conduta comunicativa adoptado porque, sem ele a regê-la, tal conduta não faria sentido. Portanto, o princípio "pacta sunt servanda" vincula eticamente no sentido radical de que, de outro modo, a conduta do promitente não faria sentido (não seria mesmo conduta). Se ele, promitente, se não sente vinculado a tal princípio, isso traduz eticamente um *venire contra factum proprium* e, semântico-pragmaticamente, uma "auto-exclusão" da "comunidade comunicativa" (que se estende a toda a sociedade) em que entrou (ou em que *está*) ao adoptar a conduta de promitente. A incoerência ética (*venire contra factum proprium*) é simultaneamente uma incoerência semântico-pragmática: recusa do único sentido que a conduta poderia ter como conduta (como conduta significativa ou humana).

Como o próprio acto de comunicação é um *acto de conduta*, ou seja, um acto com um *sentido* e, portanto, um acto regido por normas que lhe conferem esse sentido e esse carácter de conduta, a norma de coerência é simultaneamente uma norma ética e uma regra pragmático-semântica. Daí que se tenha falado de um pressuposto ético-semântico. Deste modo, não é a *vontade* de promessa, como *facto* psicológico transmitido pela declaração de vontade que, em último termo, vincula o promitente. Essa *vontade positivadora* não vai de forma alguma endereçada à regra "pacta sunt servanda": ela, a vontade, apenas "aplica" (ainda que porventura sem vontade de aplicação) ou implementa tal regra ao mover à *conduta* comunicativa (declarativa) que, por força da mesma regra (que a rege ou lhe dá significação), tem aquele determinado sentido—isto é, é vinculativa. Logo, não é a vontade como *facto* que vincula (pois um dever-ser não se funda

296   *Introdução ao Direito e ao discurso legitimador*

nunca num facto), mas a norma ou normas que constituem aquela conduta como conduta humana (ou significativa).

De modo paralelo, e com as devidas adaptações, poderíamos dizer que não é o acto de vontade do legislador que põe em vigor ou dá validade positiva (ou que "positiva") os princípios de Direito Justo que aplica ou implementa ao ditar certas normas positivas que só podem ser entendidas como "concretizações" de tais princípios: antes, estes valem — e valem ainda "antes" de positivados em si mesmos, porque são pressupostos constitutivos intransponíveis (sempre *suprapositivos*) do sentido "jurídico" daquelas normas.

3. *Uma concepção hodierna de Direito Natural*

I — Na sequência do exposto vem agora a ponto dizer que existe uma concepção muito ampla de Direito Natural no qual se abrangem todas aquelas "realidades" previamente-dadas a que se acha vinculado o legislador (tomando este como a instância positivadora por excelência), desde valores, normas, "natureza das coisas", estruturas da interacção humana (da humana convivência), situação histórica, espírito ou cultura de um povo, instituições e papéis sociais, etc. Nesta concepção renuncia-se a fazer reverter o conceito de Direito Natural à ideia de que há critérios normativos fundamentais que radicam numa natureza ou essência prefixada. O conceito de "Natureza" deixa de significar "aquilo que não é algo de posto ou constituído pela prática humana". Abandona-se, pois, a vinculação a um conceito qualquer de "natureza", substituindo-o pelo puro e simples apego à ideia de "indisponibilidade": tudo aquilo que está para além do Direito Positivo e está, portanto, fora do alcance da "disponibilidade" (poder de disposição) do legislador.

Há quem conteste vivamente esta concepção (¹), que todavia só por si se opõe directamente à concepção legalista-positivista segundo a qual o Estado dispõe livremente do Direito. Seja como for, esta ideia de "indisponibilidade", que esteve sempre presente na noção de Direito Natural, não deixa de representar um traço

---

(¹) Cfr. Günter ELLSCHEID, *Das Naturrechtsproblem in der neueren Rechtsphilosophie*, in "Einführung in Rechtsphilosophie und Rechtstheorie der Gegenwart", obra dirigida por A. Kaufmann e W. Hassemer, Heidelberg, Karlsruhe 1977, p., 28.

comum a todas as doutrinas "jusnaturalistas" dos nossos dias. Dir-se-á que se está perante um imenso alargamento do conceito de "teoria do Direito Natural" (¹). Objectar-se-á, além disso, que já não se trata de um Direito Natural ancorado em qualquer natureza ou essência mas de um Direito Natural ancorado em pressupostos (intransponíveis) da própria praxis humana e, portanto, fundado na *cultura* e não na *natura*. A esta objecção poderá replicar-se dizendo que a natureza própria do homem, ou a natureza própria da forma de vida "homem", se desenvolve e caracteriza justamente no plano da cultura. Por *natural* não se entenderia aqui a natureza física nem uma essência predeterminada do homem, mas os pressupostos transcendentais da forma de vida cultural-humana.

Uma noção de Direito Natural que se limite a abranger os princípios suprapositivos que necessariamente vinculam o legislador não é de conceber como uma noção puramente negativa ou limitativa; pois que esses princípios vinculam também, ou pelo menos informam, a conformação, interpretação e aplicação das normas positivias que deles são "concretizações". Todavia, o ponto de partida para uma filosofia material do Direito, para uma filosofia do Direito que permitisse configurar e fundamentar objectivos do Direito Justo numa determinada sociedade, teria sempre que partir de um certo *a priori*, de uma certa ideia de "perfeição" da vida e convivência humanas. Supondo que esse *a priori* é a emancipação do homem (o que quer que isto signifique na sua vaguidade), um óptimo ou um máximo de libertação de estruturas de domínio efectivamente realizada e estavelmente assegurada, então estaria também aqui o ponto de partida e o fundamento teórico da filosofia do Estado e da teoria político-constitucional: a melhor organização do Estado seria aquela que optimizasse o conhecimento e a realização prática daquele escopo do Direito Justo, enquanto escopo emancipatório. Um tal ponto de vista, porém, tem vindo a escorar-se na "teoria do consenso como critério de verdade" e da Justiça. Ora, como vimos, do consenso, enquanto *facto*, nunca poderá deduzir-se o critério da verdade e da justiça — tal como da vontade, enquanto facto, se não pode fazer derivar a validade de qualquer norma. Sempre que pretendemos resolver *positivamente* um problema suprapositivo, deparamos com um

---

(¹) Cfr. ELLSCHEID, l. c.

novo suprapositivo, como barreira intransponível. Da mesma forma que — como o demonstrou a teoria da linguagem — a metalinguagem é ainda e sempre imanente à linguagem. O que nos permite concluir que se não trata apenas de um défice da vontade e da inteligência do homem, mas de uma condição da vida humana.

II — Falando de "Direito Natural", um primeiro ponto a esclarecer é relativo ao que se entende por "natural" nesta expressão. A dicotomia de "natural" e "artificial", ou "natural" e "cultural" tem dado lugar a muitas ambiguidades.

Quando se fala da "natureza" do homem está sem dúvida implícito nesse conceito que o homem é um ser "cultural". Pelo que tal conceito já nada tem a ver aí com o mundo físico envolvente, sobretudo com aquela parte dele que não é resultado da acção humana. Mas, mesmo dentro daquela realidade que é produto da acção humana, há que distinguir entre o que aparece como resultado de um *projecto* humano (e é, portanto, algo de "artificial", porque conscientemente construído ou produzido pelo homem) e o que é resultado da acção ou práxis humana histórica mas o não é de um projecto humano[1]. Este tipo de realidade, que pertence à *noosfera* mas não à esfera do racionalmente programado com um objectivo em vista, recebia ainda a qualificação de "naturalis" na Escolástica do séc. XII, e os próprios pós-escolásticos espanhóis do séc. XVI utilizaram mesmo a palavra "naturalis" como um termo técnico para designar aqueles fenómenos (nomeadamente sociais) que não foram intencionalmente criados pelo homem. Neste sentido falava Luis de MOLINA do "preço natural" como aquele que resulta da própria coisa e não depende de leis ou decretos, mas do jogo de

---

[1] Desta ordem "espontânea" temos um exemplo no próprio trabalho secular dos juristas. Assim, bem pode dizer-se que os esforços da jurisprudência se integram naquele processo de adaptação da sociedade a circunstâncias e conjunturas através das quais um ordenamento espontâneo se desenvolve e progride, e por isso bem pode também dizer-se que o juiz é "órgão" desse ordenamento. Ora o resultado destes esforços da jurisprudência é um exemplo característico daquele tipo de "resultados do agir humano, mas não' de um projecto humano", nos quais a experiência adquirida pela prática de anteriores gerações se sedimenta num conhecimento maior do que aquele que qualquer indivíduo por si só poderia possuir (entre outros, cfr. nomeadamente HAYEK, ob. cit., p. 162).

Prolegómenos do discurso legitimador

tantas e tão variadas circunstâncias que se torna praticamente impossível determiná-lo ([1]).

Neste mesmo sentido, também a língua, fenómeno eminentemente cultural, é "natural", porque não é resultado de um projecto humano, antes é produto de uma evolução que escapa ao comando da vontade do homem. Pois também o Direito pode ser concebido nos mesmos termos. Curiosamente, a Escola Histórica do séc. XIX (com Wilhelm von HUMBOLDT, por um lado, e F. C. von SAVIGNY, pelo outro) refere-se simultaneamente à Língua e ao Direito como produtos de uma evolução histórica subtraídos ao arbítrio humano.

Quando na Política de ARISTÓTELES se diz que "não é nos depravados, mas naqueles que se comportam bem segundo a natureza, que se deve ver o que é natural", certamente que já se inclui no conceito de "natureza" uma ordem de que emanam regras de conduta, ordem essa criada, sim, pela evolução da humanidade (ou no processo de "hominização"), mas não propriamente criada pelos homens ([2]).

A isto há-de acrescentar-se que, se a práxis humana só é possível sob certos pressupostos, se deve dizer que estes pressupostos pertencem à "natureza" ou "essência" da forma de vida "homem" — nos mesmos termos em que se diz, p. ex., que a mentira é contra a "natureza" da afirmação, pois o acto de afirmação se torna numa antinomia quando se tome a mentira, ou a conduta comunicativa inverídica, como pressuposto em que assenta a metacomunicação.

Do exposto resulta que as expressões "Direito Natural" e "Natureza das Coisas" se querem na verdade referir a algo que não depende do arbítrio humano, muito embora seja algo que constitui o resultado de algum modo espontâneo de um processo evolutivo que assenta numa práxis humana histórica ([3]).

([1]) Cfr. sobre este ponto F.A. von HAYEK, *Recht, Gestzgebung und Freiheit*, München 1980, p. 37.

([2]) O que bastaria para explicar que, na antiga controvérsia sobre a questão de saber *utrum lex sit actus intellectus seu voluntatis*, a Escolástica medieval e jusnaturalistas posteriores tenham tomado partido pelo primeiro membro da alternativa: a essência da lei não é a vontade, mas a razão.

([3]) Importa talvez referir ainda uma outra categoria de "natural" que não coincide ponto por ponto com o conceito de "natural" na ciência física. Assim, as leis representadas pelos "universais formais" da linguagem (p. ex., e em particular, o "ciclo transformacional" da fonologia) poderiam, uma vez conhecidas, ser violadas, no sentido de que seria possível (segundo CHOMSKY)

A concepção de um Direito Natural pressupõe, portanto, que exista uma ordem que não é resultado de um projecto humano consciente, antes é ela que torna possíveis os projectos humanos (e por isso lhes é anterior), ao mesmo tempo que, transcendendo estes projectos, os abrange regulativamente a todos, exigindo que eles, na sua diversidade ou na diversidade dos seus objectivos, sejam coerentes com uma ordem global de sentido de toda a comunidade — isto é, com a manutenção da relação comunicativa em que a comunidade assenta e que pressupõe um sentido de identidade pessoal e cultural, não uma simples relação entre portadores de funções —, e não apenas tecnicamente compatíveis entre si. A sujeição da comunidade à simples lógica da organização e dos projectos racionais, eliminando a identidade pessoal e cultural no seio da comunidade, eliminaria também a própria "comunidade comunicativa" que é constitutiva da forma de vida "homem" (da "natureza" social do homem) (¹).

O Direito Natural teria o seu substrato nessa ordem ou relação estrutural básica em que assenta a possibilidade da própria "comunidade comunicativa" que, diferentemente da ordem organizacional engendrada por projectos humanos determinados, talhados pela razão construtivista à medida da factualidade contingente e em função desta, é supracontingente, dela emanando por isso mesmo princípios ordenadores que incorporam virtualidades de adaptação a todas as contingências ( ).

---

construir linguagens não vinculadas a tais leis. Enquanto regras (quase-normas) que podem ser alteradas ou não respeitadas, tais "leis" (quase-leis) seriam afinal diferentes das genuínas leis físicas, que não podem ser violadas (*vide* APEL, ob. cit., p. 195, onde a propósito usa as expressões "quase-leis", "regras", quase--normas"). No entanto, durante todo o tempo em que funcionem como leis, tais "leis" servem na verdade para construir *teorias explicativas* do comportamento humano. No momento, porém, em que o seu jogo se torna conhecido, as ditas teorias explicativas não valem para o futuro e não podem já, portanto, fundamentar uma prognose.

(¹) E teríamos aquilo a que já se chamou a "abolição do homem".

( ) Deve reconhecer-se, com D'ENTREVES, que "a certeza que a consciência reclama com tanta insistência não é a das leis passageiras, mas a dos valores absolutos". Esta insistência ou postulação relaciona-se de tal modo com o problema último da consolidação da própria identidade pessoal e do sentido da vida que deve considerar-se um dos *naturalia* (elementos constitutivos) da forma de vida "homem".

Houve quem (Arnold GEHLEN) afirmasse que "a cultura é. na sua essência, uma elaboração milenária de elevados pensamentos e decisões, assim como um moldar destes conteúdos em formas (ou estruturas) consolidadas, por modo tal que, não obstante a diminuta capacidade dos pequenos espíritos, aqueles podem continuar agora a enriquecer-se, transcendendo não só o tempo como também os homens". Esta formulação, embora politicamente suspeita pelas suas ressonâncias transpersonalistas('), pode conter um grão de verdade: a ideia de que as instituições culturais podem ser "mais inteligentes", mais "sábias", que a razão teórica do homem. De admitir parece ser que, ao longo da evolução, se acumulou nas instituições humanas uma "sabedoria" que nada tem a ver com projectos racionalmente concebidos; antes, segundo HAYEK, corresponderia a uma orientação ordenadora mediada por padrões de conduta que foram seleccionados e se consolidaram pelo seu êxito. Aqui estaria a origem da Razão Prática, depositária e veículo daquela sabedoria. As formas de vida social "mais inteligentes" (digamos, mais conformes à razão, enquanto Razão Prática) não são aquelas que seria capaz de engendrar um projecto da razão construtivista, mas aquelas que, segundo o mesmo HAYEK, permitem um melhor aproveitamento dos saberes dispersos por todos os membros da comunidade, em benefício de todos.

Sem dúvida que aquela relação de ordem estrutral e básica que, permitindo este melhor aproveitamento dos saberes concretos, das experiências e das acções de todos os membros da comunidade, ao mesmo tempo representa já um achado evolutivo em que se condensam os saberes e experiências das gerações passadas será a ordem relacional que virtualiza e potencia o usufruto de uma experiência mais vasta e variada dos problemas do homem e das soluções possíveis e que. elevando exponencionalmente as probabilidades de acerto quanto a estas soluções, constituirá a sede de uma "sabedoria" insubstituível pela de qualquer organização congeminada pela razão técnico-construtivista.

Que esta estrutura "institucional" (ou "meta-institucional"), de algum modo historicamente transcendente enquanto achado evolutivo, não seja directamente apreensível por aquela razão

---

( ) Mas já o mesmo se não diria da fórmula de HAURIOU, segundo a qual é o Direito que deriva das instituições, e não estas daquele.

teorética ou construtivista que forja os projectos e organizações humanos, não tem que nos surpreender: também aquela "sabedoria" que, através dos grandes génios, permite fazer evoluir a língua de um povo, a música ou outras formas de cultura não é acessível àquela razão (não é "teorizável") nem pode ser aplicada ou realizada através de um projecto racionalmente construído. Onde tem a sua origem a sapiência daqueles que desenvolvem as formas mais elevadas de cultura?

Não custa aceitar a ideia de que um certo ordenamento, ou pelo menos um certo "jeito de viver" do homem, veio a ser consagrado como êxito evolutivo na práxis humana. Como êxito evolutivo da espécie, esse "jeito de viver" (forma de vida) ter-se-ia vertido numa estrutura relacional que dá origem à "comunidade comunicativa" (a que é inerente o princípio regulativo da Justiça) e que é capaz de optimizar o aproveitamento dos saberes, das experiências e das interacções de todos os membros da colectividade em benefício de todos, para uma bem sucedida adaptação ao mundo ambiente e às mudanças deste. De forma que a dita estrutura relacional seria de algum modo a sede da "sabedoria" ordenadora da espécie e a fonte daqueles mesmos princípios suprapositivos que transcendem sempre as contingências factuais, às quais apenas teriam que ser ajustados por "concretização" da Razão Prática. Não cremos que sobre tal concepção se possa lançar a suspeita de transpersonalismo.

Pelo contrário, uma sociedade organizada nos termos de um projecto da racionalidade técnica (*Zweckrationalität* ou *recta ratio factibilium*) é que, além de ser "menos inteligente" naquele sentido, tende necessariamente a suprimir a "subjectividade" (autonomia) dos indivíduos pela sujeição destes a uma direcção central (orientação de *output*, própria de toda a organização), ao mesmo tempo que bloqueia os fluxos informativos procedentes da periferia e compromete a sociedade na realização de objectivos definidos que mais adiante coagem a decisões não previstas nem desejadas.

Daí a diferença que vai entre decidir segundo princípios e decidir por aplicação de regras técnicas ao serviço de objectivos previstos. É que os primeiros promanam de uma origem ordenadora transcendente às contingências de facto e compartilham da virtualidade conformadora da mesma. Ao passo que as últimas, talhadas segundo as leis da factualidade contingente e determinadas por esta, não são ajustáveis a contingências de

Prolegómenos do discurso legitimador 303

facto para que não foram previstas. A razão construtivista que **projecta e cria organizações eficazes não deve, pois, pretender submeter ao seu** *imperium* e poder de disposição aquele substrato **ordenador** que garantiu a evolução do homem para uma forma **superior de** vida e tornou possível a própria racionalidade **construtivista.**

Dir-se-á, em síntese:

a) **que** a "comunidade comunicativa" co-constitutiva da **natureza do** homem tem como pressuposto uma ordem **institucional** ou meta-institucional básica assente em normas **éticas fundamentais** (responsabilidade pela conduta e pela **confiança** inspirada, veracidade, justiça)(¹);

b) **que** dessa ordem institucional, ou, melhor, meta--institucional, defluem princípios normativos suprapositivos (isto **é, transcendentes** ao arbítrio e aos projectos humanos que **assentam em** conjunturas contingentes);

c) **que** o progresso ou concretização histórica dessa ordem **transcendente** tem a ver com a evolução daquela mesma **"comunidade comunicativa"** (que o mesmo é dizer, do homem) **em que** a identidade de cada ser humano se define, confirma e **consolida** na sua relação com os demais, e é por isso mesmo incompatível com a subordinação da sociedade a uma organiza-**ção técnico-racional** em que as relações entre os seus membros se **configurem** como relações entre papéis ou funções ( ).

(¹)   Dir-se-ia, pois, que se encontra aqui a prova última da validade do pensamento jusnaturalista a que se refere D'ENTREVES (*Derecho Natural*, trad. espanhola, Madrid 1972, p. 151). Para este autor, a própria afirmação do conceito de Direito Natural implica a afirmação de que o Direito constitui uma parte da Ética, sendo a função do referido conceito de Direito Natural a de servir de instância mediadora entre a esfera moral e a esfera propriamente jurídica e oferecer um nome para o ponto de intersecção entre estas duas esferas. E conclui: "Que exista ou não tal ponto de intersecção é, portanto, a prova última da validade de todo o pensamento jusnaturalista".

( )   Não referimos aqui a concepção ontológica do Direito Natural, designadamente a tomista, que tem por base uma ordem da realidade estabelecida na sua essência pela sabedoria divina, pois dela se ocupa outra disciplina do curso. Salientaremos, porém, que existe compatibilidade entre esta concepção e aquela para que se aponta no texto, uma vez assente que o surgir da forma de vida "homem", com as postulações que lhe são inerentes, se integra no plano da criação. A própria noção tomista de Lei Natural como "participatio legis aeternae in rationali creatura" aponta para uma "participação" que supõe o esforço do homem para, em simultâneo, desvendar esse momento originário que se relaciona com a natureza da forma de vida "homem" e fazer evoluir esta forma de vida para estádios mais perfeitos, colaborando assim com o desígnio

4. Da Validade do Direito Positivo

A força persuasiva da conclusão, no discurso legitimador, não está na sequência lógica do discurso, mas fora dela, na "conclusão-perfazimento" de um sistema ou princípio ordenador. Tem, portanto, um suporte que se situa fora do discurso. Esse suporte, porém, não é de ordem factual-empírica, nem de ordem puramente lógica ou ideal, mas da ordem dos princípios ordenadores que informam a práxis humana. Paralelamente, a *validade* do Direito Positivo não provém, nem do facto de ele ser posto (estabelecido) por uma autoridade, nem da validade ideal de princípios puramente ideais, mas de princípios que emanam de estruturas ordenadoras que são o substrato e o pressuposto (o cimento cultural) da própria "comunidade comunicativa".

Nesta comunidade nos definimos (adquirimos consciência da nossa identidade pessoal) e, ao definirmo-nos, vinculamo-nos "onticamente" a ela, àquela estrutura ordenadora e àqueles princípios. De forma que a validade destes nos atinge no nosso próprio "estar-em-relação", no nosso próprio substrato pessoal enquanto membros da dita comunidade. Mas já não assim se, por hipótese, nos excluíssem da mesma comunidade ([1]). Estes, os ditos princípios, transcendem-nos, por isso que emanam de um substrato por referência ao qual se formou a nossa identidade. Quando mais procuramos consolidar esta nossa identidade, mais transparece a transcendência dos ditos princípios, ao agudizar-se a diferença em relação àquele substrato estrutural por referência ao qual nos identificamos. Desta forma a reflexão e o discurso humanos estão irremissivelmente condenados a uma "escalada" em que a procura da identidade agudiza a diferença, bem como a tramitar através de um processo infindável de *diferenciações*.

Por outro lado, o Direito Positivo (Posto) comunica com a origem da "comunidade comunicativa" através da exigência originária de Justiça ([2]), ao mesmo tempo que lança as suas raízes

---

da Providência. Diga-se ainda que o repúdio decidido de toda a concepção ontológica pressupõe a resposta segura e definitiva a esta questão: O que é a realidade? Ora, quem ousará dá-la sem leviandade?

([1]) Cfr. a propósito (e salientando que só é legítima a norma ou a decisão cujo destinatário a *deva* considerar como legítima) o nosso *Participação, Descentralização, Democratização e Neutralidade na Constituição de 76*, Coimbra 1982, pp. 131 e sgs.

([2]) Cfr a propósito *infra*, Secção IV, 5.

Prolegómenos do discurso legitimador 305

profundas no substrato ordenador da mesma comunidade, consagrando princípios que deste substrato emanam. Nestes termos, faz sentido dizer-se: 1.º) que a validade do Direito Positivo, enquanto qualidade transcendente ao facto positivador contingente, tem o seu fundamento no Direito Natural; 2.º) que o Direito no fundo não é constituído propriamente por *imperativos*, no sentido de comandos heterónomos editados por uma autoridade, já que o órgão legiferante não cria o Direito mas apenas o articula e concretiza.

Tal órgão, ao estabelecer o Direito, não age como uma vontade que emite imperativos ou comandos, mas como porta- -voz ou veículo de um discurso instituinte no seio da comunidade comunicativa, isto é, de um discurso que institui e articula "conclusões" a partir de evidências latentes partilhadas pelos membros daquela comunidade. Só assim o Direito Posto adquire transcendência e validade. Pelo que o juiz, chamado a aplicar este Direito, não é um mandatário sujeito às directivas de quem o designou, mas um órgão e porta-voz autónomo do Direito (ao serviço deste), no exercício de cuja função bem pode ter de frustrar, ao fim e ao cabo, um determinado desígnio do legislador(¹): não, porém, por desrespeito pela lei, mas, bem ao contrário, por que a sua técnica jurídica o leva a dar precedência a quadros dominantes do direito vigente e a transformar qualquer elemento novo estranho por modo tal que ele possa integrar-se harmonicamente no sistema global. Acresce que o juiz participa com o seu esforço naquele processo de adaptação do Direito a circunstâncias ou contextos através dos quais uma ordem espontânea se diferencia e desenvolve(²).

Prendendo o legislador à lógica da sua função, prolongando esta, participando na comunicação constitutiva que se processa no seio da "comunidade comunicativa", o jurista *profere* um discurso hermenêutico-instituinte que procura *perfazer* aquela mesma comunicação em novas "conclusões" melhor articuladas, e não um discurso teórico com função de ciência(³)

(¹) Veja-se, p. ex., o acórdão n.º 437 da Comissão Constitucional, de 26-1-1982, no *BMJ* N.º 314, pp. 141 e sgs., bem como os arestos citados na respectiva anotação: aí procura-se justificar a frustração do fim do legislador pelo recurso a um princípio que se considera imediata ou mediatamente sancionado pela ordem constitucional.

( ) Neste sentido, cfr. HAYEK, ob. cit., pp. 96 e 162

( ) Cfr. a propósito *infra*, Cap. XI, n.º 5.

306 — *Introdução ao Direito e ao discurso legitimador*

Todavia, o Direito Positivo tem de *organizar* a garantia da observância das normas que edita em concretização daqueles princípios fundamentais da comunidade comunicativa e, ao instituir assim organizações votadas ao cumprimento dessa missão, torna-as em destinatárias de normas que são verdadeiros imperativos heterónomos, segundo a lógica da organização e da eficiência ( ). Por outro lado, quando até aqui nos referimos ao Direito, tivemos apenas em mente o Direito Comum (no qual incluímos o Direito Privado, o Direito Penal e os princípios de certos ramos do Direito Público que contendem com os direitos, liberdades e garantias dos cidadãos)( ), não o "direito zativo" e o direito de mera ordenação social. Este "direito organizativo", como direito que obedece à lógica da organização eficiente — e que por isso é de sua natureza conjuntural e contingente, por vezes mesmo constituído por medidas tomadas a prazo —, é na realidade constituído por *imperativos* da autoridade e a fundamentação da sua validade só mediatamente, através da legitimidade da autoridade que o edita, poderá vir a achar suporte nos referidos princípios de Direito Natural.

Também não queremos com isto dizer que todas as normas do Direito Comum derivam do Direito Natural; pois muitas delas

---

( ) Atente-se, porém, nesta observação muito pertinente de HAYEK (ob. cit., p.135): "As razões por que as regras surgiram não podem ser confundidas com as razões que tornam necessário coagir à sua observância".

( ) Do Direito Comum a que nos referimos no texto se pode dizer que ele não tem um fim determinado, directo, antes ocupa uma posição "mediadora" na realização dos fins. Ele não se destina a servir um determinado fim, quando por "fim" se entenda um particular escopo, por isso mesmo que se destina a criar uma ordem entre as pessoas que não prosseguem um fim comum. Destina-se, sim, a servir os múltiplos e diferentes fins de diferentes pessoas, sendo a observância do ordenamento por ele estabelecido condição decisiva para que essas diferentes pessoas possam realizar os seus fins próprios. Pode assim dizer-se que o *interesse comum* visado pelo Direito está justamente em estabelecer uma ordem adequada, a fim de que os membros da sociedade possam prosseguir os seus fins individuais. Pode ainda afirmar-se que é pelo facto de prosseguir assim um fim genérico ou abstracto (mediato) que o Direito Comum (o verdadeiro Direito dos juristas) se apresenta configurado como uma instituição duradoira ou supracontigente (cfr. a propósito HAYEK, ob. cit., pp. 139, 145 e segs., 165). Sobre a distinção entre direito comum ou estrutural e direito público organizativo e conjuntural, cfr. já o nosso "Administração, Estado e Sociedade", pp. 212 e segs. Em idêntico sentido, e salientando a necessidade de, para se ser preciso, distinguir entre *normas* e *regras técnicas*, cfr. Léon HUSSON, in "Le Droit, les Sciences Humaines et la Philosophie", Paris 1973, *Synthése des Travaux*. pp. 377 e 395.

Prolegómenos do discurso legitimador

representam soluções tecnicamente diversificadas, em que são várias as opções possíveis, e outras apresentam-se com um conteúdo normativo divergente de país para país, o que significa que na sua intervenção concretizadora o legislador, diferentemente do juiz, pode optar entre soluções ou conteúdos normativos diversos e igualmente compatíveis com a "consciência colectiva". Mas esta liberdade do legislador quanto aos conteúdos normativos é, no Direito Comum, muito limitada ([1]).

O acima exposto corresponde a uma velha ideia que a obsessão de domínio da sociedade técnica fez perder de vista. Mas a concepção hodierna da sociedade aberta como "comunidade comunicativa" concorre a tornar actual esta velha ideia.

Cremos, com efeito, que uma certa concepção da ordem social que poderemos designar *grosso modo* por "institucionalista" e certa corrente "transcendentalista" da filosofia da linguagem que segue na esteira da tradição hermenêutico--dialéctica se dão hoje as mãos para mostrar, designadamente: 1.º) que a concepção correspondente à teoria neopositivista da ciência não poderia aplicar-se, sem paradoxo, à sociedade e às ciências humanas; 2.º) e que, consequentemente, no que respeita à ordenação social, um racionalismo construtivista visando globalmente à organização planeada das relações humanas segundo um projecto racional de acção seria igualmente um paradoxo, e um paradoxo mortal.

SECÇÃO III — DA MEDIAÇÃO NO DISCURSO LEGITIMADOR

§ 1.º — A concretização como mediação

1. *Tramitação do discurso concretizador dos princípios e cláusulas gerais.*

Como referimos já, nós só vislumbramos os princípios do Direito Justo "mediatizadamente", isto é, no contexto da

---

([1]) A ideia do legislador arvorado em professor de moral e palmatória (função pedagógica adjudicada à *patria potestas* do legislador), numa sociedade aberta onde flui livremente a intercomunicação, parece velharia bem recente de progressistas equivocadas.

realidade social-comunicativa que habitamos — muito embora esses princípios nos preluzam como transcendentes a esse mesmo horizonte comunicativo possível e nos surjam até como pressupostos transcendentais do mesmo. Paralelamente, também uma cláusula geral só se torna racionalmente inteligível e aplicável ao ser integrada em contextos situacionais que a concretizam.

Os princípios jurídicos gerais carecem sempre de "concretização" (da referida "mediatização") para se tornarem aplicáveis às situações da vida. Essa concretização é feita por forma mediatizada, ou seja, pelo recurso a subprincípios e a valorações referidas a situações ou contextos pragmáticos mais concretamente configurados — quer dizer, a subprincípios já dotados de um conteúdo factual-descritivo. Isto deve-se a que tais princípios carecidos de concretização não são normas e não são, por isso, susceptíveis ainda de uma aplicação directa aos casos. Carecem, pois, de uma consolidação tipificadora, precisam de permear a estrutura cognitiva do nosso modo de ver o real-factual e de se converterem ou desenvolverem em normas referidas a esse real.

Consequentemente, para efeitos de concretizar o conteúdo de um certo princípio ou uma certa cláusula geral, é recomendável procurar princípios menos gerais ou normas que se subordinam ao princípio mais geral, ou nele se filiam, e que, como expressões dele, sejam já referíveis e aplicáveis a determinadas situações típicas. Isto facilitará a descoberta de uma analogia que nos permitirá fazer um primeiro bosquejo ou modelo da concretização a levar a efeito relativamente a outros tipos de situações. A estes subprincípios cabe na verdade uma função clarificadora, por isso que o desenvolvimento aplicativo e diferenciador do princípio no subprincípio nos deixa preluzir a articulação intrínseca daquele.

Isto conduzirá a um novo sentido ou a um afinamento discriminativo das características da hipótese normativa a configurar — já que, para aplicar um princípio valorativo, são precisos pontos de conexão com as situações de facto (elementos descritivos). Às características descritivas assim primeiramente encontradas podem acrescer outras com base nas quais possa ser tomada uma decisão valorativa. Poderá porventura tratar-se de características não necessárias, mas suficientes e capazes de facilitar a valoração. Quer isto dizer que no domínio de aplicação de um princípio podem ser elaborados subgrupos ou tipos de

Prolegómenos do discurso legitimador 309

casos. A concretização do fundamento normativo da decisão bem pode coincidir com um afinamento da hipótese normativa mais geral, pela diversificação desta em diferentes tipos de hipóteses.

Assim, p. ex., o princípio de que cada uma das partes no contrato deve suportar os prejuízos inerentes à sua própria "esfera de risco" é um princípio geral muito vago. Mas podemos encontrar "concretizações" dele nos arts. 1040.º e 1045.º do Código Civil, a propósito da locação, no art. 1167.º, alíneas c) e d), do mesmo Código, a propósito do mandato, etc. Consideremos agora as hipóteses em que o credor não coopera na realização da prestação, p. ex., não recebe esta, mas com motivo justificado (pelo que fica excluída a mora do credor, segundo o art. 813.º, mas também se não verifica uma mora do devedor). Sobre quem deverão recair então as maiores despesas ou prejuízos (p. ex., perda de frutos, naturais ou civis) causalmente ligados ao facto de a prestação não ter sido recebida no momento em que foi correctamente oferecida? A resposta que nos ocorre é então esta: sobre o credor, em todos os casos em que a realização da prestação se não consumou apenas por uma causa ligada à esfera de risco, à organização de vida, à empresa, empreendimento ou iniciativa do credor (ou tomada por conta e no interesse do credor). Tais os critérios para que apontam, por um lado, os arts. 1040.º e 1045.º e, por outro, o art. 1167.º, alíneas c) e d)(¹). Isto, por outra banda, induz-nos à conclusão de que o princípio que aflora no art. 816.º tem um âmbito mais vasto e geral que o da *mora credendi* (a que a disposição legal directamente se reporta) e que, em estrito rigor, além das maiores despesas com o oferecimento infrutífero da prestação e a guarda e conservação do objecto, devem considerar-se ainda abrangidas no mesmo princípio geral a perda de quaisquer proventos que o objecto poderia entretando produzir (art. 814.º) e porventura também os riscos inerentes ao mesmo objecto.

Podemos descrever assim a tramitação do discurso feito: Partindo do princípio genérico de que cada um deve suportar os prejuízos ligados à sua esfera de risco, encontrámos nos arts.

(¹) Donde se poderá também concluir que o locatário não fica obrigado à renda ou aluguer quando não entregue a coisa logo que finde o contrato apenas por um facto provindo da esfera do credor (caso em que poderá consignar a coisa em depósito, mesmo que não exista propriamente mora do credor: cfr. art. 841.º, 1. alínea *a*)).

1040.º e 1045.º, por um lado, e no art. 1167.º, por outro, subprincípios em que se faz aplicação daquele; através destes subprincípios recolhemos critérios susceptíveis de nos apontar elementos definidores (descritivos) da esfera de risco de cada qual (designadamente, ser-se titular de um direito de gozo sobre uma coisa, ser-se destinatário dos benefícios prosseguidos através de uma organização, actividade ou iniciativa), para de seguida cairmos na conta de que o art. 816.º é expressão de um princípio mais amplo, ligado à repartição do risco contratual, em cujos termos o aumento do custo da prestação e a perda de proventos do objecto da prestação devidos a facto que atinja a pessoa, o património, a organização de vida, a empresa ou empreendimento do credor (ou de conta do credor) devem ser suportados por este (¹).

A "mediatização" do princípio por contextos diversos e diversificados permite como que filtrar a *ratio* ou racionalidade do mesmo princípio, já que impõe a tradução deste em linguagens contextuais (situacionais) diferentes, a sua versão em fórmulas generalizáveis e de aplicação controlável (por outras palavras: em fórmulas "operacionalizáveis"). Neste tramitar discursivo em que o princípio entra em "negociação" com as situações concretas da vida, o próprio princípio se ilumina e esclarece ao explicitar-se, ao estruturar-se explicitamente em diferenciações e desenvolvimentos que permitem captá-lo num conceito mais ricamente articulado.

É até certo ponto como que uma tradução em diferentes idiomas, com diferentes "códigos" de linguagem (os diferentes contextos situacionais), que constrange ao apuramento ou à estruturação explícita da ideia que se quer comunicar, a fim de determinar com rigor os equivalentes terminológicos nos diferentes sistemas de linguagem. Depois, conjugadas e cotejadas

---

(¹) Segundo as coordenadas do sistema, o eventual aumento do custo da prestação ou *difficultas praestandi* (aumento do preço da mercadoria a entregar, dificuldades inesperadas na organização empresarial do devedor, etc.) é risco do devedor. Porém, se esse aumento é determinado, não por contingências surgidas no processo de prestação, mas por contingências que atingem directamente a esfera do credor, o mesmo risco deve já ser da conta deste. Esta ideia, que transparece nos arts. 775.º (*in fine*) e 816.º do Código Civil, não deixa de estar também presente, sob uma outra forma (sob a forma do risco pelos "dispêndios" feitos nos preparativos de uma prestação que se revela inexequível em virtude de contigências que atingem a esfera do credor), no art. 1227.º do mesmo Código.)

Prolegómenos do discurso legitimador 311

as diferentes expressões da mesma ideia em sistemas de comunicação diversos, encontramos outras tantas perspectivações dessa ideia que, articuladas numa visão de síntese, nos dão uma imagem pluridimensional, mais concreta e racionalmente articulada da mesma ([1]).

Toda a elaboração doutrinal e todo o discorrer jurídico segue esta tramitação sinuosa e "mediatizada" que logra, através das "traduções" e diversificações contextualizadas do mesmo princípio jurídico, pôr a descoberto o seu conteúdo ou virtualidade normativa e o alcance da sua eficácia vinculante ([2]). São, portanto, predicados habilitantes do bom jurista não só o espírito de sistema como uma imaginativa fértil e pronta, uma fantasia criativa e bem informada pela experiência da vida, capaz de lhe figurar casos ou contextos situacionais que fecundem a sua *ars inveniendi*. O jurista é sobretudo um mediador que se ocupa em "negociar" ajustes entre os princípios abstractos e as situações concretas — o que terá de fazer mesmo que se proponha orientar negociações, transacções ou soluções de compromisso entre interesses opostos ou entre partes litigantes.

2. *Aspectos hermenêuticos e aspectos heurísticos. A formação do "sensus iuridicus".*

Aqui, porém, devemos fazer a seguinte reserva: os elementos descritivos colhidos a partir das situações concretas ("discriminados" nestas situações) não são "factos brutos", factos em si preexistentes (*extra mentem*), pois o mundo da experiência possível do homem (o "experienciável") é constituído mediante

---

([1]) Se por "conceito" se entendesse apenas (como na linguagem hegeliana) esta imagem mais concreta e explicitamente estruturada do princípio, nada haveria a objectar à chamada "jurisprudência dos conceitos".

([2]) Transcrevamos aqui esta ilustrativa passagem de LARENZ (*Richtiges Recht*, p. 87): "Como acertadamente nota WIEACKER, 'cada decisão em aplicação do § 442 BGB co-constitui ela própria o direito em devir e o direito que vem a caminho, como cada ponto dado pela agulha co-constitui ela própria o tapete'. Apesar de toda a liberdade de decisão que tem de ser necessariamente deixada no caso concreto ao julgador, a este não é prescrita apenas a orientação a seguir, antes lhe é sempre também prefixada uma moldura limitadora que se torna tanto mais apertada quanto mais se adensa a contextura do 'tapete'. É claro que, pela natureza de uma tal cláusula geral, nunca ficam excluídas novas perspectivações, ou até mesmo, como diz WIEACKER, novas 'investidas ético-jurídicas através do direito legislado', de quando em vez".

articulações de conduta entre este e o seu envolvimento. Pelo que as orientações de sentido que movem o homem na sua relação com os chamados "factos" permeiam desde logo aquela estrutura cognitiva que predetermina o nosso modo de ver o real factual, de discriminar e localizar neste os elementos descritivos que vão ser cotejados com a hipótese normativa.

Isto leva-nos a fazer uma distinção meramente metodológica entre o plano hermenêutico e o plano heurístico (ou da apercepção discriminativa dos dados). No segundo, há-de partir--se de que o processo de apercepção dos dados é uma conduta humana a que são inerentes elementos psicológicos individuais que compõem a personalidade do julgador. Como é esta conduta que determina o dado apreendido ou percepcionado ou, por outras palavras, determina a "definição do caso", tem de dizer-se que tal apercepção é selectiva e informada sempre por elementos que caracterizam a interacção entre o sujeito percepcionante e o seu envolvimento. Daí que na sua apreensão e, subsequentemente, na apreciação do caso interfiram elementos subjectivos ligados à pessoa do julgador.

É, pois, sobretudo no plano heurístico (ou de apercepção discriminativa) que opera o "sensus iuridicus", ou seja, o sentimento jurídico, bem como a atitude subjectiva do julgador [1].

É sempre verdade que o sentido (sentimento) de Justiça é como que um "sentido originário" de que dependemos para "entrar em comunicação" com o próprio direito positivo e com a comunidade. Mas este "sensus iuridicus" pode não exprimir necessariamente a tendência para um ideal subjectivo de Justiça.

Como existe uma pluralidade de sentimentos e opiniões, o sentimento jurídico só por si não poderá legitimar uma decisão — até porque de forma alguma está excluída a sua falibilidade ou mesmo a falsidade das reacções por ele determinadas. Donde que se exija o controle e a orientação da razão, a estruturação explícita dos pontos de vista e argumentos legitimadores.

O "sensus iuridicus" educado ou formado no estudo do Direito, esse é já um "sentimento jurídico" racionalmente

---

[1] Por heurística jurídica também pode entender-se a descoberta da figura jurídica que ao caso corresponde (configuração jurídica da situação de facto), o que pressupõe uma operação simultaneamente interpretativa e de apreensão dos aspectos relevantes do caso.

orientado e controlado. Ele institui um novo modo de "sentir" os problemas. Como diz GRIFFITH([1]), "A man who has had legal training is never quite the same again".

Por outro lado, porém, não deixa de existir uma ligação íntima entre o "sentimento jurídico" e um certo "consenso social", uma articulação entre ele e a estrutura global de sentido da consciência social. Este transfundo de "consenso social" traduziria em certo sentido uma espécie de substrato consuetudinário universal, mas representaria algo mais que uma simples prática constante: em termos modernos ou pós-revolucionários, exprimiria como que uma nova etapa da consciência e da cultura do homem. Porém, uma "racionalidade" que emerge do debate social, se é algo mais que situação de facto (prática social assente), é porque é uma situação ou etapa acompanhada da convicção da sua "racionalidade ou validade racional" — melhor, acompanhada da convicção de representar uma evolução, um "melhor ou mais justo que", um progresso. Logo, a noção de consenso social não escapa, por um lado, ao relativismo de tudo o que é prática consuetudinária, moda, etc.; e, por outro lado, à exigência ou postulação de que é mais do que isso — de que transcende isso, porque é acompanhada da convicção de "validade" e, portanto, de obrigatoriedade.

Daí que, em dados casos, se possa formar um consenso, um "consensus iuridicus". Esse consenso não exprime apenas a "communis opinio doctorum": exprime também a coincidência com aquela "consuetudo socialis" ou com aquela "racionalidade" emergente do debate social global. Tal consenso desempenha no discurso a função da evidência — da evidência que fixa os limites da "discutibilidade", que determina o ponto a partir do qual qualquer nova argumentação se torna dispensável e supérflua. É o ponto em que o discurso legitimador (ou a argumentação) se fecha em círculo sobre si próprio, tomado da vertigem da evidência necessitante da "lógica da coisa": necessitante pelo menos no sentido de que esbarra com os limites daquele determinado universo de sentido, com a linha de fronteira para além da qual se entra no espaço vazio de organização e no campo do contra-senso([ ]).

([1]) Citado *apud* JM. BROEKMAN, *Recht und Anthropologie*, München 1979, p. 104.

([ ]) Se se prefere, trata-se do ponto a partir do qual se deixa de "estar-em-relação" e se perde o contacto com a "comunidade comunicativa".

Subsiste, no entanto, o que de início se afirmou: sendo vários e diversos os "sentimentos jurídicos", este pluralismo de opiniões força-nos a enfrentar o problema da legitimação ou fundamentação das decisões. Tal pluralismo reflecte o pluralismo social, a personalidade e mentalidade de cada julgador. Porém, a formação jurídica e o "habitus mentalis" — designadamente a prática da imparcialidade dos juízes —, contribuem, por um lado, para eliminar e controlar certos factores subjectivos que poderiam interferir na decisão e, por outro lado, para conformar e aprimorar um "sensus iuridicus" que surge logo racionalmente orientado e mais depurado de elementos meramente emocionais, criadores de falsas evidências. Ao mesmo tempo que, quando assente numa boa formação técnica, permite intuir de modo certeiro a "localização" ou quadrícula jurídica dos problemas(¹).

3. *A função mediadora do discurso jurídico e o "círculo hermenêutico".*

A "concretização", assim como o recurso à comparação de casos, aos "casos representativos" e à distinção de "figuras próximas" põem-nos perante vários problemas que importa esclarecer. Desde logo, podemos perguntar-nos que função desempenha no discurso jurídico aquela linguagem (dogmática) mais precisa e específica (a linguagem jurídica) que toma como ponto de referência e de apoio aquelas situações típicas descritíveis. Será tal linguagem um simples instrumento do discurso jurídico, ou constituirá ela um sistema autónomo que submete os princípios jurídicos às "coacções" próprias do seu código linguístico, fazendo violência a tais princípios?

A esta última questão podemos responder já, dizendo que nem uma coisa nem outra. Se tal linguagem fosse *mero instrumento* do discurso, seria tão inconsistente e imprecisa como os próprios princípios — e, por isso, não nos permitiria explicitar estes por forma articulada e "operacionalizável". Se ela constituísse um sistema rígido integrado, então a lógica do discurso jurídico — que deve ser expressão de um pensamento valorativo — viria em último termo a ser a lógica do sistema real

---

( ) Esta a razão porque a função jurisdicional é normalmente cometida a juristas.

Prolegómenos do discurso legitimador 315

factual em que se integram aquelas situações típicas descritíveis que servem de ponto de apoio ao mesmo discurso.

Logo, a linguagem jurídica, com a sua conceptologia específica referida a situações típicas da vida, não exerce a função de mero instrumento nem a função de um *sistema externo* a cujas "coacções" e *inputs* se tenha de submeter o pensamento valorativo inspirado nos princípios. Exerce, antes, uma terceira função: a função de *medium*, de mediador — ou seja, a função própria de uma linguagem. Toda a linguagem tem a sua gramática, que a rege, mas a função da linguagem enquanto linguagem não é impor e realizar as suas regras gramaticais: é, antes (observando estas embora), exprimir conteúdos extralin-guísticos. Quer isto dizer que um "medium" tem a sua "legalidade" própria que há-de ser respeitada para que possa desempenhar a sua função. Esta sua função, porém, não consiste em reproduzir o seu próprio sistema — como é próprio do sistema "auto-referido" que funciona como sistema —, mas é uma função ao serviço da elaboração e articulação de conteúdos que estão *fora dele.*

Porém, também não é mero instrumento, uma vez que aquilo que ela se destina a exprimir e articular só através dela se revela, ganha existência ou vigência para "poder ser *objecto*" do discurso. É pela linguagem que se "constitui" do lado de cá (do lado do pensável e dizível) aquilo (aquele *quid* extralinguístico) de que a linguagem vai falar.

E, pelo que respeita aos procedimentos da "concretização", da "comparação de casos" e do recurso aos "casos represen-tativos", outro problema se põe: — Como usufruir da opera-cionalidade que emprestam ao discurso jurídico as situações típicas, os casos representativos, enquanto situações da realidade factual descritível, sem que ao mesmo tempo o discurso jurídico fique vinculado à lógica do sistema factual em que tais situações se integram? Ou: como pôr estas situações ao serviço da ordenação de sentido inspirada pelo princípio?

Há aqui um entrelaçamento de duas lógicas. Na verdade os dados caracterizadores das situações típicas são colhidos na realidade factual e nesta se integram. Disto, desta sua integração num sistema factual descritível, lhes advém aquela fixidez ou consistência que permite utilizá-los como ponto de referência e de apoio do discurso e que, em último termo, habilita este para jogar com dados operacionalizáveis através dos quais os

316   *Introdução ao Direito e ao discurso legitimador*

princípios que nele tramitam são elaborados por uma forma explicitamente estruturada. Logo, é à lógica do real factual que o discurso jurídico vai buscar o suporte da sua operacionalidade.

Porém, já não é essa mesma lógica que permite discriminar os dados de facto como relevantes nem atribuir-lhes *significatividade*: as situações ou contextos típicos, sendo embora situações de facto, adquirem agora uma *significação* completamente diversa daquela que têm enquanto meros factos, enquanto dados integrados na realidade factual. Essa nova significação advém--lhes da nova ordenação em que são integrados segundo as valorações decorrentes dos princípios. Significa isto que tais casos só são representativos fora da lógica da realidade de facto que os permitiu fixar e descrever: descritíveis pela lógica da realidade factual, mas apenas relevantes, significativos ou representativos por força do "lugar" que ocupam na trama de um discurso jurídico explicitante de princípios valorativos. Dentro desta outra lógica eles representam unidades ou sequências discursivas que se articulam com outras num todo coerente — num discurso unitário e global que busca e acha a sua coerência e articulação intrínseca naqueles princípios que ele mesmo vai explicitar.

Quer isto dizer que pelo discurso jurídico buscamos e achamos a *unidade* em que todos os pormenores de facto "arquivados" e agora conjugados entre si vão encontrar a sua integração. Sendo, porém, verdade que essa unidade integradora que o discurso vai estruturar mais explicitamente já se achava "pressuposta" quando concluímos pela *significatividade* ou relevância dos pormenores de facto que discriminámos e arquivámos. Pelo que se poderia dizer que toda aquela busca e elaboração dos factos se traduziu na "concretização" articulada de um "pressuposto" que se foi definindo ao longo do discurso. Digamos que, para arquivar e arrumar os factos, precisamos de um sistema integrado de critérios que permita essa arrumação. Mas este sistema ou princípio de unidade acaba por ser descoberto e articulado através da mesma arrumação: acaba por se articular através da arrumação que ele, como "pressuposto" implícito, orientou.

Vemos assim reaparecer aqui o famoso "círculo hermenêutico" que não é possível de modo algum esconjurar( ).

( ) A expressão "círculo hermenêutico" provém de DILTHEY, que a usou para designar a estrutura segundo a qual a regra (da forma de vida) que se

Prolegómenos do discurso legitimador 317

O entendimento deste círculo pode alcançar-se através de uma comparação muito simples. Por que é que são *significativos* certos pormenores de atitude por parte de certa pessoa? Questão interpretativa ou hermenêutica que nos remete para o contexto integrado de uma 'personalidade" e da sua sensibilidade a certos valores. Nós não achamos significativo certo pormenor de atitude ou gesto de certa pessoa senão procedendo à sua integração em tal contexto "pressuposto". Como mero pormenor de facto, como "puro" facto, tal pormenor será mesmo insignificante — do ponto de vista da sua "eficácia" ou da sua incidência sobre a realidade factual. Porém, trata-se de um facto que tem a consistência do acontecido e descritível. Daí que possamos fixá-lo, "arquivá-lo", conjugá-lo com muitos outros pormenores de facto. E todos eles, no seu conjunto, revelam-nos uma personalidade unitária com tais e tais características. Mediante a combinação de todos esses pormenores sistematicamente arquivados (anotados) e arrumados, tal personalidade acaba por se nos revelar de uma forma mais explicitamente articulada. Mediante tal colheita, arquivo e arrumação procuramos e achamos aquela "unidade" em que encontram a sua integração coerente (e fazem sentido) todos os ditos pormenores "arquivados" e agora explicitamente articulados entre si. Mas a verdade é que essa unidade ou pólo integrador já esteve "pressuposto" (como tipo de personalidade) todas as vezes que discernimos como significativos os pormenores de atitude que fomos anotando e arquivando. Não foi, pois, a articulação *factual* dos factos que nos permitiu descobrir a sua significatividade (relevância) e revelar a personalidade que está por detrás deles, mas a ordenação desses factos segundo certo ou certos pressupostos (certo tipo ou certos tipos de personalidade "pressupostos").

Por outras palavras: é já por obra do "princípio pressuposto" que discernimos e ordenamos os dados de facto em sequências discursivas coerentes que nos vão permitir a articulação explícita e a explicitação do conteúdo daquele mesmo "princípio pressuposto". Pelo que este conteúdo não poderá vislumbrar-se senão a partir de contextos factuais significativos tomados como pontos de apoio da sequência discursiva; mas, por

---

tornou objectiva na "expressão" (no "espírito objectivo") pode corrigir a regra a cuja luz ela se tornou objectiva (cfr. APEL, ob. cit., p. 36).

318   *Introdução ao Direito e ao discurso legitimador*

outro lado, a significatividade desses contextos de facto só pode discernir-se por obra já daquele princípio cujo conteúdo vamos explicitar.

Pelo exemplo apontado somos induzidos a concluir que o "círculo hermenêutico" se liga intimamente à condição humana. Não podemos entender-nos uns aos outros, comunicar, interagir, sem interpretarmos as condutas (directamente comunicativas ou não) uns dos outros; e não podemos fazer tal interpretação senão com base em regras de conduta "pressupostas" (como intersubjectivamente válidas) que conferem significatividade às condutas observadas. Toda a comunicação *pressupõe já* regras prévias que possibilitem a comunicação; mas, por outro lado, tais regras só vêm a ser explicitamente estruturadas como tais através da comunicação.

Daí que a linguagem não seja mero *instrumento* ao dispor do homem (o homem é que é um "ser de linguagem") nem um sistema a definir-se e deliminar-se perante outros sistemas, mas um "medium" ou "processo mediador" através do qual se estruturam e manifestam "quididades" extralinguísticas.

Resumindo diremos que conclusão do discurso jurídico é aquela que vale e vinga, ou *se institui*, porque aponta para o "perfazer" de um sistema — porque nos revela uma *coincidência* entre um dado, uma novidade, um traço distintivo, uma diferença ([1]) e a "conclusão" de um sistema (coincidência apontada a uma conclusão), ao mesmo tempo que este "perfazer" do sistema se torna o critério que permite discernir o dado ou traço novo. Vê-se, assim, que não se trata de concluir a partir de premissas, mas de "instituir" uma decisão mediante a sua "inserção" conclusiva num sistema. É esta inserção que dá "objectividade" e validade à conclusão do discurso. Esta "objectividade" é, pois, o contrapólo da "transcendência" do sistema (do princípio): como este é transcendente aos factos contingentes, só ele é capaz de agregar estes em "tipos", em figuras concretizadoras cujos contornos se recortam tanto mais quanto mais lograda é a sua inserção num sistema alheio à sua contingência *(generalizabilidade)*. Este sistema, por seu turno, revela e afirma a sua identidade pela sua diferenciação e

---

([1]) Assim, por vezes, a "comparação de casos" serve exactamente para demonstrar o valor heurístico do conceito ou da distinção conceitual utilizada (o seu valor discriminativo).

Prolegómenos do discurso legitimador 319

diversificação (diferenciação das figuras concretizadoras) na *exterioridade* factual que se lhe contrapõe. Donde se conclui que a função das figuras concretizadoras não é a de simples mediação "expressiva", mas também a de mediação "heurística".

Tudo isto exemplifica bem a estrutura do "círculo hermenêutico".

4. *A "Origem" da força persuasiva e legitimadora do discurso aplicativo.*

Demo-nos conta até aqui da força persuasiva que adquire uma concretização bem lograda (mediante tipificações generalizáveis) dos princípios e cláusulas gerais. Toda a elaboração de um instituto que se apresenta como um "êxito", como uma progressão evolutiva, apresenta também uma coerência cada vez mais adensada e vinculante (a sua força persuasiva ou vinculante cresce tanto mais quanto mais se vai apertando a tessitura da trama, para usar a imagem de WIEACKER). Assim como a "racionalidade" intrínseca de uma ideia se desenvolve com certa autonomia ao longo do tempo histórico, assim também ela se vai tornando manifesta nas concretizações elaboradas da mesma ideia que dela fazem aplicação em diferentes contextos situacionais ou contextos pragmáticos de acção. Ao "comerciar" com estas situações típicas, a linguagem "racionalmente" elaborada e estruturada adquire como que uma força instituidora. Podemos assim falar de uma força instituinte do discurso que participa da própria força da ideia normativa, porque, no seu discorrer, aplica e revela a racionalidade intrínseca da mesma ideia.

Posto isto, pergunta-se: donde provém em último termo a força persuasiva e legitimadora do discurso jurídico? Qual o seu fundamento?

Certamente que essa força persuasiva e legitimadora se não baseia na eloquência da palavra fácil, nem simplesmente no encadeamento lógico das unidades discursivas, das palavras e das razões nele explicitadas. Essa força emana antes da própria ideia normativa "pro-ferida" e tornada explícita no discurso que "negoceia" a relação entre tal ideia e os contextos concretos de acção (situações ou casos típicos) e, assim, revela o conteúdo dessa ideia por uma forma mais explicitamente articulada no

320 — Introdução ao Direito e ao discurso legitimador

nosso horizonte comunicativo, assente em determinada realidade social comunicativa. Podemos assim dizer que o discurso persuade e vincula ao articular e "pro-ferir" a ideia, quer dizer, ao revelá-la e ao revelar o seu alcance, ao "instituí-la" no nosso horizonte comunicativo. Portanto, a sua força persuasiva e vinculante deriva da ideia que ele explicita, e não dele próprio enquanto discurso.

Vimos atrás que os princípios do Direito Justo só podem por nós ser vislumbrados "mediatizadamente", isto é, através do horizonte comunicativo possível no contexto da realidade social--comunicativa que habitamos embora tais princípios ao mesmo tempo nos preluzam como transcendentes a este horizonte histórico concreto. Paralelamente, também a ideia normativa da cláusula geral se torna racionalmente inteligível e aplicável apenas quando é integrada em contextos situacionais de acção pela "mediação" dos quais essa ideia normativa se faz luz do lado de cá do nosso horizonte comunicativo.

Não é, pois, ao nível do discurso como *facto* locutivo produzido ou acontecido que surge a força persuasiva e legitimadora: esta nunca se fundamenta em qualquer realidade factual, nem mesmo no consenso de facto alcançado mediante o discurso *dito*, mas na norma ou princípio que nesse discurso é "pro-ferido". Este princípio mantém-se sempre como transcendente à própria linguagem do discurso, pois continua a ser pressuposto ou condição indispensável da própria interacção comunicativa ou da "comunidade comunicativa" específica em que os participantes no discurso se integram — como uma condição inultrapassável daquela linguagem específica (a do Direito) em que eles comunicam entre si.

O que fica dito significa também, em último termo, que a força persuasiva e legitimadora do discurso assenta numa experiência elementar da vida enquanto vida integrada de raiz numa comunidade "comunicativa". Assenta, portanto, naquele étimo ou pressuposto radical e último sem o qual uma cultura (ou uma ramo de cultura) perde todo o seu sentido e a partir do qual se torna por isso possível reduzir *ad absurdum* ou isolar a posição de um eventual contraditor que, não obstante, continua a viver e a comunicar dentro do mesmo universo cultural e comunicativo que se funda no dito pressuposto. Aqui entramos já no terreno da pragmática universal em que está em causa a *coerência da conduta* enquanto conduta (humana).

Prolegómenos do discurso legitimador 321

Também por este lado se vê que a concludência, sob a égide da hermenêutica, do discurso "concretizador" de um princípio ou ideia não resulta de uma "dedução" ou de uma "indução", mas de uma explicitação e estruturação manifesta dos próprios pressupostos irrecusáveis da possibilidade do tipo de interacção comunicativa em que os participantes no discurso vital e pragmaticamente ético-semanticamente, digamos se comprometem. Só neste sentido se pode aceitar a tese de LUHMANN da "legitimação pelo processo": no sentido de que toda a comunicação e interacção humanas pressupõem um originário e irrecusável comprometimento ético, uma cooperação comunicativa, de tal modo que, em determinados casos, a recusa em aceitar uma dada conclusão corresponderia a um *venire contra factum proprium* (contra aquele compromisso ético ou ético-semântico originário) normativamente inaceitável. E assim verificamos que o normativo acaba por encontrar o último fundamento da sua "verdade" no normativo. O mesmo é dizer que um certo étimo ético radical e insuperável (com o significado de um compromisso responsável e originário) está no princípio e no fim de todo o discurso legitimador.

Em síntese: se a "coercividade" do discurso aplicativo lhe não advém do encadeamento lógico das premissas nem da verificação empírica das asserções nelas contidas, donde pode ela provir senão da coesão intrínseca das unidades discursivas que se articulam e organizam internamente por forma a reflectir e a estruturar explicitamente (a "pro-ferir") os pressupostos irrecusáveis do discurso enquanto interacção comunicativa entre pessoas que nesta interacção se *comprometem*?

Donde que se possa concluir, paralelamente, que o discurso hermenêutico-aplicativo retira a sua força vinculante do próprio princípio que explicita e aplica, na medida em que o desenvolve ou "pro-fere", revelando a sua identidade e unidade na diversidade das suas diferentes expressões contextualizadas. Aceite ou "posto" o princípio a "concretizar", os participantes no discurso aplicador vêem-se envolvidos e vinculados pelo entretecimento da trama discursiva em que o mesmo princípio articuladamente se explicita — de modo tal que tentar fugir-lhe seria recusar a base de intercomunicação aceite.

5. A necessidade da "mediação"

Podemos agora perguntar-nos por que é que, como atrás dissemos seguindo na esteira de LARENZ, o conteúdo dos princípios suprapositivos só é por nós vislumbrado através das suas concretizações no Direito Positivo, e não directamente. Eis uma maneira de formular a resposta a esta questão.

Isso é assim porque toda a *identidade* (designadamente a identificação do conteúdo de um princípio) se alcança apenas pela *diferenciação* (diferenciação-diversificação), esta diferenciação é (e só pode ser) "processada" pela tramitação discursiva e esta, por seu turno, não é viável sem o "encastoamento" da ideia ou princípio num "medium" exterior a si e resistente que confira consistência organizativa ao discurso. O que significa que o princípio só ganha identidade (só se identifica) "aplicativamente", quer dizer, ao conferir um sentido de unidade ou de estabilidade integrada ao discurso que o aplica. Aí, porém, apresenta-se e identifica-se como algo que está para além ou acima da própria organização discursiva, precisamente porque só transcendendo esta lhe pode conferir sentido e unidade. Não está, pois, na moldura organizativa, nem como elemento material desta, nem como "evento" ou acontecimento iniciador da organização discursiva, mas como uma "origem", quer dizer, como vórtice polarizador que actua no devir do discurso (operando, pois, como um sintetizador a *priori*), ao mesmo tempo que só através deste se revela.

Logo, o princípio (ou ideia) vem a ser reflexamente consciencializado como aquilo que — quando tenhamos em vista instituições organizadas — é postulado para dar sentido e unidade ou coerência à organização. Neste aspecto, assiste razão a MARX quando este observa que o que efectivamente se faz é partir da realidade, do positivo, para os princípios justificativos desse positivo. Mas MARX oblitera na sua análise este outro aspecto: que o princípio vislumbrado através do positivo tem uma "autonomia evolutiva" própria que é *independente do já positivado* e postula e orienta novas positivações. Donde que se deva concluir que a descoberta do princípio não é mera função (ideológica) da justificação do já positivado.

Resumindo: a ideia só se organiza e é posta em cena discursivamente ao encastoar-se num meio que lhe oferece resistência — porque só então adquire consistência organizativa.

Mas, ao revelar-se através dessa encenação discursiva organizada, ela surge sempre como algo supraorganizativo ou suprapositivo.

No quadro do exposto entende-se muito bem a seguinte fórmula lapidar de CAVALEIRO DE FERREIRA: "Há que buscar o Direito através da Lei. Esta não é a essência, a quididade do Direito. Há que pensar o Direito antes da Lei. E pensar o Direito implica a aptidão para compreender o que nele há de permanente e as razões do que é variável" ([1]).

Também no mesmo quadro de ideias nos é permitido distinguir dois tipos de pecado nas doutrinas sociais e jurídicas: um "pecado contra o espírito" e um pecado contra as exigências da pragmática ou da condição humana. A) Pertencem ao primeiro tipo de pecado: *a*) no domínio das instituições, o predomínio da lógica da organização (isto é, do suporte material da instituição) sobre a lógica da ideia que preside à instituição; *b*) no domínio do discurso jurídico, o predomínio da lógica dos conceitos descritivos, bem como das noções formais, e da lógica do sistema externo, sobre a lógica dos princípios ou lógica valorativa. B) O outro tipo de pecado pode designar-se por *imediatismo* ou *vertigem decisionista*, própria da orientação de quem pretende eliminar as instituições existentes (ou, então, a necessidade do recurso a conceitos jurídicos) em nome de uma ideia ou verdade pura (ou, então, em nome do sentimento jurídico), abstraindo das exigências da mediação organizativa sem a qual não é possível operar eficazmente na vida humana social (utopismo e decisionismo).

6. Significado da "mediação". Discurso hermenêutico e discurso teorético.

Já do exposto se deixa entrever a grande diferença que separa o *discurso teorético* das ciências (das ciências nomotéticas) e o discurso *hermenêutico-legitimador*. No primeiro existe aquilo que se chama a "transcendência teórica", no sentido de que é o esquema teórico adoptado que fornece sempre o ponto-chave da unidade e coerência do discurso e, ao mesmo tempo, permite recortar o "objecto formal" de determinada ciência. Da teoria,

---

([1]) Citado *apud* Cristina Líbano MONTEIRO, em "Democracia e Liberdade". 21, Dezembro 1981, p. 9.

como sistema auto-referido, decorre em princípio um ilimitado poder de manipulação do objecto. Ora nada disto se verifica no discurso hermenêutico.

Procuremos então resumir os principais pontos de divergência entre os dois tipos de discurso.

1. A nossa primeira tese será a de que o recurso à "mediação" — a articulação do discurso através de um "medium" — funciona no discurso hermenêutico como *Ersatz* da teoria no discurso teórico, na medida em que é essa "mediação" que permite, operando como ponto de apoio, o progresso gnoseológico.

2. Porém, bem diferentemente da teoria ou da teorização, que funciona no discurso científico-teorético como um sistema integrado e auto-referido, dele dependendo a unidade do discurso, o "medium" que permite a organização articulada do discurso hermenêutico está de certo modo para o princípio ou ideia a "mediatizar" como a organização institucional está para a ideia que nesta incarna: a unidade e coerência do discurso decorre (como já vimos) daquela ideia, e não do *medium* organizativo posto ao serviço da sua explicitação e articulação. Neste último discurso é inadequada a perspectiva sistemática que, por virtude da unidade intrínseca do sistema teórico, permite posicionar na *exterioridade* do "mundo dos objectos" os "factos" a analisar.

3. Por último, o discurso teorético-científico desfecha em conhecimentos *instrumentais*, no sentido de conhecimentos que podem ser usados como meios manipuláveis (como instrumentos de acção) para a realização de objectivos a fixar. Ao passo que o discurso hermenêutico-legitimador conduz directamente a modelos de acção e interacção, porque articula directamente a forma de vida comunicativa "homem" com os pressupostos originários (e, portanto, transcendentais) dessa forma de vida. Deste modo, este último discurso não se limita a produzir novos *modos de ver* a realidade social humana (como o fazem a teoria política e a sociologia, encaradas como ciências empírico-generalizadoras), mas antes vem a explicitar o Dever-Ser ou o Étimo Normativo pressuposto naquela realidade, postulando e intervindo na alteração dela na medida em que a mesma se afaste da sua "origem" (e, portanto, *hoc sensu*, da sua "natureza").

Nestes termos, pode dizer-se que a passagem de um novo limiar ou o avanço para uma nova etapa no Discurso

Prolegómenos do discurso legitimador   325

Hermenêutico se consuma sempre num novo modo de articulação do sujeito do discurso com a realidade ou, se se preferir, numa integração *participante* na forma de vida comunicativa. Consequência disto é que esta integração discursivamente articulada não pode traduzir-se pelo conceito de *adaptação* (adaptação à sociedade como um sistema *dado*), uma vez que se trata de aprofundamento da relação comunicativa, de uma integração *participante*, de uma interacção em que o dito sujeito do discurso também participa na conformação da realidade com que se articula em termos de prática eficiente.

Assim, p. ex., o "dis-curso" jurídico-dogmático[1] opera, em relação à decisão ou conclusão, de um modo por assim dizer coercivo, negativo ou limitativo: canaliza o pensamento até ele abicar numa "saída" ou se dirigir para uma única saída, mas não *edita* (ou pro-fere) a conclusão (decisão). Esta exige em último termo um acto de adesão. Diferentemente, o discurso teorético não se limita a canalizar o pensamento até este se precipitar para uma saída; antes, *edita* ele próprio a conclusão. Razão de ser desta diferença: o discurso hermenêutico tem na sua origem e no seu termo um momento de participação na comunidade comunicativa da pragmática vital humana[2]; ao passo que o discurso teorético da ciência (puramente instrumental) abstrai desta realidade fundamental da condição humana para poder situar-se no plano e fazer o percurso da racionalidade pura e formal[3].

---

[1]   Cfr. *infra,* Cap. XI, 3.

[2]   Confronte com o que se diz no n.º 5 da Secção subsequente,a propósito da articulação incindível entre *razão e pacto* (assentimento) no plano da pragmática humana.

[3]   Convém a propósito distinguir duas modalidades diferentes de "perfazer" ou "concluir": a *executiva* e a *judicativa.* A primeira é a execução exacta de um projecto talhado no plano da facticidade contingente e à medida dela, atendendo ao curso previsível dela, e visando alcançar um resultado determinado nesse mesmo plano. Aí está em causa apenas a obtenção do resultado previsto, sendo tanto a decisão como a acção determinadas pelo projecto e pelas directivas de execução emanadas da organização que o dita. A segunda é a explicitação concretizadora e complementadora de uma ordem normativa, enquanto ordem coerente, na sua aplicação aos factos. Está em causa a manutenção e o aperfeiçoamento de um ordenamento, não a execução de um *projecto* procedente da razão construtivista. E está em causa a manutenção de uma ordem supracontingente, não talhada em função da facticidade contingente mas no plano dos princípios que incorporam virtualidades de adaptação a todas as contigências (e que, por isso mesmo, não

§ 2.º — O discorrer por analogia

1. A analogia como princípio e o argumento a contrario

I. A aplicação analógica das normas jurídicas é de regra, não porque o art. 10.º do Código Civil o diga, mas porque tal corresponde a uma exigência do princípio supremo da justiça, ou princípio da igualdade, que manda dar um tratamento igual ao que é igual e desigual ao que é desigual. Sem este princípio o próprio direito não pode ser pensado. Por isso é que o "argumento de analogia" representa por assim dizer a espinha dorsal do discorrer jurídico.

Sendo assim, é desde já claro que toda a proibição da aplicação analógica se apresenta sempre à primeira vista como algo de chocante — por contrário ao princípio da justiça — e como tal carecerá sempre por isso mesmo de uma justificação particular para poder ser aceite. Essa justificação particular só poderá encontrar-se numa necessidade premente de *segurança jurídica*. Aliás, só a exigência da segurança jurídica ou da estabilidade institucional poderá legitimar decisões legislativas que, pelo seu teor voluntarista ou pela predominância que conferem à organização sobre a ideia que a deve inspirar, se arriscariam de outro modo a degradar-se em "puros factos do poder".

---

pode ser o resultado de projectos humanos talhados por referência a factos ou situações contingentes).

Daí que se diga que, neste outro domínio, a conclusão ou a decisão não apareça como determinada ou editada por projectos ou directivas técnicas, mas surja apenas como "saída" (êxito) para que somos orientados ("canalizados") pelo discurso explicitador-concretizador do ordenamento. Daí também que se diga que a função de juiz não é uma função executiva e se distingue também da do dirigente de uma organização (cfr. F. A. v. HAYEK, ob. cit., pp. 133 e sgs; bem como *supra*, Cap. V, § 4.º, 2). A distinção acima pressupõe que exista uma ordem que não é resultado de um projecto humano pré-construído.

Por outro lado, no *Discurso Hermenêutico* as conclusões nunca nos surgem como *coacções extrínsecas*. Nunca, apesar de as soluções por esse discurso produzidas poderem visar adaptações ao imprevisível, e serem por isso mesmo também imprevisíveis, elas nos surgem como coacções *anónimas*, por isso que o discurso que as produz *nos remete para a nossa própria origem e é coerente connosco*. Trata-se de uma evolução *participada* em que nós próprios evoluímos.

Prolegómenos do discurso legitimador

II. Segundo um brocardo tradicional, as normas excepcionais seriam inaplicáveis analogicamente. Esta formulação concebida assim em termos tão genéricos deve considerar-se hoje ultrapassada. Como dissemos, só um imperativo de segurança poderá justificar a inaplicabilidade analógica de uma norma. Isto, é claro, se não se trata de um verdadeiro "ius singulare", de decisão tomada para uma situação única e irrepetível. Sempre que a norma excepcional, porém, tem na sua base um princípio que, pelo seu próprio sentido, pode ser transposto para casos não expressamente regulados, só a exigência de segurança se pode opor à sua aplicação analógica. Tal o que acontece com as normas que descrevem os tipos criminais. Não podemos reconduzir a estas normas tipos de casos que por elas não estejam directamente previstos.

Quanto a todas as normas excepcionais, porém, o art. 11.º do Código Civil diz que elas "não comportam aplicação analógica, mas admitem interpretação extensiva". Há que entender este preceito a partir do significado que nele se atribui à "interpretação extensiva" e ter presente o referido critério fundamental: só a segurança jurídica pode justificar a não aplicação analógica de uma norma cujo princípio valorativo é de per si transponível para casos análogos.

Assim sendo, e tomando por interpretação extensiva aquela que permite aplicar uma norma a casos não cobertos pela sua letra (qualquer que seja o sentido, mais ou menos amplo, a atribuir às palavras da lei) mas abrangidos pelo seu espírito, diríamos que o art. 11.º permite afinal a *analogia legis*, e só não permite a *analogia iuris*. Com efeito, como distinguir a "interpretação extensiva" naquele sentido da *analogia legis* ou "extensão analógica" ("extensão teleológica") das normas?

Dentro desta ordem de ideias, do referido art. 11.º deduzir-se-ia apenas (como aliás sempre teria de ser) que o que é proibido é transformar a *excepção* em *regra*, isto é, partir dos casos taxativamente enumerados pela lei para induzir deles um princípio geral que, através da *analogia iuris*, permitiria depois regular outros casos não previstos, por *concretização* dessa cláusula ou princípio geral. Mas não já que seja proibido estender analogicamente a hipótese normativa que prevê um tipo particular de casos a outros casos particulares do mesmo tipo e perfeitamente paralelos ou análogos aos casos previstos na sua própria particularidade.

328 *Introdução ao Direito e ao discurso legitimador*

E assim já se compreenderia bem a proibição da analogia na aplicação das normas excepcionais a que se refere o art. 11.º. É que, quando a lei faz uma enumeração taxativa ou, como no n.º 2 do art. 483.º, estabelece que um certo regime ou consequência jurídica só se aplica aos "casos especificados na lei", ela pretende justamente, por razões de segurança jurídica, evitar a queda numa cláusula geral cuja aplicação pelos tribunais, por requerer um procedimento complexo e sempre algo aleatório de "concretização", contribuiria sobremodo para criar insegurança em sectores em que a fluência do tráfico exige uma base de expectativas seguras. A insegurança já não será a mesma, porém, quando se possa considerar uma situação particular não abrangida na letra de uma norma excepcional como abrangida pelo espírito desta mesma norma.

III. Um caso particular do argumento *a contrario* seria o "argumento de inversão", fundado justamente na analogia entre dois casos: esta analogia entre dois casos ou paralelismo entre dois problemas regulados na lei permitiria interpretar em sentido *inverso* (ou, pelo menos, diferente) a norma relativa a um dos casos quando, na outra, o legislador adoptou explicitamente uma dada posição que omitiu naquela. Aqui a analogia seria o ponto de partida para um argumento *a contrario*, fundado no silêncio da lei (*a silentio legis*).

Este argumento, porém, é extremamente falível, sobretudo quando as duas normas se enquadram em institutos muito diferentes e tiveram na origem movimentos legislativos também diferentes. Assim, p. ex., dado o paralelismo dos problemas da contagem do prazo de caducidade da acção de resolução do arrendamento (art. 1094.º do Código Civil) e da acção de divórcio (art. 1786.º, 2, do mesmo Código), do facto de o legislador ter alterado o último destes preceitos (pelo Decreto-Lei n.º 496/77, de 25 de Novembro), resolvendo expressamente aquele problema em certo sentido, e não ter tocado no outro, pretendeu concluir-se que a solução do mesmo problema em matéria de arrendamento deveria ser a oposta. A verdade é, porém, que o legislador se quis deliberadamente abster de alterações nesta última matéria (cfr. o n.º 10 do Preâmbulo do referido Decreto-Lei), pelo que uma tal omissão não é *significativa* (não é um *silêncio que fale*).

Prolegómenos do discurso legitimador 329

IV. Não bastará, porém, falar no princípio material da igualdade como fundamento da aplicação analógica. Há que acrescentar o princípio da coerência legislativa. Isto porque, naqueles domínios em que a lei fixa os pressupostos do válido exercício da liberdade ou autonomia privada (p. ex., ao exigir certas formalidades), o tratamento de situações análogas poderia ser diferente sem, todavia, ofender a justiça material. Por isso é que, em tais domínios, o argumento *a contrario* não carecerá de ser tão cautelosamente fundamentado. Daí que, em face da regra da liberdade de forma, as normas que exijam determinada forma para a validade da declaração negocial possam ser consideradas normas excepcionais — como resulta do art. 219.º do Código Civil.

Por outro lado, uma aparente incoerência do legislador nestes domínios bem pode ter a justificá-la interesses ou finalidades que ele quis antepor àqueles que fundamentaram a exigência (e, portanto, um tratamento diverso) em situações semelhantes (semelhantes no sentido de que, tanto nelas como nesta outra, se verifica exactamente a mesma razão de ser da mesma exigência). Haja em vista, p. ex., a não exigência de escritura pública para a plena validade e eficácia *inter partes* do contrato-promessa de compra e venda de imóveis, conforme decorre do art. 410.º do Código Civil.

V. Algo aparentadas com o argumento *a contrario* são aquelas formas de argumentar em que o ónus da prova ou o ónus da argumentação impende sobre um dos litigantes: o outro limita-se a afirmar o que é de regra. Assim, as presunções simples ou as presunções da vida convidam a parte interessada no ponto de vista oposto a evidenciar particularidades da situação capazes de mostrar que ela "foge à regra". P. ex.: Sendo a celebração do contrato definitivo a regra da vida, caberá eventualmente ao interessado em que certa convenção seja olhada como simples contrato-promessa mostrar que existiam particulares motivos justificativos da opção das partes por esta modalidade de contratação. Em caso de dúvida, prevalecerá a interpretação que corresponde à regra da vida. Esta será mesmo a solução taxativa quando a presunção tenha sido acolhida pela lei (cfr. o art. 926.º do Código Civil).

O esquema regra-excepção não funciona, pois, apenas como forma de conclusão, mas também como argumento interpretativo e como forma coerciva de canalização do discurso. Assim, em nome de um princípio de aceitação generalizada que vingou impor-se no uso e na linguagem "institucionalizada" dos juristas (p. ex.), as "excepções" admissíveis são sempre tratadas "repressivamente". O que significa que, tendo contra elas o peso do princípio ou da linguagem e conceptologia consagradas pelo uso (mormente se consagradas por decisões jurisprudenciais ou por uma doutrina autorizada), para serem aceites será preciso demonstrar, ou que são falsas as bases em que assenta tal princípio, tal regra ou tal doutrina, ou que, embora verdadeiras, elas não justificam a aplicação ao caso da fórmula em questão, antes essa aplicação se revela descabida e inadequada. O que exige um esforço argumentativo muito superior ao normal. Situação semelhante se verifica perante a decisão de uma autoridade competente — decisão que tem a seu favor a presunção de ser legal e correcta.

Nada disto tem a ver, porém, com a regra segundo a qual as normas excepcionais (regulamentações típicas de casos singulares ou excepcionais) não podem ser analogicamente generalizadas.

IV. Sim, a transposição analógica de uma regulamentação apenas será de considerar excluída quando dessa regulamentação se possa afirmar que o legislador a formulou deliberadamente em termos rigorosos e restritivos, e de uma maneira "fechada" ou completa. Assim devem ser interpretadas aquelas enumerações (taxativas) que não são acompanhadas de uma qualquer fórmula ou cláusula geral, bem como aqueles preceitos em que é patente ter o legislador posto todo o cuidado e rigor na formulação e na escolha das palavras, precisamente para ser entendido à letra e excluir generalizações.

À parte isso, temos que reafirmar que o argumento de analogia é a mais importante técnica de generalização do pensamento jurídico. Mais ainda, temos que reconhecer, com Arthur KAUFMAN([1]), que "todo o conhecimento jurídico, toda a *descoberta do direito* (heurística jurídica) e até toda a assim chamada 'subsunção' mostra a estrutura da analogia". Pois todo o pensamento jurídico é, segundo o mesmo autor, pensamento analógico e pensamento tipológico([2]). Já disto nos demos conta ao analisar acima a chamada "concretização".

([1]) Cfr. *Analogie und "Natur der Sache"*, Karlsruhe 1965, p. 29
([2]) Ib., p. 43.

Não surpreenderá, pois, que se diga que o "faro para a analogia" é o verdadeiro "faro jurídico". Isto porque, perante a complexidade e aparência amorfa da situação concreta, é esse "faro" que nos guia na descoberta da "identidade jurídica" do caso, do seu parentesco jurídico com certas figuras conhecidas, dos seus traços de família relevantes — assim como nos permite, noutro plano, seguir os ecos, as ressonâncias apelativas que nos transportam, de remissão em remissão, através do universo jurídico, à procura das normas e princípios em que se há-de enraizar a decisão a proferir.

2. *O argumento de analogia.*

Já vimos que o discorrer por analogia está sempre presente no desenvolvimento do pensamento jurídico. Também já vimos que o recurso à analogia não se torna necessário apenas para preencher lacunas, mas ainda para as descobrir. O caso omisso não é efectivamente abrangido por uma certa norma, ainda que procedamos a uma interpretação extensiva desta; mas já poderá eventualmente ser resolvido por aplicação doutra norma do sistema, reportada a um contexto pragmático e a um instituto jurídico diferente, se procedermos a uma *extensão teleológica* (não confundir com "interpretação extensiva") desta outra norma *(analogia legis).*

Acontece por vezes que as denotações descritivas da hipótese de uma norma apontam para um complexo globalmente estruturado que deve ser olhado como uma "figura" unitária, por isso mesmo que tal complexo não é redutível à soma dos elementos descritivos que o compõem. Temos então um "tipo" -- um tipo de *estrutura relacional* capaz de ser reencontrado em contextos pragmáticos da vida ou em quadrantes jurídicos diferentes daquele que o legislador teve em vista ao formular a norma. Ora é justamente essa "figura", esse tipo, que, por isso que "transcende" os elementos descritivos da hipótese legal [1] e por isso que lhe é inerente a virtualidade de ser transposto para contextos diferentes, nos pode sugerir a aplicação da norma que para ele aponta a situações para as quais a mesma norma não foi pensada, mas em que se desenha ou recorta a mesma *estrutura relacional* e idêntico conflito de interesses [2].

---

[1] E daí que não possa estar em causa uma "interpretação extensiva".

[2] Tomemos para ponto de partida, p. ex., o art., 895º do Código Civil, relativo à venda de bens alheios, que diz: "Logo que o vendedor adquira por

332   *Introdução ao Direito e ao discurso legitimador*

É calhada aqui a comparação de BIHLER([1]): esse tipo ou figura global unitária é como a melodia numa música. Com efeito, também a melodia goza da dupla propriedade de não ser redutível à soma das notas que a constituem e continua a ser recognoscível quando transposta para um ritmo ou para uma tonalidade diferente.

Daí que o jurista familiarizado com as diferentes "figuras" jurídicas se ache habilitado para discorrer e argumentar por analogia perante situações complexas a resolver. O seu apelo a tais figuras há-de ser de molde a convencer: 1.º, de que existe uma figura ou tipo relacional que se recorta com nitidez bastante na experiência da vida e em situações diferentes; 2.º, que a disciplina estabelecida em certa norma do sistema visa justamente essa *estrutura relacional*, independentemente do contexto ou quadrante da vida de relação a que a norma se reporta; 3.º, que a "contextualização" do caso omisso num diferente quadrante ou instituto jurídico não importa uma diferente valoração do mesmo.

A analogia *iuris*, essa implica, como já vimos([2]), procedimentos mais delicados e complexos, pois obriga a induzir de uma ou várias normas do sistema um princípio jurídico de validade geral que deverá também ser aplicado, por concretização, ao caso omisso. Sobre este ponto já se disse o bastante no parágrafo anterior.

---

algum modo a propriedade da coisa ou o direito vendido, o contrato torna-se válido e a dita propriedade ou direito transfere-se para o comprador". Consideremos agora o n.º 2 do art. 1024.º do mesmo Código, segundo o qual "o arrendamento de prédio indiviso feito pelo consorte ou consortes administrado-res só se considera válido quando os restantes comproprietários manifestem, antes ou depois do contrato, o seu assentimento". A lei nada dispõe para a hipótese de o contrato de arrendamento ter sido celebrado por um ou alguns dos consortes, sem assentimento dos outros, e posteriormente as quotas destes outros virem a ser adquiridas pelo consorte ou consortes que celebraram o contrato. Pois bem, por analogia com o disposto a respeito da convalidação da venda de coisa alheia no referido art. 895.º, devemos concluir que também na hipótese configurada se verifica a convalidação do contrato de arrendamento. (Esta solução é de algum modo confortado pelo art. 939.º, segundo o qual "as normas da compra e venda são aplicáveis aos outros contratos onerosos pelos quais se alienam bens ou se estabelecem encargos sobre eles").

([1]) Ob. cit., p. 140.
([2]) Cfr. *supra*, Capítulo VII, Secção III.

SECÇÃO IV — O DIREITO, O HOMEM E A CULTURA

1. *O direito como parte integrante da Cultura e a imagem do homem pressuposta pelo direito. A concepção materialista em contraponto.*

Pode dizer-se que todos os que pensam o Direito o pensam como elemento da cultura. Deste modo, ele é retirado do domínio do puramento técnico e concebido como tendo uma história própria que tem a sua raíz numa unidade originária entre direito e cultura. Desta unidade nos dá testemunho, no meio da positividade do direito, suprapositividade dos princípios do Direito Justo, e bem assim a ideia de Justiça como postulado radical originário de toda a colaboração e interacção entre os homens e, portanto, como postulado originário da forma de vida "homem".

Nesta ordem de ideias, a "tecnicidade" do direito positivo tem de ser concebida como fruto de uma determinada evolução a partir daquela unidade originária — evolução essa que Max WEBER caracteriza como um processo de *racionalização* que é, ao mesmo tempo, um processo que leva à *formalização* do direito. Tal evolução transforma assim o direito em segmento ou subsistema da cultura. Mas o que tal evolução não pode produzir é um corte radical entre direito e cultura, submetendo aquele ao vórtice da pura racionalidade técnica. Pelo que a referida "tecnicidade" do direito manterá sempre, apesar da sua necessidade, um carácter instrumental e subsidiário relativamente à ideia de Justiça. Daí que a cada vez mais acentuada tecnicidade e subordinação à racionalidade técnico-económica de sectores do direito como o Direito Económico e o Direito Fiscal não sirva para fundamentar a tese de que o direito tende a transformar-se numa questão puramente técnica: a racionalidade técnica dos *meios* não pode caracterizar as opções que nos levam a eleger os *fins*.

Nos fundamentos das ciências sociais, designadamente no domínio do pensamento sobre o Direito, a Sociedade e o Estado, o modo diferente de conceber aquele "evento antropoplógico" que é o salto da natureza para a cultura, do animal para o homem e para a sociedade, dá origem a diferentes paradigmas de

334 Introdução ao Direito e ao discurso legitimador

pensamento a que correspondem, respectivamente, uma concepção culturalista e uma concepção materialista do homem e da sociedade.

A primeira das referidas concepções põe o acento na diferença entre o homem e o animal, a sociedade e a natureza; ao passo que a segunda, sem negar esta diferença, considera como decisiva a unidade na diferença entre cultura e natureza. A primeira concepção, que acentua o carácter absoluto, na sua *originalidade,* da ruptura entre a ordem natural e a ordem social, esteve na origem da distinção do pensamento grego entre a *physis* e o *nomos* e tem marcado desde então o pensamento ocidental. Claro que uma tal ruptura, como fenómeno original, não pode ser concebida como um dado da natureza (a natureza não pode dar origem a uma não-natureza) nem propriamente como um facto histórico, por isso que ela mesma tem de estar, como condição imprescindível, na origem da história. Também não pode tratar-se de uma simples estratégia do nosso próprio pensar e falar, por isso que nos aparece como pressuposto inultrapassável de todo o pensamento e de toda a comunicação entre os homens. A nossa própria forma de pensar e conceber a natureza como contraposta à cultura está desde logo condicionada por esse pressuposto. De forma que partir da unidade entre a Natureza e a Cultura importa necessariamente recusar a validade da distinção, pois implica a negação do que nos permite pensar essa distinção.

2. *Concepção materialista e concepção culturalista do homem e da sociedade*

À concepção que acabámos de referir, e que parte da ruptura entre sociedade e natureza como um dado e ponto de partida originário, contrapõe-se a concepção materialista marxista.

Aqueles que aceitam a separação entre natureza e sociedade não negam que o homem deva ser concebido como *unidade* de Natureza e Cultura. Mas vêem justamente nesta última componente a diferença específica da forma de vida "homem", a qual não é apenas uma diferença específica determinada pela evolução a partir da Natureza mas uma "nova origem", no sentido mais radical de salto para uma nova etapa em que as próprias forças que determinavam até ali a evolução da história do mundo, ou a própria evolução, muda de assento, passando do domínio da Natureza para o da Cultura.

MARX, porém, nos seus *Manuscritos Económico-filosóficos* de 1844, pretende eliminar aquela oposição entre Natureza e História que resultaria da hipostasiação daquela ruptura antropológica. Segundo ele, a própria "formação dos 5 sentidos é um trabalho da história global do mundo até aqui percorrida". Por outro lado, afirma que "a Natureza em devir na história humana... é a real natureza do homem, e por isso a Natureza, tal como ela através da indústria, se bem que numa forma *alienada,* devém, é a verdadeira natureza antropológica". MARX julga entrever a possibilidade de superar a distinção entre a ciência da Natureza e a da Sociedade, quando afirma: "A própria história é uma parte *efectiva* da *história da natureza,* do devir da natureza e da sua evolução para o homem. A ciência natural abrangerá mais tarde em si a ciência do homem tal como a ciência do homem abrangerá em si a ciência da natureza: haverá apenas uma ciência". Assim, MARX vê por detrás da actual diferença um *continuum.* Claro que este ponto de vista é sugestivo. Mas o que se pergunta e deve perguntar é apenas isto: se, com o aparecimento do homem, surge ou não um novo princípio evolutivo, não contido na anterior história do mundo.

Em consonância com esta concepção de MARX e com a tese do mesmo de que "o ideal não é senão o material transformado e traduzido na cabeça do homem", Friedrich ENGELS retira a distinção entre o idealismo e o materialismo da resposta a esta questão: "O que é originário, o espírito ou a natureza?" (¹). Aqueles que afirmam a originalidade do espírito em face da natureza e que, portanto, em último termo, aceitam uma qualquer criação do mundo, pertencem ao campo do idealismo. Aqueles que vêem na natureza o originário situam-se no campo do materialismo. Qualquer outra utilização dos conceitos de idealismo e materialismo servirá apenas para criar confusão — acrescenta LENIN.

(¹) Em nosso entender, a questão deveria ser assim formulada: A comunicação e o discurso legitimador são o *originário* na forma de vida "homem" e na história do homem, ou, pelo contrário, o originário e decisivo é, a final, uma força de evolução imanente à matéria (à natureza) e a cultura não passa de uma superfetação que nada determina "originariamente", porque é mero instrumento daquela força?

3. Apreciação da tese materialista

A afirmação de que a origem está na natureza e de que no homem e na história se realiza a natureza não pode ser uma resposta à questão da distinção entre homem e natureza. É que esta questão surge do lado de cá da linguagem, no reino da cultura, pelo que "o fenómeno originário da diferença" é um pressuposto necessariamente implícito na questão, um pressuposto que está na origem de todas as interrogações e análises possíveis acerca da mesma questão. Não se está, pois, perante qualquer fenómeno *natural* que se trata de explicar, mas perante uma questão sobre um dado (a diferença) que faz parte da vivência elementar e originária do homem. Negar esse dado, negar a *diferença*, seria negar o pressuposto do sentido da própria linguagem em que se fala. Significa isto, pois, que uma questão tão radical e elementar, tão intrinsecamente ligada à origem daquela "forma de vida" que é condição da possibilidade de todo o questionar, não pode ser resolvida teoreticamente (não pode ser objecto de uma explicação teórica que se pretenda "verdadeira"), mas só pode ser objecto de um esclarecimento hermenêutico. Por outras palavras: a linguagem humana não logra articulá-la e "mediatizá-la" como questão *extralinguística* ou relativa a um *quid* extralinguístico, dado que a linguagem é um constituinte originário da "forma de vida" a que se refere a *diferença* questionada. Logo, tal questão é apenas susceptível de desenvolvimentos e aclaramentos hermenêuticos (interpretativos), através dos quais se procura discernir por que é que o homem põe tal questão, por que é que essa questão "existe", e qual é o seu sentido.

De resto, os próprios conceitos de "matéria" e "espírito" são conceitos da linguagem humana e que nesta linguagem (no discurso do homem) não podem ter sentido senão por referência de um ao outro: negar a significação de um deles é negar a significação do outro. Trata-se, pois, de conceitos que são suportes de funções semânticas necessárias: necessárias justamente porque a "nova forma de vida", enquanto vida "na linguagem" ou vida "comunicativa", se experimenta e afirma como *diferente* da natureza material — e até contraposta a ela.

Ao vivenciar radicalmente a *diferença* como origem ou a *origem* como diferença estamos a afirmar essa diferença como realidade pragmática última, de modo que, ao reflectir sobre

Prolegómenos do discurso legitimador 337

esta como questão *teórica* a resolver estamos já a pressupor a diferença, ou seja, a pressupor o significado e a validade daqueles dois termos que assinalam a diferença.

Concluiríamos, pois, em primeiro lugar, que os dois termos que se contrapõem para assinalar a *diferença* representada pela nova forma de vida — que é uma forma de vida originária e especificamente comunicativa — são operadores semânticos necessários ou transcendentais: eliminar (ainda que só tendencialmente) um deles é esvaziar de todo o sentido o outro. Assim acontece com os pares de conceitos: natureza e cultura, matéria e espírito, ser e dever-ser (ou *de facto* e *de iure*), etc. De modo que a questão da diferença entre natureza e cultura, etc., pode ser hermenêuticamente desenvolvida, mas não teoricamente respondida; e a resposta unilateral, quer da concepção materialista (a marxista, p. ex.), quer da concepção espiritualista (a hegeliana, p. ex.), acaba por negar todo o sentido à questão a que pretende responder e é, por isso mesmo, antinómica, porque foge ao contexto pragmático-semântico da pergunta [1].

Em segundo lugar concluiríamos que a razão pela qual, no domínio das ciências humanas, certas questões fundamentais não podem ser analisadas segundo o método ou na perspectiva da ciência teorética, mas caem necessariamente sob a alçada do método hermenêutico, não reside apenas no facto de aí o sujeito do conhecimento ser ele próprio objecto do conhecimento, mas também, e sobretudo, no facto de nessas questões estar em causa o "evento antroplógico originário" ou aquela vivência comunicativa elementar e originária que está na origem de toda e qualquer forma possível de interrogar ou questionar[ ].

4. *O homem "ser de linguagem" originário e radicalmente comprometido no Discurso Legitimador.*

Falamos, portanto, do *facto antropológico* originário — que não é propriamente um facto *acontecido* mas uma "origem" — quando dizemos que o homem é um "ser de linguagem".

---

[1] Por outro lado, como já vimos (*supra*, Cap. II, § 1.º, 9.), tal resposta nega afinal a *possibilidade* da questão ou torna inexplicável o surgir da questão, ainda que como "falsa questão" Cfr. também *infra*, n.º 8.

( ) Para a crítica à ideia de uma "ciência unificada", ver APEL, ob. cit., pp. 50 e segs., 147 e segs.

338 *Introdução ao Direito e ao discurso legitimador*

Quer isto também dizer que o homem, como "homem", é vinculado e determinado por algo que não é produto de uma desenvolução natural, mas por princípios ou estruturas simbólicas que operam na forma de uma "síntese a priori" e que o levam a comprometer-se e empenhar-se, necessariamente, num Discurso Legitimador. Assim, ele cai num novo e diferente vórtice evolutivo — cai numa nova vertigem em que ao que é *de facto* se sobrepõe sempre o que é (deve ser) *de iure.*

Ora, ou este discurso (esta comunicação que está na origem de nova "forma de vida") é uma degradação do processo evolutivo que seguiu até aos primatas, ou então temos de ver nesse fenómeno, não apenas uma nova "forma de vida", mas uma "nova origem" no processo de evolução do mundo criado. Quer dizer: O "corte" que representa o fenómeno antropológico não se verificaria apenas em termos semelhantes àqueles por que evoluíram as diferentes espécies — mas teria a ver com o próprio processo de evolução que passaria a ser outro: na transição do mundo animal e da natureza para o homem, a evolução e os êxitos evolutivos mudariam também de assento: deixariam de se sedimentar num substrato fisiológico e instintivo para se acumularem na forma de aquisições culturais e nas instituições humanas.

Aqui entra simultaneamente em jogo o mistério da Liberdade humana. Ao participar no discurso comunicativo (no qual se acha comprometido *ab origine*), o homem persegue e prossegue o encontro com uma Unidade Superior que é a origem de um novo *principium determinationis.* Mas esta determinação não elimina a sua liberdade (ao contrário do que sucederia com uma determinação *natural),* por isso que pressupõe sempre uma "comunidade de comunicação", uma participação no mundo da cultura que nasce de uma "adesão " e comprometimento inicial e não é um efeito necessitante de uma determinação *natural.* Prossegue, pois, a sua própria "humanidade", que transparecerá tanto mais quanto o adensamento da "comunidade comunicativa e de cooperação" define e consolida cada vez mais a *identidade* pessoal de cada homem.

Ao comprometer-se e enredar-se no Discurso (ou na comunicação) origina, pois, um mundo submetido a uma força organizativa ou ordenadora que não existe no mundo da natureza. E é nesse novo mundo que se põem as questões de saber *o que é que nos vincula à unidade* ou *onde está a unidade*

Prolegómenos do discurso legitimador 339

que nos vincula, assim como a questão de saber o que é que nos permite *apertar a trama do discurso legitimador,* por forma a torná-lo persuasivamente constrangente, coercivo, vinculante — sem prejuízo da Liberdade.

5. *O suprapositivo no discurso: sua relação com o consenso originário pressuposto e com a ideia de Justiça. Razão e pacto.*

No discurso legitimador, como categoria explicitante da comunicação que está na origem da forma de vida "homem", pode distinguir-se um *consenso inicial* e um *consenso final* ou conclusivo.

O *consenso inicial* é um pressuposto necessário da entrada em comunicação e, portanto, da entrada na comunidade. Tal consenso inicial só pode obviamente fundar-se na ideia de Justiça, no princípio de uma participação *igual* na comunicação (no discurso)([1]), na interacção, na colaboração humana — numa "troca igual", enfim.

Porém, no decurso da intercomunicação e da interacção vão--se produzindo compromissos necessários, ou seja, vão-se institucionalizando contextos organizados de interacção e intercomunicação que funcionam como outras tantas *convenções comunicativas,* convenções estas indispensáveis para que a comunidade se possa desenvolver e diferenciar e para que o discurso comunicativo progrida. Estes consensos (intermédios) institucionalizados não podem ser vistos como meros factos (factos institucionais) descritíveis, antes têm sempre de ser encarados enquanto "concretizações" do princípio em que se funda o *consenso originário* (o assentimento à comunicação e à comunidade). Quer isto dizer que o "positivado" nestes consensos institucionalizados pressupõe sempre, necessariamente, o mesmo princípio em que se funda o consenso originário e só mediante ele se pode legitimar([2]).

([1]) Recorde-se aqui a teoria do "Discurso Universal" e da "Situação Ideal de Diálogo" que, sob este aspecto, nos parece ter bom fundamento.

([2]) Estes compromissos ou consensos intermédios, quando institucionalizados, surgem sob a forma de *instituições* estáveis; pelo que estas representam como que *adicionais convenções comunicativas,* regulando o próprio uso da

O consenso final *vale* enquanto "concretização" do princípio informador do consenso inicial, e não enquanto *consenso* (enquanto facto). Só aquele princípio pode legitimar ou justificar. No *iter* negocial, porém, podem surgir compromissos ou consensos intermédios que, sendo já "concretizações" daquele princípio originário, valem e vinculam — designadamente por força da regra elementar de que cada um *responde* pela coerência da sua conduta e pela expectativa ou confiança que os outros nessa coerência firmam. Porém, ainda aqui, não é da conduta como facto que deriva a validade do vínculo, mas da conduta enquanto conduta humana significativa subordinada à regra da coerência, que é pressuposto da própria possibilidade da intercomunicação e, como tal, é *posta em vigor* em todo o acto de conduta comunicativa.

Deste modo, e no sentido apontado, podemos dizer que o *suprapositivo,* para que, como pressuposto necessário, remete todo o *positivo,* é aquele mesmo pressuposto ético-semântico radical em que se fundamenta o assenso originário à comunicação: é a ideia de Justiça.

Regressamos assim à ideia de ROUSSEAU. O Contrato Social era concebido por este como um contrato cujas cláusulas estavam por tal modo prefixadas que a menor alteração delas o tornaria nulo e sem efeito. Tratar-se-ia, portanto, de um imperativo situado acima da vontade das partes. E, no entanto, ROUSSEAU concebe-o como um pacto, uma *convenção* — o que pareceria contraditório.

Atendendo à racionalidade infrangível do pacto, KANT viu nele a expressão da Razão, de um eu ou consciência transcendental do homem-número, não afectado pelos interesses particulares do homem-fenómeno ou homem empírico. Precisou para tanto de isolar a consciência da história. Em nosso modo de ver, o pragmatismo e a filosofia da linguagem redescobrem a dimensão pactícia (ou de convenção) do Contrato

---

linguagem. As instituições — dissemos — têm basicamente uma função estabilizadora. Porém, não podem ficar imunes à mudança nem, muito menos, subtrair-se à instância da crítica que a cada momento as pode pôr em causa. Esta crítica tende, em última análise, a *repor tudo na base do consenso inicial da entrada na comunidade* (o que não é outra coisa senão o regresso à ideia originária de Justiça). Exemplar, sob este aspecto, é *Du Contrat Social* de ROUSSEAU.

Prolegómenos do discurso legitimador

Social como contrato originário. Deve entender-se a adesão ao pacto como necessariamente implícita em todo o acto de comunicação na comunidade, como pressuposto ético radical da entrada em comunicação, como compromisso ético originário. Em todo o assentir à comunicação há adesão a uma convenção, há um comprometimento ético radical que se integra na práxis humana histórica e não é, portanto, mero imperativo de um eu (racional) a-histórico.

Não é esse assentir como *acontecer* (como *facto*) que vincula, certo, mas a norma que rege essa conduta. Porém, também é verdade que essa norma não vincularia quem não assentisse, quem não participasse na comunicação. É pela sua *conduta* (comunicativa) que o homem se vincula porque, ao praticá-la, cai necessariamente sob a alçada da dita norma — melhor, põe-na em *vigor*. Sem dúvida que a humanidade do homem postula essa comunicação. Mas esta é também uma realidade pragmática, um *acontecimento*, não uma mera dedução da razão abstracta (¹).

Donde se colige este ponto de vista significativo: é por uma conduta nossa que nos responsabilizamos, e não por força de uma abstracta (e formal) lei da razão; é a própria condição humana, enquanto *prática*, que cria a responsabilização ética, e não um preceito abstracto decorrente de uma determinada concepção (também abstracta e formal) do homem e da vida. Assim como a liberdade se não realiza sem concretas decisões de vontade, muito embora ela não seja o resultado de uma decisão de vontade, assim também não há princípios e normas vinculantes sem condutas concretas que as positivem, muito embora a validade de tais princípios e normas não seja produzida por estas condutas.

(¹) A associação destes dois termos, Razão e Pacto (Racionalidade e Consenso), remete para uma ideia-mestra daquela corrente de filosofia contemporânea que (por assim dizer) insere e compromete na história o próprio sujeito do conhecimento — ou, se se quiser, aquele pólo de referência último que para KANT foi a consciência transcendental, imutável, supra-histórica — . para depois perguntar pelos pressupostos inultrapassáveis (transcendentais) de toda a comunicação humana e postular como possível, não a unidade sintética da consciência, à maneira de KANT, mas a unidade de interpretação intersubjectiva do mundo e assentar, portanto, num outro "ideador": o consenso susceptível de ser alcançado através de um discurso universal numa comunidade de comunicação ilimitada, ideal. É este um ponto nodal daquilo que APEL (ob. cit., p. 77) designa por "transformação semiótica da lógica transcendental".

342 Introdução ao Direito e ao discurso legitimador

6. Mediação, Aprendizagem e Condição Humana.

Se a espécie humana, espécie "animal social", foi uma espécie bem sucedida, ela deve o seu êxito e a sua origem a alguma forma de aprendizagem. Sim, o que permite ao homem optimizar o aproveitamento de múltiplas informações e experiências e potenciar assim a sua acção — nos termos já atrás referidos (¹) — é uma espécie de *aprendizagem habilitante*. Ora a aprendizagem não é mera operação cognitiva resultante de um projecto e de um esquema teórico, pois exige uma alteração *prática* da estrutura relacional do sujeito, do seu "se habere ad". Por isso, se aquela sabedoria da ordenação da vida (de que atrás falámos) ligada à razão ou ao senso prático resulta de uma tal *aprendizagem*, ela não pode ser reconduzida a esquemas teóricos explicativos.

Aprender não é acumular conhecimentos, mas adquirir uma habilitação. Assim, o fenómeno de aprendizagem lança um desafio último ao conhecimento, põe em causa os esquemas de referência deste. Acrescente-se a isto que a história da própria ciência física demonstra que os homens carecem de um largo período de habituação para entenderem e aceitarem as alterações conceituais que se produzem no domínio desta ciência.

Mas regressemos ao ponto de partida. Quando se trata de uma utilização melhor sucedida da capacidade de razão (²), não está em causa aplicar esta a um objectivo que lhe seja estranho, mas actuar no sentido de potenciar o êxito aplicativo das faculdades humanas, designadamente no sentido de uma mais bem sucedida utilização da capacidade intelectual disponível. Não se trata, pois, de *projectar* racionalmente o aumento dessa capacidade, pois seria absurdo supor que uma capacidade intelectual determinada fosse capaz de se aumentar a si própria através de um projecto seu (que pressuporia já adquirida aquela capacidade que se pretende adquirir).

Logo, apenas será possível alcançar aquele objectivo *mediatamente*: mediante a *aprendizagem* de um novo tipo de relação, mediante a inserção numa estrutura relacional que

---

(¹) Cfr. *Supra*, Secção II, 3, II.

(²) E, como salienta HAYEK (ob. cit.) p. 84), "as vantagens da civilização têm por base a utilização de mais saber do que aquele que poderia ser utilizado por qualquer esforço intencionalmente coordenado".

Prolegómenos do discurso legitimador 343

potencie a eficácia, o êxito, da capacidade da razão de que já se dispõe — ou seja, *mediatizando* a nossa relação com o real pela aprendizagem de uma relação meta-institucional que represente uma estrutura relacional bem sucedida: uma estrutura relacional que permita comunicar entre os indivíduos e entre as gerações as experiências e os saberes mais variados. Comunicação (comunicação de novo tipo) e tradição — eis por assim dizer os novos "órgãos" que tornam possível uma nova forma de vida. Mas qualquer delas pressupõe na verdade a institucionalização de uma relação de certo tipo entre os indivíduos e entre as gerações: uma relação que, desde logo, possibilite a comunicação pela linguagem.

Em suma, o homem teve que *aprender* uma relação comunicativa e de interacção para ser bem sucedido. Ora a relação comunicativa pressupõe ela mesma uma estrutura relacional normativa que permita aos homens entenderem-se entre si: sem normas (normas extralinguísticas), sem um ordenamento básico, a comunicação não seria possível, nem seria possível uma interacção globalmente coordenada. Por seu turno, essa relação, essa ordem global, para possibilitar essa comunicação e essa interacção globalmente coordenadas, tem que ser intersubjectivamente válida — e que ser, portanto, transcendente à subjectividade de cada um. Tem pois, que ter um carácter institucional ou meta-institucional.

Logo, a relação comunicativa pressupõe a *intersubjectiva mediação da tradição e do consenso.* Do consenso, sim: apesar da transcendência ou trans-subjectividade da referida relação ordenadora, ela tem na sua base um consenso, uma espécie de consenso tácito, por isso que a própria identidade ou "subjectividade" de cada um dos membros da comunidade se formou já em reciprocidade dialéctica com essa relação meta--institucional objectivada. Daí a coerência entre os princípios normativos que dessa relação emanam e o senso comum como consenso implícito.

É isto o que significa dizer-se que a comunicação e interacção na "comunidade comunicativa" têm por base a *intersubjectiva mediação da tradição e do consenso* (de um consenso básico). Esta base, a que chamaremos meta-institucional, define os próprios limites do "normal", como já vimos — os limites da comunicação e interacção possível. "Todos somos herdeiros", dizia ROUSSEAU. Até nas sociedades menos tradicionalistas a tradição cultural é ainda (e necessariamente) a trave-mestra da intercomunicação e do consenso. A própria reflexão transcendental, o próprio jogo transcendental da linguagem não é capaz de se situar do lado de fora deste universo cultural.

Acrescente-se, porém, que a nossa relação com a referida estrutura meta-institucional, dada a propriedade auto-reflexiva da linguagem, não é uma relação fechada, mas uma relação sempre potencialmente *crítica*. Mediante esta crítica reflexiva ("crítica interna") podem descobrir-se os "êxitos negativos" (conflitos) bem como as deficiências daquele jogo relacional, deixando assim entrever novo tipo de relação meta-institucional capaz de romper com o anterior e instituir uma nova etapa, um progresso.

Terá, porém, de tratar-se de uma ruptura a partir de dentro e mediada por uma nova aprendizagem habilitante capaz de se sedimentar numa tradição e num consenso. Isto porque a ruptura absoluta (ou no absoluto) seria inviável como forma de progresso, dado a mediação pela aprendizagem, pela tradição e pelo consenso ser uma condição necessária da comunicação e, portanto, um pressuposto da condição humana.

Se o avanço para nova fase evolutiva tem de ser mediatizado pela aprendizagem, segue-se que esse progresso não pode ser alcançado através de decisões voluntaristas baseadas em projectos da razão teórica, antes tem de ser representado por um "achado" feliz, por um êxito evolutivo. O que também significa que, no que respeita àquele ordenamento básico que serve de suporte à comunidade humana, o "progresso", enquanto êxito evolutivo mediatizado por uma aprendizagem social histórica, não deve ser procurado através de uma *decisão* de realizar os objectivos previstos em projectos racionalmente construidos, mas pela procura da coincidência, da consonância com aquela ordem fundamental, numa verdadeira atitude de aprendizagem(¹).

(¹) Cfr. neste sentido o nosso "Administração, Estado e Sociedade", pp 201 e segs. Podemos ir buscar um exemplo ilustrativo ao Direito. Assim, conforme também nota HAYEK (ob. cit., p. 95), a dinâmica interna do Direito conduz a modificações que, na sua globalidade, não foram (nem podiam ser) previstas e queridas por ninguém, mas que, diríamos nós, são "queridas" pelos princípios do ordenamento e coerentes com eles. Pois a propósito destas mudanças bem pode dizer-se que se não trata de *decidir* ou de executar uma anterior decisão, mas de fazer *coincidir*, harmonizar ou pôr em consonância.

Falando da aprendizagem humana como práxis vem a ponto salientar que a aprendizagem tem algo de comum com a "concretização" de princípios gerais: ambas se inserem na estrutura de círculo hermenêutico" (¹), ambas são procedimentos de *mediação* próprios da condição humana. Por isso mesmo, também qualquer delas tem a virtualidade de nos ir fazendo intuir, mas sem nunca nos permitir dominar teoricamente, o sentido dos princípios ordenadores do jogo relacional em que estamos envolvidos.

7. Um "sentido de justiça" inato ou adquirido? Acontecimento e "Origem".

Há quem afirme existir no homem um sentimento inato de justiça, semelhante ao instinto no mundo animal. EHRENZWEIG vai ao ponto de dizer que a natureza foi suficientemente sábia para não confiar no intelecto do homem e por isso dotou este com o "sentido da justiça" ( ). Mas também há quem, pelo contrário, afirme que "não é o sentimento jurídico que cria o direito mas o direito que cria o sentimento jurídico" (Rudolf von IHERING). Para muitos autores, o sentimento de justiça tem uma origem histórico-empírica. Não é, pois, um sentimento inato (¹). Entretanto, muitos defensores do jusnaturalismo apoiam a tese da existência no homem de um sentimento inato de justiça (¹).

Esta é a velha querela sobre o problema da génese, em tudo semelhante à mesma querela nos domínios da biologia, da

---

(¹) Na concretização, assim como na aprendizagem, *aprende-se a aprender*, no sentido do "círculo hermenêutico": ao mesmo tempo que o modelo ou pré-compreensão de que partimos nos permite discernir o revelante, a apreensão do revelante permite estruturar mais explicitamente aquele ponto de partida, o que por sua vez potencia a nossa aptidão para melhor discernir o revelante, e assim de seguida, de modo a adensar-se uma certa coincidência ou correspondência nas duas operações. Do lado do sujeito, isto corresponde a apanhar o jeito do acerto, a habilitar-se para descobrir o rumo no qual se adensam as probabilidades de êxito.

(²) Cfr. citação *apud* Miachael BIHLER, *Reschtsgefühl. System und Wertung*, München 1979, p. 4.

(³) Sobre este debate, cfr. BIHLER, ob. cit., pp. 1-7.

( ) Sobre o sentimento jurídico como fonte de conhecimento do Direito Natural e como mediador entre este e a prática jurídica, cfr. Heinrich HUBMANN, *Wertung und Abwägung im Recht, Köln* 1977, pp. 105 e segs.

346   *Introdução ao Direito e ao discurso legitimador*

psicologia, da sociologia e da linguística: àqueles que defendem o carácter decisivo dos factores endógenos opõem-se os que atribuem esse papel aos factores exógenos. Sobre esta querela no campo da sociologia escreve PARSONS: "Parece-me que litigar sobre se são os factores 'ideais' ou os factores 'reais' que determinam em último termo a conduta humana é hoje tão inútil como o foi a querela sobre a questão de saber se são os factores hereditários ou os factores ambientais que determinam em último termo a natureza da vida orgânica. Em ambos os casos trata-se seguramente de interdependências complexas entre factores igualmente importantes, bem que diferentes" (¹).

Pelo que respeita designadamente ao probelema da génese do "sentimento de justiça" a questão não fica, porém, resolvida, pois que o modo como vem sendo posta e a maneira por que vem sendo respondida implicam uma "ocultação da diferença antropológica", por admitirem, ao menos como quadro de referência para o debate, a possibilidade de um elemento da cultura ter a sua génese na natureza. O que representa uma falsificação fundamental de que só podem resultar questões sem sentido ou "indecidíveis". Por isso preferimos falar de "ideia de justiça" ou "ideia de Direito" (²) e pôr a questão da sua

---

( ) Cfr. citação *apud* Reinhard DAMM, *Systemtheorie und Recht*, Berlin 1976, p. 39.

( ) Sem com isto pretendermos negar a realidade psicológica de um factor emocional que dá pelo nome de "sentido valorativo" e "sentido de justiça", o qual nos orienta nas nossas valorações e ponderações na vida prática. Mas este "sentimento do justo" (sentimento jurídico) que, segundo HUBMANN (ob.. cit., p. 143), deve pautar-se pelas valorações da "consciência cultural", é já uma manifestação dessa mesma consciência e, portanto, da nossa originária integração na "comunidade comunicativa". Ora, como esta integração é um pressuposto da nossa "humanidade" e da nossa identidade, preferimos falar da ideia ou princípio de justiça como algo de transcendente às suas manifestações concretas no "sentimento do justo" — como um *prius* relativamente a este, embora na ordem da existência (vigência) aquele possa ser visto como um *posterius*. Referir aquele sentimento jurídico como um "órgão" possuído pelo homem (HUBMANN. *ib.* p. 148) é que parece menos feliz.

Já parece de aceitar, sim, o carácter *mediador*, a que se refere o mesmo HUBMANN, do sentimento jurídico e da consciência cultural, desde que não se confunda o mediador com o mediado, isto é, com o princípio ou ideia de justiça, conferindo àquele o valor de "origem". Nisto é que vai implícita uma "falsificação" radical da perspectiva carregada de consequências, pois se coloca

Prolegómenos do discurso legitimador 347

"origem" (que não pressupõe um acontecimento nem uma estrutura factual) e não da sua "génese" (que pressupõe um acontecimento causal ou uma situação de facto criada por um acontecimento).

Isto dá-nos ensejo para reafirmar um axioma fundamental: em todo o discurso sobre si próprio, o homem tem que simultaneamente "pensar a diferença" (isto é, reflectir a sua "diferenciação" em relação à natureza). É este um pressuposto, um *a priori* inquestionável para que tal discurso faça sentido. Designadamente, se o sentimento inato de justiça é um dado naturalístico, ainda que "inato", nada obsta a que este dado seja, como puro facto, superado e levado de vencida por outros desígnios e projectos da razão humana. Porém, se se trata de um pressuposto originário da própria "humanidade" do homem, se está em causa uma das próprias condições transcendentais da possibilidade de o homem ser homem pela integração numa "comunidade comunicativa" e de se pensar como *diferente* em relação à natureza, então o mesmo homem já não pode considerar esse pressuposto como objecto do seu "poder de disposição" sem negar a sua própria identidade — e, portanto, sem incoerência. Ao pensar-se como diferente, implicitamente pensa e aceita os pressupostos originários (transcendentais) dessa diferença; ao discorrer sobre esses pressupostos, não os pode recusar (nem sequer questionar com sentido) sem negar aquela diferença.

A questão é, pois, a de saber quais os pressupostos *a priori* e inquestionáveis de uma certa forma de vida (aquela que se "origina" na "comunidade comunicativa"), e já não a de saber se um desses pressupostos tem a sua génese em factores endógenos ou exógenos. Esta última questão tem a ver com a génese como *acontecimento*, ao passo que a primeira se não reporta a um acontecimento mas a uma "origem". Ora a "origem" — no sentido em que aqui usamos o termo — não tem nada de comum com uma génese-acontecimento; antes, opera como vórtice ordenador no devir dos acontecimentos e é operando, é na medida em que ordena acontecimentos dispersos e contigentes, que a origem *é*,

---

um facto ou uma realidade empírica (não um "facto de razão", como lhe chamaria KANT) no lugar de um princípio transcendente (suprapositivo) que constitui um *a priori* da "comunidade comunicativa".

ou se torna vigente. Não é, portanto, um acontecimento ou causa explicativa, antes se configura como princípio normativo que só tem vigência ou *é* — e até só pode vislumbrar-se — porque se cumpre numa ordem efectiva, mas que tem que ser pensado como anterior a essa ordem efectiva.

Se não pensarmos assim o Direito, cortamos este de qualquer ligação possível com a cultura, assim como lhe recusamos toda a possibilidade de fazer presente a diferenciação da ordem social e da ordem natural. Precisamente esta presença da origem, designadamente a presença da Ideia de Direito (ou de Justiça), concretiza a experiência da diferença, operando como forma *a priori* desta mesma experiência e do "experienciável", por modo que tudo o que é pensado como "fáctico" o é já apenas em termos de correlação dialéctica com a definição da identidade do sujeito na "comunidade comunicativa".

Nestes termos não faz sentido dizer-se que o "sentimento de justiça" é inato ou tem uma génese histórica. Sem dúvida que a "ideia de justiça" é de origem cultural (e, portanto, de algum modo "histórica"), pois, dentro daquela (aliás falsa) contraposição, de origem naturalística é que ela não pode ser. E assim se poderá dizer, em termos pouco rigorosos, que o "sentimento de justiça" é adquirido e não inato. Mas, por outro lado, aquela mesma "ideia de justiça" é um pressuposto *a priori* da nossa experiência do direito. E por isso se poderia igualmente dizer, em termos também pouco rigorosos, que o "sentimento de justiça" é inato. Donde que deva concluir-se que a questão que dá origem à velha querela "inato *versus* adquirido" está mal posta.

Do acima exposto também resulta que os ditos pressupostos podem ser vistos ao mesmo tempo como resultado. Como a sua forma de existência e a sua cognoscibilidade dependem do seu operar no plano factual dos acontecimentos, sob este aspecto, enquanto vigentes, aparecem-nos como um resultado. Mas, como precondição da possibilidade da nossa experiência e enquanto estão sempre presentes nela, são verdadeiros pressupostos. Toda a origem tem um duplo carácter: pode ser vista como fundamento e como resultado. Segundo dado ponto de vista, é fundamento, e o resultado deriva dela; se, porém, se prossegue a "origem" como quem prossegue um resultado, este apresenta-se como o fundamento. Todo o sentido da sigla "regresso à origem" é o de apurar esta como um resultado.

Prolegómenos do discurso legitimador 349

Em síntese, pois, consideramos a "origem", não como um "acontecimento" passado, mas como uma experiência incorporada no presente, enquanto elemento constitutivo (e, logo, transcendental) do sujeito que experimenta, reflecte e comunica e é nesta reflexão e comunicação *remetido* para aquela origem como *sua origem*. Esta "remissão para a origem" é experiencia presente que, ao mesmo tempo, dá *sentido* ao sujeito e dá "realidade" (vigência) à origem (¹).

(¹) Aquilo que é mero produto de um acontecimento histórico pode também ter um fim numa reviravolta da história. Aquilo que é uma "origem", não. A "origem" subsiste, e subsiste a virtualidade de ela se manifestar sob aspectos diferentes, metamorfoseados, quando sejam destruídas por uma viragem da história as suas manifestações anteriores. Discernir essa identidade subjacente a manifestações diversificadas e variáveis é, no entender de MARX, a função da ciência.

Esta distinção entre "origem" e acontecimento, que gnoseologicamente se articula com o "círculo hermenêutico", encontra paralelos em vários outros domínios, incluindo o da epistemologia geral das ciências. Assim, pelo que respeita à aprendizagem da língua, CHOMSKY insiste no carácter racional--sistemático das precondições inatas para a aquisição da linguagem, ao mesmo tempo que APEL (ob. cit., p. 211) salienta a necessidade da aquisição simultânea de uma "competência gramatical" e de uma "competência comunicativa", competências estas que mutuamente se pressupõem, sendo a última sempre produto de um diálogo efectivo. Tudo se resumiria, a final, na aquisição de "uma competência comunicativa linguisticamente modelada". E conclui APEL: "Consequentemente, mesmo a aprendizagem da língua não pode ser olhada como *mero* processo estimulado de construção: Tem de ser compreendida também como um processo intersubjective de comunicação...". Por outras palavras: Não pode dizer-se em bom rigor que a "competência gramatical" seja inata ou adquirida. Certamente que tem de ser pensada como *anterior* à comunicação verbal, como um *prius*, mas só é ou vigora através dessa mesma comunicação (acontecimento). Daí que o acontecimento da aprendizagem, que se processa pela comunicação, não possa ser visto como mera estimulação de mecanismos inatos, já que: 1.º, a "competência gramatical" só é, só tem vigência, quando usada na comunicação; 2.º, o acontecimento "comunicação" já é modelado pela "competência gramatical" e, por isso, não pode ser visto como algo de exterior (mero estímulo exterior) a esta competência. O resultado final é o domínio da língua ou da "competência gramatical". Deste modo, a "competência gramatical", como uma competência de facto disponível, aparece como um *resultado* (adquirido). Como um pressuposto da possibilidade dessa mesma aprendizagem ou aquisição da língua, porém, a "competência gramatical" aparece como uma "origem", um fundamento, um *prius*. Pelo que, em vez de distinguirmos (como devemos distinguir) entre "origem" e acontecimento, podemos falar antes de *acontecimento originário* como aquele momento em que, em termos aristotélicos, a forma se une à matéria – não

350 *Introdução ao Direito e ao discurso legitimador*

Significa isto que o *sujeito* só se constitui naquela remissão para a sua origem (ou seja, para as estruturas ordenadoras meta-institucionais que tornam possível a "comunidade comunicativa" e por referência às quais o sujeito se define na sua identidade) e que essa "origem" só é algo de real (como princípio ordenador) porque *opera* (está presente) nesta experiência e vivência do sujeito — ou seja, porque nesta experiência é "actualizada", sendo certo que não existe fora do processo que a "actualiza" ( ).

8. Acontecimento e "Origem": Justificação da Hermenêutica

Na sequência do número anterior, vem a propósito observar que a incapacidade para distinguir entre "origem" e "génese-acontecimento" e, portanto, para evitar a obliteração da "diferença antropológica", constitui uma limitação intransponível de todas as concepções científico-epistemológicas de base empírica (*signanter*: do "empirismo lógico"), e bem assim de outras concepções epistemológicas "solipsistas" (ou seja, daquelas

---

como aquele momento em que um estímulo exterior dispara um mecanismo preexistente.

No domínio da epistemologia das ciências idêntico fenómeno se nos depara, fenómeno esse já descrito por HEGEL e a cada passo recordado em obras recentes sobre a matéria (cfr. designadamente: Th. S. KUHN, *La Structure des Révolutions Scientifiques*, Paris 1972, pp. 243 e segs. ; C. G. HEMPEL, *Éléments d'Épistémologie*, Paris 1972, pp. 149 e sgs.; S. TOULMIN, *L' Explication Scientifique*, Paris 1973, pp. 76 e 115). Trata-se de, perante um objecto complexo, adoptar um método geral (ou paradigma) que nos vai permitindo discernir fenómenos relevantes e, através destes, transformar o método em sistema, por tal modo que à luz do sistema aqueles fenómenos se revelam agora na sua racionalidade articulada. Dir-se-ia que foi de certo modo o "sistema" ou "teoria" que, como uma "origem" ainda não consciente, nos foi permitindo discernir o relevante. Na ordem dos factos, porém, foi mediante os momentos de conteúdo metodicamente apreendidos que chegamos àquele sistema que agora — mas só agora — nos permite trazer à plena evidência racional a relevância dos fenómenos. Daí que a "origem" possa ser vista, ora como fundamento, ora como resultado, e que HEGEL fale de "um círculo em que o primeiro se torna também o último e o último se torna também o primeiro".

( ) Claro que este modo de discorrer nunca poderia ser assumido pelo *empirismo lógico* nem pelo *racionalismo crítico*. Mas já o poderá ser por uma posição hermenêutica-dialéctica. Até LUHMANN se vê obrigado a afirmar que "o sentido é produto evolutivo de uma situação que só ele torna possível".

Prolegómenos do discurso legitimador 351

— entre as quais se conta também o "racionalismo crítico" — que tomam o sujeito do conhecimento, do discurso, da comunicação e da interacção como um termo definido na relação *sujeito-objecto*, como um intelecto isolado).

É precisamente esta limitação que justifica a necessidade de uma Hermenêutica transcendental e dialéctica — ou seja, de um modo de discorrer que toma a *identidade* do sujeito do conhecimento e da interpretação como constitutivamente dependente da comunidade histórica de interacção e de comunicação e encara essa comunidade como portadora e depositária de uma "racionalidade" de que emanam certos princípios ordenadores da vida humana.

Com efeito, a "intersubjectividade" ou, melhor, o intersubjectivamente válido (vinculante) em termos comunitários, entra na constituição-definição da própria *identidade* do sujeito, pelo menos como pólo de uma correlação dialéctica. Por isso é que, para superar aquilo que APEL designa por "solipsismo metodológico" da epistemologia tradicional, não precisamos de "pôr a comunidade de comunicação como sujeito do conhecimento", conforme faz o mesmo autor ([1]): basta-nos considerar que o dito sujeito vê a sua identidade constituída por referência a essa comunidade de comunicação e, por isso, pode de algum modo dizer-se que ele é portador (ou representante) desta e da respectiva "racionalidade".

O sujeito constitui-se na sua identidade por referência a essa comunidade de comunicação. Nesta ele tem a sua origem como sujeito humano, elevando-se *acima* da natureza. Pelo que, se, no seu discurso, recusa esta sua origem, a questiona ou simplesmente olvida, põe em causa a sua própria identidade — e, portanto, o sentido (validade) possível do seu discurso, bem como a "diferença antropológica". É aliás isto o que ele faz quando, em

---

([1]) Cfr. ob. cit., p. 113. Assinale-se ainda que APEL (*ib.*, p. 125) entende que o princípio regulativo de uma comunidade ilimitada de interpretação que ao longo dos tempos se realiza tanto teorética como praticamente faz justiça ao conceito de compreensão de HEGEL como uma autopenetração do espírito que reflexivamente se transcende. Isto, diz APEL, ainda que o objectivo último a que tende a interpretação que reflexivamente se transcende seja transposto para um futuro indefinido e a sua realização não seja confiada a uma filosofia auto-suficiente mas, antes, a uma mediação filosoficamente orientada entre a actividade hermenêutica e a prática da interacção.

352 *Introdução ao Direito e ao discurso legitimador*

conformidade com aquele "solipsismo metodológico", concebe os outros sujeitos, as suas condutas ou as suas acções comunicativas como "objectos" para um sujeito cognoscente isolado (ele próprio), nos termos do esquema sujeito-objecto, e por isso os transforma em dados empíricos observáveis: nega a "diferença antropológica".

Na verdade, se lhe fazemos notar que as *identidades* dos sujeitos observados se constituíram no seio da comunidade comunicativa e por referência a normas ordenadoras desta, ele, segundo a sua metodologia "solipsista", irá analisar o processo factual observável pelo qual aquelas identidades se formaram e, de etapa em etapa, terá que ir encontrar a génese de tudo na natureza — mesmo a génese daquilo que, pela sua intersubjectiva validade, possibilita o consenso básico entre sujeitos em que assenta por sua vez a possibilidade da comunidade e da comunicação. E o mesmo método terá que aplicar a si próprio. Pelo que, não obstante considerar-se "sujeito", ele — paradoxalmente — nega esta sua qualidade ao negar a sua "diferença antropológica" (ao ter de considerar-se, na sua própria identidade, produto da natureza)(¹). Transparece aqui o reducionismo naturalístico da metologia "solipsista".

Assim, o nosso modo de argumentar contra as epistemologias "solipsistas" e de justificar a necessidade da Hermenêutica distingue-se do de APEL em dois pontos. Primeiro porque consideramos que qualquer concepção epistemológica "solipsista" aplicada às ciências humanas conduz necessariamente à obliteração da "diferença antropológica" — e este é o seu vício fundamental. Segundo porque, em vez de considerarmos que o sujeito da interpretação é a própria comunidade de comunicação

---

(¹) Se, como pretende APEL (ob. cit., p. 205), a possibilidade e a necessidade de metacomunicação (e, portanto, de auto-reflexão) constitui a *differentia specifica* que distingue a linguagem humana da chamada "linguagem animal" e da chamada linguagem formalizada de programação, e se é justamente desta diferença específica que resulta aquele "efeito de transcensão" que faz com que (entre outras coisas) uma lei *explicativa* que rege certa conduta humana, uma vez descoberta, possa ser violada e deixe de ser lei necessitante para o futuro, temos de reconhecer que aquilo a que chamamos "diferença antropológica" corresponde na verdade a um novo princípio da evolução na história do mundo. O homem disporia simultaneamente de uma "rule-governed creativity" e de uma "rule-changing creativity", como pretende CHOMSKY

Prolegómenos do discurso legitimador 353

e interacção, continuamos a considerar como sujeito do conhecimento e do discurso o indivíduo pensante, não, porém, como um sujeito ou consciência transcendental, mas enquanto membro daquela comunidade, portador e participante da racionalidade ordenadora que está na origem dela ou é evolutivamente engendrada por ela.

Para exemplo ilustrativo, tomemos a análise do *consenso* entre os sujeitos da comunidade de comunicação e interacção. Se queremos analisá-lo como fenómeno empírico observável, teremos de considerar os vários sujeitos em consenso como entidades definidas e isoladas, quando sabemos que as identidades desses sujeitos se constituíram numa comunidade já estruturada segundo normas intersubjectivamente válidas, normas estas que, agora, através da sua participação na modelação dos sujeitos, vão possibilitar e explicar o consenso.

Suponha-se, por exemplo, que a sentença de certo juiz alcança o consenso universal, não propriamente pela coerência lógica interna da sua fundamentação, mas porque esta se revela em perfeita coerência com aquela "racionalidade" que, no dizer de ESSER([1]), emerge do debate (público) sempre em curso na comunidade global. Suponhamos que é por isso mesmo, que é porque aquele julgado estrutura tão explícita e esgotantemente a sua fundamentação, fazendo irradiar desta um lampejo sobre a "lógica do assunto" *(Sachlogik)* e alcançando um acume em que qualquer ulterior argumentação se revela inútil, a ponto de o consenso surgir como uma "evidência". Admitamos ainda que este consenso assim alcançado tem uma função convizinha da "evidência", da "verdade dialógica", por resultar do facto de a fundamentação em causa estruturar ou explicitar uma articulação *directa* entre a sentença e os próprios pressupostos irrecusáveis da "comunidade comunicativa" em que se definem e comprometem os que entram no consenso.

Se agora alguém, em vez de indagar da validade do consenso assim alcançado, indaga antes, como faz Michael BIHLER([2]), das *causas determinantes deste consenso enquanto conduta observável,* escapará sempre a esta indagação empírica um fundamento

---

([1]) Joseph ESSER, *Vorverständnis und Methodenwahl in der Rechtsfindung,* Frankfurt a. M., 1972, pp. 173 e s..

([2]) Cfr. ob. cit., designadamente p. 87

354   *Introdução ao Direito e ao discurso legitimador*

justificativo daquele consenso que é, no entanto, indispensável para "explicar" a conduta de quem entra no consenso ou a situação social de consenso.

Enquanto facto exterior observável, o consenso não nos dá conta daqueles pressupostos normativos da comunidade de comunicação, pressupostos estes que têm uma validade intersubjectiva por isso mesmo que influiram a constituição das identidades dos membros da comunidade e por isso que são também pressupostos da possibilidade daquela comunidade e daquela comunicação. São, portanto, pressupostos, e ao mesmo tempo *limites,* de todo o discurso possível. Ora tais pressupostos e limites não são factos empíricos. Mais: na medida em que sejam pressupostos e limites universais de todo o discurso possível, não podem sequer ser questionados na perspectiva empirista e no quadro da relação sujeito-objecto sem que esta própria maneira de os questionar represente, além do mais (¹), uma ocultação--denegação da "diferença antropológica".

9. *Recapitulação: Ciência e Hermenêutica, organização e êxito.*

O debate que até aqui se desenrolou tem a ver com três problemas cujo entrelaçamento estreito convém ter presente: *a)* o da viabilidade da concepção de uma *ciência unitária* do homem e da natureza; *b)* o da justificação da Hermenêutica, designadamente de uma Hermenêutica transcendental; *c)* o da possibilidade de *organizar* completamente, mediante um projecto humano deliberado, toda a vida social humana.

a) A primeira questão parece ter resposta negativa. Desde logo, porque todas as teorias da razão técnica construtivista (que o mesmo é dizer, todas as teorias) se estabelecem por referência às leis e regularidades que governam os factos contingentes descritíveis e são talhadas por medida para agir sobre eles, quando o escopo das ciências humanas é a descoberta daqueles princípios ordenadores originários que, sendo originariamente constitutivos da forma de vida "homem", reflectem uma originária virtualidade de adaptação a todas as contingências e,

---

Sobre este mais, cfr. designadamente APEL, ob. cit., pp. 188 e s.

Prolegómenos do discurso legitimador   355

por isso mesmo, se apresentam com uma feição normativa, transcendente à factualidade contingente descritível.

Por outro lado, se todo o acto de comunicação (na "comunidade comunicativa") é também uma *conduta* humana sujeita a regras de conduta, isto pressupõe uma metacomunicação sobre a pretensão de validade do que se afirma na comunicação. Ora uma *teoria* capaz de produzir enunciados cujo conteúdo questiona a sua própria relação de metacomunicação transforma-se num *paradoxo* prático, suscitando um problema indecidível.

b) A resposta ao segundo ponto resulta já da resposta anterior. Se, no que respeita às ciências humanas, o possível "objecto" do conhecimento são os princípios ordenadores originários constitutivos da forma de vida "homem" e estes não são (não podem ser) produto de um projecto humano traçado pela razão construtivista, decorre também daí que eles não podem ser "objecto" de proposições teoréticas próprias daquelas ciências a que preside um desígnio técnico-modelador dos factos. Logo, só poderão ser objecto de esforços interpretativos capazes de elaborar "concretizações" daqueles princípios ordenadores e de articular verbalmente tais concretizações. Ora esta é a tarefa da Hermenêutica, e designadamente daquela hermenêutica transcendental que procura trazer à luz os pressupostos da viabilidade de toda a comunicação e de todo o discurso humano.

c) Quanto ao terceiro problema, terá certamente que se dizer que, se os princípios ordenadores originários da vida humana social não resultam de um projecto da razão construtivista nem são acessíveis a esta, também aquela vida não pode ser organizada total e radicalmente segundo modelos organizativos projectados pela dita razão, com vista à realização de objectivos determinados. Por um lado, porque estes só podem localizar-se no plano da factualidade contingente, e por isso não servem ao homem senão naquelas conjunturas para que foram previstos. Por outro, porque o verdadeiro objectivo da indagação nas ciências humanas haveria de ser a descoberta de uma "ordenação" tal que potenciasse aquela capacidade originária de adaptação. Ora isto só se tornará possível mediante uma *aprendizagem habilitante* que permita ao homem optimizar o aproveitamento de todos os *inputs* informativos possíveis e optimizar, assim, as suas probabilidades de êxito. Mas, por um lado, todos reconhecem que a *aprendizagem* não é mero problema teórico, mas um problema prático de aumentar certa "competência" mediante o exercício prolongado de certa actividade. Por outro lado, a referida potenciação depende do estabelecimento de uma nova e diferente relação com a "realidade" (o que implica alteração da própria atitude do sujeito agente, da sua maneira de relacionar-se com a realidade e, através desta, com a sua própria identidade). Uma razão construtivista, porém, assentando numa predeterminada ou predefinida relação com a realidade, não é por definição competente para propor projectos capazes de transformar essa mesma relação (¹).

A isto acresce, como vimos, que a capacidade habilitante adquirida por aprendizagem na evolução da espécie humana, mediada pela tradição e sedimentada numa relação ordenadora meta-institucional, permite uma resposta "mais inteligente" aos problemas da adaptação do que aquela de que seria capaz uma razão construtivista. Donde que a sujeição total do homem a uma organização concebida por esta razão técnica só poderia ter um efeito inibidor sobre essa aptidão para uma maior probabilidade de acerto perante contingências ou conjunturas novas.

O que acaba de dizer-se pressupõe a existência de uma "sabedoria" da humanidade (uma capacidade de ordenação da vida ligada a um senso prático ou razão prática) que não pode ser substituída por projectos da razão técnica. Se nos lembrarmos de que as mais elevadas realizações culturais, os desenvolvimentos nos diferentes aspectos da cultura produzidos pelos mais altos expoentes da humanidade são eles mesmo produtos de uma "sabedoria", mas de uma sabedoria que nada tem a ver com

---

(¹) Isto não invalida o "efeito de transcensão" a que atrás nos referimos. Uma vez descobertas as leis (leis quase-naturais) que regem certa actuação humana (como, p. ex., os universais "formais" da linguagem, em particular o "ciclo transformacional" da fonologia), pensa-se ser possível deixarmos de permanecer vinculados a elas e que as podemos violar (ao contrário do que sucede com as leis da física). Significaria isto que escapamos ao seu império e aos limites empíricos que até ali tais leis nos impunham. Mas a descoberta dessas leis implica a incorporação da auto-reflexão no processo metodológico da sua investigação e implica uma transformação do sujeito do conhecimento que, ao descobri-las, altera a sua própria relação com a realidade, já que fica habilitado a transcender uma relação anterior em cujo jogo se achava inconscientemente enclausurado. Por aqui se vê que, se classificarmos tais leis como "naturais", a palavra "natural" não tem aqui o mesmo sentido que na ciência física.

Prolegómenos do discurso legitimador 357

projectos da razão técnico-construtivista nem por esta são explicáveis, não tem que nos suspreender a afirmação de uma forma de sabedoria que tem a sua sede numa "habilitação" humana que antecede e transcende essa mesma razão técnica ou construtivista.

Convém a propósito sublinhar a coerência entre a "estrutura relacional" subjacente e o "êxito". Que cada módulo de relacionamento (ou "estrutura relacional") tem a sua pontuação e os seus "êxitos" próprios, parece inegável. Com este facto devem estar relacionados os "climas" humanos que caracterizam as grandes épocas da história da cultura. Sendo assim, porém, uma mudança de relação implica ela mesma "êxitos" diferentes e uma concepção diferente do que é "êxito", do que é realização lograda (*accomplishment*). Mas também se torna transparente que os êxitos da nossa civilização estão numa relação de intrínseca dependência do módulo relacional em que ela assenta.

Por outro lado, a tramitação de qualquer discurso apoia-se em "êxitos" (ainda que êxitos intermédios) que lhe sustentam o voo ao denunciar a presença latente da "origem" do discurso. Só por referência a esta origem (relação originária), que é fonte do êxito, assentando em êxitos em que a mesma origem se torna presente e sensível nós conseguimos: 1.º, consolidar a nossa própria identidade; 2.º, transcender a nossa própria contingência e dar, assim, sentido às nossas vidas, ao seguir na esteira da tramitação discursiva que os ditos êxitos virtualizam. Desde modo, não é só o discurso filosófico-hermenêutico que se inscreve na estrutura do "círculo hermenêutico": na mesma estrutura se inscrevem, quer o discurso da nossa vida (dos nossos dias), quer o discurso que toda uma época civilizacional perfaz.

Este contexto de ideias leva-nos a relativizar a afirmação de que uma estrutura "meta-institucional" que não é obra de um projecto da razão é capaz de soluções "mais inteligentes" (melhor sucedidas) do que aquelas que a mesma razão poderia engenhar. Com efeito, se isto é assim — dir-se-á — , é porque aquela mesma estrutura define e determina o que é "êxito". Note-se, porém, que nada disto infirma a mencionada tese, pois que a própria razão técnica se orienta por uma concepção de êxito que é definida pela dita relação "originária", se é que ela mesma não deve ser concebida (e parece que deve) como um "êxito" da referida relação.

CAPÍTULO XI

A CIÊNCIA JURÍDICA

1. *Introdução: concepção corrente do trabalho do jurista.*

Diz-se que o trabalho do jurista é realizado em três planos distintos, se bem que intimamente interconexos: no plano da descrição ou da captação do "dado", no plano da explicação e sistematização e no plano de aplicação à realidade. A estes três planos corresponderiam, respectivamente, a procura das normas válidas do sistema e a sua *interpretação,* a *construção* de conceitos jurídicos fundamentais e de instituições, bem como a *sistematização* mais geral desses conceitos e instituições, e por fim a *aplicação* das normas aos casos concretos da vida. O esforço de interpretação, construção e sistematização ([1]), sendo um trabalho realizado sobre as normas de determinado direito positivo, remataria na constituição de um corpo doutrinal-conceitual a que se chama *dogmática* jurídica. Acima do nível desta *dogmática,* própria de cada ordenamento jurídico positivo, poder-se-ia ainda elaborar uma *teoria geral do Direito* que, sendo o nível mais elevado da ciência jurídica, seria constituída por um *corpus* de categorias, fórmulas estruturais e técnicas comuns aos vários ordenamentos positivos, obtidas sobretudo pelo método da indução e da análise comparativa dos vários sistemas jurídicos. Pelo que a nova disciplina do *Direito Comparado* seria o principal instrumento para a elaboração dessa *teoria geral.*

Eis, compendiado em rápida síntese, o que tradicionalmente se tem considerado a ciência do direito.

([1]) Sobre a importância do sistema e da sistematização no direito continua a ser fundamental a obra de Claus-Wilhelm CANARIS, *Systemdenken und Systembegriff in der Jurisprudenz,* Berlim 1969.

É claro que a interpretação das normas se torna indispensável para a sua aplicação. É também claro que a construção e sistematização são meios indispensáveis para fazer transparente e apreensível a uma visão global o complexo do ordenamento jurídico. E essa transparência não deixaria mesmo de ser necessária à própria realização da ideia de democracia: por um lado, porque possiblita uma maior certeza ou segurança jurídica, e, por outro, porque permite àqueles que têm de votar as leis uma consciência mais clara das alterações legislativas que pretenda propor ou lhe sejam propostas. A construção e a sistematização têm ainda um valor didáctico-expositivo inegável. Por último, não pode esquecer-se quanto este trabalho de construção e sistematização levado a cabo pelo jurista é útil — ou até indispensável — ao legislador, fornecendo-lhe meios técnicos adequados a uma expressão mais rigorosa e ordenada das suas leis ([1]).

Mas a verdade é que, se a tarefa da chamada ciência jurídica se reconduz essencialmente à interpretação, conceituação e sistematização do direito positivo, não se vê como a inegável valia didáctico-expositiva e clarificadora deste trabalho lhe poderá grangear pergaminhos de "cientificidade". Tratar-se-ia, na verdade, à primeira vista pelo menos, de simplesmente levar à sua expressão mais transparente e metodicamente ordenada aquilo que já está no "dado", isto é, que já se contém no ordenamento posto pelo legislador. Tratar-se-ia apenas de dar uma expressão conceitual abstractivante àquilo que se nos oferece à apreensão imediata, depois de devidamente interpretadas as fórmulas normativas.

Um saber concebido nestes termos aparenta mais a natureza de uma *técnica* ou *arte* do que a de uma ciência. Seria uma técnica de elaboração e reelaboração do direito positivo, com vista à sua *aplicação aos casos da vida. Seria desde logo uma técnica de* elaboração dos próprios textos legais, como o mostra a análise da macroestrutura das codificações jurídicas. Tratar-se-ia, designadamente, de indagar e explicitar a estrutura das definições legais, das ficções, das presunções legais, das remissões e das partes gerais. Tratar-se-ia de, através da análise lógica e da classificação

---

([1]) Este problema de técnica legislativa vem sendo por último objecto de um tratamento autónomo na chamada "Teoria da Legiferação".

A ciência jurídica

e ordenação racional das matérias, fornecer ao legislador e ao juiz meios técnicos adequados a uma formulação e aplicação mais rigorosa das normas. Assim, aquele, utilizando a técnica que os estudos e a prática jurídicos lhe proporcionam, evitaria o mais possível as expressões vagas ou porosas e as formulações ambíguas, ao mesmo tempo que alcançaria uma notável economia de linguagem e de normas (evitando repetições). Poder-se-iam assim, designadamente, evitar textos legais mal elaborados, que acarretam elevados custos sociais (pense-se, além do mais, na enorme perda de tempo que os textos difusos ou ambíguos implicam para todos quantos tenham de aplicar o direito).

Para o técnico do direito, ou para o jurista, tratar-se-ia ainda, no fundo, de traduzir uma certa linguagem normativa espontânea das normas numa linguagem mais rigorosa e apurada, mais facilmente manipulável (operacionalizável) por pessoas competentes na utilização dessa linguagem e capaz de permitir um mais fácil controle e supervisão do conteúdo global dos textos jurídicos. A chamada ciência jurídica seria, pois, no fundo, uma técnica de expressão e tradução do pensamento normativo, uma técnica compendiadora e expositiva. Pondo por obra uma utensilagem bem elaborada de conceitos, apoiando-se num esforço de classificação e coordenação sistemáticas, elaborando teorias que permitem confrontos e sínteses, traduzindo, enfim, o direito numa linguagem precisa, aquela arte do jurista permitiria introduzir ordem nas normas, expô-las com clareza e realizar uma economia de meios tal que fosse possível assimilar e reter facilmente essas mesmas normas no seu conjunto. Permitiria assim ao jurista escapar a um certo empirismo, bem como a um certo arbítrio, pois lhe possibilita adquirir segurança e coerência de processos, o que em muito contribuiria para que ele deixasse de proceder conforme a inspiração e ao sabor das circunstâncias.

Poderá mesmo dizer-se que um direito medianamente desenvolvido não poderia ser conhecido, exposto, ensinado e aplicado sem que nele fosse introduzida essa estruturação racional que é, e tem sido ao longo dos séculos, objecto do labor dos juristas.

Parece que poderá de algum modo dizer-se que a ciência do direito, não sendo científica nos seus pressupostos (falta de transcendência teórica) e no seu desígnio ou função, o é todavia

362 *Introdução ao Direito e ao discurso legitimador*

nos seus processos. Daí o questionar-se se lhe cabe a qualificação de "ciência". Há quem entenda que não e a qualifique, antes, como técnica ou arte. Há quem entenda que sim e quem afirme mesmo que certas disciplinas jurídicas são ciência *stricto sensu* (p. ex., Eike v. SAVIGNY relativamente à ciência do Direito Penal) ([1]).

Neste capítulo tratamos apenas da ciência jurídica dogmática (ou ciência prática dos juristas). Desta importa distinguir a *Teoria do Direito*, quer esta expressão cubra uma teoria sociológica ou filosófica do direito, quer se reporte a uma metateoria da dogmática jurídica (Teoria Geral do Direito) ([2]). Há autores que reservam a designação de "Ciência do Direito" para uma Teoria (sociológica) do Direito, dando à ciência jurídica dogmática a designação de "Jurisprudência". Na verdade, só a uma teoria do direito que procurasse concebê-lo como fenómeno social, analisando a sua função, os seus pressupostos e implicações, caberia rigorosamente a designação de ciência "do" (sobre o) direito.

2. *Posição no sistema geral das ciências.*

Na obra "Épistemologie des sciences de l'homme", Unesco 1970, ao tratar da "situação das ciências do homem no sistema das ciências", Jean PIAGET procede a uma "classificação das disciplinas sociais e das ciências humanas" em que distingue quatro grupos: as *ciências "nomotéticas"*, as *ciências históricas*, as *ciências jurídicas* e as *disciplinas filosóficas*. Quanto às ciências jurídicas afirma que elas "ocupam uma posição bastante diferenciada" pelo facto de o direito constituir um sistema de normas e de uma norma não proceder da simples verificação de relações existentes mas de uma categoria à parte que é a do

---

([1]) Sobre o ponto, cfr. designadamente Werner KRAWIETZ, *Juristische Entscheidung und Wissenschaftliche Erkeuntnis*, Wien 1978, pp. 181 e segs.

([2]) Sobre a noção ou as noções de "teoria do direito", cfr. designadamente Arthur KAUFMANN na obra colectiva dirigida por ele e por W. HASSEMER, "Einführung in Rechtsphilosophie und Rechtstheorie der Gegenwart" Karlsruhe 1977, pp. 1 e segs.; assim como os estudos contidos na obra colectiva sob a orientação de A. KAUFMANN, *Rechtstheorie*, Karlsruhe 1971; e ainda KRAWIETZ, ob. cit., pp. 210 e segs.

*A ciência jurídica*363

"dever ser". Salienta a existência de uma série de regiões fronteiriças entre as ciências propriamente jurídicas e as outras. Aponta como situadas nestas áreas fronteiriças, designadamente, a História do Direito, que já não é uma disciplina normativa mas uma análise de realidades que constituem factos históricos para o historiador do direito; e a Sociologia Jurídica, cujo objecto não é estudar, como a ciência jurídica, as condições de validade normativa, mas analisar os factos sociais que estão em relação com a constituição e o funcionamento de tais normas. A dualidade de pontos de vista que leva a distinguir entre o que é norma para o sujeito e o que é facto para o observador constituiria o traço fundamental por que se distingue a inspecção jurídica da das ciências que lhe são próximas.

Pode dizer-se que é esta, em traços muito gerais, a visão tradicional e corrente quanto ao modo de relacionar a ciência jurídica com as outras ciências humanas. Nomeadamente, a Ciência do Direito é usualmente e sem mais apontada como uma das ciências sociais, colocada ao lado da Sociologia, da Ciência Política e das Ciências Económicas no sistema das ciências do espírito (ou culturais). PIAGET diz que ela ocupa aí uma "posição bastante diferenciada". Talvez possa dizer-se mesmo que ocupa uma posição bastante *estranha* (uma posição de "outsider"). Porquê essa posição estranha, porquê esse "isolacionismo" da Ciência do Direito apontado (¹) e criticado por certos autores? Talvez que a primeira questão a pôr seja exactamente a de saber se a chamada *ciência jurídica* pertence ao sistema geral das ciências. Pensamos que não.

3. *Dimensão Científica da Ciência Jurídica*

É a Ciência do Direito uma ciência?

É claro que, para o empirismo lógico, segundo o qual apenas as ciências empíricas e, ao lado delas, a lógica e a matemática enquanto disciplinas formais, podem reclamar o estatuto de ciência, a ciência jurídica dogmática não seria uma ciência. A não ser que ela se deixasse reconduzir, nos termos do *realismo*

(¹) Sobre o isolamento da ciência jurídica dogmática ante a própria teoria do direito, cfr. KRAWIETZ, ob. cit., p. 226 e *passim.*

jurídico americano, á prognose das decisões judiciais. Pois neste caso estaríamos em presença de uma ciência empírico--sociológica.

Sistematicidade, capacidade para determinar "diferenciações" que se articulam entre si na construtura de um todo (competência descriminativa), capacidade para dirigir ao objecto perguntas susceptíveis de "problematização" e de resolução (fecundidade inquisitiva ou heurística), movimento de pensamento ascendendo do "abstracto" ou "avulso" dos fenómenos vivenciados ao "concreto" de uma realidade intelectualmente reconstruída, recurso a conceitos dotados de significatividade sistemático-interpretativa (por oposição às noções de valor meramente descritivo referidas a fenómenos avulsos), susceptibilidade de controle racional ou empírico das suas construções teóricas *(verificabilidade)* — são as características especificantes do "conhecimento científico" coligidas das muitas noções de "ciência" que procuram ultrapassar o modelo mecanicista e reducionista do "cientismo" do séc. XIX. Nem deve ficar de lado a possibilidade de o próprio êxito, como *êxito evolutivo* numa estruturação progressiva, ser critério de validade de uma construção teórica. Neste caso pode dar-se que da completude (perficiência) de um sistema seja legítimo avançar para uma conclusão. O critério do êxito evolutivo e da completude é obviamente imanente ao sistema teórico; mas, se a fecundidade deste se acha comprovada, há-de haver-se de algum modo por validada a conclusão que simples critérios imanentes virtualizam.

Duas funções principais se assinalam à teoria científica: esclarecer ou explicar certos dados (função esclarecedora ou de *relacionamento*) e permitir a prognose ou dedução de proposições sobre dados até ali despercebidos, inarticulados ou sem relevância (função *heurística*). A explicação de uma reacção química em termos de uma teoria sobre estrutura molecular e valência mostra que a teoria *estabelece* uma conexão entre o que acontece no momento da mistura das substâncias e no momento subsequente. *"A única maneira de captar a conexão é aprender a teoria"* (Peter WINCH). O que ilustra bem a função de relacionamento da teoria.

Em resumo: a natureza científica de uma disciplina de pensamento caracteriza-se essencialmente pela fecundidade explicativa (interpretativa ou de relacionamento) e heurística das

A ciência jurídica

suas conceituações, e bem assim pela sistematicidade das suas teorias e possibilidades de controle racional das suas conclusões.

É a Ciência do Direito capaz de incrementar o seu conhecimento em termos de aquisição de conhecimentos novos, em termos de aprofundamento, inventividade e descoberta? O seu discurso conclusivo *vincula* ou é susceptível de vincular em termos racionais — e, consequentemente, tanto as suas indagações como esse discurso admitem um controle racional suficientemente rigoroso?

Assentaremos em que a dogmática jurídica moderna, representando embora uma forma de pensamento valorativamente orientada, visa tornar os problemas jurídicos concretos "decidíveis" — mediante a redução das alternativas de decisão possíveis — num quadro de objectiva racionalidade, já descortinando os princípios jurídicos que estão na base das normas legais e dando-nos em espectáculo racional coerente o jogo desses princípios, já "concretizando" esses mesmos princípios e normas através de tipologias de casos que exemplificam e perspectivam as respectivas valorações mediante a referência a pontos de conexão que são características de facto de situações da vida. Podemos igualmente assentar em que a discriminação de problemas e figuras elaborada pelo trabalho dogmático, assim como os paradigmas de fundamentação das decisões que esse trabalho oferece e a "encenação" do jogo de compatibilidade e coerência recíproca das várias decisões entre si e com os princípios que as fundamentam, formam um contexto de evidências e representações que, pelo menos de facto, é como que uma instância de controle que o julgador de algum modo se vê forçado a respeitar. Este, com efeito, sujeito ao postulado da vinculação à lei, é sempre confrontado com esta prova de racionalidade (e objectividade), na medida em que, pelo menos. tem de debater-se com as figuras, diferenciações e coerções daquele sistema. Quando, no caso concreto, entenda dever afastar-se das trilhas dogmáticas estabelecidas, sentir-se-á obrigado a um particular esforço de fundamentação da decisão (ónus da justificação) e da coerência da sua *ratio decidendi* enquanto regra generalizável.

Pode sem dúvida dar-se também por assente que os quadros e conceituações jurídico-dogmáticos permitem pelo menos situar a discussão dos problemas num horizonte de referências mais amplo e integrado, por forma não só a optimizar a sua "discutibilidade" como também a veicular uma coerência de

366   *Introdução ao Direito e ao discurso legitimador*

soluções que se revela racionalmente vinculante (coerciva), tanto quanto não seja possível evidenciar uma outra linha de coerência capaz de se lhe contrapor. Aqueles quadros e conceituações permitem na verdade pôr em evidência o jogo concertado dos princípios que dão suporte às regulamentações legais, fazer descriminações, detectar lacunas, coordenar decisões, enfim, detalhar critérios para a solução de questões juridicas e para a decisão de casos jurídicos — saindo daí mais clarificada a lei e melhor definido o seu alcance. Por onde se vê que a dogmática jurídica exerce também uma função estabilizadora e uniformizadora da prática jurídica — promovendo a previsibilidade das decisões e a certeza jurídica — que vai ao encontro do postulado da vinculação do julgador à lei e ao Direito. O alvo dos seus esforços é descobrir regras de decisão que sejam ao mesmo tempo *generalizáveis* (aplicáveis a uma série indeterminada de casos) e *concretizadas,* isto é, dotadas de pontos de referência que remetam para características factuais descritíveis que especificam (tipicamente) situações da vida[1].

Parecem assim asseguradas a função clarificadora e a função heurística da ciência jurídica dogmática. Por outro lado, com o discurso dogmático institui-se um quadro de coordenadas racionais específico por referência ao qual podem ser controlados, quer os resultados de uma investigação jurídica, quer os fundamentos de uma decisão.

Pode ser-se tentado a negar carácter "científico" à investigação jurídico-dogmática por duas razões, entre outras. Porque as suas "teorias" não revelam aquela autonomia ou liberdade perante o objecto que é própria das teorias científicas; e, por outro lado, porque os resultados por ela elaborados podem ser e são muitas vezes incorporados pela regulamentação jurídica positiva (o que denunciaria o carácter normativo das proposições que os exprimem). Pelo que os esforços de conceituação e sistematização da dogmática jurídica — deveria concluir-se — apenas teriam um valor didáctico-expositivo que não virtualiza a aquisição de conhecimentos novos ou o seu aprofundamento.

Embora as premissas estejam certas, não é de aceitar a conclusão. É verdade que a ciência jurídica não tem "transcen-

---

[1] Sobre este ponto, cfr. também *supra,* Cap. X. Secção III, especialmente n.º 3. *in fine.*

A ciência jurídica

dência teórica" e que o espaço de jogo das suas teorias é delimitado por funções estranhas a qualquer teoria: as funções do Direito. Mas é também verdade que aquela ciência transpõe o material jurídico que elabora para um plano de racionalidade e abstracção (abstracção concretizante) que não é o mesmo em que esse material é colhido. Por outro lado, como vimos, a linguagem específica da dogmática jurídica permite abrir "espaços lúdicos" à indagação, habilitando assim para uma iniciativa em que se joga conscientemente com as virtualidades dessa linguagem. É ainda verdade que a ciência jurídica aparece como uma ciência estranha cujos resultados vêem sendo incorporados, pelo menos em parte, no seu objecto (Léon HUSSON). Porém, isto, que se explica pelo facto de a ciência jurídica não pertencer ao sistema das ciências (não ser uma *ciência*), não permite concluir que ela não opera segundo critérios "científicos", isto é, racionalmente controláveis. Se muitas vezes não é possível confirmar plenamente uma conclusão da dogmática jurídica, é por outro lado inegável que são inúmeros os casos em que a mesma dogmática permite seguramente *infirmar* alternativas ou propostas de solução. Acontece por vezes que de uma completude se pode mesmo avançar com segurança para uma conclusão. É designadamente assim na descoberta de certas lacunas, quando os elementos estruturais de uma regulamentação se acham integrados num contexto de referência e jogo recíproco (por forma a configurar como que uma classificação exaustiva dos problemas de certo tipo), mas uma dilucidação da única perspectiva conceptual que permite manter tais quadros legais num contexto integrado de referências recíprocas leva a concluir que esses quadros não abarcam toda uma tipologia de casos em que se põem problemas da mesma natureza, já que estes casos não são captáveis por aquela perspectiva conceptual.

A afirmação de que o esforço da ciência jurídica não logra mais que resultados com valor didáctico-expositivo, não permitindo a aquisição de conhecimentos novos, não resiste à prova da análise de muitas monografias e estudos de certos ramos do Direito. Temos aqui sobretudo em mente, como domínios paradigmáticos em que se pode pôr à prova a fecundidade heurística e a "eficácia vinculante" da ciência jurídica, o Direito Civil, o Direito Comercial, o Direito Penal e o Direito Processual, disciplinas em que a elaboração dogmática atingiu um estádio de maturidade que virtualiza a segurança e o controle racional de uma estruturação progressiva.

Mas a razão de fundo por que temos de rejeitar a tese do mero valor expositivo-didáctico da ciência jurídica é esta: as exposições didácticas nunca nos dão os conteúdos que sitematicamente organizam a um nível de abstracção ou de concretização diverso daquele em que os colheram. Ora aceita-se sem contestação que a elaboração jurídico-dogmática apresenta o material de regulmentação jurídica num espaço de encenação racional e num plano de abstracção concretizante bem diferente daqueles em que se situam os textos legislativos.

Concluiremos dizendo que também no Direito é muitas vezes indispensável *aprender a teoria para captar a conexão*. Há mesmo indícios bastantes para se poder afirmar que, de entre as chamadas "ciências sociais", a ciência do Direito é aquela que, pelo seu rigor, se acha mais próxima das ciências exactas — mas ao mesmo tempo, pelo facto de não ser *ciência,* é aquela que delas se acha mais distante.

4. *Virtualidades "libertadoras" da dogmática jurídica*

É nos quadros da dogmática que o Direito se torna capaz de uma elaboração locutiva. Mas, por isso mesmo, os princípios e normas do direito sujeitam-se, nessa elaboração, às limitações, determinações e quadrículas conceituais da dogmática, às coerções e exigências organizativas próprias da *Sachlogik* desta. Simplesmente, na vida e no discurso humanos não pode haver avanços nem podem consolidar-se etapas quando se não faça o percurso dos penosos trâmites da "mediação". O imediatismo falha sempre: é uma explosão descontrolada.

Isto, porém, é apenas um dos aspectos. Porque, noutro aspecto, a dogmática, ao contrário do que o seu nome sugere, não aprisiona, antes "liberta" o espírito, virtualizando a criação de espaços lúdicos onde novos jogos se concertam. Quem mais certeiramente apontou para este aspecto, com inteiro aplauso de LARENZ[1], foi Niklas LUHMANN. Salienta este autor que importa menos chamar a atenção para a autolimitação da dogmática do que para as virtualidades de abstracção, para a

---

[1]   Cfr. *ML,* cit., pp. 210 e ss.

liberdade de interpretação e flexibilidade no manejo dos textos legais que através daquela autolimitação se alcançam. A confirmar isto está o conhecido facto de (como observa LARENZ) os não juristas penderem muito mais acentuadamente para uma interpretação e aplicação literal e menos racional dos textos legais do que o jurista com formação dogmática.

Sim, insiste LUHMANN, para o jurista de hoje o sentido da dogmática não está na fixação de quadros rígidos, mas no possibilitar de uma distanciação crítica no momento em que ele cura de organizar uma tessitura de reflexões, fundamentações e ponderações através das quais o material jurídico é elaborado e controlado num plano que se situa para além daquele em que esse material se apresenta de imediato como "dado", aí mesmo sendo preparado por forma a tornar-se aplicável aos casos da vida.

Como, por seu turno, salienta LARENZ, é esta "distância" criada pela dogmática que permite tomar em conta aquilo que no direito posto ficou por dizer, corrigir as deficiências deste direito e torná-lo flexível para aplicação a situações que vão mudando.

5. Índole e função não científica da Ciência Jurídica

Embora obedeça a uma discursividade científica (dimensão científica do Direito), a ciência do Direito tem um modo de estar-em-relação com a praxis característico e talvez único. O seu discurso veicula um desígnio organizativo-normativo, não um autónomo desígnio gnoseológico (explicativo ou de esclarecimento).

As questões e problemas que a dogmática jurídica visa tornar resolúveis e decidíveis não são questões e problemas originados na sua específica maneira de "inspeccionar" e interrogar o seu objecto (o que por certo significa que a ciência do Direito não tem um *objecto formal* próprio, como qualquer ciência), mas problemas de efectuação prática, de "instituição" do Direito em decisões que lhe dão vigência concreta. O que significa que os problemas principais cuja resolução ela tem que viabilizar não são problemas gnoseológicos mas problemas de funcionamento ou de operatividade de uma função social: a função social do Direito. Ela dá expressão prática ao desígnio imanente a tal função social e portanto, como *instrumento* que é desse desígnio, não pode ocupar a posição de espectador que inspecciona esse desígnio numa atitude teorética ou especulativa. Parte integrante da realidade vital do Direito, jamais pode, como tal, constituir-se em *teoria autónoma* e auto-referenciada perante tal realidade. Numa palavra: ela é parte integrante da própria vida do Direito — e não ciência *do* Direito([1]).

Qualquer ciência pertencente ao sistema das ciências tem sempre um horizonte de investigação ilimitado, porque é polarizada por um "transcendental" qualquer, quando mais não seja pelo desígnio gnoseológico (de explicação ou esclarecimento) impresso no seu objecto formal. É esse "transcendental" que lhe confere "transcendência teórica", abre um horizonte ilimitado à sua investigação e garante uma liberdade particular à teoria em face do seu objecto material (pelo menos enquanto estão em causa conceitos teoréticos), dado que aquela se afirma na sua autonomia e obedece à lógica intrínseca do seu sistema próprio. Daí que se possa dizer que as disciplinas pertencentes ao sistema das ciências se constituem num plano de racionalidade e abstracção tal que situam a realidade por elas estudada (o seu objecto material) *no exterior* do sistema teórico de conhecimento que elaboram.

Ao passo que a ciência dogmática do Direito se articula operativamente com este e se subordina ao desígnio (função) deste. Ora, uma "ciência" que se articula operativamente com a realidade que racionalmente elabora faz parte integrante dessa realidade. O seu espaço de racionalidade e o seu nível de abstracção são instrumentais, são determinados por exigências funcionais de um subsistema da realidade social (o Direito).

Os pressupostos, os problemas, o nível de abstracção, as "restrições" (reducionismo), as coerções e a selectividade imanentes ao discurso jurídico, as limitações do seu horizonte gnoseológico e da sua conceptuação, são-lhe, pois, impostos pelas

---

([1]) Pode dizer-se que o jurista tem por missão *dar voz* ao Direito, e não construir uma "ciência do Direito", ou, com HAYEK (ob. cit., pp. 133 e 162), que "o juiz é órgão de uma ordem espontânea" que ele encontra "sempre como propriedade de um processo em evolução", para com isto se afirmar que a actividade do jurista ou do julgador *está incluída* na função do Direito. Bem pode dizer-se, pois, que o discurso jurídico representa um esforço para "dar voz" ao direito, ao mesmo tempo que é já "aplicação" do direito no mesmo sentido em que falar correctamente é "aplicação" da gramática.

A ciência jurídica

exigências do sistema real "Direito" e não por exigências imanentes a um sistema teórico de conhecimento do direito. Digamos que não são exigências gnoseológicas mas exigências *jurídicas*. Tais pressupostos, problemas e limites não têm carácter gnoseológico-teorético mas prático-funcional. Como escreve CASTANHEIRA NEVES, "o pensamento jurídico é o acto e a autoconsciência noética do próprio direito — e assim tão prático, tão intencionalmente prático como ele" (¹).

É de reconhecer, portanto, que o discurso jurídico-dogmático, sendo embora um discurso racionalmente controlável e "cientificamente" rigoroso (quanto baste), se acha no entanto enclausurado (e incluso: é um discurso incluso no funcionamento de um subsistema da realidade) por pressupostos e exigências funcionais incompatíveis com uma polaridade ou tanscendência teorética. Embora tenha uma dimensão científica, a ciência do Direito *não é uma ciência* (isto é não tem uma função que permita integrá-la no sistema das ciências).

Esta particularidade da chamada ciência (dogmática) do Direito explica várias coisas. Desde logo, a particular e inexplicável dificuldade, que se tem verificado até hoje, de a situar adequadamente no sistema geral das ciências. Depois, a particularidade já apontada de ser uma "ciência" cujos resultados podem ser incorporados no seu "objecto". Depois ainda, o facto também estranho e reconhecido de ciência jurídica dogmática e *teoria de Direito* seguirem caminhos divergentes. Por' fim, a *relação difícil* entre a ciência do Direito e as *outras* ciências sociais. Diz-se e repete-se que aquela é uma destas (²). Mas

---

(¹) Cfr. *Unidade*, cit., p. 14.

(²) Com efeito, continua a deparar-se com a afirmação de que a ciência do direito é uma parte integrante das ciências sociais, pelo que não estará em causa apenas uma questão de interdisciplinaridade, mas, mais do que isso, a necessidade de fundamentar uma nova compreensão científica daquela ciência: Cfr. Alfred BULLEWASCH, *Rechtswissenschaft und Sozialwissenschaft, in* KAUFMANN--HASSEMER, "Einführung...", cit., p. 201. Em sentido análogo, L. Fernando COELHO, *Lógica Jurídica e Interpretação das Leis*, 2.ª ed., Rio de Janeiro 1981, pp. 306 e segs.

Já quanto ao problema da compreensão da função do Direito, da sua relação com a ordem social, entendemos que é problema que pertence à teoria da sociedade. O esclarecimento desse problema, porém, não nos poderá ser fornecido por qualquer dos ramos da sociologia descritiva (cfr. no mesmo sentido HAYEK, ob. cit., p. 156).

372   *Introdução ao Direito e ao discurso legitimador*

acontece que, ao tentar relacioná-las e pô-las em cooperação, aquelas situam esta no seu *exterior*, tomando-a como objecto; e esta, por seu turno, também situa os resultados daquelas no seu *exterior*,tomando-os como "factos" a valorar normativamente. Ora, se uma e outras pertencessem à mesma classe, teriam pressupostos básicos e uma transcendência teórica comuns, capazes de viabilizar articulações de comunicação e de cooperação, pelo menos a nível dos conceitos teóricos fundamentais. O que se nos depara, porém, é um acentuado "isolacionismo" da ciência do Direito.

6. *A linguagem e a especificidade das linguagens.*

Tentemos explicitar por outra via este desencontro entre a ciência dogmática do direito e a teoria do direito.

A linguagem jurídica, sendo embora uma linguagem "instituidora" específica, não deve ser caracterizada em primeira linha por essa sua especificidade, mas pela sua *função*.

A função da linguagem está fora dela. Toda a linguagem remete para além de si mesma, para algo de extralinguístico — pelo que também vai buscar a sua unidade de sentido, a sua coerência, fora de si mesma. Por isso mesmo a linguagem não pode ser concebida como um *sistema* ou como um meio envolvente relativamente ao *quid* extralinguístico para que remete. Pode mesmo dizer-se, pois, que a linguagem não tem (ao contrário do sistema) uma função especificamente sua, ou que ela, como "medium" (como mediador explicitante), não tem propriamente uma função específica, mas, antes, uma função digamos, "genérica", sendo a *especificidade de cada* linguagem determinada por aquilo que está fora dela e para que ela remete.

Neste aspecto, ressalta mesmo a contraposição da linguagem ao "sistema", pois todo o sistema enquanto sistema tem uma função especificamente sua e, ao relacionar-se com o que está fora dele, funciona assegurando a sua auto-referência; ao passo que a linguagem, como "medium" mediador e explicitante, não tem, como dissemos, uma função especificamente sua. Daí que a perspectiva sistemática considere as relações entre sistemas na sua *exterioridade*, isto é, nas "reacções" que o funcionamento de um sistema provoca no sistema envolvente e nos *inputs, estímulos ou determinações que deste recebe.*

A especificidade de cada linguagem, dissemos, é determinada por algo que está fora dela e para que ela remete. Também com a linguagem jurídica isto acontece. Esta linguagem, pelo seu enquadramento dogmático de linguagem explicitamente estruturada, reforça a certeza e segurança das relações e das normas jurídicas, realizando assim uma das exigências do Direito.

Donde provém, pois, para a linguagem da dogmática jurídica, a sua especificidade? Daquilo para que ela remete, da "coisa Direito" – diz-se. Só que essa "coisa" não é um objecto extramental a que vá endereçado o conhecimento, nem é em função de conhecimento (de ciência) que a linguagem jurídico-dogmática é elaborada. Antes, ela é elaborada em função da função social do Direito e da ideia de Justiça, o que significa: em função das exigências postas ao Direito pela prática humano-social e em função daquela ideia originária de Justiça que já está presente e vincula no momento originário em que "acontece" a forma de vida humana como vida de comunicação e interacção (¹). Logo, em função de algo que está na própria raiz ético-semântica da comunicação possível, da cultura, da vida humana. Sendo, pois, uma linguagem especificada por uma função directamente pragmática e mais originária de decisão e acção, uma linguagem que se situa no plano mais originário da interacção comunicativa, não é uma linguagem científica destinada a elaborar ou transmitir conhecimentos mas uma linguagem comunicativo-aplicativa (hermenêutica) com incidência directa sobre a interacção humana e sobre o significado das condutas humanas.

Diferentemente, a linguagem da Teoria Sociológica do Direito é especificada pelo Direito enquanto "facto social" ou enquanto subsistema do sistema social global. Pelo que nunca nesta linguagem se pode explicitar e elaborar o que é explicitado e elaborado por aquela. Abordar o Direito através de uma linguagem e de uma conceptologia teorético-científico é referir-se a outra coisa que não àquilo a que a linguagem jurídica se refere, é tratar de coisa diferente. Daí que a ciência dogmática do Direito e a Teoria do Direito nunca possam encontrar-se.

(¹) Neste sentido, aceita-se a seguinte afirmação de J. M. BROEKMAN, *ob. cit.*, p. 145): "*Os princípios que tornam o discurso jurídico num discurso jurídico* são exactamente aqueles mesmos que *constituem* 'o Direito'. Eles encontram em grande medida a sua decantação na dogmática jurídica".

7. A Ciência jurídica entre as ciências hermenêuticas

Do que atrás dissemos resulta que a Ciência dogmática do Direito se deverá situar entre as ciências hermenêuticas (como a História, a Linguística, a Teoria da Literatura, a Teoria da Ciência, a Psicologia)[1]. Mas também entre estas ela ocupa uma posição *singular*. Primeiro, porque é uma ciência hermenêutica "funcionalizada", de desenvolvimento limitado e delimitado por quadros dogmáticos, e bem assim "clinicamente" orientada para a decisão de litígios. Segundo, porque, sob certos aspectos — designadamente no do rigor de controle e no da possibilidade de jogar com quadros conceptuais preestabelecidos para descobrir novos problemas e progredir com relativa segurança para novas construções e soluções doutrinais ou teóricas —, se aproxima mais das ciências nomotéticas do que das ciências hermenêuticas[2]. Relembremos que é a sua limitação que virtualiza a sua

---

[1] Também LARENZ (ML., cit., p. 431) situa a ciência jurídica entre as ciências "interpretativas" em sentido estrito, pelo que só através de processos de pensamento hermeneuticamente caucionados ela pode corresponder aos seus desígnios. Mas logo adiante concede que a Jurisprudência se apresenta simultaneamente como um pensamento orientado por valores" e como um pensamento sistemático. Contra esta posição "hermenêutico-dialéctica" de LARENZ, *vide* KRAWIETZ, ob. cit., pp., 227 e segs.

[2] Observe-se que K.-O. APEL (ob. Cit., p. 69) afirma que o problema da "explicação histórica" ocupa uma curiosa posição intermédia entre a hermenêutica e a ciência. Isto porque tal explicação se distancia das motivações e intenções manifestadas pelos políticos, para proceder a uma análise objectiva de factores operativos de que os actores históricos responsáveis não chegaram a tomar consciência nem assumiram como motivações significativas. É bem diferente a razão pela qual se pode afirmar que a ciência dogmática do direito, sob certo aspecto, se aproxima das ciências exactas: o que sobressai como distintivo aqui é uma espécie de *quadriculação* formalizada da própria linguagem e conceptologia da dogmática jurídica, uma sistematização muito mais explícita e estruturada que nas outras ciências hermenêuticas. Já sabemos que isto se deve à função eminentemente prática do trabalho dos juristas, às exigências e premências de uma aplicação quotidiana do direito a casos problemáticos muito próximos que só uma conceituação apurada permite distinguir, exigências essas que foram forçando, por isso mesmo, a uma conceituação rigorosa, expedita, operacional. A necessidade de discriminação numa prática "clínica" complexa obriga a afiar o gume das ferramentas conceituais. — Sobre a posição particular da Linguística entre uma *Teoria explicativa* e uma reconstrução hermenêutica iluminante, cfr. também APEL, ob. cit., p. 201.

A *ciência jurídica* 375

fecundidade. que o argumento sistemático, basicamente formal, permite pôr e resolver muitos problemas de configuração de casos e que as soluções achadas para casos lacunosos devem ser soluções generalizáveis. Ora este esforço de verter as soluções em fórmulas generalizáveis e directamente aplicáveis, ao mesmo tempo que explicitamente articuladas nos termos de um sistema de conceitos em grande medida formalizado, é mais próprio das ciências nomotéticas (também ditas "exactas") que das ciências hermenêuticas.

Todavia, o momento hermenêutico está bem presente: *a*) na interpretação da lei; *b*) na "concretização" dos princípios normativos indeterminados e no recurso a princípios suprapositivos para a compreensão do sentido das normas positivas; *c*) na própria índole cultural do Direito e na função deste, que consiste em ordenar e disciplinar *condutas* humanas. Donde dever concluir-se que a Ciência Jurídica Dogmática é uma disciplina hermenêutica com a qual se combinam(¹) exigências técnico--formais decorrentes da sua função pragmática na organização da acção e na decisão dos litígios. Fundamentalmente, porém, esta racionalidade técnica não pode sobrepor-se (para além de certo limite) às exigências dos princípios normativos ao serviço de cuja aplicação se encontra. Esta combinação da racionalidade normativa com a racionalidade técnico-formal é exigência da *eficácia*, da implementação prática do Direito, exigência com que não deparam outras disciplinas hermenêuticas — excepção feita, porventura, da Psicanálise, enquanto processo de cura.

( ) Cfr. a propósito o que se disse acima (Cap. X, Séc. III, 3) sobre o entrelaçamento das duas lógicas no Discurso Jurídico. LARENZ, ML, cit. p. 474, refere a descoberta e concretização dos princípios jurídicos, assim como a formação de tipos e conceitos determinados por exigências funcionais como formas específicas de pensamento de uma Jurisprudência que se concebe ao mesmo tempo como pensamento *"orientado por valores"* e como *pensamento sistemático*. A estas duas componentes, pensamento valorativo e pensamento sistemático, correspondem as duas lógicas a que atrás nos referimos.

A propósito se observará ainda que é ao vencer a *coacção externa* (condicionada, como atrás vimos, pela "lógica dos factos" ou contextos de acção) do sistema, ao vencer a *resistência* do sistema e ao moldar-se nele, que o pensamento jurídico adquire (como anota LUHMANN. *Rechtssystem und Rechtsdogmatik.* Stuttgart 1974. p. 32) a sua consistência organizativa habilitando-se assim com aquela "operacionalidade" que caracteriza a sua "dimensão científica".

BIBLIOGRAFIA

A) BIBLIOGRAFIA GERAL

ASCENSÃO, J. OLIVEIRA — *O Direito — Introdução e Teoria Geral*, Lisboa 1978.

BATIFFOL, Henri — *La Philosophie du Droit*, Paris 1960.

BAUMANN, J. — *Einführung in die Rechtswissenschaft*, 4.ª ed., München 1971.

BIANCA. C. MASSIMO — *Diritto Civile*, 1, Milano 1978.

BEKAERT, H. — *Introduction à l'étude du droit*, Bruxelles 1973.

BIGOTTE CHORÃO, M. E. — *Introdução ao Estudo do Direito* (policópia), Lisboa 1978-1979.

CABRAL DE MONCADA, L. — *Lições de Direito Civil*, 2 vols., 3.ª ed., Coimbra 1959.

CASTANHEIRA NEVES, A. — *Lições de Introdução ao Estudo do Direito*, Coimbra 1968-1969 (policopiadas).

Id. — *O Papel do Jurista no nosso Tempo*, Coimbra 1968.

Id. — *As Fontes de Direito e o Problema da Positividade Jurídica*, no Bol. da Fac. de Direito de Coimbra, vol. LI (1975).

Id. — *A Unidade do Sistema Jurídico: O seu Problema e o seu Sentido*, Coimbra 1979.

Id. — *Questão-de-Facto, Questão-de-Direito*, Coimbra 1967.

CASTRO MENDES, J. — *Introdução ao Estudo do Direito* (policópia), Lisboa 1977.

DAHM, G. — *Deutsches Recht*, 2.ª ed., Stuttgart 1963.

DIAS MARQUES, J. — *Introdução ao Estudo do Direito*, Lisboa 1973.

DIAZ, ELIAS — *Sociologia y Filosofia del Derecho*, Madrid 1976.

DUBISCHAR, ROLAND — *Vorstudim zur Rechtswissenschaft*, Stuttgart 1974.

ENGISCH, KARL — *Introdução ao Pensamento Jurídico*, trad., 5.ª ed., Lisboa 1979.

ESSER, JOSEPH — *Principio y Norma*, trad. esp., Barcelona 1961.

Id. — *Vorverständnis und Methodenwahl in der Rechtsfindung*, Frankfurt a. M., 1972.

FREUND, JULIEN — *Le Droit d'aujourd'hui*, Paris 1972.

Id. — *Les Théories des Sciences Humaines*, Paris 1973.

GRIMM, DIETER (obra col.) — *Rechtswissenchaft und Nachbarwissenschaften*, 2 vols., München 1976.

GROPALLI, ALESSANDRO — *Introdução ao Estudo do Direito*, trad., Coimbra 1978.

HENKEL, HEINRICH — *Introducción a la Filosofia del Derecho*, trad. esp., Madrid 1968.

KELSEN, HANS — *Teoria Pura do Direito*, trad., 3.ª ed., Coimbra 1974.

KRIELE, MARTIN — *Theorie der Rechtsgewinnung*, 2.ª ed., 1976.

378   *Introdução ao Direito e ao discurso legitimador*

Id. — *Recht und praktische Vernunft*, Göttingen 1979.
LANGE, H. — *BGB — Allgemeiner Teil*, Berlin 1966.
LARENZ, KARL — *Allgemeiner Teil des Deutschen Bürgerlichen Rechts*, München 1967.
Id. — *Methodenlehre der Rechtswissenschaft*, 4.ª ed., München 1979.
Id. — *Richtiges Recht — Grundzüge einer Rechtsethik*, München 1979.
LATORRE, ANGEL — *Introdução ao Direito*, trad., Coimbra 1974.
LUHMANN, NIKLAS — *Rechtssoziologie*, 2 vols., Hamburg 1972.
Id. — *Rechtssystem und Rechtsdogmatik*, Stuttgart 1974.
MIAILLE, MICHEL — *Une Introduction Critique au Droit*, Paris 1976.
NUÑEZ ENCABO, M. — *Introducción al Estudio del Derecho*, Madrid 1979.
PIRES DE LIMA e ANTUNES VARELA, *Noções Fundamentais de Direito Civil*, vol. I, 6.ª ed., reimpressão de 1973, Coimbra 1973.
RADBRUCH, GUSTAV — *Filosofia do Direito*, trad., 2 vols., Coimbra 1953.
RINKEN, ALFRED — *Einführung in das juristische Studium*, München 1977.
REALE, MIGUEL — *Lições Preliminares de Direito*, 10.ª ed., Coimbra 1982.

B) OUTRAS REFERÊNCIAS BIBLIOGRÁFICAS

Além da Bibliografia acima e das bibliografias antepostas aos capítulos VII e VII, fazem-se ainda as seguintes referências bibliográficas:

ANDRADE, MANUEL. — *Sobre a recente evolução do direito privado português*, no ''Bol. da Fac. de Direito de Coimbra'', XXII (1946).
APEL, KARL-OTTO — *Towards a Transformation of Philosophy*, trad., inglesa, London 1980.
ARACIL, JAVIER — *Introducción a la dinamica de sistemas*, Madrid 1978.
BARTALANFFY, LUDWIG — *General System Theory*, New York 1968.
BIHLER, MICHAEL — *Rechtsgefühl, System und Wertung*, München 1979.
BROEKMAN, J. M. — *Recht und Anthropologie*, München 1979.
CANARIS, CLAUS-WILHELM — *Systemdenken und Systembegriff in der Jurisprudenz*, Berlin 1969.
COELHO, L. FERNANDES — *Lógica Jurídica e Interpretação das Leis*, 2.ª ed., Rio de Janeiro 1981.
DAMM, REINHARD — *Systemtheorie und Recht*, Berlin 1976.
ELLSCHEID, GÜNTER — *Das Naturrecht in der neueren Rechtsphilosophie*, in ''Einführung in Rechtsphilosophie und Rechtstheorie der Gegenwart'', ed. A. Kaufmann e W. Hassemer, Karlsruhe 1977.
GOURNAY, BERNARD — *L'Administration*, Paris 1967.
HAYEK, F. A. v. — *Recht, Gesetzgebung und Freiheit*, München 1980.
HEMPEL C. G., — *Éléments d'Épistémologie*, Paris 1972.
HRUSCHKA, JOACHIM — *Das Versthehen von Rechtstexten*, München 1972.
HUBMANN, HEINRICHT — *Wertung und Abwägung im Recht*, Berlin 1976.
HUSSON, LEON — in: *Le Droit, Les Sciences Humaines et la Philosophie*, Paris 1973.
KAUFMANN, ARTHUR — *Analogie und ''Natur der Sache''*, Karlsruhe 1975.

Bibliografia

Id. — *Rechtstheorie*, obra colect., Karlsruhe 1971.

Id — *"Einführung in Rechtsphilosophie und Rechtstheorie der Gegenwart"*, cit.

KRAWIETZ WERNER — *Juristische Entscheidung und wissenschaftliche Erkenntnis*, Wien 1978.

KUHN, Th. S. — *La Structure des Révolutions Scientifiques*, trad., Paris 1972.

TOULMIN, S. — *L'Explication Scientifique*, Paris 1973.

WATZLAWICK, BEAVIN e JACKSON — *Une Logique de la Communication*, trad., Paris 1972.

WEYMANN-WEYHE, WALTER — *Sprache-Gesellschaft-Institution*, Düsseldorf 1978.

WINCH, PETER — *The Idea of a Social Science and its Relation to Philosophy*, 8.ª reimpressão, London 1973.

ÍNDICE

APRESENTAÇÃO 5

CAPÍTULO I

Introdução — A Realidade Social como Realidade Historicamente "Instituída". O Direito como Realidade Social 7
1. Necessidade "original" das instituições (perspectiva antropológica) 7
2. As instituições na vida quotidiana 10
3. O Direito como parte integrante da realidade social 11
4. A realidade social como realidade de ordem e como forma de vida 13
5. Noção de instituição 14
6. Os "papéis" institucionalizados 17
7. Principais áreas institucionais 18
8. Funções das instituições 19
9. A conduta humana como conduta significativa 22
10. O normativo como constituinte do social 23
11. Implicações Gnoseológicas: compreender uma instituição social 26
12. Das instituições sociais para as instituições jurídicas 28

CAPÍTULO II

Para uma noção de Direito 31

§ 1. *Direito e Coacção* 31

1. Introdução 31
2. Visão sociológica: o Direito como ordem de coacção 31
3. Visão jurídica: O Direito como uma ordem com um "sentido" 32
4. Opção inicial. Sequência 33
5. Questões que se suscitam a propósito da coacção. A legitimidade da coacção 34
6. A necessidade da coacção 36
7. O Direito e a força — o Direito e o poder político 36
   A) O Direito não prescinde da força 36
   B) O Direito legitima e regula a força 38
   C) Facticidade e Validade — Poder Político e Direito 39
8. Conclusão 41
9. Observação crítica ao "cientismo" da sociologia empírica 42

382   *Introdução ao Direito e ao discurso legitimador*

§ 2. *O Facto e a Norma — A teoria da força normativa dos factos*   44

§ 3. *O Direito e o Estado*   50

1. A relação entre o Direito e o Estado   50
2. Se todo o Direito é estadual   50
    A) O Direito Internacional   51
    B) O Direito das comunidades "primitivas"   52
    C) Direito de fonte não estadual   53

§ 4. *O Direito e a Segurança*   55

1. Relação entre Direito, Justiça e Segurança   55
2. A Segurança como "certeza jurídica"   56
3. A Segurança através do Direito face ao poder político e à Administração: o Estado de Direito   58

§ 5. *O Direito e a Moral*   59

CAPÍTULO III

Grandes linhas estruturais do Sistema Jurídico   63
    A — *Macroestrutura: as grandes divisões do Direito*   63

1. Razão de Ordem   63
2. Direito objectivo e direitos subjectivos   64
3. Ramos do Direito   64
4. "Suma divisio": Direito Público e Direito Privado   65
5. Ramos do Direito Público   66
6. Ramos do Direito Privado   70
7. Outros ramos do Direito e novos ramos de Direito   73

CAPÍTULO IV

Grandes linhas estruturais do Sistema Jurídico   79

    B — *Fórmulas e Técnicas normativas*   79

SECÇÃO I — A NORMA JURÍDICA

§ 1. *Estrutura e Noção de Norma Jurídica*   79

1. Estrutura da Norma Jurídica: previsão e estatuição   79
2. A previsão como "facti-species": ideias gerais   80
3. O facto jurídico, a situação jurídica e a relação jurídica   82
4. O sujeito jurídico e os direitos de personalidade   86

Índice

5.	Espécies de direitos subjectivos	88
6.	A imperatividade, a generalidade e a abstracção da norma jurídica	91
	A) A norma como "imperativo"	91
	B) Generalidade e abstracção	92

§ 2. *Classificação das Normas Jurídicas* 93

1. Normas preceptivas, proibitivas e permissivas 93
2. Normas universais, regionais e locais 94
3. Normas gerais (ou de direito-regra) e normas excepcionais 94
4. Normas de direito comum e normas de direito especial 95
5. Leges plus quam perfectae, leges perfectae, leges minus quam perfectae e leges imperfectae 95
6. Normas autónomas e não autónomas; disposições normativas incompletas . 96
7. Classificação das normas tomando para ponto de referência a autonomia privada 97

SECÇÃO II — CODIFICAÇÃO E TÉCNICAS LEGISLATIVAS

§ 1. *Significado da codificação como técnica normativa.* 99

1. Noção de Código, estatutos, leis orgânicas, leis avulsas e legislação extravagante 99
2. Significado e valor da codificação 101

§ 2. *Partes gerais, remissões, ficções, definições e presunções* 102

1. Partes gerais 102
2. Remissões 105
3. As ficções legais 108
4. As definições legais 110
5. As presunções legais 111

§ 3. *"Ius strictum" e a "ius aequum": os conceitos indeterminados e as cláusulas gerais* 113

1. Conceitos indeterminados 113
2. Princípio da legalidade e princípio da oportunidade: o poder discricionário 114
3. Regulamentação casuística e "cláusulas gerais" 116
4. Um exemplo sinóptico 118
5. Referência ao "direito judiciário" e ao papel do jurista 119

§ 4.º *A Sistematicidade e o trabalho do jurista* 121

CAPÍTULO V

A Tutela do Direito e a Garantia dos Direitos 125

§ 1. *Introdução — o aparelho estadual de coacção e a tutela do Direito* 125

§ 2. *Meios de tutela jurídica* 126

1. Tutela preventiva 126
2. Medidas compulsivas 127
3. Meios de tutela reconstitutivos: reconstituição "in natura", reintegração por mero equivalente e compensação 128
4. Sanções punitivas 129
5. Invalidade e ineficácia dos actos jurídicos 129
6. Tutela privada e autotutela dos particulares 130
7. Classificação dos meios de tutela do direito 130
8. A tutela do direito e a tutela dos direitos 131
9. Sanção e sistema jurídico ....

§ 3. *Tutela administrativa e garantias administrativas* 135

1. Tutela administrativa e garantias dos administrados 135
2. Tutela do direito e meios estaduais de controle social e de compulsão dos indivíduos 138

§ 4. *A tutela judiciária* 139

1. Posição constitucional e função do poder judicial 139
   A) Função tuteladora dos tribunais 139
   B) Os Tribunais como órgãos de soberania 139
   C) Administrar justiça "em nome do povo" 140
   D) A legitimidade fundada na vinculação às leis e no respeito dos deveres estatutários do cargo 141
2. A Jurisdição em sentido material: Jurisdição e Administração 144
3. A imparcialidade 148
4. A independência dos tribunais 149
5. Organização judiciária 150

CAPÍTULO VI

Fontes de Direito e Vigência das Normas 153

1. Noção. O problema 153
2. Enumeração e classificação das fontes de direito 157
3. A lei 159
4. Os assentos 160
5. O costume 161

Índice   385

6. A jurisprudência 162
7. A doutrina 163
8. Os princípios fundamentais de direito 163
9. Entrada em vigor das leis 165
10. Termo da vigência da lei 165
11. Hierarquia das fontes e das normas 166
12. Conflitos de normas 170

CAPÍTULO VII

Interpretação e Integração da lei 173

SECÇÃO I — INTRODUÇÃO

1. Indicação da sequência 173
2. Nota bibliográfica 174

SECÇÃO II — A INTERPRETAÇÃO DA LEI

§ 1. *A doutrina tradicional da interpretação das leis* 175

1. Noção 175
2. Interpretação doutrinal e interpretação autêntica 176
3. A querela dos métodos 177
   A) Os dois eixos de coordenadas 177
   B) A orientação subjectivista 178
   C) A orientação objectivista 179
   D) Balanço provisório entre as duas correntes 180
4. Elementos de interpretação (factores hermenêuticos) 181
   A) Elemento gramatical (texto ou "letra da lei") 182
   B) O elemento racional ou teológico 182
   C) Elemento sistemático (contexto da lei e lugares paralelos) .. 183
   D) Elemento histórico 184
5. Resultados da interpretação 185

§ 2. *Posição do Código Civil* 188

SECÇÃO III — INTEGRAÇÃO DA LEI

1. Introdução: distinção entre interpretação e integração da lei 192
2. Proibição do "non liquet" (obrigação de julgar) 193
3. Noção e espécies de lacunas 194
4. Espécie de lacunas 195
5. "Lacunas do Direito": referência à unidade da ordem jurídica 197
6. A determinação das lacunas e a colmatação das lacunas 200

386 *Introdução ao Direito e ao discurso legitimador*

7. Enquadramento teórico do domínio da lacunas e do possível espaço d· jogo da metodologia integradora ou "prater legem" 200
8. O recurso à analogia: art 10.º, 1 e 2 202
9. Função do recurso a uma norma "ad hoc" elaborada pelo julgador dentro do espírito do sistema: art. 10.º, 3 202

SECÇÃO IV — POSTULADOS HERMENÊUTICOS FUNDAMENTAIS

1. A "pré-compreensão" do "referente" ou o "subentendido" no entendido   205
2. O referente das "facti-species" legais e o referente fundamental da ordem jurídica 206
3. A dialéctica do "positivo" e do "trans-positivo" 208
4. Paralelismo entre os postulados hermenêuticos e os postulados do "Direito Natural" 210
5. O referente hermenêutico e a polaridade "positiva" do Direito 212
6. Rejeição da hermenêutica positivista 214
7. Pressupostos hermenêuticos e "vontade do legislador" 217

CAPÍTULO VIII

A Aplicação da Lei no Tempo e no Espaço 219

SECÇÃO I — APLICAÇÃO DA LEI NO TEMPO

§ 1. *Introdução* 220

1. O problema. Sua importância prática 220
2. Problemas de filosofia e de política jurídica subjacentes à teoria da não retroactividade. Fundamento último do princípio da não retroactividade .. 223
3. Graus de retroactividade 226
4. A retroactividade e a Constituição 227
5. Soluções possíveis do problema. As disposições transitórias. "Direito Transitório". 229

§ 2. *Teoria da não retroactividade da lei e suas aplicações* 231

1. O princípio da não retroactividade da lei e a sua expressão no nosso Código Civil 231
2. Insuficiência da fórmula da teoria do facto passado: factos-pressupostos não constitutivos 234
3. Lei aplicável às situações jurídicas contratuais ("estatuto do contrato") .. 237
4. Leis sobre prazos 242
5. Leis interpretativas 245
6. Leis confirmativas 248

Índice

SECÇÃO II — APLICAÇÃO DA LEI NO ESPAÇO

CAPÍTULO IX

O Direito e as Ciências Sociais 253

1. Ser e Dever-ser — Facticidade e Normatividade 253
2. Ponto de partida normativo na indagação "jurística" do Direito 256
3. Descritivo e preceptivo 257
4. Investigar e decidir. O modelo jurídico de decisão 260
5. · Relevância das Ciências Sociais para o Direito 263
6. A validade jurídica: seu fundamento suprapositivo 264
7. Conclusão 268

CAPÍTULO X

Prolegómenos do Discurso Legitimador 273

SECÇÃO I — INTRODUÇÃO GERAL AO DISCURSO LEGITIMADOR

1. Ligação do discurso legitimador à origem da nova forma de vida "homem" 273
2. O discurso legitimador e o discurso jurídico 284

SECÇÃO II — O PROBLEMA DO DIREITO JUSTO

1. Introdução 286
2. Jusnaturalismo e filosofia pragmatista da linguagem 293
3. Uma concepção hodierna do Direito Natural 296
4. Da validade do Direito Positivo 304

SECÇÃO III — DA MEDIAÇÃO NO DISCURSO LEGITIMADOR

§ 1.º — *A concretização como mediação* 307
1. Tramitação do discurso concretizador dos princípios e cláusulas gerais ... 307
2. Aspectos hermenêuticos e aspectos heurísticos. A formação do "sensus iuridicus" 311
3. A função mediadora do discurso jurídico e o "círculo hermenêutico" 314
4. A "origem" da força persuasiva e legitimadora do discurso aplicativo ... 319
5. A necessidade da mediação 322
6. Significado da "mediação". Discurso hermenêutico e discurso teorético . 323

§ 2.º *O discorrer por analogia* 326
1. A analogia como princípio e o argumento a contrário 326
2. O argumento de analogia 331

388   *Introdução ao Direito e ao discurso legitimador*

SECÇÃO IV — O DIREITO, O HOMEM E A CULTURA

1. O direito como parte integrante da cultura e a imagem do homem pressuposta pelo direito 333
2. Concepção materialista e concepção culturalista do homem e da sociedade   334
3. Apreciação da tese materialista 336
4. O homem "ser de linguagem" originária e radicalmente comprometido no discurso legitimador 337
5. O suprapositivo no discurso: sua relação com o consenso originário pressuposto e com a ideia de Justiça. Razão e pacto 339
6. Mediação, Aprendizagem e Condição humana 342
7. Um "sentido de justiça" inato ou adquirido? Acontecimento e "origem" . 345
8. Acontecimento e "origem": Justificação da Hermenêutica 350
9. Recapitulação: Ciência e Hermenêutica, organização e êxito 354

CAPÍTULO XI

A Ciência Jurídica 359

1. Introdução: concepção corrente do trabalho do jurista 359
2. Posição no sistema geral das ciências 362
3. Dimensão científica da Ciência Jurídica 363
4. Virtualidades "libertadoras" da dogmática jurídica 368
5. Índole e função não científica da ciência jurídica 369
6. A linguagem e a especificidade das linguagens 372
7. A ciência jurídica entre as ciências hermenêuticas 374

BIBLIOGRAFIA 377